Primeiros Elogios ao *Use a Cabeça! jQuery*

"jQuery permite que você faça tão facilmente coisas surpreendentes com JavaScript que até parece estar colando. Este livro demonstra como resolver rapidamente problemas do mundo real. Como bônus, você aprenderá os aspectos principais de JavaScript, como configurar um ambiente de desenvolvimento web e um pouco de PHP/MySQL. Este é um livro sólido."

— **Jim Doran, engenheiro de software da Johns Hopkins University**

"Diferente daqueles livros complexos de programação cheios de jargões técnicos, *Use a Cabeça! jQuery* guia iniciantes, através de um passo a passo, para criarem suas primeiras páginas jQuery de uma maneira divertida e compreensível."

— **Lindsey Skouras, advogada e programadora autodidata**

"Ryan Benedetti e Ronan Cranley fizeram uma mistura de tecnologias potencialmente intimidadoras (jQuery, DOM, Ajax, HTML5 e CSS) e as dividiram em conceitos acessíveis que, na verdade, tornam o aprendizado do material divertido."

— **Bill Mietelski, engenheiro de software**

"JavaScript ressurgiu como uma linguagem de programação com algum mérito em grande parte devido a uma coleção das melhores bibliotecas da melhor qualidade, da qual jQuery é o participante principal. *Use a Cabeça! jQuery* fornece ao desenvolvedor web moderno um tratamento focado, atento e prático a essa tecnologia central de JavaScript."

— **Paul Barry, autor, palestrante de computação no Institute of Tecnology, Carlow e autor de** *Use a Cabeça!* **Programação e** *Use a Cabeça!* **Python**

Elogio a outros livros da série *Use a Cabeça!*

"*Use a Cabeça! Análise e Projeto Orientado ao Objeto* é um livro atual no assunto de A&POO. O que diferencia esse livro é seu foco no aprendizado. Os autores tornaram o conteúdo da A&POO acessível e útil ao praticante.

    — **Ivar Jacobson, Ivar Jacobson Consulting**

"Acabei de ler *Use a Cabeça! Análise e Projeto Orientado ao Objeto* e amei o livro! O que eu mais gostei foi o seu foco no porquê de utilizarmos a A&POO – para escrever ótimos programas!"

    — **Kyle Brown, Engenheiro conceituado, IBM**

"Escondida por trás de figuras divertidas e fontes malucas há uma apresentação séria, inteligente e extremamente bem projetada em Análise e Projeto Orientado ao Objeto. Enquanto lia o livro, parecia que estava observando um designer especialista me explicando quais assuntos eram importantes em cada passo e porquê."

    — **Edward Sciore, Professor Associado do Departamento de Ciências da Computação do Boston College**

"De maneira geral, *Use a Cabeça! Desenvolvimento de Software* é um ótimo recurso para qualquer pessoa que espera formalizar suas habilidades em programação, de maneira que envolve o leitor constantemente em inúmeros níveis diferentes."

    — **Andy Hudson, Revista Linux Format**

"Se você for desenvolvedor de software novato, *Use a Cabeça! Desenvolvimento de Software* fará com que você comece no caminho certo. Se for um desenvolvedor experiente (leia: de longa data), não o descarte assim tão rápido..."

    — **Thomas Duff, Duffbert´s Random Musings**

"Há algo para todos em *Use a Cabeça! Java*. Aprendizes visuais, aprendizes cinestésicos, todos podem aprender com esse livro. Os recursos visuais facilitam para que você se lembre das coisas, além de o livro estar escrito em um estilo bastante acessível – muito diferente da maioria dos manuais de Java... *Use a Cabeça! Java* é um livro útil. Posso ver livros da série *Use a Cabeça!* na sala de aula, seja em escolas do ensino médio ou em salas de ensino para adultos. Definitivamente consultarei este livro, assim como o indicarei para outras pessoas."

    — **Warren Kelly, Blogcritics.org, março de 2006**

"Em vez de um aprendizado no estilo textual, *Use a Cabeça! Desenvolvendo para iPhone* traz uma abordagem bem-humorada, envolvente e até mesmo agradável do aprendizado do desenvolvimento do iOS. Com uma abordagem das principais tecnologias, incluindo os dados centrais e até mesmo aspectos cruciais, como o design da interface, o conteúdo é aptamente selecionado e bem qualificado. Onde mais você veria um bate-papo familiar entre o UIWebView e UITextFiled?"

    — **Sean Murphy, designer e desenvolvedor iOS**

Elogios a outros livros da série *Use a Cabeça!*

"Outra coisa legal em *Use a Cabeça! Java, 2ª Edição*, é que ele aguça o apetite para que você busque saber mais. Com uma abordagem recente sobre os tópicos mais avançados, como Swing e RMI, você não aguentará esperar até mergulhar nessas APIs e codificar esse programa impecável de 100.000 linhas em Java.net que lhe trará fama e fortuna com capital de risco. Há também bastante material e mesmo algumas das melhores práticas sobre networking e threads – meu próprio ponto fraco. Nesse caso, só me resta ficar emocionado quando os autores usam uma operadora de telefone de 1950 – é, você entendeu, aquela senhora com um penteado colmeia – como uma analogia às portas TCP/IP... você deveria mesmo ir até uma livraria e folhear *Use a Cabeça! Java, 2ª Edição*. Mesmo que você já saiba de Java, poderá pegar uma ou duas coisas. E se não conhece, apenas folhear as páginas já é bastante divertido.

> — **Robert Eckstein, Java.sun.com**

"É claro que não é a variedade do material que faz *Use a Cabeça! Java* se destacar, são o estilo e a abordagem. Esse livro foi de longe retirado de um livro de ciência da computação ou de um manual técnico como você pode ver [com sua] aplicação do uso de quadrinhos, testes, ímãs de geladeira (sim, ímãs de geladeira...). E, no lugar do costumeiro tipo de exercício de leitura, você deve fingir que é o compilador e compilar o código ou, talvez, reunir um código, preenchendo os espaços em branco, ou... você entendeu... A primeira edição desse livro foi um dos nossos títulos recomendados para os novatos em Java e objetos. Essa nova edição não decepciona e substitui precisamente seu predecessor. Se você é uma dessas pessoas que dormem com um livro tradicional sobre computadores, então provavelmente ficará acordado e aprendendo com esse."

> — **TechBookReport.com**

"*Use a Cabeça! Web Design* é o seu ingresso para dominar todos esses tópicos complexos e compreender o que realmente está acontecendo no mundo do web design.... Se você não começou a usar algo tão envolvente quanto o Dreamweaver, então será uma ótima maneira de aprender o bom web design."

> — **Robert Pritchett, Macc Companion**

"É possível aprender o verdadeiro web design a partir de um livro? *Use a Cabeça! Web Design* é o segredo para projetar sites amigáveis ao usuário, desde requisições do cliente até storyboards feitos à mão e sites online que funcionam bem. O que o diferencia de outros livros sobre 'como construir um site' é que ele usa a pesquisa mais recente sobre a ciência e o aprendizado cognitivo para fornecer uma experiência de aprendizado visual rica em imagens e voltada para a maneira como o cérebro trabalha e aprende da melhor forma. O resultado é uma homenagem poderosa aos princípios básicos do web design que qualquer biblioteca de computadores de interesse geral verá como uma importante chave para o sucesso."

> — **Diane C. Donovan, California Bookwatch: The Computer Shelf**

"Eu definitivamente recomendo *Use a Cabeça! Web Design* para todos meus amigos programadores que querem compreender o lado mais artístico do negócio."

> — **Claron Twitchell, Utah Java User Group**

Outros Livros da série *Use a Cabeça!* da Alta Books

Use a Cabeça! Ajax Profissional
Use a Cabeça! Álgebra
Use a Cabeça! Análise e Projeto Orientado ao Objeto
Use a Cabeça! Análise de Dados
Use a Cabeça! C# - 2ª Edição
Use a Cabeça! Desenvolvimento de Software
Use a Cabeça! Desenvolvendo para iPhone
Use a Cabeça! Estatística
Use a Cabeça! Excel
Use a Cabeça! Física
Use a Cabeça! Geometria 2D
Use a Cabeça! Java 2ª Edição
Use a Cabeça! JavaScript
Use a Cabeça! Padrões de Projetos 2ª Edição
Use a Cabeça! Programação
Use a Cabeça! PHP & MySQL
Use a Cabeça! PMP
Use a Cabeça! Python
Use a Cabeça! Rails - 2ª Edição
Use a Cabeça! Redes de Computadores
Use a Cabeça! Servlets & JSP 2º Edição
Use a Cabeça! SQL
Use a Cabeça! Web Design

Use a Cabeça! jQuery

Não seria incrível se houvesse um livro que me ajudasse a aprender e usar jQuery e que fosse mais divertido do que ir ao dentista? Talvez isso seja apenas uma ilusão...

Ryan Benedetti
Ronan Cranley

ALTA BOOKS
EDITORA
Rio de Janeiro, 2013

Use a Cabeça! jQuery Copyright © 2013 da Starlin Alta Editora e Consultoria Eireli. ISBN: 978-85-7608-757-1

Translated from original Head First jQuery © 2011 by Ryan Benedetti and Ronan Cranley, Inc. ISBN 978-1-449-39321-2. This translation is published and sold by permission O'Reilly Media, the owner of all rights to publish and sell the same. PORTUGUESE language edition published by Starlin Alta Editora e Consultoria Eireli, Copyright © 2013 by Starlin Alta Editora e Consultoria Eireli.

Todos os direitos reservados e protegidos por Lei. Nenhuma parte deste livro, sem autorização prévia por escrito da editora, poderá ser reproduzida ou transmitida.

Erratas: No site da editora relatamos, com a devida correção, qualquer erro encontrado em nossos livros.(Procure pelo nome do livro).

Marcas Registradas: Todos os termos mencionados e reconhecidos como Marca Registrada e/ou Comercial são de responsabilidade de seus proprietários. A Editora informa não estar associada a nenhum produto e/ou fornecedor apresentado no livro.

Impresso no Brasil

Vedada, nos termos da lei, a reprodução total ou parcial deste livro.

Produção Editorial
Editora Alta Books

Gerência Editorial
Anderson Vieira

Supervisão Gráfica & Editorial
Angel Cabeza

Supervisão de Qualidade Editorial
Sergio Luiz de Souza

Supervisão de Texto
Jaciara Lima

Conselho de Qualidade Editorial
Anderson Vieira
Angel Cabeza
Marco Aurélio Silva
Natália Gonçalves
Sergio Luiz de Souza

Editoria de Informática
Jaciara Lima

Equipe de Design
Bruna Serrano
Iuri Santos

Equipe Editorial
Brenda Ramalho
Claudia Braga
Cristiane Santos
Daniel Siqueira
Danilo Moura
Evellyn Pacheco
Juliana de Paulo
Juliana Larissa Xavier
Licia Oliveira
Livia Brazil
Marcelo Vieira
Milena Souza
Paulo Camerino
Pedro Sá
Thiê Alves
Vanessa Gomes
Vinicius Damasceno

Tradução
Elda Couto

Copidesque
Lídia Orphão

Revisão Técnica
Flávio Silveira
Analista de Tecnologia

Revisão Gramatical
Paola Goussain

Diagramação
Lucia Quaresma

Marketing e Promoção
Daniel Schilklaper
marketing@altabooks.com.br

1ª Reimpressão, novembro 2013

Dados Internacionais de Catalogação na Publicação (CIP)

```
B462u    Benedetti, Ryan.
             Use a cabeça! : jQuery / Ryan Benedetti, Ronan Cranley. – Rio
         de Janeiro, RJ : Alta Books, 2013.
             536 p. : il. ; 24 cm. – (Use a cabeça!)

             Tradução de: Head First jQuery.
             ISBN 978-85-7608-757-1

             1. JavaScript (Linguagem de programação de computador). 2.
         Sites da Web - Projetos. 3. Linguagem de programação
         (Computadores). I. Cranley, Ronan. II. Título. III. Série.

                                                   CDU 004.438JavaScript
                                                   CDD 005.73
```

Índice para catálogo sistemático:
1. JavaScript (Linguagem de programação de computador)   004.438JavaScript

(Bibliotecária responsável: Sabrina Leal Araujo – CRB 10/1507)

Rua Viúva Cláudio, 291 – Bairro Industrial do Jacaré
CEP: 20970-031 – Rio de Janeiro – Tels.: 21 3278-8069/8419 Fax: 21 3277-1253
www.altabooks.com.br – e-mail: altabooks@altabooks.com.br
www.facebook.com/altabooks – www.twitter.com/alta_books

Dedicamos este livro aos Mestres Jedi do JavaScript: John Resig (criador e desenvolvedor líder da biblioteca jQuery), Douglas Crockford, David Flanagan e Brendan Eich.

Aos meus três milagres: Josie, Vin e Shonna.

— **Ryan**

A Caitlin e Bono: Obrigado por tudo!

— **Ronan**

os autores

Ryan Benedetti é Mestre em Belas Artes de escrita criativa na Universidade de Montana e trabalha como desenvolvedor web/especialista em multimídia na Universidade de Portland. Trabalha com jQuery, Flash, ActionScript, Creative Suite da Adobe, Liferay Portal, Jakarta Velocity do Apache e Drupal.

Há sete anos, Ryan trabalhou como diretor de departamento da Information Technology and Computer Engineering, na Salish Kooteni College. Antes disso, trabalhou como editor e especialista de sistemas de informação em programa de pesquisa sobre rios, córregos e pântanos, na Escola de Silvicultura, na Universidade de Montana.

Os poemas de Ryan foram publicados na revista *Cut Bank* e no periódico *Exquisite Corpse* de Andrei Codrescu. Ele passa suas horas livres pintando, criando desenhos animados, tocando gaita de blues e praticando zazen. Passa seus melhores momentos com a filha, o filho e sua amada, Shonna, em Portland, Oregon. Também gosta de passear com seus companheiros animais: Rocky, Munch, Fester e Taz.

Ronan Cranley trabalha para a Universidade de Portland – passando de desenvolvedor web para desenvolvedor web sênior/gerente de sistemas para diretor assistente de web e sistemas admin – desde que mudou de Dublin, Irlanda, para Portland, Oregon, em 2006.

Obteve seu diploma de bacharel em ciências da computação do Institute of Technology, em Dublin, formando-se com honras em 2003. Em sua carreira na faculdade e em seu cargo anterior no ESB International em Dublin e em seu cargo atual na Universidade de Portland, Ronan tem trabalhado com uma variedade de projetos diferentes em PHP, VB.NET, C# e Java. Eles incluem, mas não se limitam a um sistema GIS do lado cliente, um sistema de gerenciamento de conteúdo caseiro, um sistema de calendário/agendamento e um mashup jQuery/Google Maps.

Quando não está projetando e construindo aplicações web frontend, também trabalha como DBA SQL Server na universidade. Em seu tempo livre, Ronan passa muitas horas no campo de futebol, no curso de golfe, saindo com sua esposa, Caitlin, e seu bulldog inglês, Bono, e apreciando o máximo do Noroeste do Pacífico.

Conteúdo (Sumário)

	Introdução	xxiii
1	Começando com jQuery: *Página Web em Ação*	1
2	Seletores e métodos: *Pegue-os e vá em frente*	35
3	Eventos e funções jQuery: *Fazendo as coisas acontecerem em suas páginas*	75
4	Manipulação de página web com jQuery: *Modele o DOM*	123
5	Efeitos e animação com jQuery: *Um leve deslizar em seu andar*	175
6	jQuery e JavaScript: ~~Luke~~ *jQuery, eu sou seu pai!*	215
7	Funções customizadas para efeitos customizados: *O que você tem feito por mim ultimamente?*	253
8	jQuery e Ajax: *Por favor, passe os dados*	291
9	Manipulando dados JSON: *Cliente, Conheça o Servidor*	325
10	jQuery UI: *Transformação radical do formulário*	371
11	jQuery e APIs: *Objetos, objetos por todo lugar*	411
i	Sobras: *As dez melhores coisas (que não cobrimos)*	447
ii	Configure um ambiente de desenvolvimento: *Prepare-se para os bons tempos*	461

Sumário (A Coisa Real)

Introdução

Sua mente concentrada em jQuery. Aqui está *você* tentando *aprender* algo, enquanto o seu *cérebro* está lhe fazendo um favor ao certificar-se de que o aprendizado não se *fixe*. Seu cérebro está pensando: "Melhor deixar espaço para coisas mais importantes, como quais animais selvagens evitar e se esquiar na neve pelado é má ideia". Então, como enganar o seu cérebro para fazê-lo pensar que sua vida depende de você aprender jQuery?

A quem se destina este livro?	xxiv
Metacognição: pensando sobre pensar	xxvii
Leia-me	xxx
Revisão técnica	xxxiv
Agradecimentos	xxxv

você está aqui ▶ **ix**

conteúdo

1
começando com jQuery
Página Web em Ação

Você quer mais em suas páginas web. Você tem experiência em HTML e CSS e quer acrescentar script em seu conjunto de habilidades, mas não deseja passar a vida inteira escrevendo linhas e linhas de script. Você precisa de uma biblioteca de script que o permita mudar páginas web instantaneamente. E já que estamos pedindo, será que ela também é capaz de atuar bem com AJAX e PHP? Consegue fazer em 3 linhas de código o que a maioria das linguagens do lado cliente faz em 15? Vamos fazer pensamento positivo? Não tem jeito! Você precisa conhecer jQuery.

Você quer força na página web	2
HTML e CSS são bons, mas...	3
... você precisa da força do script	4
Entre com jQuery (e JavaScript)!	5
Olhe dentro do navegador	7
A estrutura escondida de uma página web	8
jQuery torna o DOM menos assustador	9
Como *isso* funciona?	11
jQuery seleciona elementos da mesma forma que o CSS	13
Estilo, conheça o script	14
Seletores jQuery a seu dispor	15
Traduzindo o jQuery	16
Sua primeira apresentação em jQuery	20
Configure seus arquivos HTML e CSS	24
Fique com o esmaecimento	27
É isso?	28
Você salvou a campanha Amigos Peludos	30
Sua Caixa de Ferramentas jQuery	33

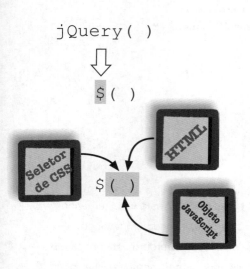

x *introdução*

conteúdo

2 seletores e métodos
Pegue-os e vá em frente

jQuery o ajuda a agarrar os elementos da página web e fazer todos os tipos de coisas com eles. Neste capítulo, entraremos mais a fundo nos seletores e métodos do jQuery. Com os seletores jQuery, podemos pegar os elementos em nossa página e, com os métodos, podemos fazer coisas com esses elementos. Assim como um grande livro de feitiços mágicos, a biblioteca do jQuery permite que mudemos milhares de coisas instantaneamente. Podemos fazer com que as imagens desapareçam e reapareçam de repente. Podemos selecionar uma determinada parte do texto e animar a mudança para o tamanho da sua fonte. Portanto, continue o show – pegue alguns elementos da página web e vamos adiante!

A Promoção Pule de Alegria precisa de sua ajuda	36
Quais são as requisições do projeto?	37
Entre com as divs	39
O evento click de perto	42
Acrescente o método click em sua página	45
Seja mais específico	47
Criando classes para seus elementos	48
ID-entificando elementos	49
Ligue sua página web	52
Enquanto isso, voltamos para nossa lista	55
Criando espaço de armazenamento	56
Misture as coisas com a concatenação	57
Insira sua mensagem com append	59
Tudo está funcionando bem, mas...	61
Coloque $(this) para funcionar	64
Dê adeus com remove	66
Aprofunde-se nos seletores descendentes	67
Sua vez de pular de alegria	73
Sua Caixa de Ferramentas jQuery	74

você está aqui ▶ xi

conteúdo

3 eventos e funções jQuery
Fazendo as coisas acontecerem em suas páginas

jQuery faz com que você coloque ação e interatividade em qualquer página web com facilidade. Neste capítulo, veremos como fazer sua página reagir quando as pessoas interagirem com ela. Fazer seu código rodar em resposta às ações do usuário coloca o seu site em um nível totalmente novo. Também veremos como construir funções reutilizáveis para que você possa escrever o código uma vez e usá-lo várias vezes.

O escutador de evento ouve o evento e o passa ao... ...interpretador JavaScript, que resolve o que precisa acontecer em cada evento...

`var pts = 250;`

Suas habilidades em jQuery foram requisitadas novamente	76
O homem do dinheiro tem uma observação...	77
Capacitando sua página para um evento	79
Nos bastidores de um escutador de evento	80
Ligando um evento	81
Ativando eventos	82
Removendo um evento	86
Passando pelos elementos ~~em movimento~~	90
A estrutura do seu projeto	96
Fazendo as coisas funcionarem e serem funcionais	100
Os detalhes de uma função	101
A função anônima	102
Funções nomeadas como manipuladoras de evento	103
Passando uma variável para uma função	106
As funções também podem retornar um valor	107
Use a lógica condicional para tomar decisões	109
A Promoção Pule de Alegria precisa de mais ajuda	113
Os métodos podem mudar as CSS	115
Acrescente um evento hover	117
Você está quase lá...	119
Sua Caixa de Ferramentas jQuery	122

conteúdo

4

manipulação de página web com jQuery
Modele o DOM

Só porque a página terminou de ser carregada, não significa que ela tenha de manter a mesma estrutura. No Capítulo 1, vimos como o DOM é construído, enquanto a página é carregada para configurar a estrutura da página. Neste capítulo, veremos como ir para cima e para baixo, através da estrutura do DOM, e trabalhar com a hierarquia do elemento e relacionamento pai/filho, para mudar a estrutura da página instantaneamente, usando jQuery.

O Restaurante da Weblândia quer um menu interativo	124
Vire vegetariano	125
Crie classes para seus elementos	130
Coloque botões	133
O que vem agora?	135
Passando pela árvore do DOM	140
Os métodos de atravessamento percorrem o DOM	141
Vá além com os métodos de encadeamento	142
As variáveis também podem armazenar elementos	149
Aquele cifrão outra vez...	150
Aumente suas opções de armazenamento com arrays	151
Armazene elementos em um array	152
Altere elementos com replaceWith	154
Como o replaceWith pode ajudar?	155
Pense com antecedência antes de usar replaceWith	157
replaceWith não funciona em todo tipo de situação	158
Insira o conteúdo HTML no DOM	159
Use métodos de filtragem para delimitar suas seleções (Parte 1)	161
Use métodos de filtragem para delimitar suas seleções (Parte 2)	162
Traga o hambúrguer de volta	165
Um array carnudo	167
O método each faz loop nos arrays	168
É isso... certo?	171
Sua Caixa de Ferramentas jQuery	174

você está aqui ▶ **xiii**

conteúdo

5
efeitos e animação com jQuery
Um leve deslizar em seu andar

Fazer as coisas acontecerem em sua página é muito bom, mas se você não conseguir deixá-la com uma boa aparência, as pessoas não desejarão usar seu site. É aí que entram os efeitos e a animação com jQuery. Neste capítulo, você aprenderá como fazer transição dos elementos em sua página com o passar do tempo, exibir ou ocultar partes específicas dos elementos que são relevantes e reduzir ou aumentar um elemento na página, tudo antes que seus usuários vejam. Você também verá como agendar essas animações, para que elas aconteçam em vários intervalos e deem uma aparência bastante dinâmica a sua página.

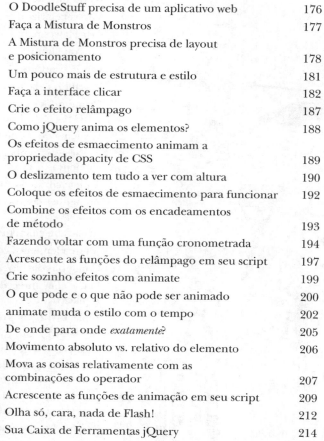

O DoodleStuff precisa de um aplicativo web	176
Faça a Mistura de Monstros	177
A Mistura de Monstros precisa de layout e posicionamento	178
Um pouco mais de estrutura e estilo	181
Faça a interface clicar	182
Crie o efeito relâmpago	187
Como jQuery anima os elementos?	188
Os efeitos de esmaecimento animam a propriedade opacity de CSS	189
O deslizamento tem tudo a ver com altura	190
Coloque os efeitos de esmaecimento para funcionar	192
Combine os efeitos com os encadeamentos de método	193
Fazendo voltar com uma função cronometrada	194
Acrescente as funções do relâmpago em seu script	197
Crie sozinho efeitos com animate	199
O que pode e o que não pode ser animado	200
animate muda o estilo com o tempo	202
De onde para onde *exatamente*?	205
Movimento absoluto vs. relativo do elemento	206
Mova as coisas relativamente com as combinações do operador	207
Acrescente as funções de animação em seu script	209
Olha só, cara, nada de Flash!	212
Sua Caixa de Ferramentas jQuery	214

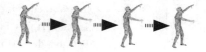

conteúdo

6
jQuery e JavaScript
~~Luke~~ jQuery, eu sou seu pai!

jQuery não consegue fazer tudo sozinho. Embora seja uma biblioteca JavaScript, infelizmente ele não pode fazer tudo que sua linguagem pai pode fazer. Neste capítulo, veremos alguns dos recursos de JavaScript que você precisará para criar sites bastante convincentes e como jQuery pode usá-los para criar listas e objetos customizados, assim como fazer loop nessas listas e objetos, para facilitar ainda mais sua vida.

Animando o Lounge do *Use a Cabeça!*	216
Os objetos oferecem armazenamento ainda mais inteligente	218
Construa seus próprios objetos	219
Crie objetos reutilizáveis com construtores de objeto	220
Interagindo com objetos	221
Configure a página	222
O retorno dos arrays	225
Acessando arrays	226
Acrescente e atualize itens nos arrays	227
Realize uma ação novamente (várias vezes...)	229
Procurando uma agulha no palheiro	232
Hora de tomar uma decisão... novamente!	239
Operadores de comparação e lógicos	240
Limpar as coisas com jQuery...	246
Coloque mais animação	250
Sua Caixa de Ferramentas jQuery/JavaScript	252

você está aqui ▶ **xv**

conteúdo

7 funções customizadas para efeitos customizados
O que você tem feito por mim ultimamente?

Ao combinar os efeitos customizados de jQuery com as funções de Javascript, você pode tornar o seu código – e sua aplicação web – mais eficiente, mais eficaz e mais *poderoso*. Neste capítulo, você se aprofundará em como melhorar seus efeitos com jQuery, lidando com **eventos do navegador**, trabalhando com **funções cronometradas** e melhorando a **organização e a reusabilidade** de suas funções customizadas em Javascript.

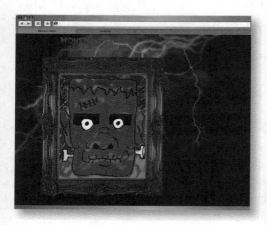

Uma tempestade está se formando	254
Criamos um monstro...de função	255
Domine os efeitos cronometrados com o objeto window	256
Responda aos eventos do navegador com onblur e onfocus	259
Os métodos cronometrados dizem às suas funções *quando* elas devem rodar	263
Escreva as funções stopLightning e goLightning	266
Pedido de recurso para a Mistura de Monstros	274
Vamos ficar (mais) aleatórios	275
Você já conhece a posição atual...	276
...e a função getRandom também	276
Mova da posição relativa para a atual	280
Mistura de Monstros v2 é um sucesso!	289
Sua Caixa de Ferramentas jQuery	290

setTimeout()

setInterval()

delay()

conteúdo

8 jQuery e Ajax
Por favor, passe os dados

Usar jQuery para fazer truques legais com CSS e DOM é divertido, mas logo você precisará ler informações (ou dados) de um servidor e exibi-las. Talvez você até tenha de atualizar pequenas partes da página com as informações do servidor, sem ter de recarregar a página. É aí que entra o Ajax. Combinado com jQuery e JavaScript, ele pode fazer exatamente isso. Neste capítulo, aprenderemos como jQuery faz para realizar chamadas do Ajax com o servidor e o que ele pode fazer com as informações retornadas.

Traga a Corrida Bit to Byte para este século	292
Analisando a página do ano passado	293
Tornando-se dinâmica	296
ANTIGA web, conheça a NOVA web	297
Compreendendo Ajax	298
O fator X	299
Obtenha dados com GET, usando o método ajax.	304
Analisando os dados XML	306
Programando eventos em uma página	310
Funções de autorreferenciamento	311
Obtendo mais de seu servidor	314
Que horas são?	315
Desativando eventos programados em sua página	320
Sua Caixa de Ferramentas jQuery/Ajax	324

você está aqui ▶ **xvii**

conteúdo

9

manipulando dados JSON
Cliente, Conheça o Servidor

Apesar de a leitura de dados a partir de um arquivo XML ter sido útil, nem sempre isso funcionará. Um formato de troca de dados mais eficiente (JavaScript Object Notation, ou JSON) facilitará para que você obtenha os dados do lado servidor. JSON também é mais fácil de ser gerado e lido do que o XML. Ao usar jQuery, PHP e SQL, você aprenderá como criar um banco de dados para armazenar informações, de modo que possa recuperá-las mais tarde, usando JSON, e exibi-las na tela, usando jQuery. Uma verdadeira aplicação web super poderosa!

O Departamento de Marketing da MegaCorp Weblândia não conhece o XML	326
Os erros de XML quebram a página	327
Colete dados de uma página web	328
O que fazer com os dados	331
Formate os dados antes de enviá-los	332
Envie os dados para o servidor	333
Armazene seus dados em um banco de dados MySQL	335
Crie seu banco de dados para armazenar informações em execução.	336
A anatomia de uma declaração insert	338
Use PHP para acessar os dados	341
Cuide dos dados POST no servidor	342
Conecte-se a um banco de dados com PHP	343
Use select para ler os dados de um banco de dados	345
Obtenha dados com PHP	347
JSON para salvá-lo!	350
jQuery + JSON = Incrível	351
Algumas regras de PHP...	352
(Mais) algumas regras de PHP...	353
Formate a saída usando PHP	354
Acesse os dados no objeto JSON	361
Aplicação de sanitização e validação de dados em PHP	364
Sua Caixa de Ferramentas jQuery/Ajax/PHP/MySQL	369

conteúdo

10

jQuery UI
Transformação radical do formulário

A web vive e morre pelos usuários e seus dados. Coletar dados dos usuários é um grande negócio e pode ser um desafio que consome o tempo de um desenvolvedor web. Você viu como jQuery pode ajudar a fazer aplicações web em Ajax, PHP e MySQL funcionarem mais efetivamente. Agora vejamos como o jQuery pode nos ajudar a construir a interface do usuário para os formulários que coletam dados dos usuários. Ao longo do caminho, você receberá uma dose saudável do jQuery UI, a biblioteca oficial da interface do usuário para o jQuery.

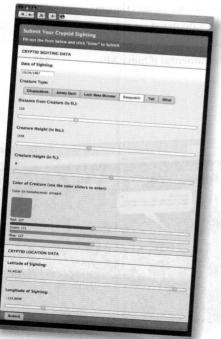

O Criptozoologistas.org precisa de uma transformação	372
Coloque informações em seu formulário HTML	373
Poupe suas dores de cabeça (e tempo), codificando com o jQuery UI	376
O que há dentro do pacote jQuery UI	380
Construa um calendário no formulário de aparições	381
Os bastidores do jQuery UI	382
Os widgets possuem opções customizadas	383
Estilizando seus botões	386
Controle as entradas numéricas com efeito deslizante	390
Os computadores misturam a cor, usando vermelho, verde e azul	399
Construa a função refreshSwatch	402
Uma última coisinha...	406
Sua Caixa de Ferramentas jQuery	410

você está aqui ▶ **xix**

conteúdo

configure um ambiente de desenvolvimento
Prepare-se para os bons tempos

11

Você precisa de um lugar para praticar suas habilidades recém-descobertas em PHP sem que isso torne seus dados vulneráveis na web. Sempre é bom ter um local seguro para desenvolver sua aplicação em PHP antes de soltá-la no mundo (na world wide web). Este apêndice contém instruções de instalação de um servidor web, MySQL e PHP, para lhe dar um local para trabalhar e treinar que seja seguro.

Crie um ambiente de desenvolvimento PHP	462
Descubra o que você tem	462
Você tem um servidor web?	463
Você tem o PHP? Qual versão?	463
Você tem o MySQL? Qual versão?	464
Comece com o servidor web	465
Instalação do Apache... concluída	466
Instalação do PHP	466
Passos para instalação do PHP	467
Passos para instalação do PHP... concluído	468
Instalando o MySQL	468
Passos para instalar o MySQL no Windows	469
Faça o download do seu instalador	470
Escolha uma pasta de destino	471
Habilitando o PHP no Mac OS X	474
Passos para instalar o MySQL no Mac OS X	474

xxii *introdução*

Como usar este livro
Introdução

Nesta seção, respondemos a grande pergunta: "Afinal, porque colocaram ISSO em um livro de jQuery?"

como usar este livro

A quem se destina este livro?

Se você responder "sim" para qualquer uma dessas perguntas:

1. Você tem experiência anterior em design ou desenvolvimento web?
2. Você quer **aprender**, **entender**, **lembrar** e **aplicar** conceitos importantes de jQuery e JavaScript para poder tornar suas páginas web mais interativas e interessantes?
3. Você prefere uma **conversa estimulante em um jantar com os amigos**, em vez de **palestras acadêmicas sem graça e sem efeito**?

Definitivamente também ajuda se você já souber alguns trechos de script. A experiência com JavaScript é útil, mas definitivamente não é obrigatória.

este livro é para você.

Quem provavelmente deve fugir deste livro?

Se você responder "sim" para qualquer uma dessas perguntas:

1. Você é **completamente novato** na área de desenvolvimento web?
2. Você já está desenvolvendo aplicações web e procurando um **guia de referência** sobre jQuery?
3. Você tem **medo de tentar algo diferente**? Você preferiria fazer um tratamento de canal do que misturar listras com xadrez? Você acredita que um livro técnico não é capaz de ser sério se o Pé-grande estiver nele?

Confira Use a Cabeça! HTML com CSS & XHTML para ler uma introdução excelente sobre desenvolvimento web e depois volte e participe conosco da jQuerylândia.

este livro não é para você.

[Observação do Marketing: Este livro é para quem tem um cartão de crédito. Ou dinheiro. Dinheiro também serve. — DanJ

a introdução

Sabemos o que você está pensando.

"Como *este* pode ser um livro sério de desenvolvimento jQuery?"

"Para que todas as figuras?"

"Conseguirei *aprender* realmente dessa forma?"

E sabemos o que o seu *cérebro* está pensando.

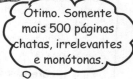

Seu cérebro procura novidade. Está sempre procurando, pesquisando, *esperando* por algo incomum. Ele foi gerado assim e isto o ajuda a permanecer vivo.

Mas o que seu cérebro faz com todas as coisas rotineiras, comuns e ordinárias que você encontra? O possível para evitar que interfiram em sua *verdadeira* tarefa — gravar as coisas que *interessam*. Não interessa gravar as coisas chatas; elas nunca passam pelo filtro "é claro que isso não é importante".

Como seu cérebro *sabe* o que é importante? Suponhamos que você saísse para a caminhada diária e um tigre saltasse em sua frente, o que aconteceria dentro de sua cabeça e de seu corpo? Acionamento dos neurônios. Ativação das emoções. *Explosão química*. E é assim que seu cérebro fica sabendo...

Isso deve ser importante! Não se esqueça!

Mas imagine se você estivesse em casa ou em uma biblioteca. É um local seguro, aconchegante, sem tigres. Você está estudando. Preparando-se para uma prova. Ou tentando aprender algum assunto técnico difícil que seu chefe acha que vai levar uma semana, dez dias no máximo.

Só há um problema. Seu cérebro está tentando lhe fazer um grande favor.

Está tentando se certificar de que esse conteúdo *obviamente* irrelevante não use recursos escassos. Recursos que seriam mais bem utilizados no armazenamento das coisas realmente importantes. Como os tigres. Como o perigo de incêndio. Como você nunca tentar praticar snowboard de shorts novamente.

E não há uma maneira simples de dizer a seu cérebro: "Ei cérebro, muito obrigado, mas independente do quanto esse livro é chato, e de como eu estou registrando em um nível baixo na escala Richter emocional nesse momento, *quero* realmente que você guarde isso".

você está aqui ▶ **XXV**

como usar este livro

Entendemos que o leitor de um livro da série "*Use a Cabeça!*" é um <u>aprendiz</u>.

Mas o que é necessário para *aprender* algo? Primeiro, você tem de *entender*, depois se certificar de que não vai *esquecer*. Não se trata apenas de empurrar os fatos para dentro de sua cabeça. Com base na pesquisa mais recente da ciência cognitiva, neurobiologia e psicologia educacional, é preciso muito mais para se *aprender* do que apenas texto em uma página. Sabemos o que interessa a seu cérebro.

Alguns dos princípios de aprendizagem da série *Use a Cabeça!*

Torne-o visual. É muito mais fácil memorizar imagens do que palavras isoladas. As imagens tornam o aprendizado muito mais eficaz (até 89% de melhoria em estudos de lembrança e transferência de conhecimento) e também tornam as coisas mais inteligíveis.

Coloque as palavras dentro ou perto da figura às quais estão relacionadas, em vez de embaixo ou em outra página, e os aprendizes ficarão *duas vezes* mais aptos do que o normal a resolver problemas referentes ao conteúdo.

Além disso, a figura do amigo peludo simplesmente aparece. Você consegue deixá-la com efeito deslizante mais lento e fazê-la aparecer gradualmente?

Use um estilo coloquial e personalizado. Em estudos recentes, alunos se saíram até 40% melhor em testes pós-aprendizado quando o conteúdo se comunicava diretamente com o leitor, usando um estilo coloquial e em primeira pessoa, em vez de adotar um tom formal. Contar histórias em vez de proferir palestras. Usar linguagem casual. Não se leve tão a sério. Em quem *você* prestaria mais atenção: em uma companhia estimulante no jantar ou em uma palestra?

Faça o aprendiz pensar com mais afinco. Em outras palavras, a menos que você flexione seus neurônios ativamente, não acontecerá muita coisa em sua cabeça. Um leitor tem de estar motivado, engajado, curioso e inspirado a resolver problemas, tirar conclusões e gerar novos conhecimentos. E para que isso ocorra, você precisa de desafios, exercícios e perguntas que instiguem o pensamento, além de atividades que envolvam os dois lados do cérebro e vários sentidos.

Prenda — e mantenha — a atenção do leitor. Todos nós já tivemos uma experiência do tipo "quero realmente aprender isso, mas não consigo ficar acordado após a página um". Seu cérebro presta atenção em coisas que são fora do comum, interessantes, estranhas, atraentes, inesperadas. Aprender um assunto técnico novo e difícil não precisa ser chato. O cérebro aprenderá muito mais rapidamente se não for.

Toque as emoções deles. Agora sabemos que sua habilidade de lembrar algo depende muito do seu conteúdo emocional. Você se lembrará do que lhe preocupar. Lembrará quando *sentir* algo. Não estamos falando de histórias dramáticas sobre um menino e seu cachorro. Estamos falando de emoções, como surpresa, curiosidade, diversão, de pensamentos do tipo "mas o que é isso?" e do sentimento "eu sou o bom!", que surge quando você resolve um enigma, aprende algo que as outras pessoas acham difícil ou percebe que sabe algo que o Bob "sou mais técnico que você" da engenharia *não* sabe.

a introdução

Metacognição: pensando sobre pensar

Se você quiser realmente aprender, e quiser fazê-lo mais rápida e eficientemente, preste atenção em como prestar atenção. Pense em como você pensa. Entenda como aprende. Quase nenhum de nós fez cursos de metacognição ou teoria do aprendizado quando estava crescendo. *Esperavam* que aprendêssemos, mas raramente nos *ensinavam* a aprender.

Mas presumimos que, por você estar segurando este livro, deseja aprender jQuery. E é provável que não queira levar muito tempo com isso. Já que vai trabalhar com ele futuramente, precisa *lembrar* o que leu. E para isso, tem de *entendê-lo*.

Para aproveitar este livro ao máximo, ou *qualquer* livro ou experiência de aprendizagem, tome as rédeas de seu cérebro. Dedique-se a *esse* conteúdo.

O truque é fazer seu cérebro ver o novo material que você está aprendendo como Realmente Importante. Crucial para seu bem-estar. Tão importante quanto um tigre. Caso contrário, você estará em batalha constante, com seu cérebro fazendo o melhor para deixar o novo conteúdo escapar.

Então como exatamente FAZER seu cérebro tratar o desenvolvimento com jQuery como se fosse um tigre faminto?

Há a maneira tediosa e lenta ou a mais rápida e efetiva. A maneira lenta é através da repetição contínua. É claro que você sabe que consegue aprender e lembrar até o mais chato dos tópicos se continuar insistindo nisso. Com um nível suficiente de repetição, seu cérebro pensará "Isso não *parece* importante, mas ele continua se dedicando à mesma coisa *repetidamente*, portanto, suponho que deva ser".

A maneira mais rápida é fazer *qualquer coisa que aumente a atividade cerebral*, principalmente *tipos* diferentes de atividade cerebral. Os itens da página anterior são grande parte da solução e todos comprovadamente ajudarão seu cérebro a trabalhar a seu favor. Por exemplo, estudos mostram que inserir palavras *dentro* das figuras que elas descrevem (e não em algum outro local da página, como em uma legenda ou no corpo do texto) fará com que seu cérebro tente descobrir como as palavras e a figura estão relacionadas, e isso ocasionará o acionamento de mais neurônios. Maior acionamento de neurônios = mais chances de seu cérebro *perceber* que isso é algo em que vale a pena prestar atenção e possivelmente memorizar.

O estilo coloquial ajuda porque as pessoas tendem a prestar mais atenção quando percebem que estão em uma conversa, já que se espera que elas acompanhem e exponham sua opinião. O interessante é que seu cérebro não está necessariamente *preocupado* com o fato da "conversa" ser entre você e um livro! Por outro lado, se o estilo da redação for formal e seco, ele perceberá como se você estivesse assistindo a uma palestra enquanto senta em uma sala cheia de espectadores passivos. Não é preciso ficar acordado.

Mas figuras e um estilo coloquial são apenas o começo.

você está aqui ▶ **xxvii**

como usar este *livro*

Aqui está o que NÓS fizemos:

Usamos *figuras*, porque seu cérebro é ajustado para captar estímulos visuais, e não textuais. No que diz respeito ao cérebro, uma figura realmente *vale mais que mil palavras*. E, quando usamos texto e figuras em conjunto, embutimos o texto *nas* figuras, porque o cérebro funciona mais eficientemente quando o texto está *dentro* daquilo a que ele se refere, e não em uma legenda ou oculto em algum local do texto.

Usamos a *repetição*, dizendo a mesma coisa de *diferentes* maneiras e por meios distintos, e *vários sentidos*, para aumentar a chance de que o conteúdo seja codificado em mais de uma área de seu cérebro.

Usamos conceitos e figuras de maneiras *inesperadas,* porque seu cérebro capta novidades, e empregamos figuras e ideias com pelo menos *algum conteúdo emocional*, porque o cérebro foi programado para prestar atenção à bioquímica das emoções. Qualquer coisa que fizer você *sentir* algo terá mais probabilidade de ser lembrada, mesmo se esse sentimento não passar de uma pequena *animação, surpresa* ou *interesse*.

Usamos um *estilo coloquial* personalizado, porque seu cérebro foi programado para prestar mais atenção quando acredita que está ocorrendo uma conversa do que quando acha que você está passivamente assistindo a uma apresentação. Ele fará isso até mesmo quando você estiver *lendo*.

Incluímos muitas *atividades*, porque seu cérebro foi programado para prestar mais atenção quando você *faz* coisas e não quando *lê*. E criamos exercícios desafiadores, porém viáveis, porque é isso que a maioria das pessoas prefere.

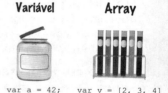

Usamos *vários estilos de aprendizagem*, porque *você* pode preferir procedimentos passo a passo, enquanto outra pessoa pode querer ter uma visão geral primeiro e outra deseja apenas ver um exemplo de código. Mas, independente de sua preferência de aprendizado, *todos* se beneficiarão em ver o mesmo conteúdo representado de várias maneiras.

Incluímos conteúdo para *os dois lados de seu cérebro*, porque quanto mais ele estiver comprometido, mais probabilidades você terá de aprender e lembrar, e mais tempo conseguirá se manter concentrado. Já que trabalhar um lado do cérebro geralmente significa dar ao outro lado a chance de descansar, você pode ser mais produtivo no aprendizado durante um período maior.

E incluímos *histórias* e exercícios que apresentam *mais de um ponto de vista*, porque seu cérebro foi programado para aprender mais intensamente quando é forçado a fazer avaliações e julgamentos.

Incluímos *desafios*, com exercícios, e *perguntas* que nem sempre têm uma resposta direta, porque seu cérebro foi programado para aprender e lembrar quando tem de *trabalhar* em algo. Pense bem — você não consegue colocar seu *corpo* em forma apenas *observando* as pessoas fazendo ginástica. Mas fizemos o melhor que pudemos para assegurar que, quando você estiver se esforçando muito, isso ocorra envolvendo as coisas *certas*. Que *você não gaste nem mesmo um dendrito extra*, processando um exemplo difícil de entender ou analisando jargões carregados e complexos ou texto extremamente conciso.

Usamos *pessoas*, em histórias, exemplos, figuras etc., porque, bem, porque *você* é uma pessoa. E seu cérebro presta mais atenção em *pessoas* do que em *coisas*.

a introdução

Veja o que VOCÊ pode fazer para que o seu cérebro se curve em sinal de submissão.

Corte isto e cole na geladeira

Fizemos nossa parte. O resto é com você. Essas dicas são um ponto de partida; escute seu cérebro e descubra o que funciona com você e o que não funciona. Tente coisas novas.

① **Vá devagar. Quanto mais você entende, menos tem de memorizar.**
Não *leia* apenas. Pare e pense. Quando o livro lhe fizer uma pergunta, não passe apenas para a resposta. Imagine que alguém *está* realmente lhe perguntando. Quanto mais você forçar seu cérebro a pensar, mais chances terá de aprender e lembrar.

② **Faça os exercícios. Faça suas próprias anotações.**
Nós os inserimos, mas se os resolvermos, seria como ter outra pessoa fazendo uma prova para você. E não *olhe* apenas para os exercícios. **Use um lápis**. Há muitas evidências de que a atividade física *durante* o estudo pode aumentar o aprendizado.

③ **Leia as seções "Não Existem Perguntas Idiotas".**
Quero dizer todas. Não se trata apenas de notas laterais opcionais — *elas fazem parte do conteúdo principal*! Não pule essas seções.

④ **Que isso seja a última coisa que você leia antes de dormir. Ou pelo menos a última coisa desafiadora.**
Parte do aprendizado (principalmente a transferência para a memória de longo prazo) ocorrerá *depois* que você fechar o livro. Seu cérebro precisa de um tempo próprio para continuar processando. Se você captar algo novo durante esse tempo de processamento, parte do que acabou de aprender será perdida.

⑤ **Beba água. Muita água.**
Seu cérebro funcionará melhor com um bom banho. A desidratação (que pode ocorrer antes mesmo de você sentir sede) diminui a função cognitiva.

⑥ **Converse sobre o que está lendo. Em voz alta.**
Falar ativa uma parte diferente do cérebro. Se você estiver tentando entender algo, ou quiser aumentar suas chances de lembrar posteriormente, fale em voz alta. Melhor ainda, tente explicar em voz alta para outra pessoa. Você aprenderá mais rapidamente e poderá descobrir particularidades que não tinha percebido ao ler sobre o assunto.

⑦ **Ouça seu cérebro.**
Preste atenção se seu cérebro está ficando sobrecarregado. Se perceber que começou a ler superficialmente ou a esquecer o que acabou de ler, é hora de fazer um intervalo. Uma vez que tiver passado de certo ponto, você não aprenderá com maior rapidez tentando assimilar mais e poderá até prejudicar o processo.

⑧ **Sinta algo!**
Seu cérebro precisa saber que isso é *importante*. Envolva-se com as histórias. Crie suas próprias legendas para as fotos. Reclamar de uma piada ruim é *ainda* melhor do que não sentir absolutamente nada.

⑨ **Crie algo!**
E aplique-o em seu trabalho diariamente; use o que está aprendendo para tomar decisões em seus projetos. Basta fazer algo para ter uma experiência que vá além dos exercícios e atividades deste livro. Tudo o que você precisa é de um lápis e um problema para resolver... um problema que pode ser beneficiado se você usar as ferramentas e técnicas que está estudando para a prova.

você está aqui ▶ **xxix**

como usar este livro

Leia-me

Essa é uma experiência de aprendizado, e não um livro de consulta. Eliminamos deliberadamente tudo que pudesse atrapalhar o aprendizado independente do que estivéssemos abordando nesse ponto do livro. E, na primeira leitura, você precisa começar desde o início, porque o livro faz suposições sobre o que você já viu e aprendeu.

Presumimos que você esteja familiarizado com HTML e CSS.

Se você não conhece HTML e CSS, adquira uma cópia de *Use A Cabeça! HTML com CSS & XHTML* antes de começar a ler este livro. Faremos algumas revisões sobre os seletores de CSS, mas não espere aprender tudo o que precisa saber sobre CSS aqui.

Não esperamos que você esteja familiarizado com JavaScript.

Nós sabemos, sabemos... essa opinião é controversa, mas acreditamos que você pode aprender jQuery mesmo não conhecendo JavaScript primeiramente. Você precisa conhecer um pouco de JavaScript para escrever jQuery, por isso ensinamos todos esses conceitos importantes junto com o código de jQuery. Cremos verdadeira e fortemente no lema do jQuery: Escreva menos. Faça mais.

Encorajamos você a usar mais de um navegador com este livro.

Encorajamos você a testar suas páginas, usando pelo menos três navegadores atualizados. Isso lhe proporcionará experiência ao ver diferenças entre os navegadores e ao criar páginas que funcionam bem em diversos navegadores.

Não é *Use a Cabeça!* Ferramentas para Desenvolvedores de Navegadores...

... mas esperamos que você saiba usá-las. Recomendamos o Chrome do Google, que você pode fazer o download aqui: *http://www.google.com/chrome*. É possível visitar os sites a seguir (conteúdo em inglês, em sua maioria) para obter mais informações sobre os seguintes navegadores e suas ferramentas de desenvolvimento.

Chrome do Google	*http://code.google.com/chrome/devtools/docs/overview.html*
Firebug do Firefox	*http://getfirebug.com/wiki/index.php/FAQ*
Safari	*http://www.apple.com/safari/features.html#developer*
Internet Explorer 8	*http://msdn.microsoft.com/pt-br/library/dd565628(v=vs.85).aspx*
Internet Explorer 9	*http://msdn.microsoft.com/pt-BR/ie/ff468705*
Dragonfly do Opera	*http://www.opera.com/dragonfly/*

Esperamos que você vá além deste livro

A melhor coisa que você pode fazer ao aprender algo novo é entrar em uma comunidade de aprendizado. Acreditamos que a comunidade do jQuery é uma das melhores e mais ativas no mundo da tecnologia. Você pode encontrar mais coisas aqui: *http://www.jquery.com* (conteúdo em inglês).

xxx *introdução*

a introdução

As atividades NÃO são opcionais.

Os exercícios e as atividades não são extras; são parte do conteúdo principal do livro. Algumas delas são para ajudar com a memória, algumas para compreensão, e algumas outras irão lhe ajudar a aplicar o que você acabou de aprender. *Não pule os exercícios*. Mesmo as palavras cruzadas são importantes – elas irão lhe ajudar a gravar os conceitos no seu cérebro. Porém, mais importante, elas são boas em dar ao seu cérebro uma oportunidade de pensar sobre as palavras e termos que você está aprendendo, em um contexto diferente.

A redundância é intencional e importante.

Uma diferença marcante em um livro *Use a Cabeça!* é que nós queremos que você *realmente* o use. E nós queremos que você termine o livro lembrando o que aprendeu. Muitos livros de referência não possuem a preservação e a lembrança do conhecimento como um ponto forte, mas este livro é sobre *aprendizagem,* então você verá alguns destes conceitos aparecendo aqui mais de uma vez.

Os exercícios de Poder do Cérebro não possuem respostas.

Para alguns deles, não há resposta correta e, para outros, parte da experiência de aprendizado das atividades é você decidir se e quando suas respostas estão certas. Em alguns dos exercícios do Poder do Cérebro, você irá encontrar dicas, para lhe indicar o caminho certo.

Requisições de software

Para escrever código jQuery, você precisa de um editor de texto, um navegador, um servidor web (pode ser hospedado localmente em seu desktop pessoal) e a biblioteca jQuery.

Os editores de texto que recomendamos para o Windows são PSPad, TextPad ou EditPlus (mas você pode usar o Bloco de Notas se precisar). O editor de texto que recomendamos para o Mac é o TextWrangler. Se estiver em um sistema Linux, você tem diversos editores de texto nele, e cremos que não seja necessário falarmos.

Se pretende fazer desenvolvimento web, será necessário um servidor web. Nos últimos capítulos (9, 10 e 11), você precisa ir até o apêndice na parte sobre instalação de PHP, MySQL e um servidor web (Apache ou IIS) e seguir as instruções. Recomendamos que você faça isso agora. Não, é sério, vá até lá agora mesmo, siga as instruções e volte para esta página quando terminar.

Você também precisará de um navegador, assim como precisará usar as ferramentas de Desenvolvedor do Navegador. Por favor, leia a página anterior. Aprender como usar o console de JavaScript nas Ferramentas de Desenvolvimento do Google Chrome vale o tempo investido. Essa lição de casa você precisa fazer por sua conta.

E, finalmente, você precisa da biblioteca jQuery; vire a página e mostraremos onde consegui-la.

você está aqui ▶ **xxxi**

como usar este livro

Faça o download do jQuery

É hora de começar. Dirija-se até o site do jQuery e faça o download de uma cópia para usar por todo o livro.

Passo um:

Abra seu navegador preferido e digite esse endereço: *http://www.jquery.com* (conteúdo em inglês).

Passo dois:

Procure a seção intitulada "Grab the Latest Version!". Depois, selecione a caixa de verificação ao lado de "Production".

Passo três:

Clique no botão "Download".

Passo quatro:

A próxima página que você verá será algo semelhante a isso.

Salve a página em uma pasta chamada *scripts* em seu disco.

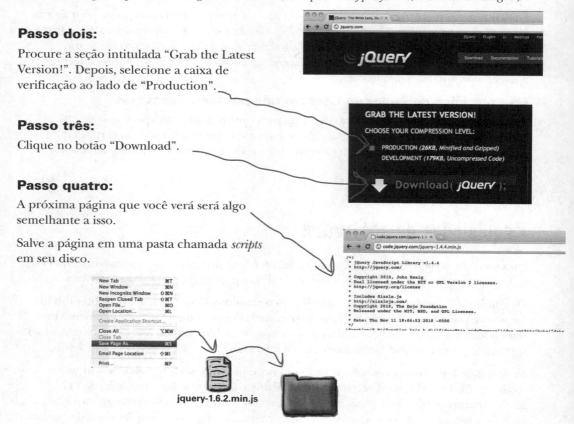

Qual é a diferença entre as versões Production e Development?

A versão **Production** de jQuery é uma versão reduzida e prioriza a rapidez da execução em um servidor web. A versão **Development** é voltada aos desenvolvedores interessados em explorar e aumentar as tarefas internas da biblioteca jQuery. Adquira uma cópia das duas versões se você for do tipo que gosta de dar uma olhada por dentro do mecanismo.

a introdução

Configuração da pasta

Depois de fazer o download e descompactar o código para o livro a partir da página do livro (*http://www.headfirstlabs.com/books/hfjquery*, conteúdo em inglês) ou do site da Alta Books (procure pelo nome do livro), você verá que ele se encontra estruturado em pastas a cada capítulo. Vejamos *ch03*, por exemplo:

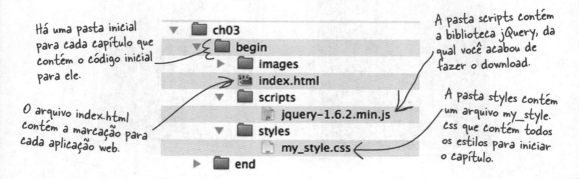

A pasta *end* de cada capítulo contém o código final desse capítulo. Recomendamos que você use a pasta *end* somente quando ela for necessária para referências.

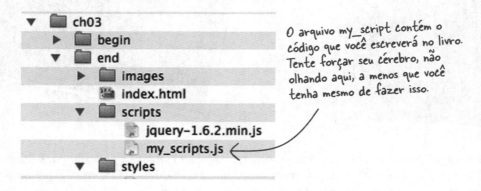

É possível usar a biblioteca jQuery em qualquer um dos seus projetos. Para sua conveniência, incluímos a biblioteca jQuery na pasta com o código para o livro, mas você precisa saber onde consegui-lo, para usar em projetos futuros e para quando a biblioteca jQuery for atualizada. O pessoal de jQuery atualiza a biblioteca com frequência.

você está aqui ▶ **xxxiii**

a equipe de revisão

Revisão técnica

Lindsey Skouras

Paul Barry

Bill Mietelski

Jim Doran

Jim Doran trabalha como engenheiro de software na Johns Hopkins University, em Baltimore, Maryland. Ele ensina JavaScript na Community College de Baltimore County e dá palestras sobre jQuery em conferências sobre web. Quando não está fazendo essas coisas, Jim escreve suas criações no blog em *http://jimdoran.net* (conteúdo em inglês) e patina na liga mista de roller derby.

Bill Mietelski é revisor técnico de diversos títulos da série *Use a Cabeça!*. Atualmente é engenheiro de software em um importante centro médico acadêmico nacional, na região metropolitana de Chicago, trabalhando com pesquisas bioestatísticas. Quando não está coletando ou cuidando de dados, você o encontrará em um curso de golfe, procurando uma bolinha branca.

Lindsey Skouras é advogada na região de Washington, DC. Em seu tempo livre, ela vem aprendendo a codificar sozinha por meio da série *Use a Cabeça!*. Outros de seus interesses incluem leitura, artesanato, visitas em museus e passar o tempo com seu marido e seus cães.

Paul Barry dá palestras sobre computação no Institute of Technology, Carlow, na Irlanda. Paul é um editor contribuinte da revista *Linux Journal*, assim como autor técnico de publicações. Também é autor de *Use a Cabeça! Python* e coautor de *Use a Cabeça! Programação*. Quando sobra tempo, Paul presta consultoria a SMEs e a startups sobre projetos de desenvolvimento de software.

a introdução

Agradecimentos

À nossa editora:

Obrigado (e parabéns!) a **Courtney Nash**, que nos incentivou a criar o melhor livro que poderíamos criar. Ela aturou uma quantidade enorme de e-mails, perguntas, opiniões e eventual discordância. Permaneceu conosco ao longo de todo este livro e confiou em nós a ponto de confiar em nosso sexto sentido.

Courtney Nash

A equipe da O'Reilly:

Agradecemos a **Lou Barr** pelo trabalho rápido, excelente e mágico que ela fez para preparar este livro e deixá-lo lindo.

Agradecemos a **Laurie Petrycki** por nos dar o sinal verde. Ryan possui lembranças carinhosas dos treinamentos de *Use a Cabeça!* em Boston e nunca se esquecerá do ambiente agradável e familiar que Laurie criou por lá.

Agradecemos a **Karen Shaner**. Agradecemos a todos da equipe de revisores técnicos.

Ryan jamais se esquecerá do dia em que descobriu a série *Use a Cabeça!* na livraria. Agradecemos a Kathy Sierra e Bert Bates por iluminar os neurônios dos geeks em todos os lugares. Agradecemos a Bert por ouvir nossas discussões, tirando-nos do lamaçal fechado e mantendo nossos objetivos claros. ;)

Agradecemos a Tim O'Reilly por sua visão ao criar a melhor publicação geek que existe!

Lou Barr

Aos amigos e à família de Ronan:

Um agradecimento especial à minha esposa, Caitlin, que me ajudou a tornar este livro uma realidade através de suas fantásticas habilidades em design e seu conhecimento sobre todas as coisas relacionadas ao Adobe. E por sua paciência – não teria conseguido isso sem você! Agradeço grandemente a todos que nos apoiaram neste empenho – meus grandes vizinhos, nossos companheiros e colegas da University of Portland, meus amigos compreensivos dos times de futebol e do golfe. Agradeço à minha família que está na Irlanda o apoio e encorajamento. E, principalmente, agradeço a Ryan Benedetti, meu incrível coautor, colega e amigo. Agradeço ter me levado nessa jornada e me concedido essa oportunidade. Foi uma experiência e tanto!

Aos amigos e à família de Ryan:

Agradeço à minha filha, Josie; meu filho, Vinny; e à minha noiva, Shonna, que acreditaram em mim e me apoiaram de tantas formas no dia a dia ao longo deste livro. *Ti amo, i miei tre miracoli.* Amo muito cada um de vocês, meus três milagres!

Agradeço também à minha mãe e a meu pai; a meu irmão, Jeff; e às minhas sobrinhas, Claire e Quinn. Agradeço aos meus companheiros e à equipe WAS da University of Portland – ou seja, Jenny, Walsh, Jacob Caniparoli e a equipe técnica de terça-feira de manhã (vocês sabem quem são). Agradeço a Caitlin Poerce-Cranley por suas incríveis habilidades em design. Agradeço ao meu amigo, o Irlandês Ninja (também conhecido como Ronan Cranley), por trazer suas excelentes habilidades de codificação em jQuery, JavaScript e PHP; seu senso de humor; e seu incrível trabalho ético para este livro.

você está aqui ▶ **xxxv**

1 começando com jQuery

Página Web em Ação

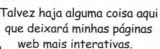
Talvez haja alguma coisa aqui que deixará minhas páginas web mais interativas.

Você quer mais em suas páginas web. Você tem experiência em HTML e CSS e quer acrescentar script em seu conjunto de habilidades, mas não deseja passar a vida inteira escrevendo linhas e linhas de script. Você precisa de uma biblioteca de script que o permita mudar páginas web instantaneamente. E já que estamos pedindo, será que ela também é capaz de atuar bem com AJAX e PHP? Consegue fazer em 3 linhas de código o que a maioria das linguagens do lado cliente faz em 15? Vamos fazer pensamento positivo? Não tem jeito! Você precisa conhecer jQuery.

este capítulo é novo   **1**

coloque as coisas para se mexer

Você quer força na página web

Você já sabe construir páginas web lindas com os limpos e válidos HTML e CSS. Mas as páginas web estáticas simplesmente não eliminam o seguinte: as pessoas querem uma página web interessante. Elas querem ação, animação, interação e muitos efeitos interessantes.

> Meus clientes adoram os designs da minha página, mas querem mais interatividade.

> O site da nossa empresa é muito chato. Nós nos recusamos a usá-lo, a menos que alguém o deixe mais interessante.

Aponte o seu lápis

Você quer ter controle de suas páginas web e torná-las mais úteis aos seus visitantes? Marque todas as opções correspondentes na lista abaixo:

☐ Acrescentar elementos dinamicamente na página web sem, às vezes, recarregar todas.

☐ Mudar os itens do menu quando os usuários passarem o mouse por cima deles.

☐ Alertar seu usuário quando faltar um campo do formulário.

☐ Colocar movimento e transições no texto e nas figuras.

☐ Carregar dados de um servidor somente quando o usuário precisar deles.

começando com jquery

HTML e CSS são bons, mas...

O bom e velho HTML e o CSS são bons para dar estrutura e estilo à sua página. Quando você tem uma página HTML renderizada, ela está lá, mas é *estática*.
E se você quiser mudar como a página aparece ou acrescentar ou remover algo dela? Ou você tem de fazer uma ginástica em CSS realmente louca ou, simplesmente, tem de carregar uma nova página. E isso pode ficar feio rapidamente. Por quê? Porque tudo o que você realmente está fazendo com HTML e CSS é controlar como uma página é exibida.

1 O navegador solicita uma página web de um servidor quando alguém digita um endereço web na barra de URL do navegador.

2 O servidor encontra o(s) arquivo(s) solicitado(s) e o(s) envia para o navegador.

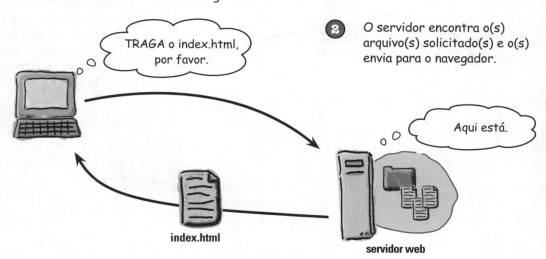

3 O navegador exibe uma página HTML renderizada com base no arquivo enviado do servidor.

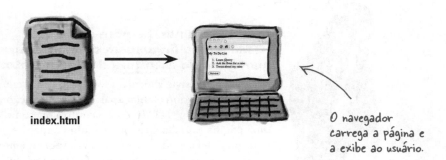

O navegador carrega a página e a exibe ao usuário.

fique com o script

... você precisa da força do script

Para mudar suas páginas web **instantaneamente**, sem recarregamento, você precisa conversar com seu navegador. Como se faz isso? Com uma tag HTML conhecida como `<script>`.

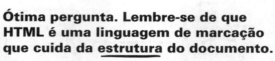

Mas como eu dou instruções ao navegador? Isso parece meio estranho...

Ótima pergunta. Lembre-se de que HTML é uma linguagem de marcação que cuida da estrutura do documento.

E as cascading style sheets ou folhas de estilo em cascata (CSS) controlam a **aparência** e a **posição** desses elementos. HTML e CSS controlam como uma página web é construída e exibida, mas nenhuma delas pode acrescentar **comportamento** na página web. O que precisamos para isso é de uma **linguagem de script**. Precisamos do jQuery.

4   Capítulo 1

começando *com* *jquery*

Entre com jQuery (e JavaScript)!

A linguagem que usamos para dar instruções para o navegador é JavaScript. Todo navegador vem com um interpretador JavaScript embutido que pega as instruções que você escreve no meio das tags `<script>` e traduz essas instruções em tipos diferentes de ação na página web.

> O usuário acabou de clicar!

> Ei, navegador, você pode atualizar esse elemento img para mim?

O interpretador JavaScript "escuta" os eventos que acontecem na página, como um clique do mouse.

O interpretador JavaScript também pode dar os comandos para o navegador.

Para dar as instruções ao interpretador, você precisa por fim falar com o JavaScript. Mas não se preocupe! É aí onde entra o jQuery. jQuery é uma **biblioteca** de JavaScript especializada em mudar documentos da página web instantaneamente. Vamos ver um pouco de jQuery

jQuery é uma biblioteca de JavaScript especializada em mudar documentos da página web instantaneamente.

Aponte o seu lápis

O script abaixo muda dinamicamente uma página web. Leia cada linha e pense no que ele pode fazer com base no que você já sabe sobre HTML e CSS. Depois, escreva o que você acha que o código faz. Se não tiver certeza do que uma linha faz, é perfeitamente aceitável que você opine. Fizemos uma para você.

```
<script>
$(document).ready(function(){
  $("button").click(function(){
      $("h1").hide("slow");
      $("h2").show("fast");
      $("img").slideUp();
  });
});
</script>
```

Quando o documento da página web estiver pronto, faça o que está listado abaixo.

você está aqui ▸ **5**

aponte seu lápis solução

Aponte o seu lápis
Solução

O script abaixo muda dinamicamente uma página web. Leia cada linha e pense no que ele pode fazer com base no que você já sabe sobre HTML e CSS. Depois, escreva o que você acha que o código faz. Se não tiver certeza do que uma linha faz, é perfeitamente aceitável que você opine. Fizemos uma para você.

Código	Descrição
`<script>`	
`$(document).ready(function(){`	Quando o documento da página web estiver pronto, faça o que está listado abaixo.
`  $("button").click(function(){`	Quando qualquer elemento button for clicado, faça isso.
`    $("h1").hide("slow");`	Faça todos elementos h1 desaparecerem lentamente da página.
`    $("h2").show("fast");`	Faça todos elementos h2 aparecerem rapidamente na página.
`    $("img").slideUp();`	Faça todos elementos img deslizarem para cima e desaparecerem.
`  });`	Termine a função click.
`});`	Termine a função ready do documento.
`</script>`	

> Mas, se eu não atualizar o navegador, como ele saberá se deve ocultar um elemento ou deslizá-lo para cima?

Essa é uma ótima pergunta. Até parece um pouco com mágica, não é mesmo?

Vamos olhar uma página web da perspectiva do navegador – especificamente, como o jQuery pode mudar a página web de *dentro* do navegador.

Olhe dentro do navegador

É hora de abrir as cortinas para ver o que realmente está acontecendo por trás de como o navegador exibe uma página web. Seu navegador usa o Document Object Model chamado de DOM, que é o Modelo de Objetos do Documento (DOM) HTML, para construir uma página a partir de uma marcação HTML simples, e o código CSS em uma página clicável completa com texto, imagens, vídeo e todo o grande conteúdo que adoramos navegar.

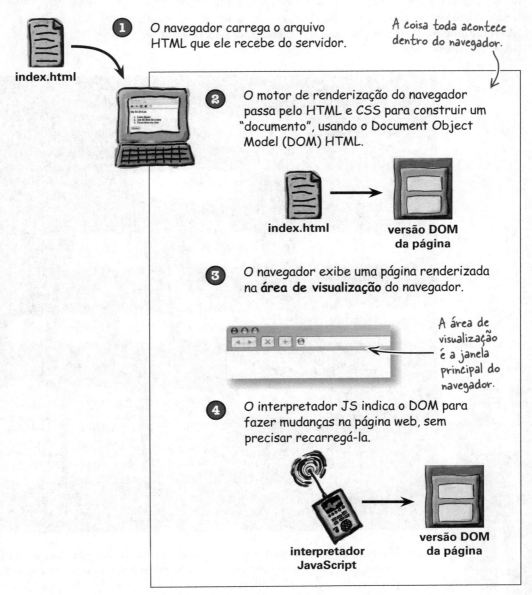

os ossos *do DOM*

A estrutura escondida de uma página web

Com o passar dos anos, o DOM ajudou o HTML, CSS e JavaScript a trabalharem juntos de forma mais efetiva. Ele fornece um esquema padronizado que todos os navegadores modernos usam para tornar a navegação na web mais eficaz. Muitas pessoas pensam no DOM como uma construção do tipo árvore: possui uma *raiz* e *ramos* com *nós* no final. Alternativamente, você pode pensar nele como um raio-x de como a página foi construída.

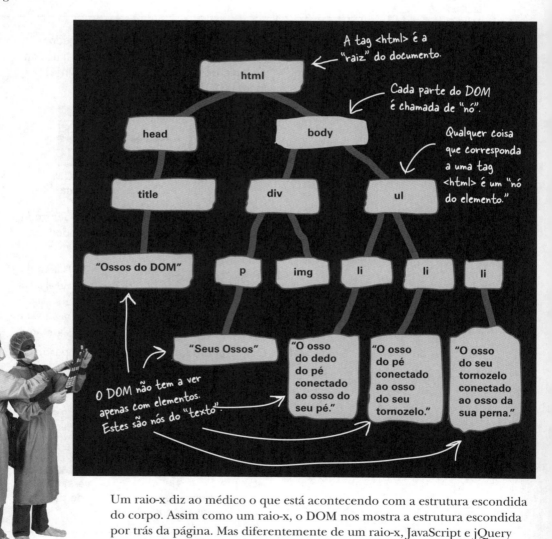

Um raio-x diz ao médico o que está acontecendo com a estrutura escondida do corpo. Assim como um raio-x, o DOM nos mostra a estrutura escondida por trás da página. Mas diferentemente de um raio-x, JavaScript e jQuery usam o DOM para *mudar a estrutura* da página.

8 Capítulo 1

jQuery torna o DOM menos assustador

O DOM pode parecer complexo e intimidador, mas, felizmente por nós, o jQuery o mantém simples. Não se esqueça: jQuery é JavaScript, mas em uma versão muito mais acessível. Quando você deseja controlar o DOM, jQuery o simplifica muito. Por exemplo, digamos que queremos mudar o HTML dentro do *único* elemento de parágrafo em nossa página.

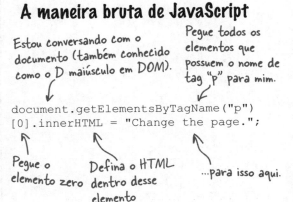

A maneira bruta de JavaScript

Estou conversando com o documento (também conhecido como o D maiúsculo em DOM).

Pegue todos os elementos que possuem o nome de tag "p" para mim.

```
document.getElementsByTagName("p")
[0].innerHTML = "Change the page.";
```

Pegue o elemento zero

Defina o HTML dentro desse elemento

...para isso aqui.

A maneira do jQuery

Traga-me um elemento de parágrafo.

Mude o HTML desse elemento para o que está nesses parênteses.

```
$("p").html("Change the page.");
```

jQuery usa um "mecanismo seletor" que significa que você pode chegar no que deseja com os seletores, assim como o CSS faz.

Ou digamos que queremos mudar o HTML dentro de **cinco** elementos do parágrafo em nossa página:

Fazer loop no número de elementos que eu desejo mudar.

```
for (i = 0; i <= 4; i++)
{
    document.getElementsByTagName("p")
[i].innerHTML="Change the page";
}
```

Pegue o elemento em que estamos realizando loop.

jQuery usa os seletores de CSS; portanto, podemos dizer isso da mesma maneira apresentada acima.

```
$("p").html("Change the page.");
```

Um dos principais pontos fortes do jQuery é que ele permite que você trabalhe com o DOM sem ter de saber cada coisinha relacionada a ele. Por baixo de tudo isso, JavaScript está fazendo o trabalho pesado. Ao longo deste livro, você aprenderá a usar JavaScript e jQuery juntos. No Capítulo 6, aprenderemos mais sobre o relacionamento de jQuery com JavaScript e reforçaremos nossas habilidades ao longo do caminho. Por enquanto, quando precisar trabalhar com o DOM, você usará jQuery.

Que tal levarmos o jQuery para dar uma volta na DOM-lândia?

código pronto

Digite o código a seguir em um editor de texto. Depois salve-o, abra-o em seu navegador e experimente cada um dos botões. (Não tem problema se você olhar o código e tentar entender o que está acontecendo enquanto estiver nele...)

```html
<!DOCTYPE html>
<html><head> <title>jQuery goes to DOM-ville</title>
<style>
        #change_me {
        position: absolute;
        top: 100px;
        left: 400px;
        font: 24px arial;}

        #move_up #move_down #color #disappear {
        padding: 5px;}
</style>
<script src="scripts/jquery-1.6.2.min.js"></script>
</head>
<body>
        <button id="move_up">Move Up</button>
        <button id="move_down">Move Down</button>
        <button id="color">Change Color</button>
        <button id="disappear">Disappear/Re-appear</button>

        <div id="change_me">Make Me Do Stuff!</div>
        <script>
            $(document).ready(function() {
                $("#move_up").click( function() {
                    $("#change_me").animate({top:30},200);
                });//end move_up
                $("#move_down").click( function() {
                    $("#change_me").animate({top:500},2000);
                });//end move_down
                $("#color").click( function() {
                    $("#change_me").css("color", "purple");
                });//end color
                $("#disappear").click( function() {
                    $("#change_me").toggle("slow");
                });//end disappear
            });//end doc ready
        </script>
</body>
</html>
```

index.html

começando com jquery

Como *isso* funciona?

A forma que o jQuery pode manipular a página é bastante conveniente, não é? A parte importante que você deve ter em mente é que **nada do HTML e CSS original mudou** quando você pressionou cada botão. Então como o jQuery fez isso? Veja aqui:

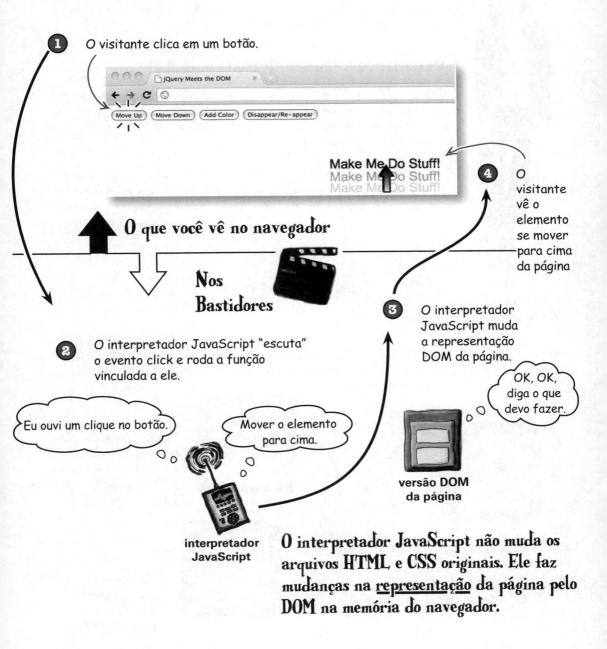

funções **jquery**

Por que todos esses sinais de cifrão no código?

O sinal do cifrão representa todo o dinheiro que você vai angariar com suas habilidades recém-adquiridas do jQuery. Brincadeira, mas dá para pagar as contas no mundo do jQuery.

Apresentando a função jQuery (e o atalho)

O sinal do cifrão com o parênteses é o nome abreviado da **função** jQuery. Esse atalho nos poupa de ter de escrever "jQuery( )" toda vez que queremos chamar a função jQuery. A função jQuery também é geralmente indicada como o **wrapper** jQuery.

jQuery( )

Essa é a função jQuery cujo trabalho é pegar os elementos que você coloca dentro dos parênteses.

Esse é o atalho do jQuery. Em vez de digitar os seis caracteres que compõem "jQuery", você digita apenas um.

$ ( )

O nome abreviado e o nome por extenso indicam a mesma coisa: o grande bloco conhecido como jQuery. Ao longo deste livro, usaremos a abreviação. Veja três coisas diferentes que você pode colocar dentro da função jQuery.

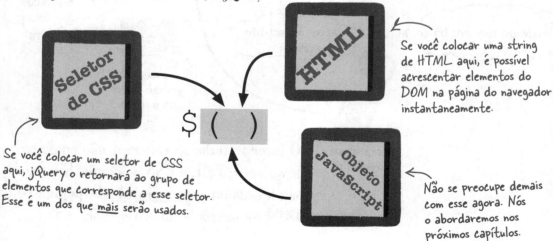

Se você colocar um seletor de CSS aqui, jQuery o retornará ao grupo de elementos que corresponde a esse seletor. Esse é um dos que mais serão usados.

Se você colocar uma string de HTML aqui, é possível acrescentar elementos do DOM na página do navegador instantaneamente.

Não se preocupe demais com esse agora. Nós o abordaremos nos próximos capítulos.

jQuery seleciona elementos da mesma forma que o CSS

Você já sabe mais de jQuery do que pensa. A principal maneira de conseguir fazer as coisas com jQuery é usar **seletores** – os mesmos seletores que você usa com CSS. Se estiver um pouco confuso em relação aos seletores de CSS, tudo bem. Vamos revisá-los rapidamente:

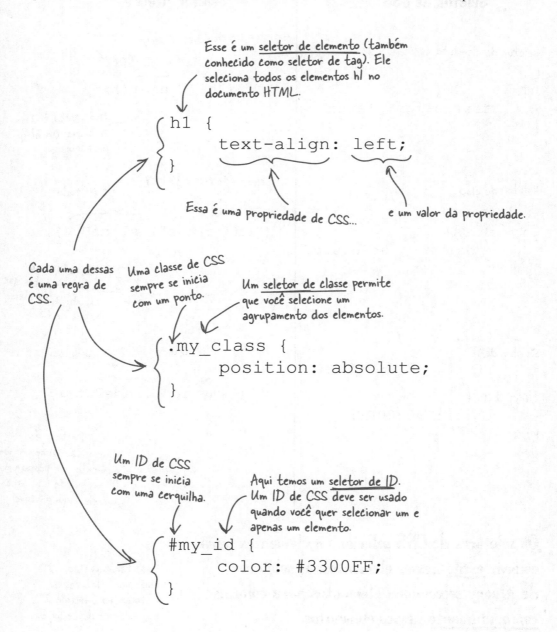

aumente seu quociente de estilo

Estilo, conheça o script

A melhor coisa do jQuery é que ele usa os mesmos seletores de CSS que usamos para estilizar nossa página e *manipular elementos* da página.

Seletor de CSS

Seletor de elemento
↓
```
h1 {
    text-align: left;
}
```

Seletor de classe
↓
```
.my_class{
    position: absolute;
}
```

Seletor de ID
↓
```
#my_id {
    color: #3300FF;
};
```

Seletor jQuery

Seletor de elemento jQuery ↓ ⌐ Método
```
$("h1").hide();
```
Isso oculta todos os elementos h1 da página.

Seletor de classe jQuery ↓ ⌐ Método
```
$(".my_class").slideUp();
```
Desliza para cima todos os elementos que são membros da classe my_class de CSS.

Seletor de ID jQuery ↓ ⌐ Método
```
$("#my_id").fadeOut();
```
E essa declaração jQuery faz dissolver um elemento que possui um ID my_id de CSS até que ele fique invisível.

Os seletores de CSS selecionam elementos para colocar <u>estilo</u> nesses elementos; os seletores de jQuery selecionam elementos para colocar <u>comportamento</u> nesses elementos.

Você fará mais ao combinar seletores e métodos no Capítulo 2 e no restante deste livro.

14 Capítulo 1

Seletores jQuery a seu dispor

Como seu nome sugere, jQuery tem tudo a ver com *querying* (consulta). Você pede algo com um seletor, e o interpretador JavaScript pede para o DOM buscá-lo para você. Se pedir um elemento com elementos aninhados, jQuery também lhe dará os elementos aninhados. Vamos separar um seletor jQuery um pouco mais para garantir que sabemos como ele funciona.

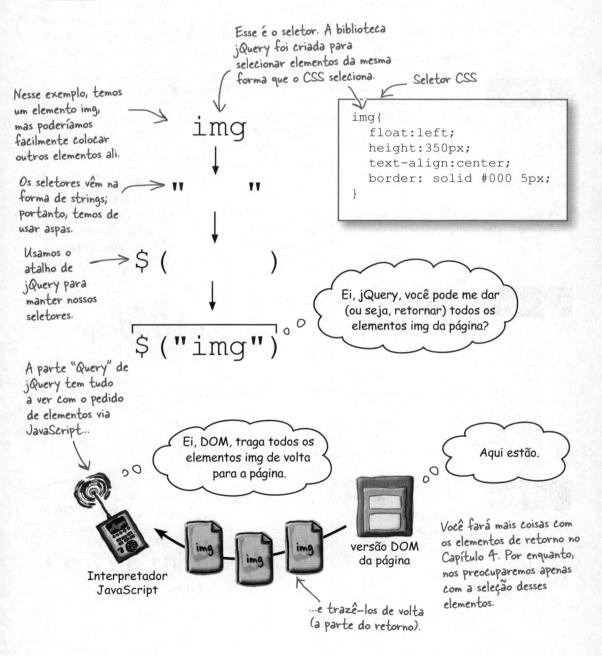

você está aqui ▶ **15**

parlez-vous jquery?

Traduzindo o jQuery

Para mostrar como é fácil aprender jQuery, temos aqui uma pequena divisão de algumas frases de jQuery para usar quando estiver viajando no país do DOM.

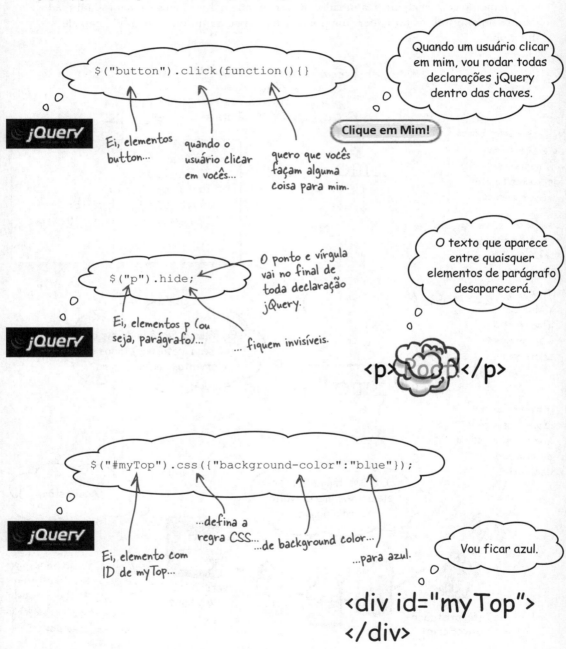

começando com jquery

Sinta-se como o navegador

Sua tarefa é executar o navegador e circular os elementos HTML (à direita) que a declaração jQuery (à esquerda) afetará.

declaração jQuery   **elementos HTML**

```
<p>One morning, when Gregor Samsa woke from
troubled dreams . . .</p>
```

`$("p").hide();`
```
<p>he found himself transformed in his bed into
a horrible vermin.</p>

<p>He lay on his armour-like back, and if he
lifted his head a little . . . </p>
```

```
<span class="Italian">Nel Mezzo del cammin di
nostra vita</span>
```

`$("span.Italian").toggle();`
```
<span class="English">In the middle of this road
called "our life"</span>

<span class="Italian">mi ritrovai per una selva
oscura</span>
```

```
<p id="mytext">One morning, when Gregor Samsa
woke from troubled dreams . . .
</p>
```

`$("p#mytext").show();`
```
<p id="mytext">he found himself transformed in
his bed into a horrible vermin.</p>

<p>He lay on his armour-like back, and if he
lifted his head a little . . . </p>
```

você está aqui ▶ **17**

sinta-se como o navegador solução

Sinta-se como o navegador - Solução

Sua tarefa é executar o navegador e circular os elementos HTML (à direita) que a declaração jQuery (à esquerda) afetará.

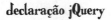

declaração jQuery   **elementos HTML**

`<p>One morning, when Gregor Samsa woke from troubled dreams . . .</p>`

`$("p").hide();`   `<p>he found himself transformed in his bed into a horrible vermin.</p>`

`<p>He lay on his armour-like back, and if he lifted his head a little . . . </p>`

`<span class="Italian">Nel Mezzo del cammin di nostra vita</span>`

`$("span.Italian").toggle();`   `<span class="English">In the middle of this road called "our life"</span>`

`<span class="Italian">mi ritrovai per una selva oscura</span>`

`<p id="mytext">One morning, when Gregor Samsa woke from troubled dreams . . . </p>`

`$("p#mytext").show();`   `<p id="mytext">he found himself transformed in his bed into a horrible vermin.</p>`

`<p>He lay on his armour-like back, and if he lifted his head a little . . . </p>`

18 *Capítulo 1*

começando com jquery

não existem
Perguntas Idiotas

P: Então porque criar jQuery se tudo o que ele faz é usar JavaScript? JavaScript não é suficiente por si só?

R: JavaScript é ótimo para muitas coisas – especialmente para a manipulação do DOM –, mas é algo muito complexo. De forma alguma a manipulação do DOM é objetiva no nível de base, e é aí onde entra o jQuery. Ele retira boa parte da complexidade envolvida para lidar com o DOM e torna superfáceis os efeitos de criação. [Ele foi criado por John Resig; saiba mais sobre ele aqui: *http://ejohn. org/about* (conteúdo em inglês).]

P: O que significa esse negócio do uso do cifrão?

R: É apenas um atalho para você não ter de escrever "jQuery" várias vezes! Mas, quando você está trabalhando com outras linguagens do lado cliente, usar `jQuery()` ajuda a evitar conflitos de nomeação.

P: Você também mencionou antes o "script do lado cliente". O que é isso mesmo, exatamente?

R: Os desenvolvedores web geralmente referem-se ao navegador web como *cliente*, porque ele consome dados de um servidor (web). Uma linguagem de script do lado cliente é uma que pode dar instruções ao navegador por trás dos bastidores, enquanto uma linguagem do lado servidor dá instruções ao servidor. Abordaremos mais sobre isso nos Capítulos 8 e 9.

P: De onde veio toda essa coisa do DOM?

R: Boa pergunta. Os desenvolvedores web e os designers estavam cansados das inconsistências entre os navegadores e decidiram que eles precisavam de um padrão que pudessem usar para colocar um comportamento e interagir com páginas web em qualquer

navegador. O World Wide Web Consortium (também conhecido como W3C) trabalhou para definir o padrão colaborativamente com esses grupos variados. Encontre mais sobre isso aqui: *http://w3.org/ dom* (conteúdo em inglês).

P: Quando eu vou fazer o download do jQuery, há uma versão production e uma versão developer. Qual é a diferença entre as duas?

R: A versão production é *reduzida*, o que significa que foram removidos muitos caracteres e espaços em branco desnecessários. Ela é otimizada para rodar mais rapidamente em um ambiente de produção, mas é um pouco mais difícil ver o que está acontecendo. A versão developer é bem mais ampla e muito mais legível. É voltada para qualquer um que queira se aprofundar no código jQuery para mudar ou até mesmo estendê-lo (afinal de contas, ele é open source!).

você está aqui ▶ **19**

jquery para sua salvação

Sua primeira apresentação em jQuery

Você acabou de assumir um trabalho como o novo desenvolvedor web para a Fundação de Resgate Animal de Weblândia. A equipe de marketing quer iniciar sua campanha anual de captação de recursos com uma renovação da página web "Ajude Nossos Amigos Peludos" do ano passado. Eles lhe deram uma cópia do ano passado com detalhes sobre o que querem que a página faça.

Bem, ninguém quer decepcionar o Marketing no primeiro dia – você não quer ficar contra eles! Portanto, vamos ver com o que estamos trabalhando aqui...

começando com jquery

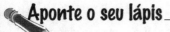

Aponte o seu lápis

Antes de entender como acrescentar a funcionalidade do jQuery na página, vejamos como HTML e CSS são configurados. Demos os arquivos para a campanha do ano passado abaixo. Ao lado dos elementos que você acha que serão necessários, escreva o que terá de fazer para dar a funcionalidade que o Marketing está procurando. Preenchemos o primeiro para você.

```
<!DOCTYPE html><html> <head>
<title>Furry Friends Campaign:
jQuery Proof-of-Concept</title>
<link rel="stylesheet" type="text/
css" href="styles/my_style.css">
</head>

<body>

<div id="showfriend">

<a href="#">Our Furry Friends Need
Your Help
<img src="images/furry_friend.jpg">
</a>

</div>
```

Essa tag âncora possui os estados "hover" e "active" definidos no CSS. O usuário passa por cima do link e a imagem aparece.

index.html

```
a:link img, a:visited img {
display:none;
}

a:hover img, a:active img {
display:block;
}
a{
text-decoration:none;
color: #000;
}
```

my_style.css

você está aqui ▶ 21

aponte seu lápis solução

Aponte o seu lápis
Solução

Antes de entender como acrescentar a funcionalidade do jQuery na página, vejamos como HTML e CSS são configurados. Demos os arquivos para a campanha do ano passado abaixo. Ao lado dos elementos que você acha que serão necessários, escreva o que terá de fazer para dar a funcionalidade que o Marketing está procurando. Preenchemos o primeiro para você.

```html
<!DOCTYPE html><html> <head>
<title>Furry Friends Campaign:
jQuery Proof-of-Concept</title>
<link rel="stylesheet" type="text/
css" href="styles/my_style.css">
</head>

<body>

<div id="showfriend">

<a href="#">Our Furry Friends Need
Your Help
<img src="images/furry_friend.jpg">
</a>

</div>
```

Essa tag âncora possui os estados "hover" e "active" definidos no CSS. O usuário passa por cima do link e a imagem aparece.

A imagem do amigo peludo, cachorro, está aninhada dentro da tag âncora. Essa imagem não deve aparecer até que o usuário clique no link da tag âncora.

index.html

```css
a:link img, a:visited img {
display:none;
}

a:hover img, a:active img {
display:block;
}
a{
text-decoration:none;
color: #000;
}
```

Esse seletor de CSS muda a propriedade display da imagem aninhada para "none", de forma que ela não fique visível quando a página for carregada pela primeira vez.

Quando o usuário passa o mouse por cima ou clica na tag âncora, a propriedade de exibição do elemento mudará para "block." Então a imagem aparecerá repentinamente.

my_style.css

22 *Capítulo 1*

começando com jquery

> OK, então agora podemos cair de cabeça e começar a escrever jQuery para ter toda a funcionalidade que queremos, certo?

Você poderia, mas as coisas podem ficar bagunçadas.

Antes que possamos usar jQuery para fazer os efeitos legais que o Marketing quer, precisamos ter certeza de que jQuery possui tudo no lugar para trabalhar sua mágica. Como você já sabe agora, uma das principais funções do jQuery é manipular elementos HTML; portanto, precisamos ter uma boa *estrutura*. Para chegar nesses elementos, o jQuery usa os mesmos seletores que o CSS usa; portanto, também, precisamos ter *estilos* bem definidos.

Revisite suas requisições

Quando você está pensando em sua estrutura, é sempre bom voltar ao que você está tentando construir. O Marketing quer que uma imagem deslize para baixo e apareça gradualmente quando as pessoas clicarem na seção "Mostre-me o Amigo Peludo do Dia" da página. Que mudanças precisariam ser feitas no HTML e CSS?

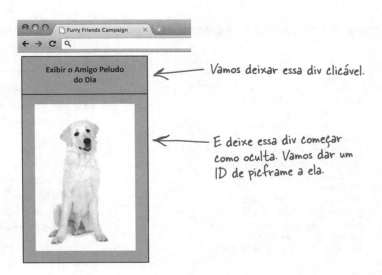

Vamos deixar essa div clicável.

E deixe essa div começar como oculta. Vamos dar um ID de picframe a ela.

você está aqui ▶ **23**

deslizando e esmaecendo

Configure seus arquivos HTML e CSS

Vamos pensar no que teremos de configurar em nossos arquivos HTML e CSS antes de escrever quaisquer declarações jQuery. Abra os arquivos do jQuery para o Capítulo 1 (caso ainda não tenha feito isso, certifique-se de voltar para a seção "Como usar este livro" para saber os detalhes). Procure a pasta *Begin* no Capítulo 1. Depois, abaixo do arquivos, acrescente o código em negrito, como aparece aqui.

Faça isso!

```html
<!DOCTYPE html>
<html><head>
    <title>Furry Friends Campaign</title>
    <link rel="stylesheet" type="text/css" href="styles/my_style.css">
</head>
<body>
    <div id="clickMe">Show Me the Furry Friend of the Day</div>
    <div id="picframe">
     <img src="images/furry_friend.jpg">
    </div>
    <script src="scripts/jquery-1.6.2.min.js"></script>
    <script>
      $(document).ready(function(){
         $("#clickMe").click(function () {

         });
      });
    </script>
</body>
</html>
```

Isso torna uma div clicável e a estilizaremos no arquivo CSS abaixo, para que ela tenha a mesma aparência que a div picframe.

Aninhe a imagem furry_friend.jpg dentro de picframe.

Essa é a div picframe que deslizará aberta para mostrar a figura do amigo peludo.

index.html

```css
#clickMe {
    background: #D8B36E;
    padding: 20px;
    text-align: center;
    width: 205px;
    display: block;
    border: 2px solid #000;
}
#picframe {
    background: #D8B36E;
    padding: 20px;
    width: 205px;
    display: none;
    border: 2px solid #000;
}
```

Isso estiliza a div clickMe para que ela tenha a mesma aparência da div picframe.

Defina o seletor picframe para "display:none", de forma que ele não apareça quando a página for carregada.

my_style.css

24 *Capítulo 1*

começando com jquery

O jQuery de Perto

Agora que você tem seus arquivos HTML e CSS configurados, vamos separar o código que se encontra entre as tags `<script>`.

> Assim que possível, começarei a executar o código dentro das chaves!

O DOM

Ei, DOM... → ...assim que estiver pronto e carregado... ...quero que você faça uma coisa para mim.

```
$(document).ready(function(){
```

Esse é o nosso seletor de ID para a div clickMe.

```
    $("#clickMe").click(function()
    {
```

O ponto separa a parte do seletor da parte do método.

Conectando o botão com um ID de clickMe para o evento click, esse código torna o botão clicável.

O código para o que acontecerá quando o botão for pressionado irá entre essas chaves (também conhecidas como "bloco de código").

```
    });
```

O ponto e vírgula é um *finalizador*. Ele termina nossa declaração click no jQuery.

```
});
```

Esse ponto e vírgula termina nossa função ready no jQuery.

Há muitos termos potencialmente novos aqui.
Entraremos em muito mais detalhes nos eventos, métodos e funções em breve.

deslizando e esmaecendo

*Mas nossa página ainda não **faz** nada de novo!*

Você está certo. Nosso HTML e CSS estão prontos; agora precisamos de um pouco do jQuery.

Queremos que a `div picframe` deslize e esmaeça. Felizmente, o pessoal do jQuery construiu efeitos que nos permitem controlar essas duas ações visuais ricas: *deslizamentos* e *esmaecimentos*. Dedicamos um capítulo inteiro mais à frente no livro sobre os efeitos do jQuery (Capítulo 5); portanto, não se preocupe em entender cada coisinha agora. Vamos começar primeiro com deslizamento e esmaecimento.

O deslizamento em cena...

O primeiro efeito que implementaremos será a colocação da imagem deslizando na exibição, que é uma das coisas que o gerente da equipe de marketing quer que aconteça. Existem três maneiras para lidar com o deslizamento:

`$("div").slideUp();`   `$("div").slideDown();`   `$("div").slideToggle();`

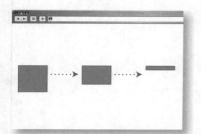

O método slideUp muda a propriedade height do elemento até chegar a 0 e, depois, esconde o elemento.

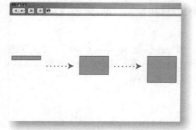

O método slideDown muda a propriedade height do elemento de 0 para qualquer coisa que seja definida no estilo CSS.

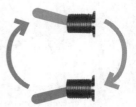

A ação slideToggle diz: "Se estiver em cima, deslize-a para baixo; se estiver embaixo, deslize-a para cima".

26 *Capítulo 1*

Fique com o esmaecimento

Também queremos que a imagem apareça gradualmente, passando de invisível para totalmente visível. Novamente, o jQuery possui um método para isso, e esse método é chamado de *esmaecimento*. Os métodos de esmaecimento são muito semelhantes àquilo que você viu sobre deslizamento; você tem o `FadeIn`, `FadeOut`, `FadeTo` e `FadeToggle`. Por enquanto, vamos usar somente o `FadeIn`, que nos dá controle sobre as propriedades de opacidade e transparência dos elementos HTML.

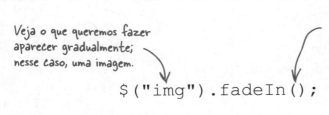

Veja o que queremos fazer aparecer gradualmente; nesse caso, uma imagem.

```
$("img").fadeIn();
```

Você pode especificar a velocidade que ela aparece, colocando um valor dentro dos parênteses, tipicamente representado em milissegundos (ms).

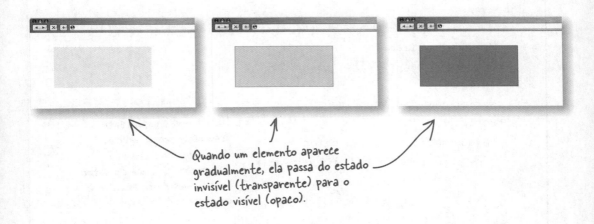

Quando um elemento aparece gradualmente, ela passa do estado invisível (transparente) para o estado visível (opaco).

PODER DO CÉREBRO

Quantas declarações jQuery você acha que são necessárias para realizar o efeito que queremos?

Tente escrever essas declarações em um rascunho. Se não tiver certeza, tente escrever primeiro em palavras; então você começará a colocar seu cérebro para pensar em jQuery.

ei, isso foi fácil

É isso?

Surpreendentemente, você só precisa escrever **duas linhas** do código jQuery para que esses efeitos funcionem. Agora, provavelmente, você está começando a ter noção do porquê tantas pessoas gostam do jQuery. Coloque as linhas em negrito abaixo em seu arquivo *index.html*, e é só começar.

Faça isso!

```html
<!DOCTYPE html>
<html>
  <head>
    <title>Furry Friends Campaign</title>
    <link rel="stylesheet" type="text/css" href="styles/my_style.css">
  </head>
  <body>
    <div id="clickMe">Show me the Furry Friend of the Day</div>
    <div id="picframe">
      <img src="images/furry_friend.jpg">
    </div>
    <script src="scripts/jquery-1.6.2.min.js"></script>
    <script>
      $(document).ready(function(){
        $("#clickMe").click(function() {

          $("img").fadeIn(1000);
          $("#picframe").slideToggle("slow");

        });
      });
    </script>
  </body>
</html>
```

Colocamos o efeito de esmaecimento primeiro em nossa imagem.

No jQuery, é importante sequenciar nossos efeitos de maneira que eles não passem por cima um do outro. Trataremos desse assunto ao longo de todo o livro.

Colocamos umas coisas extras nos parênteses para aproveitar os efeitos. Veremos mais detalhes sobre eles no Capítulo 5.

index.html

28   Capítulo 1

começando com *jquery*

Test Drive

Abra a página em seu navegador favorito para garantir que tudo esteja funcionando.

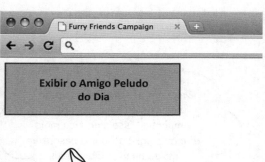

Clique aqui.

Sua imagem deve aparecer gradualmente e deslizar para baixo.

Veja bem!

Verifique em diversos navegadores.

Só porque o jQuery funcionará da mesma forma em todos os navegadores não significa que os estilos que você define em seu arquivo CSS ou quaisquer estilos dinâmicos que você aplica nos elementos da sua página reagirão da mesma forma em todos os navegadores!

você está aqui ▶ **29**

guerreiro canino

Você salvou a campanha Amigos Peludos

Você concluiu o trabalho com um pouco de HTML e CSS personalizados e usou apenas duas linhas de jQuery. Pense em todos os cachorrinhos que você salvou...

Uau, ficou ótimo – e você terminou tão rápido!

Também estamos recebendo uma ótima resposta a nova campanha. Isso significa mais dinheiro para ajudar a resgatar mais animais. Obrigada!

começando com jquery

cruzadinha jQuery

É hora de sentar e dar algo para o lado esquerdo do seu cérebro fazer. Essa cruzadinha é padrão; todas as palavras das respostas fazem parte deste livro.

Horizontal

2. Depois que seu navegador recebe uma página web de um servidor web, ele carrega essa página em sua _____.

4. Acrescenta estilo em uma página web.

5. O nome do símbolo que encerra uma declaração do jQuery.

7. Use um _____ para testar se seus scripts jQuery estão funcionando.

8. Você sabe que está lidando com um _____ quando vê um grupo de parênteses depois de uma palavra-chave.

10. Criador da biblioteca jQuery, John _____.

Vertical

1. Um _____ é usado pelo jQuery para localizar e retornar um elemento da página web.

3. Esse tipo de arquivo constrói a estrutura da página web.

6. A linguagem jQuery é escrita nele.

9. O _____ JavaScript traduz as instruções que você dá para ele com diferentes ações na página.

11. Uma configuração de CSS que garante que um elemento não aparecerá quando a página for carregada, display: _____.

12. Nome do caractere usado para separar um seletor jQuery de um método jQuery.

13. O nome do símbolo que usamos para o atalho do jQuery.

você está aqui ▶ **31**

cruzadinha jQuery solução

cruzadinha jQuery - Solução

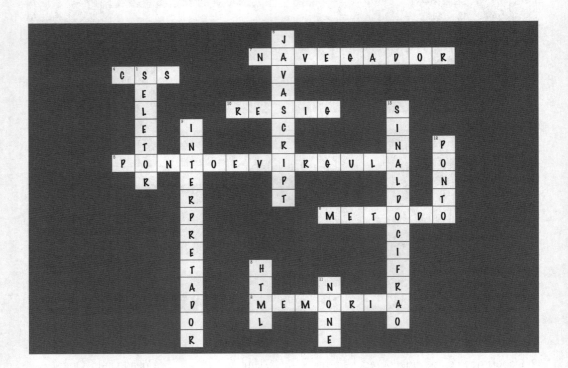

começando com jquery

Sua Caixa de Ferramentas jQuery

Agora que adquiriu os conhecimentos do Capítulo 1, você acabou de acrescentar a função, os seletores, os eventos de clique e o efeito de esmaecimento básicos do jQuery em sua caixa de ferramentas.

função jQuery

Você usa isso para selecionar elementos a partir de uma página HTML e manipulá-los.

O atalho $ significa que você não tem de digitar "jQuery" várias vezes.

A função jQuery pode lidar com seletores, HTML diretamente e até mesmo objetos JavaScript.

Seletores

O jQuery seleciona os elementos da mesma maneira que o CSS faz: com os seletores.

Qualquer tipo de elemento HTML é páreo para um seletor jQuery.

Efeito de esmaecimento

Assim que selecionar um elemento, você pode esmaecê-lo em uma variedade de formas, usando FadeIn, FadeOut, FadeTo e FadeToggle.

Você pode esmaecer todos os tipos de elementos, desde texto até imagens e mais.

Controle a velocidade do seu efeito de esmaecimento, colocando um valor de tempo (milissegundos) dentro dos parênteses ao final da declaração.

você está aqui ▶ 33

2 seletores e métodos

Pegue-os e vá em frente

Ah, querida, meus seletores e métodos poderiam fazer mágica com os elementos da sua página web...

jQuery o ajuda a agarrar os elementos da página web e fazer todos os tipos de coisas com eles. Neste capítulo, entraremos mais a fundo nos seletores e métodos do jQuery. Com os seletores jQuery, podemos pegar os elementos em nossa página e, com os métodos, podemos fazer coisas com esses elementos. Assim como um grande livro de feitiços mágicos, a biblioteca do jQuery permite que mudemos milhares de coisas instantaneamente. Podemos fazer com que as imagens desapareçam e reapareçam de repente. Podemos selecionar uma determinada parte do texto e animar a mudança para o tamanho da sua fonte. Portanto, continue o show – pegue alguns elementos da página web e vamos adiante!

a mensagem está sendo anunciada

A Promoção Pule de Alegria precisa de sua ajuda

Você recebeu um e-mail de sua amiga, que é fotógrafa profissional de retratos. Ela quer lançar a promoção "Pule de Alegria" que permite que os usuários ganhem descontos em um pacote de fotografias. Ela precisa de sua ajuda para fazer a promoção funcionar.

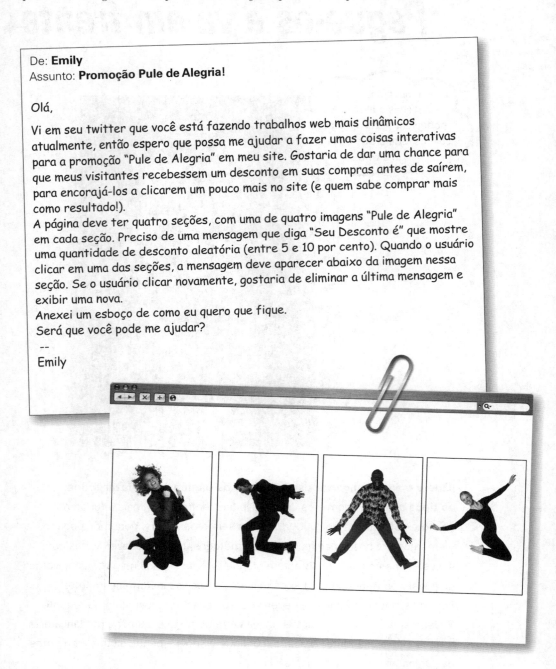

De: **Emily**
Assunto: **Promoção Pule de Alegria!**

Olá,

Vi em seu twitter que você está fazendo trabalhos web mais dinâmicos atualmente, então espero que possa me ajudar a fazer umas coisas interativas para a promoção "Pule de Alegria" em meu site. Gostaria de dar uma chance para que meus visitantes recebessem um desconto em suas compras antes de saírem, para encorajá-los a clicarem um pouco mais no site (e quem sabe comprar mais como resultado!).

A página deve ter quatro seções, com uma de quatro imagens "Pule de Alegria" em cada seção. Preciso de uma mensagem que diga "Seu Desconto é" que mostre uma quantidade de desconto aleatória (entre 5 e 10 por cento). Quando o usuário clicar em uma das seções, a mensagem deve aparecer abaixo da imagem nessa seção. Se o usuário clicar novamente, gostaria de eliminar a última mensagem e exibir uma nova.

Anexei um esboço de como eu quero que fique.

Será que você pode me ajudar?

--
Emily

seletores e métodos

Quais são as requisições do projeto?

Emily é uma ótima fotógrafa, mas seu pedido está um pouco confuso. Vamos olhar o e-mail mais de perto e entender o que realmente ela está pedindo. Antes de começar a escrever qualquer coisa em jQuery, você deve ser superclaro sobre quais são as requisições do projeto (ou usuário).

Aponte o seu lápis

Pegue os pedidos do e-mail e separe-os em uma lista de coisas que nossa aplicação web precisa fazer. Essa lista será nossa guia para garantir que nossa aplicação web atende às necessidades do cliente.

Lista de coisas a fazer:

1.

2.

3.

4.

5.

Converter os *pedidos* do usuário em *requisições reais* do projeto é uma habilidade importante que melhora com a prática e o tempo.

você está aqui ▶ **37**

aponte seu lápis solução

Aponte seu lápis
Solução

Pegue os pedidos do e-mail e separe-os em uma lista de coisas que nossa aplicação web precisa fazer. Essa lista será nossa guia para garantir que nossa aplicação web atende às necessidades do cliente.

Lista de coisas a fazer:

1. A página deve ter quatro seções, com uma das quatro imagens "Pule de alegria" por seção.

2. As seções devem ser clicáveis.

3. Precisamos de uma mensagem que diga "Seu Desconto é" junto com uma quantidade de desconto aleatória (entre 5 e 10 por cento).

4. Quando o usuário clicar em uma das seções, a mensagem deve aparecer abaixo da imagem nessa seção.

5. Se o usuário clicar novamente, elimine a última mensagem e faça uma nova.

Ótimo, agora que elaboramos as requisições do projeto, já vamos entrar e começar com o jQuery!

Opa! Espere aí, amigo!

Elaborar primeiramente as requisições do projeto é um bom hábito a se adquirir a cada projeto com jQuery em que você trabalhará. Mas, antes de entrarmos direto na escrita do código jQuery, precisamos ter um pouco de trabalho para configurar primeiro a estrutura e o estilo. Fizemos um pouco disso no Capítulo 1 e, agora, temos mais coisas para configurar antes de recebermos qualquer gentileza por parte do jQuery.

seletores e métodos

Entre com as divs

Precisamos de quatro áreas clicáveis na página; então, vamos fazê-las primeiro. O elemento HTML mais útil e flexível para os nossos objetivos é a tag `<div>`. A tag `<div>` serve muito bem no papel da estrutura, uma vez que é um elemento em nível de bloco. Também podemos estilizar facilmente os elementos `div` para que eles ajam exatamente como queremos.

Exercício

Abra seu editor de texto favorito para criar os arquivos HTML e CSS que você precisará. Abaixo há o código inicial com alguns elementos importantes faltando. Acrescente os seguintes itens na página e marque-os conforme terminar:

☐ Uma tag para incluir a biblioteca jQuery, versão 1.6.2.

☐ Uma tag `<div>` com o ID de `header`.

☐ Uma tag `<div>` com o ID de `main`.

☐ Dentro de cada um dos quatro elementos `div` que se encontram dentro de `maindiv`, coloque uma imagem diferente (pegue as imagens aqui: *www.thinkjquery.com/chapter02/images.zip*).

```
<html>
  <head>
    <title>Jump for Joy</title>
    <link href="styles/my_style.css" rel="stylesheet">
  </head>
  <body>
................................................
      <h2>Jump for Joy Sale</h2>
    </div>
................................................
      <div><img src="images/jump1.jpg"/></div>
        <div>.............................</div>
        <div>.............................</div>
        <div>.............................</div>
    </div>
................................................
  <script > </script>     </body>
</html>
```

index.html

```
div{
  float:left;
  height:245px;
  text-align:left;
  border: solid #000 3px;
}
#header{
  width:100%;
  border: 0px;
  height:50px;
}
#main{
  background-color: grey;
  height: 500px;
}
```

my_style.css

você está aqui ▶ **39**

exercício *solução*

Exercício Solução

Abra seu editor de texto favorito para criar os arquivos HTML e CSS que você precisará. Abaixo há o código inicial com alguns elementos importantes faltando. Acrescente os seguintes itens na página e marque-os conforme terminar:

- ☑ Uma tag para incluir a biblioteca jQuery, versão 1.6.2.
- ☑ Uma tag `<div>` com o ID de `header`.
- ☑ Uma tag `<div>` com o ID de `main`.
- ☑ Dentro de cada um dos quatro elementos `div` que se encontram dentro de `main div`, coloque uma imagem diferente

Seus arquivos HTML e CSS devem ficar assim.

```html
<html>
  <head>
    <title>Jump for Joy</title>
    <link href="styles/my_style.css" rel="stylesheet">
  </head>
  <body>
  <div id="header">
    <h2>Jump for Joy Sale</h2>
  </div>
  <div id="main">
    <div><img src="images/jump1.jpg"/></div>
    <div><img src="images/jump2.jpg"></div>
    <div><img src="images/jump3.jpg"></div>
    <div><img src="images/jump4.jpg"></div>
  </div>
  <script src="scripts/jquery-1.6.2.min.js"></script>
  <script > </script>      </body>
</html>
```

- Um elemento div como ID de header
- Um elemento div como ID de main
- Os elementos div para as imagens
- Inclua a biblioteca jQuery

index.html

```css
div{
  float:left;
  height:245px;
  text-align:left;
  border: solid #000 3px;
}
#header{
  width:100%;
  border: 0px;
  height:50px;
}
#main{
  background-color: grey;
  height: 500px;
}
```

my_style.css

seletores e métodos

Test Drive

Abra a página em seu navegador favorito para garantir que tudo esteja funcionando. Isso nos dá oportunidade para observar como queremos que a página funcione.

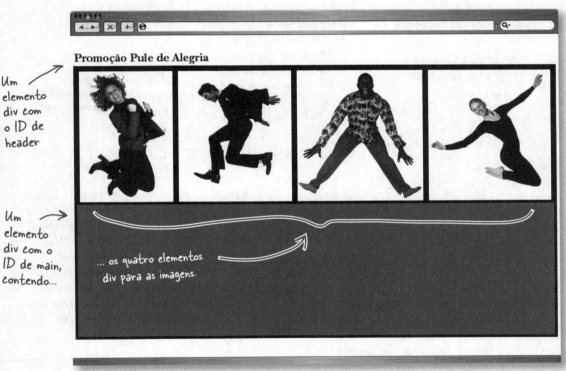

Um elemento div com o ID de header

Um elemento div com o ID de main, contendo...

... os quatro elementos div para as imagens.

Poder do Cérebro

Agora temos quatro áreas em nossa página com imagens. Como as tornamos clicáveis?

você está aqui ▶ 41

torne-o *clicável*

O evento click de perto

Como já vimos, tornar um elemento clicável com jQuery é fácil. Clicar em uma página faz com que um *evento* seja ativado na página e, também, possa rodar *funções*. Entraremos mais a fundo nos eventos e funções mais adiante, mas, por enquanto, vamos apenas revisar como o evento **click** funciona em um parágrafo ou tag (`<div>`).

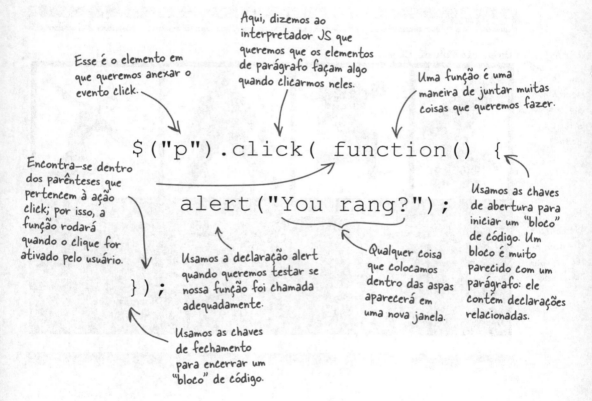

42   Capítulo 2

seletores e métodos

Ímãs de geladeira do código jQuery

Mova os ímãs para escrever o código que tornará todos os elementos `div` clicáveis. Quando uma `div` for clicada, use uma função de alerta JavaScript para exibir o texto "You clicked me". Já colocamos alguns no lugar para você.

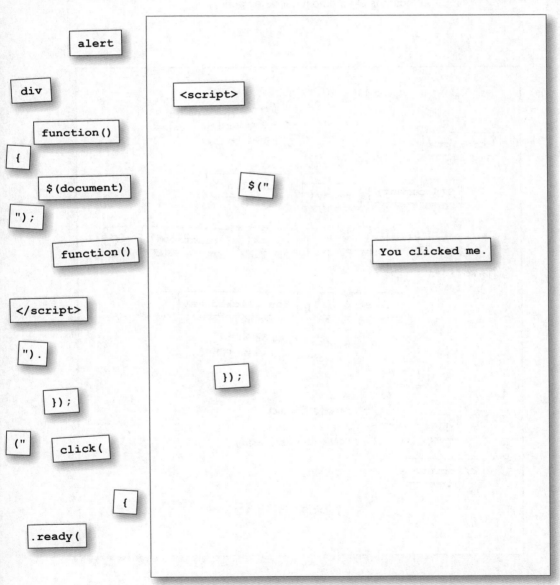

você está aqui ▶   **43**

ímãs de geladeira solução

Ímãs de geladeira do código jQuery – Solução

Mova os ímãs para escrever o código que tornará todos os elementos `div` clicáveis. Quando uma `div` for clicada, use uma função de alerta JavaScript para exibir o texto "You clicked me". Já colocamos alguns no lugar para você.

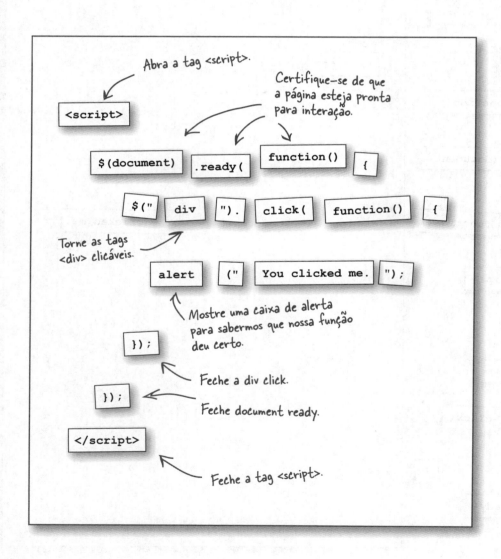

seletores e *métodos*

Acrescente o método click em sua página

Usando o código que você colocou na solução dos ímãs da página anterior, atualize seu arquivo HTML para incluir esse script. Não se esqueça de colocá-lo dentro da tag `<script>`!

Faça isso!

```html
<html>
  <head>
   <title>Jump for Joy</title>
   <link href="styles/my_style.css" rel="stylesheet">
  </head>
  <body>
   <div id="header">
     <h2>Jump for Joy Sale</h2>
   </div>
   <div id="main">
     <div><img src="images/jump1.jpg"/></div>
     <div><img src="images/jump2.jpg"/></div>
     <div><img src="images/jump3.jpg"/></div>
     <div><img src="images/jump4.jpg"/></div>
   </div>
   <script src="scripts/jquery-1.6.2.min.js"></script>
   <script >
     $(document).ready(function() {
       $("div").click(function() {
         alert("You clicked me.");
       });//end click function
     });//end doc ready
   </script>
  </body>
</html>
```

A função alert chama uma janela em seu navegador com uma mensagem dentro dela. Usaremos sempre que quisermos para ver os resultados de coisas que acrescentamos para codificar como variáveis e funções.

Acrescente essas linhas entre suas tags `<script>` para tornar as divs clicáveis.

Alguns programadores acrescentam comentários para ajudar a identificar parênteses e chaves. É uma questão de estilo de codificação que cabe inteiramente a você.

index.html

você está aqui ▶ **45**

test drive

 Test Drive

Abra a página em seu navegador favorito para garantir que tudo esteja funcionando. Você deve ver a mensagem de alerta agora enquanto clica nas imagens da página.

Essa é a caixa de alerta que você acrescentou. Você pode ver que a função click funcionou.

Sim, mas, independente de onde eu clicar, recebo a mensagem de alerta. Por que isso?

Hummm, isso é um problema.

Parece que o clique está um pouco descontrolado. Vamos dar uma olhada novamente no evento click.

O interpretador JS fez exatamente o que pedimos para ele fazer. Ele selecionou <u>todas</u> as divs...

...e acrescentou um método click em cada uma delas.

```
$("div").click( );
```

Na verdade, você não tem nem de clicar nas imagens para receber essa mensagem. A estrutura da nossa página possui elementos `div` aninhados em outra `div`; portanto, quando você clica neles, o navegador acha que você clicou em ambos e você poderia receber dois alertas nesse caso. Evidentemente, precisamos delimitar o que estamos pedindo para o jQuery fazer aqui...

Seja mais específico

O problema é que não fomos específicos o bastante em nossa seleção. Portanto, como podemos pegar as quatro subdivs e excluir o container maior da div? Lembre-se de que os seletores jQuery usam as classes e IDs de CSS, como vimos no Capítulo 1. Podemos ser ainda mais específicos sobre quais elementos queremos que o jQuery pegue, acrescentando classes e IDs nesses elementos.

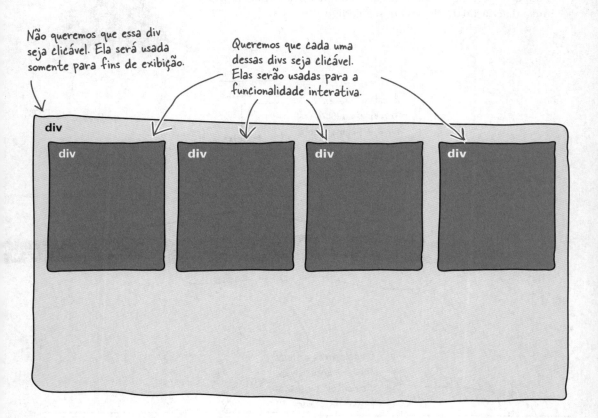

Você usaria apenas as classes ou IDs separadamente ou uma combinação de ambos, para especificar os elementos div acima? Qual funcionaria melhor e por quê?

chefe da classe

Criando classes para seus elementos

Em CSS, as classes são usadas para agrupar os elementos juntamente e dar a eles atributos comuns de estilo. Você pode ter na página um ou mais elementos que possuem a mesma classe. No jQuery, podemos usar o mesmo seletor de classe e afetar o mesmo grupo de elementos com os métodos jQuery. Ambos, CSS e jQuery, usam o "." para significar uma classe, o que torna supersimples o início da criação de classes em seu código.

A estrutura em árvore do DOM para a página web

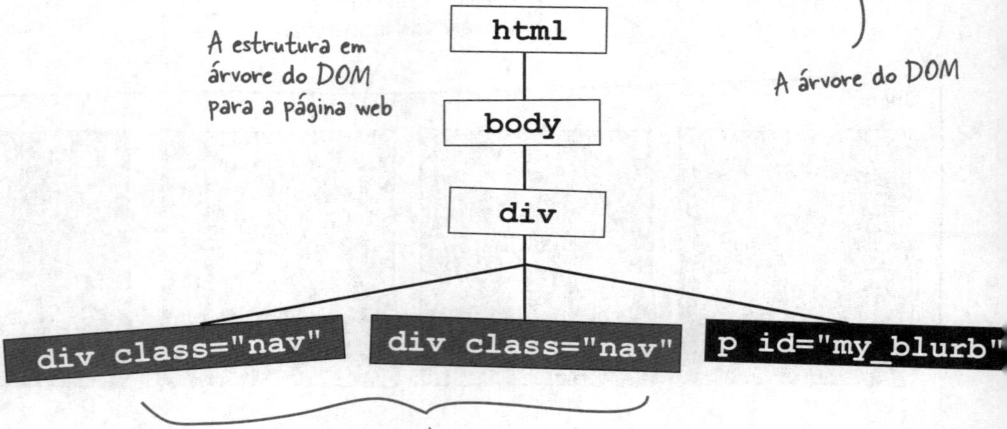

```
html
```

A árvore do DOM

```
body
```

```
div
```

```
div class="nav"
```
```
div class="nav"
```
```
p id="my_blurb"
```

Os seletores de classe combinam quaisquer elementos que façam parte da classe.

```css
.nav {
    display: block;
    border: solid #00f 1px;
    width: 100%;
}
```

código CSS

```javascript
$(".nav").click( function(){
    alert("You clicked
me!");
});
```

código jQuery

48 *Capítulo 2*

seletores e métodos

ID-entificando elementos

Um seletor de ID é usado para identificar um elemento único, exclusivo em uma página. No jQuery, assim como em CSS, o símbolo # é usado para identificar um seletor de ID. IDs são ótimos quando você quer especificar um elemento ou quando houver somente um tipo de elemento na página, como um cabeçalho ou rodapé da página.

Os seletores de ID combinam um elemento exclusivo

```
#my_blurb {
      display: block;
      border: 0px;
      height: 50%;
}
```

código CSS

```
$("#my_blurb").slideToggle("slow");
```

código jQuery

QUEM FAZ O QUÊ?

Marque as opções nas colunas apropriadas de forma a indicar para que você pode usar classes e para que pode usar IDS. Lembre-se, às vezes uma classe e um ID podem realizar a mesma função!

	Classe	ID
Identifica exclusivamente um elemento único na página:	☐	☐
Pode identificar um ou mais elementos da página:	☐	☐
Pode ser usado por um único método JavaScript, em vários navegadores, para identificar um elemento:	☐	☐
Pode ser usado por CSS para aplicar estilo aos elementos:	☐	☐
Mais de um desses pode ser aplicado em um elemento ao mesmo tempo:	☐	☐

você está aqui ▶ **49**

quem faz o quê solução

QUEM FAZ O QUÊ? SOLUÇÃO

Marque as opções nas colunas apropriadas de forma a indicar para que você pode usar classes e para que pode usar IDS. Lembre-se, às vezes uma classe e um ID podem realizar a mesma função!

	Classe	ID
Identifica exclusivamente um elemento único na página:	☐	☑
Pode identificar um ou mais elementos da página:	☑	☐
Pode ser usado por um único método JavaScript, com navegador cruzado, para identificar um elemento:	☐	☑
Pode ser usado por CSS para aplicar estilo aos elementos:	☑	☑
Mais de um desses pode ser aplicado em um elemento ao mesmo tempo:	☑	☐

não existem Perguntas Idiotas

P: O que é um elemento em *nível de bloco*?

R: Elementos em nível de bloco aparecem dentro de seus elementos pais como objetos retangulares que não são quebrados ao longo das linhas. Eles também aparecem com propriedades de margem, largura e altura de bloco que podem ser definidas independentemente dos elementos que os cercam.

P: Por que a tag `<script>` encontra-se ao final da página antes da tag `</body>`? Pensei que tivesse sempre que ficar dentro das tags `<head> </head>`.

R: Sim, essa costumava ser (e para algumas pessoas ainda é) a melhor prática sugerida. Porém, o problema causado por scripts é que eles bloqueiam downloads paralelos no navegador. Você pode fazer o download de mais de duas imagens, por vez, de diferentes servidores, mas, assim que seu navegador encontrar uma tag `<script>`, ele não poderá mais fazer o download de vários itens em paralelo. Deixá-las ao final significa que ajudará a acelerar o tempo de carregamento da sua página.

P: O que é todo esse negócio de alerta JavaScript?

R: Os que usamos não ficaram tão bonitos, mas os alertas são úteis para uma variedade de motivos. De fato, um alerta JavaScript é uma janela simples contendo uma mensagem. O texto dentro dos parênteses é o que aparece na mensagem de alerta. Se quiser mostrar uma string de texto, coloque o texto dentro de aspas. Para exibir os valores da variável, digite o nome da variável sem as aspas. Também é possível combinar os valores da variável e as strings de texto, usando o sinal de +. Provavelmente você os vê o tempo todo e não pensa nisso, como quando você não preenche um campo em um formulário. Em nosso caso, estamos usando-os mais para fins de teste e depuração de erros. Sem dúvida, há maneiras mais robustas de fazer isso, e entraremos nelas nos próximos capítulos do livro.

50 *Capítulo 2*

seletores e métodos

Conversa Informal

Papo dessa noite: **Os seletores de CSS e jQuery discutem suas diferenças**

Seletor CSS:

Olá, Seletor jQuery. Estou aliviado por você estar aqui para contar a todos que deve sua existência a mim.

Seletor jQuery:

É, obrigado, eu acho. Sem dúvida, muito da minha força vem da sua abordagem de seleção de elementos. Porém, tenho mais a ver com comportamento do que estilo. Você só senta e faz as coisas ficarem bonitas, enquanto eu, na verdade, tenho uma ação séria em andamento.

Bem, definitivamente eu tenho estilo, mas tenho alguma força. Posso mudar a aparência das coisas em um piscar de olhos.

Não vou discutir sobre sua utilidade em uma página. Você tem sua função, que é mudar como os elementos aparecem, e eu tenho a minha, que é muito diferente.

E o que você pode fazer que eu não posso?

Minha função é procurar elementos e retorná-los para que um método possa fazer algo ao grupo retornado.

Olá, jargão sofisticado! O que você quer dizer com "retornar" os elementos?

Digamos que alguém me use para selecionar todos os elementos de parágrafo da página. Eu pego esse grupo de parágrafos e os guardo para que um método jQuery possa fazer o que quiser com eles.

Mas eu também posso afetar todos os elementos que eu selecionar. Posso mudar todas as suas cores de fundo para fúcsia se eu quiser. E não se esqueça de que meu mecanismo lhe dá toda a força que você tem.

Seu mecanismo seletor dá uma boa parte da força, mas outra parte da minha força vem de JavaScript. Não se esqueça da parte "Query" do meu nome. Na verdade, posso pedir um elemento para o navegador, segurar esse elemento e passá-lo a um método jQuery, para fazê-lo voar pela página ou até mesmo desaparecer.

Tenho de admitir, isso parece muito legal.

Sim, e você está certo ao dizer que eu não conseguiria isso sem você.

você está aqui ▶ **51**

ligando-se

Ligue sua página web

As classes e IDs são a base comum das três camadas de uma página web que vimos no Capítulo 1: estrutura, estilo e script. Os seletores estão onde essas camadas são *ligadas* juntamente para que possam todas trabalhar em conjunto. O HTML fornece os blocos de construção (ou seja, os elementos e seus atributos) ou a **estrutura** da página web. O CSS fornece o **estilo** ou a apresentação e a posição desses elementos. JavaScript e jQuery fornecem o **script** que controla o comportamento ou função desses elementos. Imagine que tenhamos uma classe chamada `slideshow` em uma imagem em que queremos rodar o método `slideUp`:

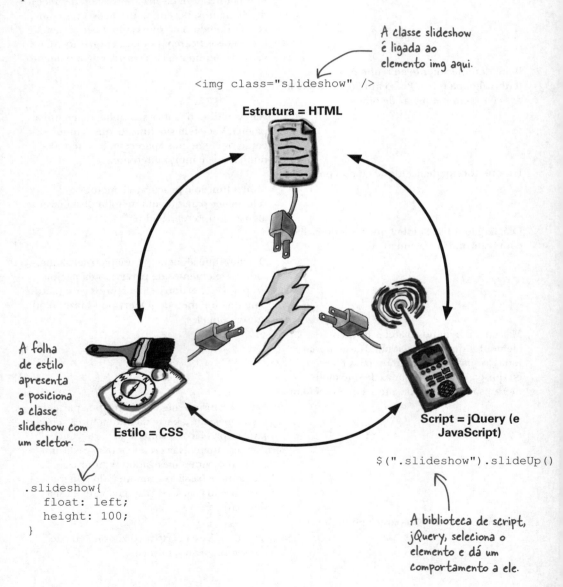

seletores e métodos

Aponte o seu lápis

Atualize a estrutura, estilo e script em sua página para tornar somente as quatro seções `div` de imagem clicáveis. No arquivo CSS, crie uma classe de CSS (chamada `guess_box`) e aplique-a ao `html` e `script`. Parece que um de nossos elementos `div` perdeu seu atributo ID também. Você consegue entender qual é esse elemento e colocá-lo de volta?

```css
div{
  float:left;
  height:245px;
  text-align:left;
  border: solid #000 3px;
}
#header{
  width:100%;
  border: 0px;
  height:50px;
}
#main{
  background-color: grey;
  height: 500px;
}
```
....
height 245px;
....

my_style.css

```html
<html>
  <head>
    <title>Jump for Joy</title>
    <link href="styles/my_style.css" rel="stylesheet">
  </head>
  <body>
    <div id="header">
      <h2>Jump for Joy Sale</h2>
    </div>
    <div...................................>
      <div...................................><img src="images/jump1.jpg"/></div>
      <div...................................<img src="images/jump2.jpg"/></div>
      <div...................................><img src="images/jump3.jpg"/></div>
      <div...................................><img src="images/jump4.jpg"/></div>
    </div>
    <script src="scripts/jquery-1.6.2.min.js"></script>
    <script>
      $(document).ready(function() {
        $("...................................").click(function() {
          alert("You clicked me.");
        });
      });
    </script>
  </body>
</html>
```

index.html

você está aqui ▶ **53**

aponte seu lápis solução

Aponte o seu lápis
Solução

Atualize a estrutura, estilo e script em sua página para tornar somente as quatro seções div de imagem clicáveis. No arquivo CSS, crie uma classe de CSS (chamada guess_box) e aplique-a ao html e script. Parece que um de nossos elementos div perdeu seu atributo ID também. Você consegue entender qual é esse elemento e colocá-lo de volta?

```css
div{
  float:left;
  height:245px;
  text-align:left;
  border: solid #000 3px;
}
#header{
  width:100%;
  border: 0px;
  height:50px;
}
#main{
  background-color: grey;
  height: 500px;
}
...guess_box{..............................
...height:245px;..........................
}...........................................
```

my_style.css

É aqui onde você acrescenta uma classe nas caixas guess_box. Height combina a altura das imagens nas caixas, assim tudo se alinha bem.

```html
<html>
  <head>
    <title>Jump for Joy</title>
    <link href="styles/my_style.css"
    rel="stylesheet">
  </head>
  <body>
    <div id="header">
      <h2>Jump for Joy Sale</h2>
    </div>
    <div... id="main" ...>
      <div... class="guess_box" ...><img src="images/jump1.jpg"/></div>
      <div... class="guess_box" ...><img src="images/jump2.jpg"/></div>
      <div... class="guess_box" ...><img src="images/jump3.jpg"/></div>
      <div... class="guess_box" ...><img src="images/jump4.jpg"/></div>
    </div>
    <script src="scripts/jquery-1.6.2.min.js"></script>
    <script>
    $(document).ready(function() {
      $(".......guess_box...............").click(function() {
        alert("You clicked me.");
      });
    });
    </script>
  </body>
</html>
```

Acrescente o método click somente à classe guess_box e não em todos os elementos div.

index.html

seletores e métodos

Enquanto isso, voltamos para nossa lista

Vamos dar uma olhada em nossa lista de requisições, para ver onde estamos na criação de tudo o que a Emily pediu:

- ☑ A página deve ter quatro seções com uma das quatro imagens "Pule de alegria" por seção.
- ☑ As seções devem ser clicáveis.
- ☐ Precisamos de uma mensagem que diga "Seu Desconto é" junto com uma quantidade de desconto aleatória (entre 5 e 10 por cento).
- ☐ Quando o usuário clicar em uma das seções, a mensagem deve aparecer abaixo da imagem nessa seção.
- ☐ Se o usuário clicar novamente, elimine a última mensagem e faça uma nova.

Uau, isso foi fácil. Já estamos quase na metade de nossa lista. As outras coisas também não parecem ruins. Temos de criar um texto e um número. Isso é difícil?

Na verdade, não é muito difícil.
Existem várias coisas envolvidas ao exibir uma mensagem ao usuário. Não se esqueça, poderia ser uma mensagem diferente para cada usuário que visita o site.

Você terá de criar uma mensagem e armazená-la em algum lugar para exibi-la aos seus visitantes. Como você acha que é possível fazer isso?

você está aqui ▶ 55

Criando espaço de armazenamento

A próxima requisição da nossa lista é mostrar o texto que permanecerá igual ao nosso script quando rodar: "Seu Desconto é". Mas, além disso, precisamos ter um número que mudará ou *variará* dependendo da quantidade aleatória. Precisamos de uma maneira de carregar essas informações por todo o script – nossa página precisa de uma maneira de armazenar essas informações. Armazenar informações (ou dados) que variam é uma tarefa perfeita para *variáveis*. Quando queremos variáveis no jQuery, usamos as variáveis de JavaScript. **Agora, sempre que quisermos pegar os dados que armazenamos, simplesmente os pedimos com o nome da sua variável.**

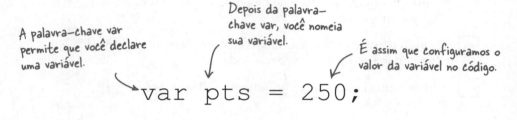

Agora, sempre que quisermos pegar os dados que armazenamos, simplesmente os pedimos com o nome da sua variável.

seletores e métodos

Misture as coisas com a concatenação

Em muitos de nossos scripts jQuery, estaremos armazenando tipos diferentes de dados: números, texto ou valores verdadeiros ou falsos. Em muitos casos, especialmente quando precisamos exibir mensagens diferentes aos nossos visitantes, misturaremos HTML com esses outros tipos de dados, o que dá ainda mais força às nossas páginas web. Portanto, como fazemos para combinar nossas variáveis com outros valores? Usamos a **concatenação**. Imagine que você tem um jogo, onde tem uma variável chamada pts que armazena a maior pontuação, e você precisa exibi-la ao vencedor:

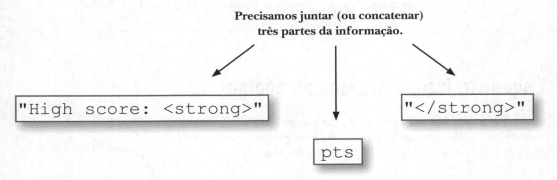

Que nos dá:

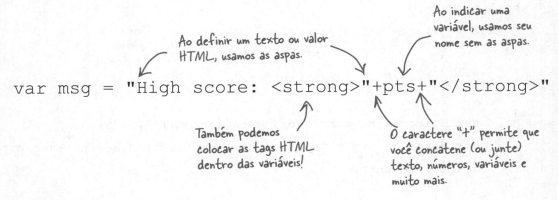

Exercício

Daremos o código JavaScript para fazer uma variável chamada `discount` que possui um número aleatório de 5 a 10. Escreva o código para uma variável `discount_msg` que mostra a mensagem e a variável aleatória. Certifique-se de que a mensagem do desconto apareça dentro de um elemento de parágrafo.

```
var discount = Math.floor((Math.random()*5) + 5);
```

....

você está aqui ▶ **57**

exercício solução

Exercício Solução

Daremos o código JavaScript para fazer uma variável chamada `discount` que possui um número aleatório de 5 a 10. Escreva o código para uma variável `discount_msg` que mostra a mensagem e a variável aleatória. Certifique-se de que a mensagem do desconto apareça dentro de um elemento de parágrafo.

Não se preocupe, explicaremos as funções matemáticas e aleatórias no Capítulo 3.

```
var discount = Math.floor((Math.random()*5) + 5);
var discount_msg = "<p>Your Discount is "+ discount +"%</p>";
```

Enquanto isso, voltamos ao código

Agora que já tem uma variável configurada para armazenar sua mensagem de desconto concatenada, você só precisa atualizar o que está entre suas tags `<script>`, então vamos focar aqui.

Faça isso!

```
<script>
  $(document).ready(function() {

    $(".guess_box").click( function() {

      var discount = Math.floor((Math.random()*5) + 5);
      var discount_msg = "<p>Your Discount is "+ discount +"%</p>";
      alert(discount);

    });
  });
</script>
```

Crie novas variáveis JavaScript

Colocamos a variável discount em nosso alert para garantir que ele esteja fazendo o que queremos que faça.

index.html

seletores e métodos

Insira sua mensagem com append

Você tem sua mensagem pronta para seguir em frente, mas como exibi-la na página abaixo da imagem que foi clicada? Se você pensar na adição de uma nova mensagem como uma *inserção* na página, o jQuery fornece várias maneiras de inserir o conteúdo em um elemento existente. Abordaremos algumas das mais úteis em mais detalhes no Capítulo 4, mas, por enquanto, vamos só dar uma olhada rapidamente na ação append.

```
<p>jQuery lets me add stuff onto my web page
without having to reload it.</p>
```

Essa declaração jQuery está dizendo ao interpretador JS para acrescentar o conteúdo dentro de aspas em todos elementos de parágrafo.

```
$("p").append(" <strong>Like me, for
instance.</strong>");
```

Se você rodar isso em seu script, o texto em negrito aparece em sua página.

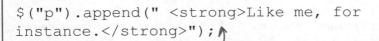

jQuery lets me add stuff onto my web page without having to reload it.
Like me, for instance.

O HTML resultante como vimos no DOM

```
<p>jQuery lets me add stuff onto my web page
without having to reload it.</p> <strong>Like me,
for instance.</strong>
```

Exercício

Com o que você já sabe sobre seletores e suas novas forças append, escreva o código para anexar a variável discount em seu elemento guess_box.

....

você está aqui ▶ **59**

exercício solução

Exercício Solução

Acrescentar uma nova mensagem em uma página web realmente é bem simples assim!

`$(".guess_box").append(discount_msg);`

append é um método do jQuery. Você usa métodos para fazer coisas no jQuery.

Perguntas Idiotas (não existem)

P: Existem restrições sobre o que eu posso usar em nomes de classe?

R: Um nome de classe deve começar com um sublinhado (_), um traço (-), ou uma letra (a-z), seguido por qualquer número de traços, sublinhados, letras ou números. Há um segredo: se o primeiro caractere for um traço, o segundo caractere deve ser uma letra ou um sublinhado, e o nome deve ter pelo menos dois caracteres de extensão.

P: Existe alguma restrição sobre o que eu posso chamar de variáveis?

R: Sim! As variáveis não podem começar com números. Além disso, elas não podem conter quaisquer operadores matemáticos (+*-^/!\), espaços ou marcadores de pontuação. Porém, elas podem conter sublinhados. Não podem ser nomeadas depois de quaisquer palavras-chave de JavaScript (como `window`, `open`, `array`, `string`, `location`) e consideram o uso de maiúsculas e minúsculas.

P: Quantas classes posso dar aos elementos?

R: Não há um máximo definido, de acordo com os padrões, mas o número no uso do mundo real é por volta de 2.000 classes por elemento.

P: Existe uma maneira de selecionar todos os elementos da página?

R: Sim! Basta passar um "*" no wrapper do jQuery para obter todos os elementos.

P: Se eu der uma classe ou ID aos meus elementos, sem qualquer estilo, isso terá qualquer efeito sobre como eles ficarão em um navegador?

R: Não, não há padrões de classes ou IDs para o navegador. Alguns navegadores tratam os elementos diferentemente, mas uma classe ou ID sem qualquer CSS aplicada a ela não terá qualquer efeito.

seletores e métodos

Test Drive

Abra a página em seu navegador favorito para garantir que tudo esteja funcionando. Preste atenção especialmente ao alerta para garantir que a variável `discount` foi configurada adequadamente.

Quando alguém clicar, a mensagem de desconto é acrescentada em cada div que encontra-se na classe guess_box.

Tudo está funcionando bem, mas...

A variável `discount` está gerando um problema de número aleatório e acrescenta a mensagem em nossa página da maneira que esperávamos, mas há um efeito colateral inesperado: o desconto aparece repetidamente em cada `div`.
Não é isso que queríamos que acontecesse. Então o que deu errado?

```
<script>
  $(document).ready(function() {
    $(".guess_box").click( function() {
      var discount = Math.floor((Math.random()*5) + 5);
      var discount_msg = "<p>Your Discount is "+discount+"%</p>";
      alert(discount_msg);
      $(".guess_box").append(discount_msg);
    });
  });
</script>
```

Isso aqui aplicou o método click de maneira que cada membro da classe guess_box é clicável.

Isso é só para testar a variável.

Nosso seletor é específico o bastante para pegar uma classe, mas acabamos afetando todas as divs na classe.

Precisamos acrescentar a variável `discount` **somente** na `div` individual que foi clicada. Então, como selecionamos somente a que foi clicada e anexamos a variável `discount` nela?

em um mundo ideal

Capítulo 2

seletores e métodos

Dê $(this) para mim

Ao longo de todo este capítulo, temos visto os seletores de jQuery e como eles retornam elementos que os métodos jQuery usam. Com bastante frequência, queremos ser bastante específicos sobre qual elemento estamos selecionando. Quando falamos da especificidade, o seletor mais simples para escrever é o $(this). O seletor $(this) nos fornece uma maneira fácil de indicar o elemento *atual*.

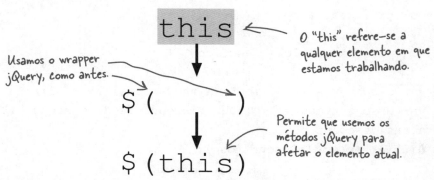

É importante pensar no $(this) como **dependente de contexto**. Em outras palavras, $(this) significa coisas diferentes, dependendo de onde ou quando você o usa. Um dos **melhores** lugares para usá-lo é dentro de uma função que roda quando um método jQuery é chamado:

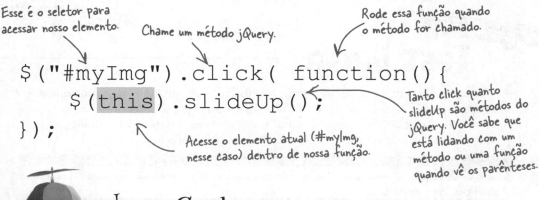

Notas Geek

this vs. $(this)

Em JavaScript, "this" refere-se a qualquer elemento DOM com que queremos trabalhar em nosso código. Acrescentar o $( ) em this, resultando em $(this), permite que interajamos com nossos elementos DOM, usando métodos jQuery.

você está aqui ▶ 63

$(this) é incrível

Coloque $(this) para funcionar

Vejamos se `$(this)` pode nos ajudar a resolver nosso problema. Atualize seu código para usar `$(this)`, como aparece abaixo em negrito:

— Faça isso!

```
<script type="text/javascript">
  $(document).ready(function() {

    $(".guess_box").click( function() {

      var discount = Math.floor((Math.random()*5) + 5);
      var discount_msg = "<p>Your Discount is "+ discount +"%</p>";
      alert(discount_msg);
      $(this).append(discount_msg);

    });
  });//end doc ready
</script>
```

Agora estamos dizendo às nossas caixas guess box para acrescentar o código de desconto somente onde foi clicado.

index.html

Test Drive

Abra a página em seu navegador favorito para garantir que tudo esteja funcionando. Preste atenção especialmente ao alerta, para garantir que obtemos a variável `discount` certa. Certifique-se de clicar várias vezes para verificar se o número aleatório concatenado na variável `discount` também funciona.

seletores e métodos

> $(this) funcionou maravilhosamente! Mas, agora, toda vez que eu clico fico recebendo códigos de desconto. Como faço para que isso pare de acontecer?

Ótima pergunta!

Isso nos leva ao último passo em nossa lista de coisas a fazer:

- ☑ A página deve ter quatro seções com uma das quatro imagens "Pule de alegria" por seção.
- ☑ As seções devem ser clicáveis.
- ☑ Precisamos de uma mensagem que diga "Seu Desconto é" junto com uma quantidade de desconto aleatória (entre 5 e 10 por cento).
- ☑ Quando o usuário clicar em uma das seções, a mensagem deve aparecer abaixo da imagem nessa seção.
- ☐ Se o usuário clicar novamente, elimine a última mensagem e faça uma nova.

Como você acha que pode remover a última mensagem?

você está aqui ▶ **65**

abracadabra

Dê adeus com remove

Então como nos livramos da última mensagem e fazemos uma nova? Use o método `remove`. O método `remove` permite que tiremos um elemento ou um grupo de elementos da página. Vamos dar uma olhada em uma página bem simples com uma lista e um botão.

1 Veja como fica no navegador e o HTML que a cria.

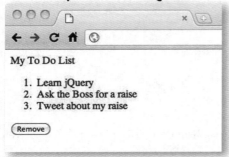

2 E esse é o código para o botão que removerá todos os itens de sua lista:

```
$("#btnRemove").click(function(){
    $("li").remove();
});
```

remove é outro método jQuery. Pense no método jQuery como um verbo – tem tudo a ver com a ação da página web.

3 Olhando novamente na página do navegador e no HTML – depois de terminar o jQuery –, podemos ver que todos nossos itens da lista sumiram, mesmo no HTML!

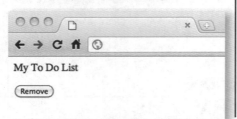

Que seletor você precisa usar para remover apenas a mensagem de desconto da página?

seletores e métodos

Aprofunde-se nos seletores descendentes

Os seletores descendentes são ainda outro tipo de seletor que podemos usar com jQuery, e eles acabam se enquadrando perfeitamente em nossa situação. Com os seletores descendentes podemos especificar os *relacionamentos entre os elementos*. Podemos selecionar os filhos, pais ou irmãos.

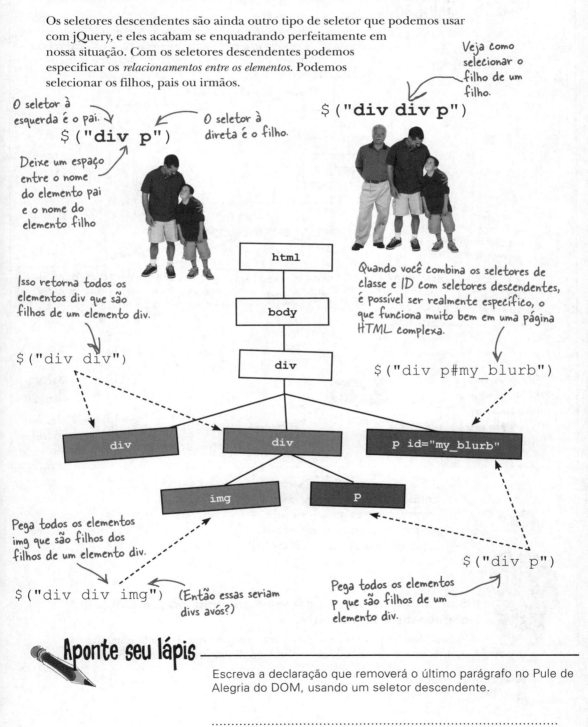

O seletor à esquerda é o pai. ↓

$("div p")

Deixe um espaço entre o nome do elemento pai e o nome do elemento filho

O seletor à direita é o filho.

Veja como selecionar o filho de um filho.

$("div div p")

Isso retorna todos os elementos div que são filhos de um elemento div.

$("div div")

Quando você combina os seletores de classe e ID com seletores descendentes, é possível ser realmente específico, o que funciona muito bem em uma página HTML complexa.

$("div p#my_blurb")

Pega todos os elementos img que são filhos dos filhos de um elemento div.

$("div div img") (Então essas seriam divs avós?)

Pega todos os elementos p que são filhos de um elemento div.

$("div p")

Aponte seu lápis

Escreva a declaração que removerá o último parágrafo no Pule de Alegria do DOM, usando um seletor descendente.

....

você está aqui ▶ **67**

aponte seu lápis solução

Aponte seu lápis
Solução

Comece usando o seletor de classe `.guess_box`, seguido por um seletor `p` descendente, para acessar o parágrafo que você acrescentou. Depois, use o método `remove` para colocar todos os elementos `p` em qualquer elemento com a classe `guess_box` fora da página.

$("..guess_box p").remove();

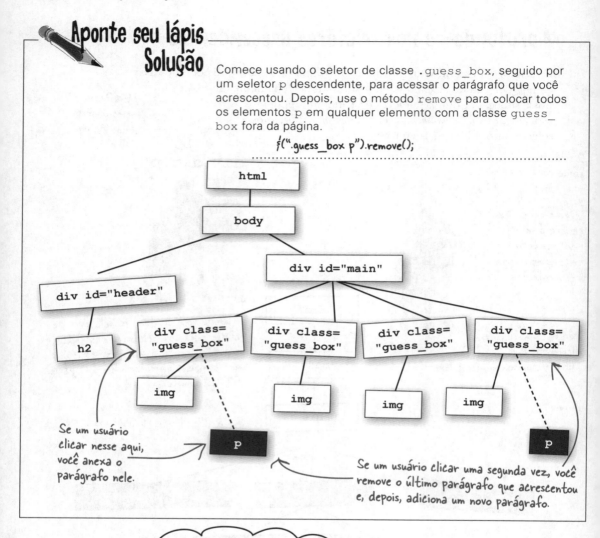

Então agora eu posso adicionar e remover partes quando eu vejo que cabe fazer isso. É importante quando ou onde eu faço isso?

Sim, a ordem com a qual você adiciona ou remove seus elementos é importante.

Você não pode remover um elemento antes de acrescentá-lo e não há motivo para remover um elemento logo depois de acrescentá-lo, certo?

seletores e métodos

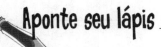
Aponte seu lápis

Sua tarefa é decidir onde deve ir a declaração `remove`. Escreva a declaração nas linhas numeradas 1, 2 ou 3 abaixo. Depois explique porque você a colocou ali. Pense em *quando* você precisa remover o parágrafo e usar o processo de eliminação para escolher o lugar correto para fazer isso.

```
<script>
  $(document).ready(function() {

  1. .................................................................................
     $(".guess_box").click( function() {

  2. .................................................................................
       var discount = Math.floor((Math.random()*5) + 5);
       var discount_msg = "<p>Your Discount is "+ discount +"%</p>";
       alert(discount_msg);
       $(this).append(discount_msg);

  3. .................................................................................
     });
  });
</script>
```

index.html

Porque eu acho que a declaração vai ali:

....

....

....

....

....

aponte seu lápis solução
Aponte seu lápis
Solução

Sua tarefa é decidir onde deve ir a declaração `remove`. Escreva a declaração nas linhas numeradas 1, 2 ou 3 abaixo. Depois explique porque você a colocou ali. Pense em *quando* você precisa remover o parágrafo e usar o processo de eliminação para escolher o lugar correto para fazer isso.

```
<script>
  $(document).ready(function() {

  1. ..................................................................................................
    $(".guess_box").click( function() {

  2. $(".guess_box p").remove();
    var discount = Math.floor((Math.random()*5) + 5);
    var discount_msg = "<p>Your Discount is "+ discount +"%</p>";
    alert(discount_msg);
    $(this).append(discount_msg);

  3. ..................................................................................................
   });
  });
</script>
```

index.html

Porque eu acho que a declaração vai ali:

A declaração remove não pode ir na linha 1, porque ficaria fora da função click na guess_box. A declaração não pode ir na linha 3, porque isso removeria o que eu acabei de acrescentar. Quero remover a última mensagem de desconto antes de gerar uma nova; portanto, eu a colocarei como a primeira linha do bloco de código (dentro das chaves) no click guess_box.

Veja bem!

A ordem e o momento de quando fazer suas chamadas jQuery é importante.

Isso é verdade especialmente quando você está dando informações importantes aos seus visitantes e removendo-as novamente. Veremos mais sobre o momento e a ordem dos efeitos em exibição no Capítulo 5.

seletores e métodos

não existem
Perguntas Idiotas

P: Às vezes, depois de chamar o método **remove**, ainda vejo os elementos que removi na fonte da página. Por que isso acontece?

R: Geralmente, os navegadores na verdade fazem uma atualização no servidor para obter a fonte da página quando você usa a opção para Visualizar a Fonte. Usar os inspetores DOM, como as ferramentas do Desenvolvedor do Chrome ou Firebug do Firefox, deve mostrar como o DOM é exibido na página.

P: O que significam os métodos `Math.floor` e `Math.random`?

R: O método `floor` arredonda para baixo, para o número inteiro mais próximo, e retorna o resultado. O método `random` retorna um número aleatório entre 0 e 1. Quando o multiplicamos por um número, garantimos a obtenção de um número entre 0 e qualquer número pelo qual o multiplicamos.

P: De onde veio o `this`?

R: Em muitas linguagens de programação orientada ao objeto, `this` (ou `self`) é uma palavra-chave que pode ser usada em métodos de instância para indicar o objeto no qual o método atualmente em execução foi invocado.

P: Então eu posso exibir somente um desconto aleatório quando alguém clicar em uma das imagens e removê-lo quando essa pessoa clicar em outro. Mas, falando sério, isso não é tudo o que precisamos para fazer funcionar de verdade, não é mesmo?

R: Você está certo, você nos pegou aí. Essa realmente é apenas a primeira peça do quebra-cabeça. As pessoas precisarão ter esse código carregado quando saírem para comprar suas fotos. Para passar o código de desconto para um carrinho de compras, você precisará enviar o código de volta para o servidor fazer o processamento. Trabalharemos nesse tipo de funcionalidade em mais detalhes nos Capítulos 8-10.

você está aqui ▶ **71**

test drive

Test Drive

Acrescente a linha de código que você acabou de escrever em seu arquivo *index.html*. Depois, abra a página em seu navegador favorito para garantir que tudo esteja funcionando. Clique várias vezes para verificar se o número aleatório concatenado na variável `discount` também funciona e se os antigos valores de desconto foram removidos adequadamente, antes de acrescentar o novo código.

seletores e métodos

Sua vez de pular de alegria

Parabéns! Você cumpriu as requisições e fez a campanha funcionar.

- ☑ A página deve ter quatro seções, com uma das quatro imagens "Pule de alegria" por seção.
- ☑ As seções devem ser clicáveis.
- ☑ Precisamos de uma mensagem que diga "Seu Desconto é" junto com uma quantidade de desconto aleatória (entre 5 e 10 por cento).
- ☑ Quando o usuário clicar em uma das seções, a mensagem deve aparecer abaixo da imagem nessa seção.
- ☑ Se o usuário clicar novamente, elimine a última mensagem e faça uma nova.

De: Emily
Assunto: Re: Promoção Pule de Alegria!

Muito obrigada por fazer isso para mim. Meu site está muito melhor. Espero que as pessoas gostem das minhas fotos, assim como eu gostei da minha nova página!

-
Emily

Obs.: Anexei um autorretrato com meu equipamento fotográfico quando vi a nova página web... Não ganha nada quem adivinhar o que eu estou fazendo!

você está aqui ▶ **73**

sua caixa de ferramentas do jquery

Sua Caixa de Ferramentas jQuery

Agora que adquiriu os conhecimentos do Capítulo 2, você acabou de acrescentar os seletores jQuery e os métodos básicos do jQuery em sua caixa de ferramentas.

Seletores

$(this) — Seleciona o elemento atual

$("div") — Seleciona todos os elementos div na página.

$("div p") — Seleciona todos os elementos p que estão diretamente dentro dos elementos div.

$("my_class") — Seleciona todos os elementos com a classe my_class.

$("div.my_class") — Seleciona somente as divs que possuem a classe my_class. (Tipos diferentes de elementos podem compartilhar uma classe.)

$("#my_id") — Seleciona o elemento que possui o ID de my_id.

$(this)

Seleciona o elemento "atual". O significado de $(this) mudará ao longo de todo seu código, dependendo de onde ele estiver sendo mencionado.

métodos jQuery

método — Um método jQuery é um código reutilizável definido na biblioteca jQuery. Você usa métodos para fazer coisas no jQuery e em JavaScript. Pense em um método como um verbo — tem tudo a ver com ação na página web.

.append — Insere o conteúdo especificado no DOM. Ele é acrescentado ao final de qualquer elemento que o chamar.

.remove — Tira os elementos do DOM.

3 eventos e funções jQuery

Fazendo as coisas acontecerem em suas páginas

jQuery faz com que você coloque ação e interatividade em qualquer página web com facilidade. Neste capítulo, veremos como fazer sua página reagir quando as pessoas interagirem com ela. Fazer seu código rodar em resposta às ações do usuário coloca o seu site em um nível totalmente novo. Também veremos como construir funções reutilizáveis para que você possa escrever o código uma vez e usá-lo várias vezes.

este capítulo é novo 75

fazendo as contas

Suas habilidades em jQuery foram requisitadas novamente

Emily ficou feliz com o trabalho que você fez para sua Promoção Pule de Alegria, mas encontrou-se com o contador e agora tem mais algumas mudanças que gostaria que você fizesse.

De: **Pule de Alegria**
Assunto: **Re: Promoção Pule de Alegria**

Olá,

Você fez um ótimo trabalho colocando a promoção da web para funcionar! Estive com meu contador e separamos alguns números sobre o sucesso da promoção. Meu contador sugeriu algumas mudanças na aplicação web que devem trazer mais vendas.
Visitantes ainda devem ter as quatro opções para receberem a chance de receberem um desconto. Porém, agora, vamos deixar a mesma quantidade de desconto todas as vezes. Meu contador recomenda a oferta de 20% de desconto nas compras antes que saiam da página. Isso deve ser mais atraente.
Os visitantes devem receber apenas uma chance para encontrar o código de desconto, que deve ser em um quadrado aleatório em cada visita. Se o visitante encontrar o código de desconto quando clicar, mostre a ele na tela antes de continuar. Do contrário, mostre a caixa onde o código estava escondido.
Você acha que pode fazer isso, assim como fez na primeira parte?

- Emily Saunders
fotospuledealegria.hg

Emily tirou algumas fotos do contador para o seu perfil, mas ela não conseguiu fazê-lo pular de alegria. Suas mudanças para o site podem ajudar?

O homem do dinheiro tem uma observação...

Tornar a promoção limitada somente a um quadrado evita que Emily tenha de entregar muitos códigos de desconto e faz com que as pessoas cliquem no site. Parece que esses novos recursos têm *tudo* a ver com o clique...

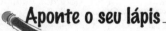

Aponte o seu lápis

É hora de fazer outra lista de requisições. Você sabe o que fazer: leia novamente o e-mail de Emily e pegue todos os novos recursos que ela está pedindo. Escreva o que você acha que é cada recurso.

Requisições:

aponte seu lápis solução

Aponte o seu lápis
Solução

É hora de fazer outra lista de requisições. Você sabe o que fazer: leia novamente o e-mail de Emily e pegue todos os novos recursos que ela está pedindo. Escreva o que você acha que é cada recurso.

Requisições:

- O desconto deve estar somente em uma das quatro caixas de imagem, e as imagens devem estar em uma caixa (aleatória) cada vez que a página for carregada.

- Os visitantes devem ter somente uma chance para encontrar o desconto quando carregarem a página. Portanto, precisaremos fazê-los parar de clicar mais de uma vez para encontrar um desconto melhor.

- Depois que o visitante fez sua tentativa e clicou em uma caixa, a resposta deve ser revelada independentemente se ele conseguiu acertar ou não. Se ele escolheu corretamente, deve-se mostrar o desconto para que ele possa aplicar em seu pedido.

- Haverá um desconto padrão de 20%, em vez de um variável. Então, em vez de uma porcentagem, deve-se dar um código de desconto aos visitantes.

O que nossa solução faz atualmente | O que precisamos que nossa solução faça

Poder do Cérebro

Você sabe como acrescentar um clique em sua página. Mas como garantir que o usuário faça isso somente uma vez?

Você também aprendeu nos capítulos anteriores como rodar o código quando um clique é chamado. Você consegue pensar em uma maneira a que pudéssemos usar isso para nos ajudar a completar nossa solução?

78 *Capítulo 3*

eventos e funções jQuery

Capacitando sua página para um evento

A aplicação Pule de Alegria tem tudo a ver com cliques. No jQuery e JavaScript, um clique é conhecido como um *evento* (há muitos outros eventos, mas, para cumprir nossos objetivos, focaremos somente nos cliques por enquanto). Um evento é um mecanismo que permite que você rode uma parte do código quando algo acontece na página (como um usuário clicando um botão). O código que é rodado é uma *função*, e as funções permitem que você torne seu jQuery mais eficiente e reutilizável. Veremos as funções mais de perto em um minuto, mas, por enquanto, vejamos como um evento click realmente funciona.

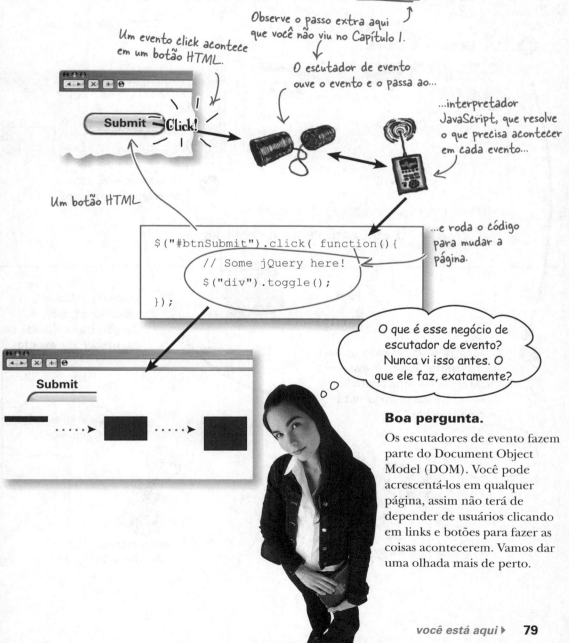

Boa pergunta.

Os escutadores de evento fazem parte do Document Object Model (DOM). Você pode acrescentá-los em qualquer página, assim não terá de depender de usuários clicando em links e botões para fazer as coisas acontecerem. Vamos dar uma olhada mais de perto.

luzes, câmera, eventos

Nos bastidores de um escutador de evento

Os escutadores de evento são a maneira que o navegador presta atenção ao que a pessoa faz em uma página e depois diz ao interpretador JavaScript se ele precisa fazer alguma coisa ou não. jQuery nos dá maneiras muito fáceis para acrescentar escutadores de evento em *qualquer elemento* da página; portanto, os usuários não estão mais apenas clicando em links e botões!

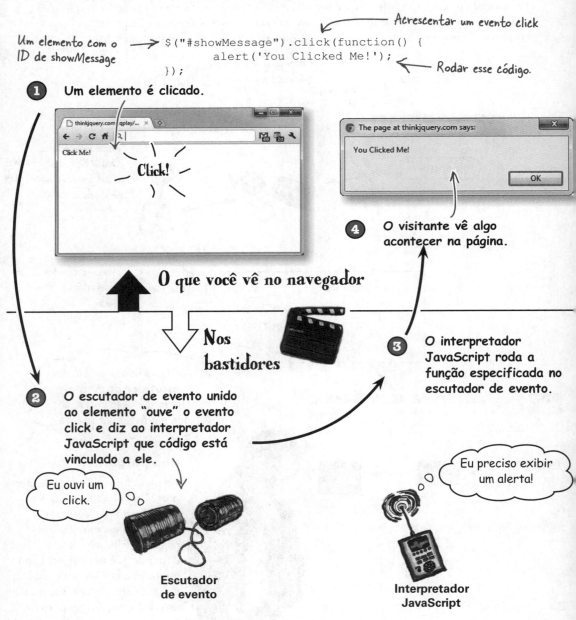

eventos e funções jQuery

Ligando um evento

Quando acrescentamos um evento em um elemento, chamamos isso de *ligação* de um evento (*binding*) nesse elemento. Quando fazemos isso, o escutador de evento sabe dizer ao interpretador JavaScript que função chamar.

Há duas maneiras de ligar eventos aos elementos.

Método 1

Usamos esse método para acrescentar eventos em elementos enquanto a página está sendo carregada.

Geralmente, isso é conhecido como o método de *conveniência*.

```
$("#myElement").click( function() {

    alert($(this).text());

});
```

Método 2

Usamos esse método, assim como o Método 1, mas também podemos usá-lo para acrescentar eventos aos elementos que são adicionados na página depois que ele é carregado, como quando criamos novos elementos DOM.

Ambos os métodos acrescentam um escutador de evento click em nosso elemento com o ID de myElement.

```
$("#myElement").bind('click', function() {

    alert($(this).text());

});
```

Método 1 – o método de conveniência – é simplesmente um atalho para o Método 2, <u>mas somente quando os elementos DOM já existirem.</u>

jQuery oferece muitos atalhos como esse para ajudá-lo a manter seu código mais limpo. Eles são conhecidos como métodos de conveniência, porque são incluídos unicamente para ter facilidade – mas eles têm limites. Você desejará usar o Método 2 para acrescentar os eventos em novos elementos DOM que você criar dentro do seu código, como se acrescentasse uma nova imagem clicável ou um novo item em uma lista com a qual você deseja que o usuário interaja.

ficando feliz com a ativação

Ativando eventos

Os eventos podem ser ativados por uma variedade de coisas em qualquer página. De fato, todo seu navegador é cheio de eventos e, basicamente, qualquer parte dele pode ativar eventos!

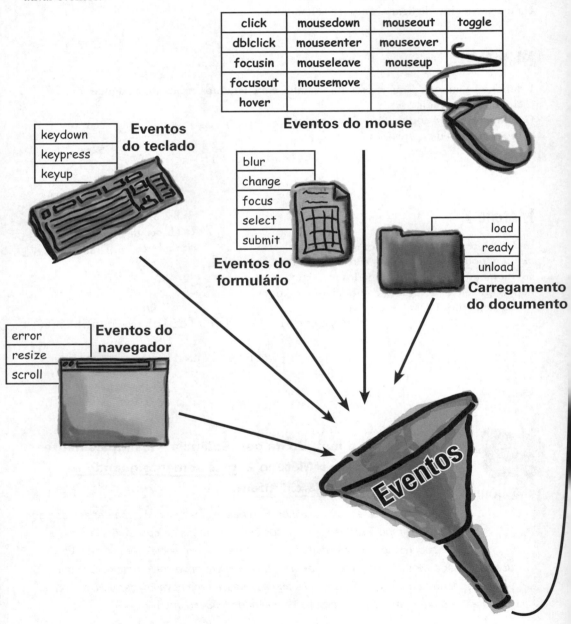

eventos e funções jQuery

O evento é ativado

Escutador de evento

Rodar uma função

Interpretador JavaScript

```
function () {
    [this is the code
    block. do stuff here]
}
```

Seletor + Evento + Função = Interação complexa

Perguntas Idiotas (não existem)

P: E essas funções dentro dos eventos?

R: Elas são chamadas de *funções manipuladoras*. Uma função manipuladora é um bloco de código que roda quando o evento é ativado. Veremos mais sobre as funções mais à frente neste capítulo.

P: Onde eu posso encontrar todos os tipos diferentes de eventos?

R: No site jquery.com, dentro de Documentation →Events.

P: Quantas categorias diferentes de eventos existem?

R: O jQuery agrupa eventos em cinco categorias diferentes: eventos do navegador, eventos de carregamento do documento, eventos do formulário, eventos do teclado e eventos do mouse.

P: Quantos eventos diferentes existem?

R: Há aproximadamente 30 tipos diferentes, entre todas as categorias diferentes de evento.

P: O que pode ativar um evento (ou seja, fazer um evento acontecer) na página?

R: Principalmente dispositivos de entrada (teclado e mouse) que ativam os diferentes tipos de evento. Porém, seu navegador, o documento da página, seu código jQuery e até mesmo um formulário HTML em sua página também podem ativar eventos.

você está aqui ▶ **83**

o evento exposto

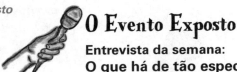

O Evento Exposto

Entrevista da semana:
O que há de tão especial com os eventos?

Use a Cabeça!: Olá, Evento, é um prazer poder falar com você.

Evento: É um prazer estar aqui.

Use a Cabeça!: Então, quem é você? Quem é o verdadeiro Evento?

Evento: Atualmente, eu realmente sou bem-sucedido, mas, antes de o jQuery aparecer, eu estava um pouco disperso. Sou um objeto que ajuda as pessoas a interagirem com uma página web.

Use a Cabeça!: Isso parece legal. Voltarei nisso daqui a pouco, mas por que você estava disperso? De onde você veio?

Evento: Essa é uma longa história. Em meados de 1990, o Netscape lançou o Navigator 2.0. Foi ótimo. Eu era um modelo bastante simples. O DOM, JavaScript e eu éramos como os New Kids on the Block. Havia um padrão do W3C sobre como devíamos ser implementados em navegadores e tudo mais!

Use a Cabeça!: Isso foi há muito tempo. Você percorreu um longo caminho.

Evento: Sim, todos nós. Ao longo do caminho, fomos pegos nas guerras entre os navegadores Microsoft Internet Explorer e Netscape. Por fim, a Microsoft ganhou, depois que ambas as empresas tentaram concorrer uma com a outra com truques legais que não estavam no padrão, mas somente suportados no navegador de cada empresa.

Use a Cabeça!: Parece que foram tempos difíceis.

Evento: Foi sim, mas aconteceram coisas boas a partir disso. Em 1997, tanto o Netscape quanto a Microsoft lançaram a versão 4.0 de seus respectivos navegadores. Havia muitos eventos novos e podíamos fazer muito mais com a página. Era um ótimo momento para ser um evento.

Use a Cabeça!: Então, o que aconteceu?

Evento: As coisas saíram de controle. O Netscape virou fonte aberta e, mais tarde, tornou-se o Mozilla Firefox. Mas também existia o Netscape por um tempo. Tanto ele quanto o Internet Explorer tinham modelos diferentes de evento. Muitas coisas funcionariam somente em um navegador, deixando as pessoas frustradas quando entrassem em um site com o navegador errado. Finalmente o Netscape desapareceu, mas vários outros navegadores entraram em cena.

Use a Cabeça!: Então porque as coisas estão tão boas agora?

Evento: Navegador por navegador, as coisas ainda não são ideais. O Internet Explorer dá suporte para eventos diferentes do Firefox, Chrome do Google, Safari da Apple e o Opera. Mas isso está mudando com cada versão. Eles estão começando a ficar mais alinhados com os padrões. Mas a notícia realmente boa é que o jQuery cuida dessas questões para o desenvolvedor.

Use a Cabeça!: É mesmo? Isso é ótimo! Como? Que objeto você disse que era mesmo?

Evento: O jQuery sabe qual navegador está sendo usado; portanto, ele decide como lidar com eventos, dependendo de quais navegadores seu visualizador de sites está usando. Para um objeto, isso não é nada sofisticado. Em termos práticos, um objeto realmente se trata apenas de variáveis e funções combinadas em uma única estrutura.

Use a Cabeça!: Onde podemos ler mais sobre essas variáveis e funções?

Evento: Você pode saber mais sobre mim na documentação oficial do jQuery aqui: *http://api.jquery.com/category/events/event-object/* (conteúdo em inglês).

eventos e funções jQuery

Use a Cabeça!: Obrigado! Não esquecerei de dar uma olhada nisso. Como procedemos para usá-lo em nossas páginas?

Evento: Bem, primeiro, tenho de estar ligado a alguma coisa, assim o escutador de evento sabe me escutar. Depois, algo tem de me ativar, assim posso rodar qualquer código que eu tenha de rodar quando ocorre um evento.

Use a Cabeça!: OK, mas como você sabe que código rodar?

Evento: Isso acontece quando eu sou ligado a um elemento. Basicamente qualquer código pode ser chamado quando eu sou ligado a um elemento. Isso é o que me torna tão útil. Também posso ser desligado de um elemento. Se isso acontecer, o escutador de evento não escutará mais os eventos desse elemento, assim qualquer código que deveria rodar, quando eu fui ativado, não rodará.

Use a Cabeça!: Isso parece muito inteligente, mas nosso tempo está acabando. Onde posso encontrar mais sobre você e os tipos de eventos que ocorrem na página?

Evento: O link que eu dei a você já explicará o que me torna um objeto. Há mais informações sobre mim e todos os tipos de eventos no site do jQuery, na seção Documentation. Obrigado por me receber.

Use a Cabeça: Obrigado por vir aqui. Estamos ansiosos para usá-lo em nosso código.

Entraremos nas funções e variáveis em detalhes mais à frente neste capítulo.
Além disso, veremos mais de JavaScript nos próximos capítulos.

você está aqui ▶ **85**

esse evento não é muito apropriado

Removendo um evento

Assim como a ligação de eventos com elementos, geralmente você precisa *remover* eventos dos elementos – por exemplo, quando você não quer que as pessoas cliquem em um botão enviar duas vezes no formulário ou você só quer permitir que elas façam algo uma vez em uma página. É só isso o que você precisa nessas novas requisições para a promoção Pule de Alegria.

Para remover um evento

O comando `unbind` diz para o navegador web não ouvir mais esse evento particular nesse elemento.

Acrescentar um escutador de evento no elemento com um ID de myElement.

Rodar esse código quando myElement for clicado.

```
$("#myElement").bind ('click', function() {
    alert($(this).text());
});
```

Remover o evento click de myElement.

```
$("#myElement").unbind('click');
```

Para remover todos os eventos:

Acrescentar um escutador de evento focus no elemento com um ID de myElement.

```
$("#myElement").bind ('focus', function() {
    alert("I've got focus");
});
```

Acrescentar um escutador de evento click no elemento com um ID de myElement.

```
$("#myElement").click(function(){
    alert('You clicked me.');
});
```

Dizer ao navegador para não ouvir mais os eventos de myElement.

```
$("#myElement").unbind();
```

eventos e funções jQuery

Então, um escutador de evento fica dentro do navegador, vinculado aos elementos, esperando que os eventos aconteçam, e diz ao interpretador JavaScript fazer algo quando eles acontecem, certo?

Sim, é exatamente isso.

Vejamos como os eventos podem nos ajudar a lidar com a primeira requisição.

> Os visitantes devem ter somente uma chance para encontrar o desconto quando carregarem a página. Portanto, precisaremos fazê-los parar de clicar mais de uma vez para encontrar um desconto melhor.

Não permitir que os usuários tenham outra tentativa para procurar o desconto.

Aponte o seu lápis

Usando o que você sabe sobre $(this) e o que você aprendeu sobre eventos, atualize o código do último capítulo e acrescente o código para remover o evento click das seções div.

```
$(".guess_box").click( function() {
  $(".guess_box p").remove();
  var my_num = Math.floor((Math.random()*5) + 5);
  var discount = "<p>Your Discount is "+my_num+"%</p>";
  $(this).append(discount);
  ..............................................................
  ..............................................................
  ..............................................................
});
```

index.html

você está aqui ▶ **87**

aponte seu lápis solução

Aponte o seu lápis
Solução

Usando o que você sabe sobre `$(this)` e o que você aprendeu sobre eventos, atualize o código do último capítulo e acrescente o código para remover o evento click das seções `div`.

```
$(".guess_box").click( function() {
  $(".guess_box p").remove();
  var my_num = Math.floor((Math.random()*5) + 5);
  var discount = "<p>Your Discount is "+my_num+"%</p>";
  $(this).append(discount);

  $(this).unbind("click");

});
```

$(this).unbind("click"); → Diga para o navegador não ouvir mais os eventos do elemento atual

index.html

Test Drive

Atualize seu arquivo *index.html* com esse novo código, salve-o e clique para garantir que tudo esteja funcionando como deveria funcionar.

eventos e funções jQuery

Promoção Pule de Alegria

Seu desconto é de 9%.

Você tentou clicar na página quando o teste o levou a isso? O que aconteceu?

Acho que sua página está agindo de forma muito parecida com a minha. E ela não está fazendo nada do que você disse que faria...

Você está certo, ela ainda não está removendo o click de todos os eventos.

Isso só remove o click de qualquer caixa em que você clicar. Ainda é possível clicar nas outras caixas. Se pelo menos você pudesse parar o click em cada um dos outros elementos...

Como você removeria o evento click **de cada caixa** depois que o visitante **clicar em uma caixa**? Você tem de passar pelos elementos um a um?

você está aqui ▸ **89**

ei, faça isso novamente!

Passando pelos elementos ~~em movimento~~

Geralmente, precisamos interagir com um grupo de elementos *um a um*. Felizmente, jQuery nos dá a capacidade de realizar *loop* através de grupos de elementos, com base em qualquer seletor que escolhemos. O looping, também conhecido como *iteração*, é simplesmente passar por um grupo de elementos um por vez e fazer alguma coisa em cada elemento ao longo do caminho.

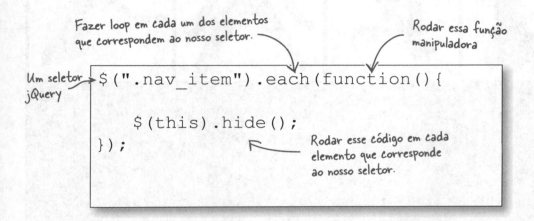

```
$(".nav_item").each(function(){
    $(this).hide();
});
```

Um seletor jQuery

Fazer loop em cada um dos elementos que correspondem ao nosso seletor.

Rodar essa função manipuladora

Rodar esse código em cada elemento que corresponde ao nosso seletor.

Você verá mais sobre mim daqui em diante, especialmente no próximo capítulo...

O iterador .each pega um grupo de elementos e faz algo em cada elemento no grupo da vez

Veremos sobre iteração em mais detalhes mais à frente no livro.

eventos e funções jQuery

Perguntas Idiotas
não existem

P: Posso disparar eventos em meu código?

R: Sim! Isso é relativamente comum. Bons exemplos disso são o envio de formulários para validação ou ocultação de caixas pop-up normais, só para citar alguns.

P: Então, como eu ativo um elemento?

R: Assim como a maioria das coisas no jQuery, seus criadores tentaram tornar as coisas memoráveis. É possível usar somente o método `.trigger`, combinado com um seletor, por exemplo: `$("button:first").trigger('click')` ou `$("form").trigger('submit');`.

P: Posso usar eventos em uma página web sem o jQuery?

R: Sim, pode. O jQuery só simplifica muito a ligação de eventos com qualquer elemento, porque ele é compatível com vários navegadores e usa funções simples para ajudar a ligar os eventos aos elementos.

P: Como o .each funciona?

R: `.each` usa o seletor que o chama e cria um array de elementos identificados por esse seletor. Depois ele faz loop em cada elemento do array sequencialmente. No entanto, não se preocupe, explicaremos os arrays e os loops um pouco mais adiante!

P: Então, vi que posso criar elementos com o jQuery, depois que a página é carregada. Esses elementos também podem ter eventos?

R: Sim, podem. Depois que um elemento é criado, você ainda pode usar o método `.bind` para dar um escutador de evento a ele. Além disso, se você souber com antecedência que seu elemento se comportará como alguns outros elementos já criados, é possível usar o método `.live`. Isso acrescentará um manipulador ao evento em todos os elementos que correspondem ao seletor atual, agora e futuramente. Isso funcionará mesmo em elementos que ainda não foram acrescentados no DOM.

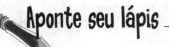
Aponte seu lápis

Escreva o código para usar a iteração e remover o evento **click** de cada caixa clicável em sua página Pule de Alegria. Além disso, leia seu código cuidadosamente para ver se há partes que você não precisa mais.

```
$(".guess_box").click( function() {
  $(".guess_box p").remove();
  var my_num = Math.floor((Math.random()*5) + 5);
  var discount = "<p>Your Discount is "+my_num+"%</p>";
  $(this).append(discount);



  $(this).unbind('click');

});
```

index.html

Aponte o seu lápis Solução

Chamar o método .each na classe .guess_box faz o loop em todos os elementos com essa classe. Você pode, então, desligar o método click de cada um deles sucessivamente. Também não precisa mais de nosso código .remove; uma vez que os visitantes podem clicar somente uma vez, não haverá mais qualquer coisa para ser removida.

Como você está permitindo que as pessoas cliquem apenas uma vez, não é necessário remover o antigo!

```
$(".guess_box").click( function(){
  $(".guess_box p").remove();
  var my_num = Math.floor((Math.random()*5) + 5);
  var discount = "<p>Your Discount is "+my_num+"%</p>"
  $(this).append(discount);

  $(".guess_box").each( function(){
    $(this).unbind('click');
  });
});
```

Faça o loop em cada elemento .guess_box e remova o evento click dele.

index.html

Espere aí
Seu arquivo HTML está ficando um pouco pesado aí no lado do script? Antes de continuar, deveríamos mesmo encontrar uma maneira de reduzir um pouco as coisas...

eventos e funções jQuery

Podemos simplesmente configurar um arquivo de script separado de nosso HTML? Já fazemos isso com nosso CSS...

Bom raciocínio. De fato, há vários motivos para criar um arquivo separado para seu código jQuery:

1. Você pode incluí-lo em mais de uma página (reutilização de código).

2. Sua página carregará mais rapidamente.

3. O código HTML que você vai escrever será mais limpo e fácil de ser lido.

Exercício

Você já sabe como incluir arquivos CSS e viu como incluir a biblioteca do jQuery. Incluir seu próprio arquivo JavaScript/jQuery não é diferente!

Você já deve ter uma pasta chamada *scripts* em seu diretório web raiz (onde você coloca a biblioteca jQuery).

1. Usando seu editor de texto favorito, crie um arquivo chamado *my_scripts.js* e salve-o na pasta *scripts*.

2. Pegue todo o código JavaScript e jQuery de nosso arquivo *index.html* e mova-o para esse novo arquivo. Não é necessário colocar as tags `<script>` e `</script>` no novo arquivo.

3. Crie o link para esse arquivo em sua página HTML, colocando o código a seguir antes da tag de fechamento `</body>`:

```
<script src="scripts/my_scripts.js"></script>
```

você está aqui ▶ **93**

exercício solução

Você já sabe como incluir arquivos CSS e viu como incluir a biblioteca jQuery. Incluir seu próprio arquivo JavaScript/jQuery não é diferente!

1 Usando o editor de texto de sua preferência, crie um arquivo chamado *my_scripts.js* e salve-o na pasta *scripts*.

2 Pegue todo o código jQuery de nosso arquivo *index.html* e mova-o para esse novo arquivo. Não é necessário colocar as tags `<script>` e `</script>` no novo arquivo.

```
$(document).ready(function() {
  $(".guess_box").click( function() {
    var my_num = Math.floor((Math.random()*5) + 5);
    var discount = "<p>Your Discount is "+my_num+"%</p>";
    $(this).append(discount);

    $(".guess_box").each( function(){
      $(this).unbind('click');
    });
  });
});
```

my_scripts.js

Agora, se você incluir esse arquivo em cada arquivo HTML que você tem para esse projeto, é possível acessar o mesmo código jQuery. Não é obrigatório repeti-lo em todo arquivo.

eventos e funções jQuery

3 Crie o link para esse arquivo em sua página HTML, colocando o código a seguir antes da tag de fechamento </body>.

```html
<!DOCTYPE html>
<html>
  <head>
    <title>Jump for Joy</title>
    <link href="styles/styles.css" rel="stylesheet">
  </head>
<body>
  <div id="header">
    <h2>Jump for Joy Sale</h2>
  </div>
  <div id="main ">
    <div class="guess_box"><img src="images/jump1.jpg"/></div>
    <div class="guess_box"><img src="images/jump2.jpg"/></div>
    <div class="guess_box"><img src="images/jump3.jpg"/></div>
    <div class="guess_box"><img src="images/jump4.jpg"/></div>
  </div>
  <script src="scripts/jquery.1.6.2.min.js"></script>
  <script src="scripts/my_scripts.js"></script>
</body>
<html>
```

index.html

> Está certo, muito bom. Bom e organizado. Continue...

você está aqui ▸ **95**

ahhh, ficou bem melhor

A estrutura do seu projeto

Você acabou de fazer algumas mudanças importantes na maneira em que seus arquivos são estruturados. Vejamos como todos eles ficam juntos. Acrescentamos várias coisas desde a última vez que o vimos.

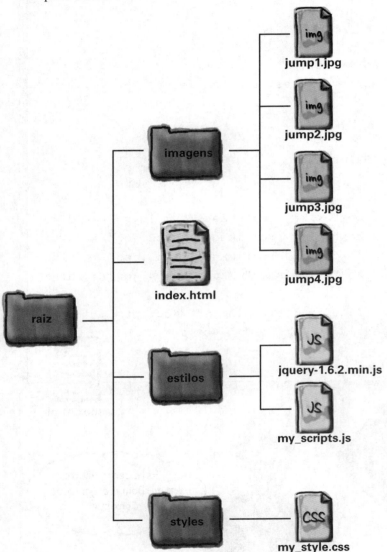

não existem Perguntas Idiotas

P: Por que esse arquivo tem uma extensão *.js*?

R: Porque o jQuery é uma biblioteca JavaScript, qualquer código que escrevemos precisa ser incluído como se fosse JavaScript.

P: Como isso ajuda a acelerar as coisas em nossa página?

R: Se seu arquivo *.js* for incluído em vários arquivos HTML, seu navegador só o pede uma vez. Ele o armazena no cache do navegador para não ter de pedir o arquivo para o servidor toda vez que vamos para outra página HTML que referencia seu arquivo de script.

P: Por que não precisamos das tags `<script>` e `</script>` em nosso arquivo *my_scripts.js*?

R: Elas são tags HTML. Uma vez que já está sendo incluída em nossa página como um arquivo JavaScript, o navegador já sabe o que esperar do arquivo.

eventos e funções jQuery

Ímãs de geladeira do jQuery

Use os ímãs de geladeira abaixo de forma a organizar os arquivos do seu projeto para que você saiba como separar seu código HTML, CSS e jQuery. Vamos garantir que você acerte todas as vezes.

```
<!DOCTYPE html>
<html>
.........................................
   <title>Jump for Joy</title>
    <link href="styles/styles.css" rel="stylesheet">
   </head>

   <div id="header">
     <h2>Jump for Joy Sale</h2>
.........................................
   <div  id="main">
     <div ............................ ><img src="images/jump1.jpg"/></div>
     <div class="guess_box"><img src="images/jump2.jpg"/></div>
     <div class="guess_box"><img src="images/jump3.jpg"/></div>
     <div ............................ ><img src="images/jump4.jpg"/></div>
   </div>
   <script src="scripts/ ........................ "></script>
   < ........... src="scripts/my_scripts.js"></script>
</body>
<html>
```

`my_num`

`this`

`});`

`<head>`

`".guess_box"`

`</div>`

index.html

```
$(document).ready(function() {
  $(....................).click( function() {
    var .................. = Math.floor((Math.random()*5) + 5);
    var discount = "<p>Your Discount is "+my_num+"%</p>";
    $(..............).append(discount);

    $(".guess_box").each( function(){
      $(this).unbind('click');
    });
....................................................
});
```

my_scripts.js

`jquery-1.6.2.min.js`

`<body>`

`class="guess_box"`

`script`

`class="guess_box"`

você está aqui ▶ **97**

ímãs de geladeira do jquery solução

Ímãs de geladeira do jQuery - Solução

Use os ímãs de geladeira abaixo de forma a organizar os arquivos do seu projeto para que você saiba como separar seu código HTML, CSS e jQuery. Vamos garantir que você acerte todas as vezes.

```html
<!DOCTYPE html>
<html>
  <head>
    <title>Jump for Joy</title>
    <link href="styles/styles.css" rel="stylesheet">
  </head>
  <body>
    <div id="header">
      <h2>Jump for Joy Sale</h2>
    </div>
    <div id="main">
      <div class="guess_box"><img src="images/jump1.jpg"/></div>
      <div class="guess_box"><img src="images/jump2.jpg"/></div>
      <div class="guess_box"><img src="images/jump3.jpg"/></div>
      <div class="guess_box"><img src="images/jump4.jpg"/></div>
    </div>
    <script src="scripts/jquery-1.6.2.min.js"></script>
    <script src="scripts/my_scripts.js"></script>
  </body>
<html>
```

index.html

```js
$(document).ready(function() {
  $(".guess_box").click( function() {
    var my_num = Math.floor((Math.random()*5) + 5);
    var discount = "<p>Your Discount is "+my_num+"%</p>";
    $(this).append(discount);

    $(".guess_box").each( function(){
      $(this).unbind('click');
    });
  });
});
```

my_scripts.js

eventos e *funções* jQuery

você está aqui ▶ 99

reduza, reuse, recicle

Fazendo as coisas funcionarem e serem funcionais

Agora que vimos como acrescentar e remover eventos em nossa página, vamos ver outro recurso importante que nos ajudará a controlar nossos sites com jQuery: as *funções*. Uma função é um bloco de código, separada do restante do seu código, que você pode executar sempre que quiser em seu script.

Acredite ou não, temos usado funções por todo o livro. Lembra-se dessas?

Todas essas são coisas que já chamamos em nosso código por todo livro até aqui.

```
$(document).ready(function(){
    $("#clickMe").click(function(){
    //Do stuff in here!
    });
    $(".guess_box").click(function(){
    //Do stuff in here!
    });
});
```

Veja todas essas funções!

O jQuery fornece muitas funções para você, mas também é possível escrever suas próprias funções customizadas de forma a fornecer recursos não supridos pelo jQuery. Ao criar uma função customizada, você pode usar seu próprio código várias vezes sem repeti-lo em seu script. Em vez disso, você pode apenas chamar a função por nome quando quiser rodar seu código.

As funções personalizadas permitem que você organize por nome um bloco de código do jQuery, para que ele possa ser facilmente reutilizado.

100 *Capítulo 3*

eventos e funções *jQuery*

Os detalhes de uma função

Para criar uma função, você precisa usar uma sintaxe consistente que una o nome da função com o código que ela roda. Essa é a sintaxe para a função mais básica de JavaScript:

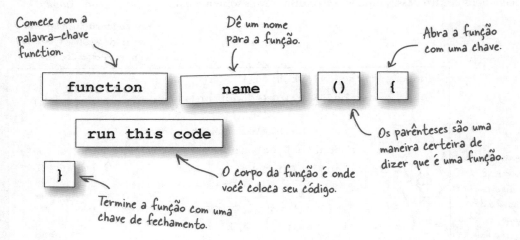

Dando nomes às funções

Há duas maneiras de dar nomes às funções.

Declaração da função

O primeiro método é uma *declaração da função*, que define uma variável da função nomeada sem requisitar a atribuição da variável. Ela começa com `function`, assim:

```
function myFunc1() {
    $("div").hide();
}
```
O nome da função

Expressão da função

Uma chamada *expressão da função* define uma função como parte de uma sintaxe maior da expressão (geralmente, uma atribuição variável):

```
    var myFunc2 = function() {
        $("div").show();
    }
```
Isso atribui uma variável enquanto você está nela.

Nomes de função? Mas todas as funções que usamos até aqui não tinham nomes. Por que começar a dar nomes para elas agora?

Ótima observação.

Nomear suas funções permite que você as chame de mais de um lugar em seu código. Funções não nomeadas – também conhecidas como funções *anônimas* – são bastante limitadas acerca de como usá-las. Vejamos as funções anônimas em mais detalhes, para que você possa ver o quão limitadas elas são por não ter um nome.

você está aqui ▶ **101**

o que há em um nome?

A função anônima

As funções *anônimas* ou com autoexecução não têm um nome e são chamadas imediatamente quando são encontradas no código. Além disso, quaisquer variáveis declaradas dentro dessas funções estão disponíveis somente *quando a função está rodando*.

Não podemos chamar essa função de qualquer outro lugar em nosso código.

```
$(document).ready(function() {
   $(".guess_box").click( function() {

     var my_num = Math.floor((Math.random()*5) + 5);
     var discount = "<p>Your Discount is "+my_num+"%</p>";
     $(this).append(discount);
                                           variáveis

     $(".guess_box").each( function(){
        $(this).unbind('click');
     });
   });
});
```

Se quisermos usar esse código em algum outro lugar, teremos de duplicá-lo.

my_scripts.js

Veja bem!

Uma vez que não demos um nome a essa função, não podemos chamá-la de qualquer outro lugar em nosso código.

---

não existem Perguntas Idiotas

P: Qual é a diferença entre a declaração da função e a expressão da função nomeada?

R: A principal diferença é a de tempo. Enquanto elas fazem a mesma coisa, uma função declarada como *expressão da função* nomeada não pode ser usada no código até ser encontrada e definida. Por outro lado, a função definida usando o método da *declaração da função* pode ser chamada sempre que quiser na página, mesmo como um manipulador onload.

P: Há alguma restrição sobre quais nomes damos às nossas funções?

R: Sim. Os nomes da função nunca devem começar com um número e não devem usar quaisquer operadores matemáticos ou sinais de pontuação de qualquer outro tipo que não seja o sublinhado (_). Além disso, não são permitidos espaços em qualquer parte do nome e tanto os nomes da função quanto os nomes da variável diferenciam o uso de maiúsculas e minúsculas.

102 *Capítulo 3*

eventos e funções jQuery

Funções nomeadas como manipuladoras de evento

Anteriormente, vimos como as funções anônimas podem ser usadas como funções manipuladoras de eventos. Também podemos usar nossas próprias funções personalizadas, nomeadas como essas manipuladoras, e chamá-las diretamente do nosso código. Vejamos mais de perto as duas funções que nomeamos duas páginas atrás.

Declaração da função

```
function myFunc1(){
    $("div").hide();
}
```

Expressão da função

```
var myFunc2 = function() {
    $("div").show();
}
```

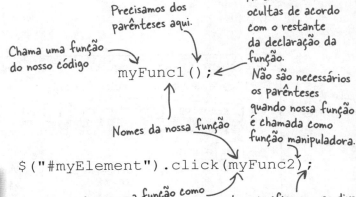

Ímãs de geladeira do jQuery

Veja se você consegue arrumar os ímãs de geladeira para mover o código que controla o código de desconto em sua própria função nomeada, chamada `checkForCode`, e use-a como manipuladora para o evento click nas caixas.

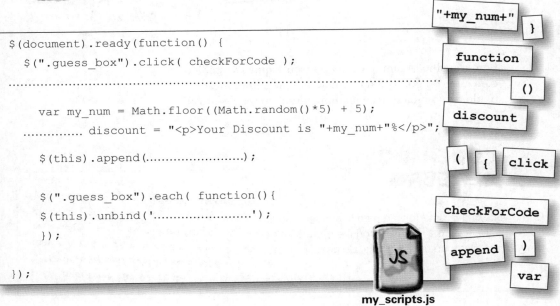

my_scripts.js

você está aqui ▶   103

ímãs de geladeira do jquery *solução*

Ímãs de geladeira do jQuery - Solução

Veja se você consegue arrumar os ímãs de geladeira para mover o código que controla o código de desconto em sua própria função nomeada, chamada `checkForCode`, e use-a como manipuladora para o evento click nas caixas.

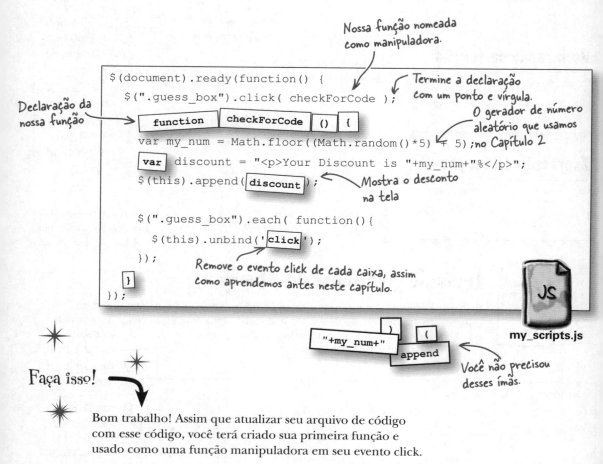

```
$(document).ready(function() {
    $(".guess_box").click( checkForCode );

    function checkForCode () {
        var my_num = Math.floor((Math.random()*5) + 5);
        var discount = "<p>Your Discount is "+my_num+"%</p>";
        $(this).append( discount );

        $(".guess_box").each( function(){
            $(this).unbind('click');
        });
    }
});
```

Nossa função nomeada como manipuladora.

Termine a declaração com um ponto e vírgula.

O gerador de número aleatório que usamos no Capítulo 2

Declaração da nossa função

Mostra o desconto na tela

Remove o evento click de cada caixa, assim como aprendemos antes neste capítulo.

my_scripts.js

Você não precisou desses ímãs.

Faça isso!

Bom trabalho! Assim que atualizar seu arquivo de código com esse código, você terá criado sua primeira função e usado como uma função manipuladora em seu evento click.

PODER DO CÉREBRO

Como você criaria uma função para esconder o código de desconto, em uma caixa aleatória, e outra para gerar um número aleatório para o código de desconto em si?

Dica: Agora que faz parte da declaração de uma função, você pode usar o gerador de número aleatório existente em ambas — nossa função checkForCode e sua futura função — para colocar o código de desconto em uma caixa aleatória.

104   Capítulo 3

eventos e funções *jQuery*

Então, de fato, precisamos que nossa função faça algo diferente com base em qual caixa é clicada... como podemos fazer isso?

Às vezes queremos que as funções façam uma tarefa repetidamente, mas que o resultado mude dependendo das informações que damos a ela.

Nossas funções podem aceitar *variáveis* passadas para elas – como você se lembra, no Capítulo 2 uma variável é usada para armazenar informações que podem mudar com o tempo. Já vimos as variáveis. Vamos lembrar como elas funcionam.

A palavra-chave var permite que você declare uma variável.

Depois da palavra-chave var, você nomeia sua variável.

É assim que definimos o valor da variável no código.

```
var pts = 250;
```

Quando declaramos uma variável, o interpretador JavaScript nos dá uma memória para o navegador na qual podemos armazenar as coisas.

Nomeamos uma variável para que possamos mencioná-la mais à frente em nosso script.

Inserimos um valor dentro de nossa variável, usando um sinal de igual.

Já estamos usando algumas variáveis em nosso código, lembra?

```
var my_num = Math.floor((Math.random()*5) + 5);

var discount = "Your Discount is "+my_num+"%";
```

você está aqui ▶ 105

por favor, passe as variáveis

Passando uma variável para uma função

Quando as variáveis são acrescentadas (ou passadas) para funções, elas são conhecidas como *argumentos*. (Às vezes, você pode vê-las mencionadas como *parâmetros* também.) Vamos ver mais de perto como passar um argumento para uma função.

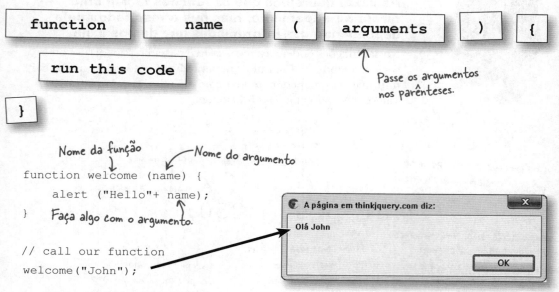

A função não precisa saber o que está contido na variável; ela só exibe qualquer coisa que esteja armazenada atualmente. Dessa forma, você pode mudar o que a função exibe simplesmente mudando a variável, em vez de ter de mudar sua função (que não a tornaria uma função reutilizável!).

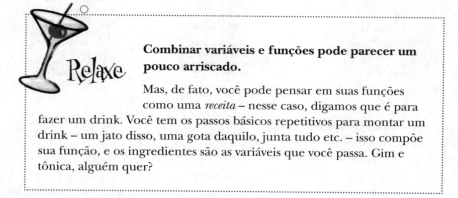

Combinar variáveis e funções pode parecer um pouco arriscado.

Mas, de fato, você pode pensar em suas funções como uma *receita* – nesse caso, digamos que é para fazer um drink. Você tem os passos básicos repetitivos para montar um drink – um jato disso, uma gota daquilo, junta tudo etc. – isso compõe sua função, e os ingredientes são as variáveis que você passa. Gim e tônica, alguém quer?

106 *Capítulo 3*

As funções também podem retornar um valor

Retornar as informações de uma função envolve o uso da palavra-chave `return`, seguida pelo que deve ser retornado. Então, o resultado é retornado para o código que chamou a função, para que possamos usá-lo no restante de nosso código.

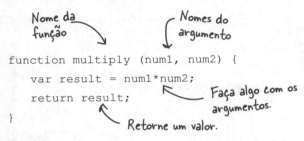

O tipo de retorno pode ser um número, uma string de texto ou até mesmo um elemento DOM (objeto).

```
function multiply (num1, num2) {
   var result = num1*num2;
   return result;
}

// Call our function
var total = multiply (6, 7);

alert (total);
```

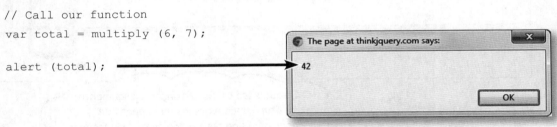

Aponte o seu lápis

Agora que você pode criar suas próprias funções, acrescente uma nova função em seu arquivo *my_scripts.js*, que aceita um único argumento (chamado num) e, depois, retorna um número aleatório com base no argumento que você dá a ele. Chame a função `getRandom`.

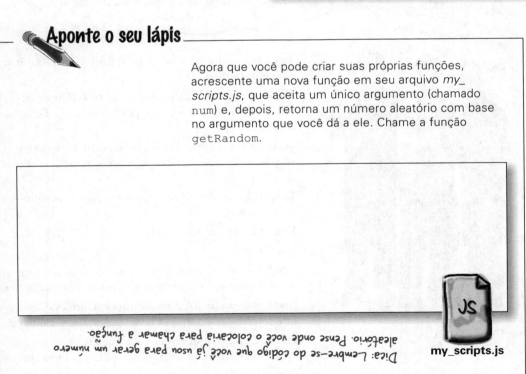

Dica: Lembre-se do código que você já usou para gerar um número aleatório. Pense onde você o colocaria para chamar a função.

my_scripts.js

aponte seu lápis *solução*

Aponte o seu lápis
Solução

Agora que você pode criar suas próprias funções, acrescente uma nova função em seu arquivo *my_scripts.js*, que aceita um único argumento (chamado `num`) e, depois, retorna um número aleatório com base no argumento que você dá a ele. Chame a função `getRandom`.

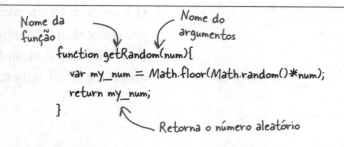

```
                Nome da                  Nome do
                função                   argumentos
                function getRandom(num){
                    var my_num = Math.floor(Math.random()*num);
                    return my_num;
                }
                                    Retorna o número aleatório
```

my_scripts.js

Está muito bom! Mas ainda há muito mais a fazer — vejamos o que sua equipe tem a dizer sobre selecionar a caixa "certa"...

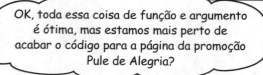

OK, toda essa coisa de função e argumento é ótima, mas estamos mais perto de acabar o código para a página da promoção Pule de Alegria?

Frank   Jim   Joe

Jim: Bem, junto com nossa nova função `getRandom`, ainda precisamos de outra...

Frank: ... Certo, uma para colocar o código de desconto em uma caixa aleatória que pode usar a função `getRandom`.

Joe: Isso faz sentido. Então, depois que ocorre um clique, podemos verificar para ver se o usuário clicou na caixa certa.

Jim: Espere, o quê? Como podemos dizer se alguém clicou na caixa certa?

Frank: Lógica condicional!

Jim: O quê?

Frank: As condicionais permitem que verifiquemos uma situação particular e rodemos o código adequadamente.

Joe: Então podemos dizer, verificar se uma variável possui um determinado valor ou se os dois valores são iguais?

Frank: Exatamente! Podemos até verificar se há um elemento dentro de outro elemento, que eu penso que nos ajudará aqui.

Jim: Uau, estou ansioso para ver isso!

Use a lógica condicional para tomar decisões

jQuery usa os recursos da *lógica condicional* de JavaScript. Usando a lógica condicional, é possível rodar código diferente com base nas decisões que você quer que seu código tome, usando as informações que já tem. O código abaixo é apenas um exemplo de lógica condicional com JavaScript. Veremos outros no Capítulo 6.

```
if( myBool == true ){
    // Do Something!
}else{
    // Otherwise Do something else!
}
```

- Iniciar a declaração if
- Uma variável JavaScript
- O que queremos verificar?
- O operador de igualdade. Pode ser lido como "é igual a"
- O código que queremos rodar, se o que verificamos é true.
- O código que queremos rodar, se o que verificamos é false.

Observação: Você não precisa de uma declaração else para equilibrar sua declaração if, mas é recomendável incluir uma.

Ímãs de Geladeira do jQuery

Veja se você consegue arrumar os ímãs de geladeira para criar uma nova função nomeada e denominada `hideCode` e que usa a lógica condicional para esconder um novo elemento span, com o ID de `has_discount`, em um dos elementos `.guess_box` div clicáveis existentes aleatoriamente de cada vez.

```
var ............. = function (){
    var numRand = ........................(4);
    $(....................).each(function(index, value) {
        if(numRand == index){
            $(this).append("<span id='...................'></...............>");
            return false;
        }
        ..........
}
```

".guess_box"
span
()
hideCode
{
});
)
getRandom
has_discount
(
}

my_scripts.js

ímãs de geladeira do jquery solução

Ímãs de Geladeira do jQuery - Solução

Veja se você consegue arrumar os ímãs de geladeira para criar uma nova função nomeada e denominada `hideCode` e que usa a lógica condicional para esconder um novo elemento `span`, com o ID de `has_discount`, em um dos elementos `.guess_box` `div` clicáveis existentes aleatoriamente de cada vez.

Nossa função nomeada ↓

```
var  hideCode  = function (){
    var numRand =  getRandom (4);          ← Chama nossa função
                                              de número aleatório.
    $( ".guess_box" ).each(function(index, value) {
→    if(numRand == index){
        $(this).append("<span id=' has_discount '></ span >");
        return false;
                ↑                              ↑
            Sai do loop .each()          Acrescenta o elemento
                                         discount aos elementos
    });                                  com a classe .guess_box.
}
```

A lógica condicional para comparar onde estamos em nossa lista com nosso número aleatório

my_scripts.js

Veja bem!

O *índice* de um elemento em uma lista refere-se ao local onde ele aparece na lista.

<u>Os índices sempre começam com 0.</u>

Portanto, o primeiro elemento na lista possui um índice de 0, o segundo possui um índice de 1 e assim por diante. Veremos mais sobre o uso do índice quando estudarmos sobre arrays e loops no Capítulo 6.

eventos e funções jQuery

Incrível! O desconto se esconderá cada vez em uma caixa diferente. Essas funções estão ficando bastante úteis.

Frank: Sim, estão. Mas, agora que escondeu o código, você consegue encontrá-lo novamente?

Jim: Oh, hã, boa pergunta. Não sei.

Joe: Imagino que precisaremos de um pouco dessa mágica condicional novamente?

Frank: Exatamente. Agora, em vez de escolhermos um índice aleatório em nossa lista de elementos .guess_box, teremos de fazer loop através deles novamente para ver ser eles contêm nosso elemento has_discount.

Joe: "Contêm?" Ei, Frank, parece que você encontrou alguma coisa.

Frank: Sim. Vamos dar uma olhada no que o jQuery tem ao longo dessas linhas.

Faça isso!

Atualize sua função checkForCode para incluir código novo com base na descoberta de Jim, Frank e Joe.

Declare a variável de desconto:

O elemento atual — ou seja, aquele que chamou a função.

Procure um elemento DOM com o ID de has_discount.

Lógica condicional para ver se o usuário encontrou o código de desconto.

Um método jQuery que verifica se o que está no primeiro parâmetro contém o que está no segundo parâmetro. A pista está no próprio nome.

```
function checkForCode(){
    var discount;
    if($.contains(this, document.getElementById("has_discount") ) )
    {
        var my_num = getRandom(5);
        discount = "<p>Your Discount is "+my_num+"%</p>";
    }else{
        discount = "<p>Sorry, no discount this time!</p>" ;
    }
    $(this).append(discount);

    $(".guess_box").each( function(){
        $(this).unbind('click');
    });
}
```

Define a mensagem de maneira que será diferente, dependendo se os usuários encontrarem o código de desconto ou não.

my_scripts.js

você está aqui ▶ **111**

uma função customizada para chamar de sua

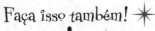

Hora de acrescentar algumas funções customizadas: uma para gerar um número aleatório, uma para esconder o código e outra para verificar o código de desconto.

```javascript
$(document).ready(function() {
    $(".guess_box").click( checkForCode );
    function getRandom(num){
        var my_num = Math.floor(Math.random()*num);
        return my_num;
    }
    var hideCode = function(){
        var numRand = getRandom(4);
        $(".guess_box").each(function(index, value) {
            if(numRand == index){
                $(this).append("<span id='has_discount'></span>");
                return false;
            }
        });
    }
    hideCode();
    function checkForCode(){
        var discount;
        if($.contains(this, document.getElementById("has_discount") ) )
        {
            var my_num = getRandom(5);
            discount =   "<p>Your Discount is "+my_num+"%</p>" ;
        }else{
        discount = "<p>Sorry, no discount this time!</p>" ;
        }
        $(this).append(discount);
        $(".guess_box").each( function(){
            $(this).unbind('click');
        });
    }
}); //End document.ready()
```

Chame a função quando um elemento com a classe guess_box for clicado.

Nossa função geradora de número aleatória.

A função nomeada que esconde a variável de desconto

Chama a função nomeada...

... que diz qual é o código de desconto.

my_scripts.js

eventos e funções jQuery

A Promoção Pule de Alegria precisa de mais ajuda

Exatamente quando você pensou que tinha acabado a campanha Pule de Alegria, parece que Emily tem mais algumas requisições...

De: **Pule de Alegria**
Assunto: **RE: Promoção Pule de Alegria**

Olá,

Muito obrigada por todo seu trabalho nessa campanha.
Eu gostaria de saber se existe uma maneira de você destacar a caixa antes que as pessoas cliquem nela. Dessa maneira, elas saberão em que caixa estão, e isso diminuirá qualquer confusão antes de clicarem.
Além disso, em vez de colocar o código em um pop-up, você pode colocá-lo em sua própria área de fácil leitura que fica abaixo das caixas na tela? O código de desconto pode ser um texto junto com um número? Pensei que poderia ser legal...
Ah, e o número pode ser maior do que somente entre 1 e 10? Que tal 100?
Me avise se achar que pode fazer essas pequenas mudanças!

-
Emily Saunders
fotospuledealegria.hg

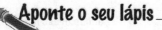
Aponte o seu lápis

Você sabe o que fazer. Selecione todas as novas requisições do e-mail de Emily.

Requisições:

---

você está aqui ▶ **113**

aponte seu lápis solução

Aponte o seu lápis
Solução

Você sabe o que fazer. Selecione todas as novas requisições do e-mail de Emily.

Requisições:
- Destacar quaisquer caixas em que os visitantes estiverem antes de clicarem nela, assim eles saberão com certeza qual opção estão escolhendo.
- Colocar o código de desconto em sua própria área da tela. O código de desconto deve ser um texto e um número entre 1 e 100.

não existem Perguntas Idiotas

P: Precisamos especificar um valor de retorno para todas as funções?

R: Tecnicamente, não. Todas as funções retornam um valor, quer você especifique ou não. Se você não disser a uma função que valor retornar, ela retornará um valor `undefined`. Se seu código não for capaz de lidar com um valor `undefined`, isso causará um erro. Portanto, é recomendável especificar um valor de retorno, mesmo que seja algo como `return false;`.

P: Há quaisquer restrições de argumentos ou parâmetros que eu possa passar para uma função?

R: Não, você pode passar qualquer objeto, elemento, variável ou valor para uma função. Também é possível passar mais parâmetros do que sua função está esperando. Eles serão ignorados. Se você passar apenas alguns, os parâmetros remanescentes serão automaticamente definidos para `undefined`.

P: O que o método `$.contains` faz?

R: Ele é um método estático da biblioteca jQuery que leva dois parâmetros. Ele verifica todos os elementos filho do primeiro parâmetro, vendo se contém o segundo parâmetro, e retorna um `true` ou `false`. Em nosso caso, `$.contains (document.body, document).getElement ById ("header"))` é `true`; por outro lado, `$.contains (document.getElement ById("header"), document.body` seria `false`.

P: O que é um método estático no jQuery?

R: Isso significa que é uma função associada com a biblioteca jQuery, diferente de qualquer objeto específico. Não precisamos de um seletor para chamar esse método, somente o nome jQuery ou seu atalho (`$`).

P: Do que se tratava aquele `index` e `value` em nossa função manipuladora `.each`?

R: O `index` refere-se ao local que estamos no loop, começando com 0 para o primeiro item do array retornado pelo seletor. O `value` refere-se ao objeto atual. É igual a `$(this)` dentro do loop `.each`.

P: Por que nosso loop `.each` na função `hideCode` retorna `false`?

R: Retornar `false` em um loop `.each` diz para ele interromper a execução e continuar. Se algum valor de retorno diferente de `false` for retornado, ele passará para o próximo item da lista. Para cumprir nossos objetivos, sabemos que já escondemos o código; portanto, podemos parar de passar pelo restante dos elementos.

Poder do Cérebro

Você consegue pensar em uma maneira de dizer ao usuário qual quadrado ele escolherá *antes* de clicar?

eventos e funções jQuery

Os métodos podem mudar as CSS

Para completar nossa solução, precisaremos destacar quaisquer caixas que o usuário estiver com o mouse antes de clicar. A maneira mais fácil para mudar a aparência de um elemento é com CSS e as classes CSS.

Felizmente, jQuery fornece uma maneira fácil de dar classes CSS aos elementos e removê-las, novamente, com alguns métodos fáceis de usar. Vamos dar uma olhada como podemos colocá-los em uso em nossa solução.

→ Lembra-se deles nos Capítulos 1 e 2?

Código Pronto

Crie esses novos arquivos, separados dos seus arquivos da campanha Pule de Alegria, para poder observar esses métodos em ação. Isso deve ajudá-lo a entender como é possível destacar a caixa antes que o usuário clique nela.

```css
.hover{
    border: solid #f00 3px;
}
.no_hover{
    border: solid #000 3px;
}
```
test_style.css

```html
<html>
  <head>
    <link href="styles/test_style.css" rel="stylesheet">
  </head>
  <body>
    <div id="header" class="no_hover"><h1>Header</h1></div>
    <button type="button" id="btn1">Click to Add</button>
    <button type="button" id="btn2">Click to Remove</button>
    <script src="scripts/jquery.1.6.2.js"></script>
    <script src="scripts/my_test_scripts.js"></script>
  </body>
</html>
```

class_test.html

```js
$(document).ready(function() {
  $("#btn1").click( function(){
    $("#header").addClass("hover");
    $("#header").removeClass("no_hover");
  });
  $("#btn2").click( function(){
    $("#header").removeClass("hover");
    $("#header").addClass("no_hover");
  });
});
```
my_test_scripts.js

você está aqui ▶ **115**

test drive

Test Drive

Abra o arquivo *class_test.html* que você acabou de criar em seu navegador. Depois de clicar no botão Add, sua classe é aplicada na div, com o ID de header. Clicar no botão Remove remove a classe novamente!

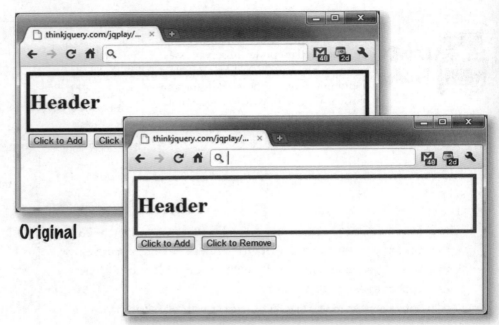

Original

Após o clique

Lindo! Quem dera se tudo fosse fácil assim. Essa CSS muda o trabalho em qualquer outra coisa diferente de um evento click?

Sim, muda. E é fácil do mesmo jeito...

É possível trocar a CSS em qualquer tipo de evento. Mas, para essa solução, você precisará de outro evento para ajudá-lo. Dê uma olhada na lista da página 82 e veja se consegue entender qual evento você precisará usar.

eventos e funções jQuery

Acrescente um evento hover

O evento `hover` pode ter duas funções manipuladoras como parâmetros: uma para o evento `mouseenter` e outra para o evento `mouseleave`. Essas funções manipuladoras podem ser funções nomeadas ou anônimas. Veja mais de perto o script do teste que você acabou de usar, para ver como podemos usar o evento `hover`, de forma a aplicar comportamento em um elemento durante o período em que o mouse estiver sobre o elemento.

```
$(document).ready(function() {
  $("#btn1").click( function(){
    $("#header").addClass("hover");
    $("#header").removeClass("no_hover");
  });
  $("#btn2").click( function(){
    $("#header").removeClass("hover");
    $("#header").addClass("no_hover");
  });
});
```

my_test_scripts.js

O método removeClass do jQuery permite que removamos uma classe CSS de um elemento.

O método addClass do jQuery permite que acrescentemos uma classe de CSS em um elemento. Ele não afeta quaisquer classes de CSS que o elemento já possui.

Exercício

Atualize seus arquivos *my_style.css* e *my_script.js*, para que as caixas de imagem sejam destacadas quando o usuário inserir o cursor nelas. Você precisará de uma nova classe CSS para aplicar hover e de duas funções manipuladoras em seu arquivo de script (depois de sua função `checkForCode`), que usam os métodos `addClass` e `removeClass`, para definir a classe CSS. Começamos esses para você; agora você só precisa escrever nas funções abaixo.

my_style.css

```
$(".guess_box").hover(
  function () {
    // this is the mouseenter event handler
    ..............................
  },
  function () {
    // this is the mouseleave event handler
    ..............................
});
```

my_scripts.js

você está aqui ▶ **117**

exercício solução

Exercício Solução

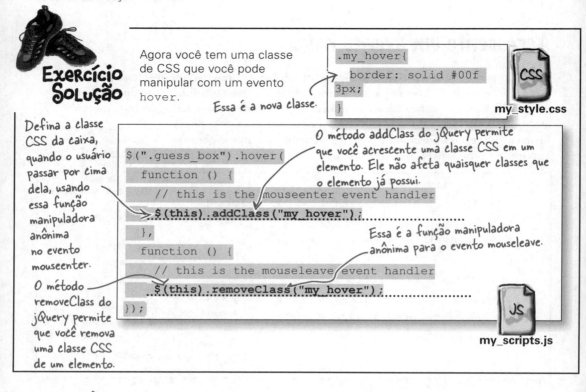

Agora você tem uma classe de CSS que você pode manipular com um evento hover.

```css
.my_hover{
    border: solid #00f 3px;
}
```
← Essa é a nova classe.

my_style.css

Defina a classe CSS da caixa, quando o usuário passar por cima dela, usando essa função manipuladora anônima no evento mouseenter.

O método addClass do jQuery permite que você acrescente uma classe CSS em um elemento. Ele não afeta quaisquer classes que o elemento já possui.

```js
$(".guess_box").hover(
    function () {
        // this is the mouseenter event handler
        $(this).addClass("my_hover");
    },
    function () {
        // this is the mouseleave event handler
        $(this).removeClass("my_hover");
    }
);
```

Essa é a função manipuladora anônima para o evento mouseleave.

O método removeClass do jQuery permite que você remova uma classe CSS de um elemento.

my_scripts.js

Test Drive

Abra seu arquivo *index.html* em seu navegador, que deve incluir seu novo arquivo *my_script.js*. Mova seu mouse sobre as imagens e veja se a borda muda.

Hummm. A co da borda da imagem muda agora, mas ainda há muit a fazer...

Capítulo 3

eventos e funções jQuery

Você está quase lá...

Definitivamente houve um grande progresso, mas a mensagem ainda aparece no lugar errado e não aparece da maneira que deveria. Além disso, ainda há uma requisição do primeiro e-mail que não abordamos. Veja como está a lista de requisições agora:

- ~~Destacar quaisquer caixas em que os visitantes estiverem antes de clicarem nela, assim eles saberão com certeza qual opção estão escolhendo.~~

- Colocar o código de desconto em sua própria área da tela. O código de desconto deve ser um texto e um número entre 1 e 100.

- Depois que o visitante deu sua opinião e clicou em uma caixa, a resposta deve ser revelada independente se ele acertou. Se escolheu corretamente, deve-se mostrar o desconto a ele para que possa aplicá-lo em seu pedido. } Essa é do primeiro e-mail!

Exercício

Atualize sua função `checkForCode` para completar essas três últimas coisas:

1. Coloque o código de desconto em sua própria área na tela.

2. Faça do código uma combinação de letras e um número entre 1 e 100.

3. Mostre ao visitante onde o código estava escondido, caso tenha errado.

Para ajudá-lo, criamos essas classes de CSS que você pode acrescentar no seu arquivo *my_styles.css* para indicar se o código foi encontrado ou não.

Enquanto estiver nele, acrescente um elemento `span` com o ID de `result` abaixo das quatro caixas para exibir o código de desconto.

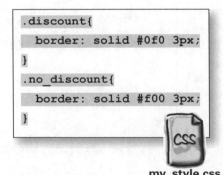

```
.discount{
  border: solid #0f0 3px;
}
.no_discount{
  border: solid #f00 3px;
}
```

my_style.css

você está aqui ▶ **119**

exercício solução

Exercício Solução

Agora você atualizou sua função `checkForCode` com todas as partes que foram solicitadas: um local separado na tela para um código de desconto; um código de desconto, consistindo de texto e um número até 100 e indicações de onde estava o código de desconto, depois de o visitante clicar.

```
function checkForCode(){
  var discount;
  if($.contains(this, document.getElementById("has_discount") )
  )
  {
    var my_num = getRandom(100);
    discount = "<p>Your Code: CODE"+my_num+"</p>" ;
  }else{
    discount = "<p>Sorry, no discount this time!</p>" ;
  }
  $(".guess_box").each(function() {
    if($.contains(this, document.getElementById("has_discount")))
    {
      $(this).addClass("discount");
    }else{
      $(this).addClass("no_discount");
    }
    $(this).unbind();
  });
  $("#result").append(discount);
} // End checkForCode function
```

Verificar se essa caixa possui o código de desconto, usando a função cont.ins do jQuery.

Usar a função getRandom para aumentar o código de desconto para um valor até 100.

Definir a mensagem de saída, indicando se o código foi encontrado ou não.

Se sim, mudar a caixa visualmente para dizer às pessoas onde estava o código...

...se não, mostrá-la ao usuário.

Escrever a mensagem de saída na página dentro de sua própria área.

my_scripts.js

120   Capítulo 3

eventos e funções iQuerv

Test Drive

Agora que você atualizou sua função `checkForCode`, teste todos os novos recursos no site Pule de Alegria. (Para comparação, seu código deve ficar semelhante ao que está nesse arquivo: *http://thinkjquery.com/chapter03/end/scripts/my_scripts.js*).

Página carregada

Sem código de desconto

Código de desconto

Bom trabalho! Está muito bom. Isso deve realmente ajudar o site e fará Emily economizar dinheiro!

você está aqui ▶ **121**

sua caixa de ferramentas jquery

Sua Caixa de Ferramentas jQuery

Agora que adquiriu os conhecimentos do Capítulo 3, você acabou de acrescentar os eventos, as funções reutilizáveis e as condicionais em sua caixa de ferramentas.

Funções

Blocos de código reutilizáveis que você pode usar em qualquer lugar do seu código...

...mas somente se estiverem nomeados.

Funções não nomeadas só rodam corretamente onde são chamadas no código e não podem ser usadas em qualquer outro lugar.

Você pode passar as variáveis (ou argumentos ou parâmetros) para funções e as funções também podem retornar resultados.

Condicionais

Teste com lógicas condicionais (if X/Z=true) antes de fazer alguma coisa.

Geralmente vem com outra declaração se o resultado condicional for false, mas não é obrigatório.

Eventos

Objetos que ajudam os usuários a interagirem com uma página web.

Há cerca de 30 deles e praticamente qualquer coisa que pode acontecer em um navegador pode ativar um evento.

4 manipulação de página web com jQuery

Modele o DOM

O fato de termos os mesmos pais não nos torna elementos iguais!

Só porque a página terminou de ser carregada, não significa que ela tenha de manter a mesma estrutura. No Capítulo 1, vimos como o DOM é construído, enquanto a página é carregada para configurar a estrutura da página. Neste capítulo, veremos como ir para cima e para baixo, através da estrutura do DOM, e trabalhar com a hierarquia do elemento e relacionamento pai/filho, para mudar a estrutura da página instantaneamente, usando jQuery.

uma página para comandar todas outras

O Restaurante da Weblândia quer um menu interativo

Alexandra, a chefe de cozinha do Restaurante da Weblândia, tem um trabalho para você. Ela vem mantendo páginas web separadas para versões diferentes do seu menu: o menu convencional e o menu com substituições vegetarianas. Ela quer que você faça uma página que ajuste o menu aos clientes vegetarianos do restaurante.

manipulação de *página web* com *jQuery*

Vire vegetariano

Veja o que Alexandra gostaria que você fizesse.

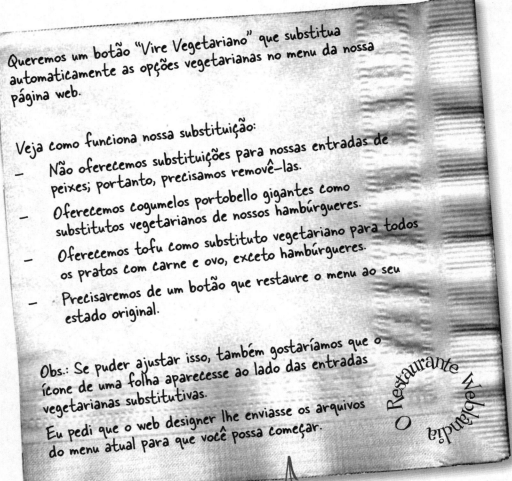

Queremos um botão "Vire Vegetariano" que substitua automaticamente as opções vegetarianas no menu da nossa página web.

Veja como funciona nossa substituição:
- Não oferecemos substituições para nossas entradas de peixes; portanto, precisamos removê-las.
- Oferecemos cogumelos portobello gigantes como substitutos vegetarianos de nossos hambúrgueres.
- Oferecemos tofu como substituto vegetariano para todos os pratos com carne e ovo, exceto hambúrgueres.
- Precisaremos de um botão que restaure o menu ao seu estado original.

Obs.: Se puder ajustar isso, também gostaríamos que o ícone de uma folha aparecesse ao lado das entradas vegetarianas substitutivas.

Eu pedi que o web designer lhe enviasse os arquivos do menu atual para que você possa começar.

O Restaurante Weblândia

Não há exercício para isso dessa vez — provavelmente porque você já esteja pensando nele — mas certifique-se de escrever com suas próprias palavras quais são as requisições para saber o que construirá aqui.

Antes de escrevermos qualquer coisa em jQuery, vamos dar uma olhada nos arquivos HTML e CSS que o web designer nos enviou e ver se seu estilo e estrutura são aceitáveis.

você está aqui ▶ **125**

construa sua *árvore* do DOM

Ímãs de Geladeira da Árvore do DOM

Aprofunde-se na estrutura atual do menu web, diagramando como o DOM o vê. Abaixo, você encontrará todos os ímãs dos elementos que você precisa para completar a árvore. Complete-a, usando o fragmento HTML do menu à direita. Cada ímã se encaixará onde você vê um círculo vazio. Já fizemos alguns para você.

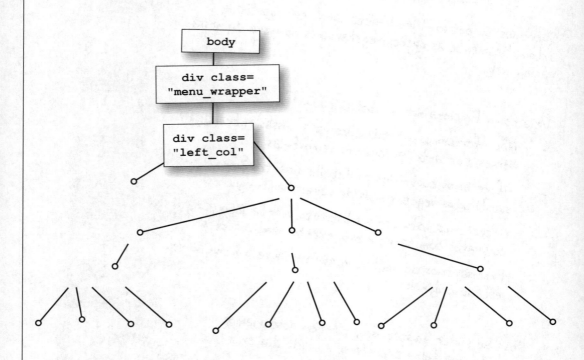

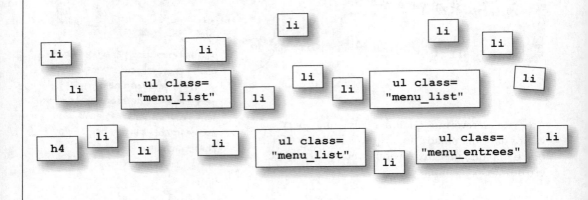

manipulação de página web com jQuery

Isso é apenas um fragmento da verdadeira página HTML.

```html
<body>
 <div id="menu_wrapper">
  <div class="left_col">
   <h4>Dinner Entrees</h4>
   <ul class="menu_entrees">
       <li>Thai-style Halibut
           <ul class="menu_list">
                <li>coconut milk</li>
                <li>pan-fried halibut</li>
                <li>early autumn vegetables</li>
                <li>Thai spices </li>
           </ul>
       </li>
       <li>House Grilled Panini
           <ul class="menu_list">
                <li>prosciutto</li>
                <li>provolone</li>
                <li>avocado</li>
                <li>sourdough roll</li>
           </ul>
       </li>
       <li>Southwest Slider
           <ul class="menu_list">
                <li>whole chiles</li>
                <li>hamburger</li>
                <li>pepperjack cheese</li>
                <li>multigrain roll</li>
           </ul>
       </li>
   </ul>
  </div>
 </div>
</body>
```

index.html

você está aqui ▶   **127**

ímãs de geladeira do DOM solução

Ímãs de Geladeira da Árvore do DOM - Solução

Parece que todos os ingredientes estão configurados como itens da lista filho dos itens da lista pai de entrada. Eles não estão nomeados de forma clara ou exclusivamente, estão?

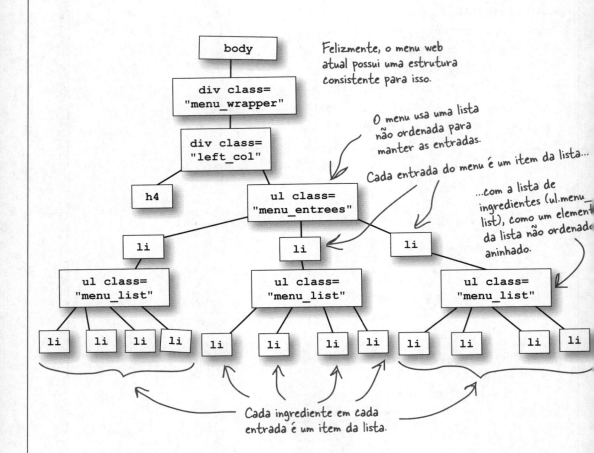

Felizmente, o menu web atual possui uma estrutura consistente para isso.

O menu usa uma lista não ordenada para manter as entradas.

Cada entrada do menu é um item da lista...

...com a lista de ingredientes (ul.menu_list), como um elemento da lista não ordenada aninhado.

Cada ingrediente em cada entrada é um item da lista.

Precisamos escrever seletores que procurarão os ingredientes que precisamos mudar. Nesse nível, eles são <u>todos</u> elementos da lista...

...portanto, como podemos distinguir os ingredientes que queremos substituir do restante?

manipulação de página web com jQuery

```
<body>
 <div id="menu_wrapper">
  <div class="left_col">
    <h4>Dinner Entrees</h4>
    <ul class="menu_entrees">
        <li>Thai-style Halibut
            <ul class="menu_list">
                    <li>coconut milk</li>
                    <li>pan-fried halibut</li>
                    <li>early autumn vegetables</li>
                    <li>Thai spices </li>
            </ul>
        </li>
        <li>House Grilled Panini
            <ul class="menu_list">
                    <li>prosciutto</li>
                    <li>provolone</li>
                    <li>avocado</li>
                    <li>sourdough roll</li>
            </ul>
        </li>
        <li>Southwest Slider
            <ul class="menu_list">
                    <li>whole chiles</li>
                    <li>hamburger</li>
                    <li>pepperjack cheese</li>
                    <li>multigrain roll</li>
            </ul>
        </li>
    </ul>
  </div>
 </div>
</body>
```

Isso é apenas um fragmento da verdadeira página HTML.

index.html

PODER DO CÉREBRO

A estrutura regular da página web (HTML) facilita muito a escrita do código jQuery, mas os elementos dos ingredientes que queremos encontrar não estão nomeados de uma maneira que facilitará a escrita do código jQuery. Como podemos facilitar a seleção de nossos elementos?

você está aqui ▶ **129**

você disse que era da classe alta...

Crie classes para seus elementos

Como vimos em cada capítulo até aqui, podemos ajudar o jQuery a procurar elementos nas páginas web mais efetivamente, configurando nosso HTML e CSS adequadamente. Para fazer nossa estrutura cantar, devemos acrescentar classes e IDs em nossa folha de estilo e definir os atributos dos elementos HTML com as classes e IDs apropriados. Isso facilita a seleção dos elementos e poupa seu tempo para codificação posteriormente.

No jQuery, os seletores não estão apenas controlando a aparência da sua página. Os seletores também permitem que o jQuery relacione (ou busque) os elementos da página.

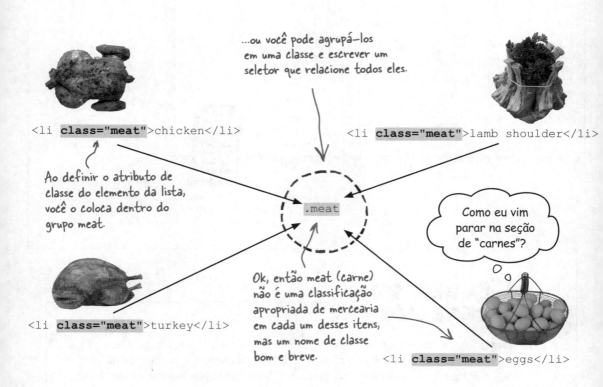

130   *Capítulo 4*

Exercício

Procure as substituições que a chefe de cozinha quer e rotule cada uma com a classe apropriada (fish, meat ou hamburger). Se um ingrediente não precisar de uma classe, deixe a linha em branco. O HTML está exposto da mesma forma que seu menu aparecerá na página.

```
<li>Thai-style Halibut
   <ul class="menu_list">
      <li.....................>coconut milk</li>
      <li.....................>pan-fried halibut</li>
      <li.....................>lemongrass broth</li>
      <li.....................>vegetables</li>
      <li.....................>Thai spices </li>
   </ul>
</li>

<li>Braised Delight
   <ul class="menu_list">
      <li.....................>lamb shoulder</li>
      <li.....................>cippolini onions</li>
      <li.....................>carrots</li>
      <li.....................>baby turnip</li>
      <li.....................>braising jus</li>
   </ul>
</li>

<li>House Grilled Panini
   <ul class="menu_list">
      <li.....................>prosciutto</li>
      <li.....................>provolone</li>
      <li.....................>avocado</li>
      <li.....................>cherry tomatoes</li>
      <li.....................>sourdough roll</li>
      <li.....................>shoestring fries </li>
   </ul>
</li>

<li>House Slider
   <ul class="menu_list">
      <li.....................>eggplant</li>
      <li.....................>zucchini</li>
      <li.....................>hamburger</li>
      <li.....................>balsamic vinegar</li>
      <li.....................>onion</li>
      <li.....................>carrots</li>
      <li.....................>multigrain roll</li>
      <li.....................>goat cheese</li>
   </ul>
</li>

<li>Frittata
   <ul class="menu_list">
      <li.....................>eggs</li>
      <li.....................>Asiago cheese</li>
      <li.....................>potatoes </li>
   </ul>
</li>

<li>Coconut Soup
   <ul class="menu_list">
      <li.....................>coconut milk</li>
      <li.....................>chicken</li>
      <li.....................>vegetable broth</li>
   </ul>
</li>

<li>Soup Du Jour
   <ul class="menu_list">
      <li.....................>grilled steak</li>
      <li.....................>mushrooms</li>
      <li.....................>vegetables</li>
      <li.....................>vegetable broth </li>
   </ul>
</li>

<li>Hot and Sour Soup
   <ul class="menu_list">
      <li...class="meat"....>roasted pork</li>
      <li.....................>carrots</li>
      <li.....................>Chinese mushrooms</li>
      <li.....................>chili</li>
      <li.....................>vegetable broth </li>
   </ul>
</li>

<li>Avocado Rolls
   <ul class="menu_list">
      <li.....................>avocado</li>
      <li.....................>whole chiles</li>
      <li.....................>sweet red peppers</li>
      <li.....................>ginger sauce</li>
   </ul>
</li>
```

exercício solução

Exercício Solução

Procure as substituições que a chefe de cozinha quer e rotule cada uma com a classe apropriada (fish, meat ou hamburger). Se um ingrediente não precisar de uma classe, deixe a linha em branco. O HTML está exposto da mesma forma que seu menu aparecerá na página.

```
<li>Thai-style Halibut
  <ul class="menu_list">
    <li......................>coconut milk</li>
    <li...class="fish"......>pan-fried halibut</li>
    <li......................>lemongrass broth</li>
    <li......................>vegetables</li>
    <li......................>Thai spices </li>
  </ul>
</li>

<li>Braised Delight
  <ul class="menu_list">
    <li...class="meat"......>lamb shoulder</li>
    <li......................>cippolini onions</li>
    <li......................>carrots</li>
    <li......................>baby turnip</li>
    <li......................>braising jus</li>
  </ul>
</li>

<li>House Grilled Panini
  <ul class="menu_list">
    <li...class="meat"......>prosciutto</li>
    <li......................>provolone</li>
    <li......................>avocado</li>
    <li......................>cherry tomatoes</li>
    <li......................>sourdough roll</li>
    <li......................>shoestring fries </li>
  </ul>
</li>

<li>House Slider
  <ul class="menu_list">
    <li......................>eggplant</li>
    <li......................>zucchini</li>
    <li.class="hamburger">hamburger</li>
    <li......................>balsamic vinegar</li>
    <li......................>onion</li>
    <li......................>carrots</li>
    <li......................>multigrain roll</li>
    <li......................>goat cheese</li>
  </ul>
</li>

<li>Frittata
  <ul class="menu_list">
    <li...class="meat"......>eggs</li>
    <li......................>Asiago cheese</li>
    <li......................>potatoes </li>
  </ul>
</li>

<li>Coconut Soup
  <ul class="menu_list">
    <li......................>coconut milk</li>
    <li...class="meat"......>chicken</li>
    <li......................>vegetable broth</li>
  </ul>
</li>

<li>Soup Du Jour
  <ul class="menu_list">
    <li...class="meat"......>grilled steak</li>
    <li......................>mushrooms</li>
    <li......................>vegetables</li>
    <li......................>vegetable broth </li>
  </ul>
</li>

<li>Hot and Sour Soup
  <ul class="menu_list">
    <li...class="meat"....>roasted pork</li>
    <li......................>carrots</li>
    <li......................>Chinese mushrooms</li>
    <li......................>chili</li>
    <li......................>vegetable broth </li>
  </ul>
</li>

<li>Avocado Rolls
  <ul class="menu_list">
    <li......................>avocado</li>
    <li......................>whole chiles</li>
    <li......................>sweet red peppers</li>
    <li......................>ginger sauce</li>
  </ul>
</li>
```

manipulação de página web com jQuery

Coloque botões

Agora que você configurou a maioria das coisas, vamos voltar ao guardanapo com as requisições da chefe de cozinha. Em seguida, você precisa construir dois botões.

— Queremos um botão "Vire Vegetariano" que substitua automaticamente as opções vegetarianas no menu da nossa página web.

— Precisaremos de um segundo botão que restaure o menu ao seu estado original.

Aponte o seu lápis

Atualize a estrutura e o script para fazer os dois botões do guardanapo. Dê um ID de `vegOn` ao botão "Vire Vegetariano" e um ID de `restoreMe` ao botão "Restaurar Menu".

```html
<div class="topper">
  <h2>Our Menu</h2>
  <ul>
    <li class="nav">.................................................................</li>
    <li class="nav">.................................................................</li>
  </ul>
</div>
```

index.html

```js
$(document).ready(function() {
    var v = false;
    ...........................................................................
        if (v == false){

        v = true}
    });//end button
    ...........................................................................
        if (v == true){

        v = false;}
    });//end button
});//end document ready
```

my_scripts.js

você está aqui ▶ **133**

aponte seu lápis solução

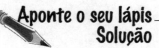

Aponte o seu lápis
Solução

Atualize a estrutura e o script para fazer os dois botões do guardanapo. Dê um ID de `vegOn` ao botão "Vire Vegetariano" e um ID de `restoreMe` ao botão "Restaurar Menu".

```
<div class="topper">
   <h2>Our Menu</h2>
   <ul>
      <li class="nav"><button id="vegOn">Go Vegetarian</button></li>
      <li class="nav"><button id="restoreMe">Restore Menu</button></li>
   </ul>
</div>
```

Construa os elementos do botão com os IDs de vegOn e restoreMe.

index.html

```
$(document).ready(function() {
   var v = false;
   $("button#vegOn").click(function(){

      if (v == false){

         v = true}
   });//end button
   $("button#restoreMe").click(function(){

      if (v == true){

         v = false;}
   });//end button
});//end document ready
```

Um seletor mais específico, usando o tipo e ID do elemento.

Acrescente o método click nos botões.

my_scripts.js

134 *Capítulo 4*

O que vem agora?

Isso foi rápido! Os dois botões foram configurados. Vamos verificar esses itens do guardanapo e dar continuidade ao que o botão "Vire Vegetariano" precisa fazer.

- ~~Queremos um botão "Vire Vegetariano" que substitua automaticamente as opções vegetarianas no menu da nossa página web.~~

- ~~Precisaremos de um segundo botão que restaure o menu ao seu estado original.~~

Veja como nossa substituição funciona:

- Não oferecemos substituições para nossas entradas de peixes; portanto, precisamos removê-las.
- Oferecemos cogumelos portobello gigantes como substitutos vegetarianos para nossos hambúrgueres.
- Oferecemos tofu como substituto vegetariano para todos os pratos com carne e ovo, exceto hambúrgueres.

Exercício

Usando suas próprias palavras, escreva as três coisas que o botão "Vire Vegetariano" precisa fazer:

1. ....
2. ....
3. ....

exercício solução

Exercício Solução

Usando suas próprias palavras, escreva as três coisas que o botão "Vire Vegetariano" precisa fazer:

1. Relacione os elementos li da classe fish e remova essas entradas do menu.
2. Relacione os elementos li na classe hamburger e substitua-os por cogumelos portobello.
3. Relacione os elementos li na classe meat e substitua-os por tofu.

Não se preocupe se suas respostas foram um pouco diferentes. É preciso ter prática para traduzir requisições de coisas que sua aplicação web precisa fazer.

Nossa próxima tarefa é abordar o item 1 acima: relacione os elementos `li` da classe `fish` e remova-os do menu. Relacionamos os elementos com seletores de classe e usamos `remove` para tirar os elementos do DOM no Capítulo 2.

O jQuery também nos oferece o método `detach`. `detach` e `remove`, ambos tiram os elementos do DOM. Então qual é a diferença entre os dois métodos e qual deveríamos usar?

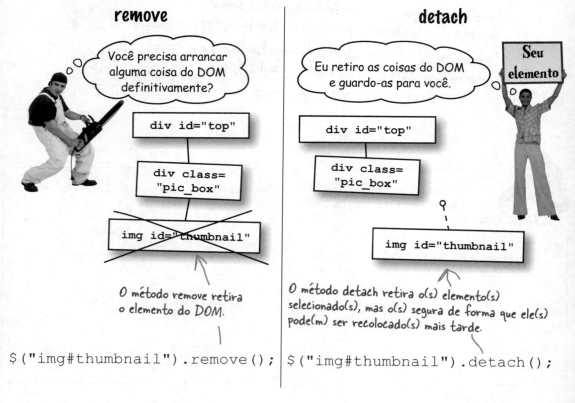

Aponte o seu lápis

No espaço em branco, escreva o seletor e o código `remove` ou `detach` que criarão o resultado que aparece à direita.

resultado do DOM　　　　　　　　　**declaração jQuery**

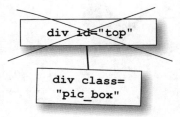

....

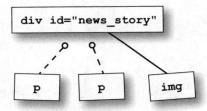

....

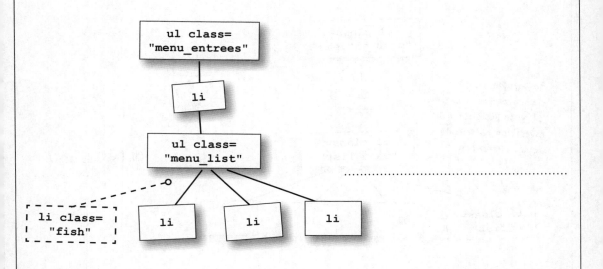

....

aponte seu lápis solução

Aponte o seu lápis

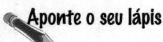

No espaço em branco, escreva o seletor e o código `remove` ou `detach` que criarão o resultado que aparece à direita.

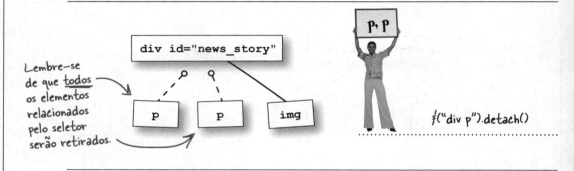

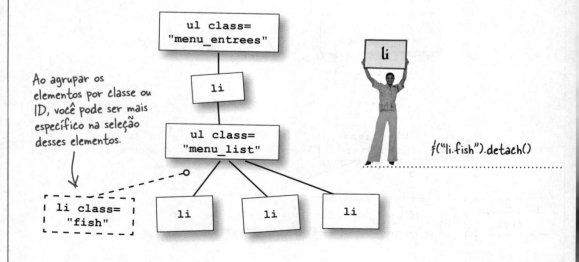

manipulação de página web com jQuery

Test Drive

Acrescente a linha de código na terceira solução de Aponte seu Lápis dentro da função `vegOn` com clique no botão em seu arquivo *my_scripts.js*. Depois, abra a página em seu navegador favorito para garantir que tudo esteja funcionando.

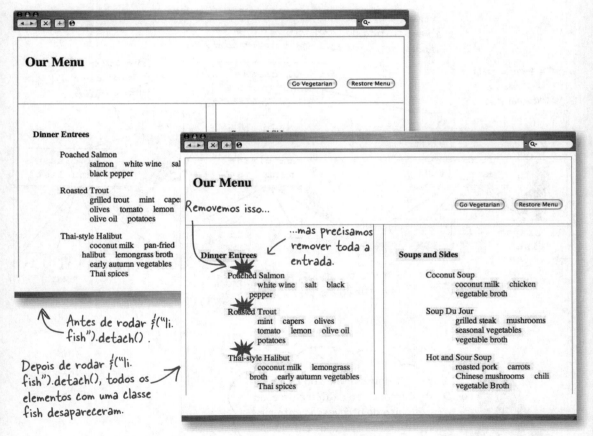

O método `detach` definitivamente livrou-se das coisas, não de tudo o que queríamos remover. Removemos o elemento da lista da entrada. O que precisamos fazer é remover toda a entrada dentro da qual o elemento da lista `.fish` está aninhado.

Como dizemos ao DOM para retirar toda a entrada?

você está aqui ▶ **139**

não tem problema pular de galho em galho

Passando pela árvore do DOM

No Capítulo 1, aprendemos que o DOM é construído como uma árvore. Ele possui raiz, ramos e nós. O interpretador JavaScript em um navegador pode *atravessar* (e depois manipular) o DOM, e o jQuery é especialmente bom nisso. O atravessamento do DOM significa simplesmente subir, descer e passar através do DOM.

Estamos manipulando o DOM desde o Capítulo 1. O método `detach` que acabamos de ver é um exemplo de manipulação do DOM (ou seja, tiramos os elementos dinamicamente do DOM).

Mas do que realmente se trata o atravessamento? Vamos pegar uma seção do menu e visualizá-la como uma árvore do DOM para ver como o atravessamento funciona.

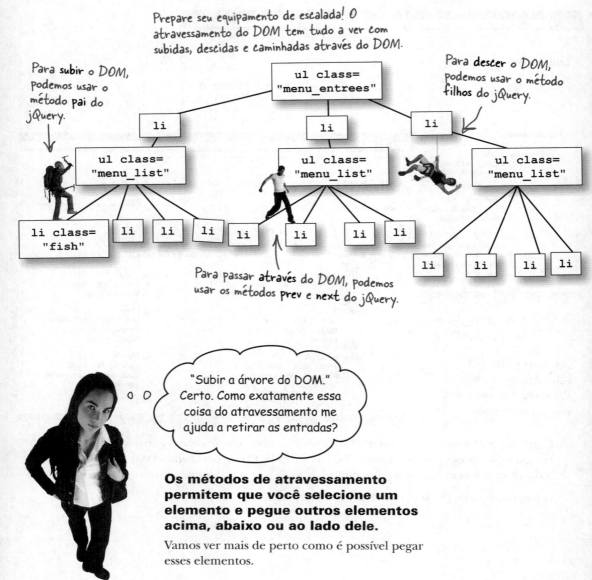

"Subir a árvore do DOM." Certo. Como exatamente essa coisa do atravessamento me ajuda a retirar as entradas?

Os métodos de atravessamento permitem que você selecione um elemento e pegue outros elementos acima, abaixo ou ao lado dele.

Vamos ver mais de perto como é possível pegar esses elementos.

manipulação de página web com jQuery

Os métodos de atravessamento percorrem o DOM

Para dizer ao DOM que queremos retirar as entradas cujas listas do menu contenham fish, temos de indicar os elementos pelo seu relacionamento. Os métodos de atravessamento do jQuery nos permitem chegar aos relacionamentos desses elementos.

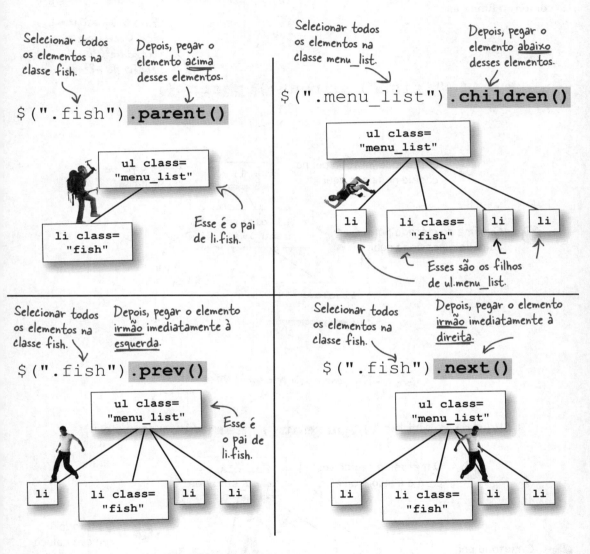

Quais desses métodos podem nos ajudar a retirar as entradas do menu com elementos na classe `fish`?

nada de ligações fracas aqui!

Vá além com os métodos de encadeamento

E se quisermos ir mais alto, mais baixo ou mais fundo? Feche os cadeados, amigo! O jQuery nos oferece o método de *encadeamento*. O método de encadeamento permite que manipulemos e atravessemos nossas páginas de uma maneira mais eficaz. Veja como isso funciona:

142   *Capítulo 4*

manipulação de página web com jQuery

Exercício

Vá para *http://www.thinkjquery.com/chapter04/traversal/* (conteúdo em inglês) e abra o console de JavaScript em suas ferramentas de desenvolvimento favoritas do navegador. A seção "Leia-me", no início do livro, aborda as ferramentas de desenvolvimento do navegador. Rode cada um dos quatro métodos de atravessamento junto com o método `detach` encadeado, conforme aparece abaixo. Depois, escreva porque isso nos ajudará, ou porque não, com o problema em questão.

Importante: Certifique-se de *atualizar o navegador* depois de rodar cada declaração.

`$(".menu_entrees").children().detach()`

....
....
....

`$(".menu_list").children().detach()`

....
....
....

`$(".fish").parent().detach()`

....
....
....

`$(".fish").parent().parent().detach()`

....
....
....

você está aqui ▸ **143**

exercício solução

Exercício Solução

Vá para *http://www.thinkjquery.com/chapter04/traversal/* (conteúdo em inglês) e abra o console de JavaScript em suas ferramentas de desenvolvimento favoritas do navegador. A seção "Leia-me", no início do livro, aborda as ferramentas de desenvolvimento do navegador. Rode cada um dos quatro métodos de atravessamento junto com o método `detach` encadeado, conforme aparece abaixo. Depois, escreva porque isso nos ajudará, ou porque não, com o problema em questão.

Importante: Certifique-se de *atualizar o navegador* depois de rodar cada declaração.

```
$(".menu_entrees").children().detach()
```

Esse método de atravessamento retira o elemento filho de menu_entrees. Ele não funcionará para remover as entradas que contêm fish, porque ele remove TODAS as listas de entradas. Que droga! Não é o que precisamos.

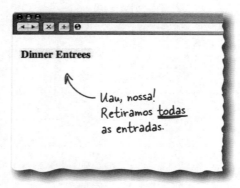

Uau, nossa! Retiramos todas as entradas.

```
$(".menu_list").children().detach()
```

Esse método de atravessamento retira o elemento filho de .menu_list. Ele não funcionará para remover as entradas que contêm fish, porque ele remove a lista de ingredientes de toda ul.menu_list. Opa! Definitivamente, não é isso o que queremos.

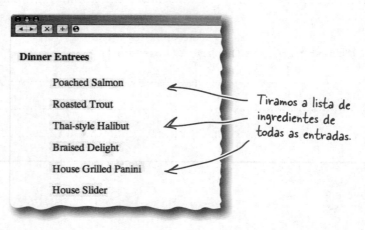

Tiramos a lista de ingredientes de todas as entradas.

manipulação de página web com jQuery

```
$(".fish").parent().detach()
```

Esse método de atravessamento retira o elemento pai de .fish. Ele não funcionará para remover as entradas que contêm fish, porque não vai muito longe na árvore DOM. Em vez disso, remove ul.menu_list (e tudo o que estiver abaixo dela).

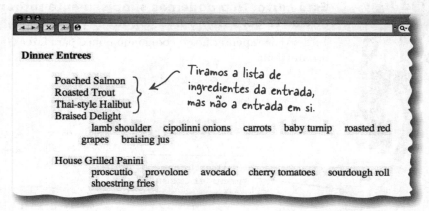

```
$(".fish").parent().parent().detach()
```

Esse método de atravessamento retira o pai do elemento pai de .fish. Ele faz exatamente o que precisamos que ele faça.

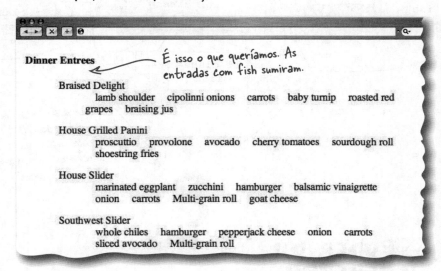

você está aqui ▶   **145**

para onde foram os elementos?

Espere um segundo – não precisamos restaurar as entradas com fish quando programamos o botão "Restaurar Menu"?

Está certo. Não podemos simplesmente retirar as entradas com fish e nos esquecer delas.

Teremos de repensar nosso código um pouco para fazer isso funcionar.

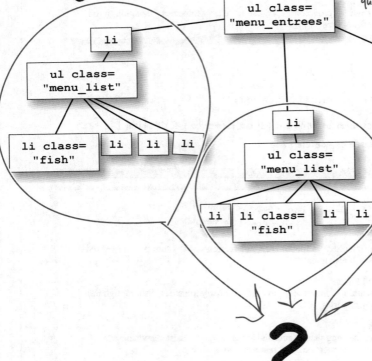

$(".fish")parent().parent().detach() remove os três elementos da lista que contêm fish.

Podemos arrancar nossos elementos do DOM com detach, mas e para colocá-los de volta quando precisarmos deles?

Precisamos trazer as entradas com fish de volta mais tarde. O que devemos fazer com elas?

manipulação de página web com jQuery

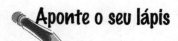
Aponte o seu lápis

Vimos algumas construções em jQuery e JavaScript até aqui. De quais precisamos para não esquecermos os elementos de classe .fish? Para cada um deles, escreva "Sim" ou "Não" na coluna "Devemos usá-lo?" e explique por que o escolheu ou não. Fizemos um para você; portanto, agora restaram três.

	Devemos usá-lo?	Por quê?
Finalizador	Não	Um finalizador simplesmente encerra uma declaração. Ele não solucionará o problema de ter de se lembrar dos elementos retirados.
Variável		
Função		
Seletor		

aponte seu lápis solução

Aponte o seu lápis
Solução

Vimos algumas construções em jQuery e JavaScript até aqui. De quais precisamos para não esquecermos os elementos de classe `.fish`? Para cada um deles, escreva "Sim" ou "Não" na coluna "Devemos usá-lo?" e explique por que o escolheu ou não. Fizemos um para você; portanto, agora restaram três.

	Devemos usá-lo?	Por quê?
Finalizador	Não	Um finalizador simplesmente encerra uma declaração. Ele não solucionará o problema de ter de se lembrar dos elementos retirados.
Variável	Sim	Uma variável armazena coisas para nós. Se armazenarmos os elementos retirados, podemos trazê-los de volta simplesmente indicando a variável.
Função	Não	Uma função permite que desempenhemos manipulações de dados. O problema com os elementos retirados é um problema de armazenamento de dados, não de sua manipulação.
Seletor	Não	Um seletor seleciona os elementos com base no que está no DOM. Já selecionamos nossos elementos. O que precisamos é de uma maneira fácil para armazenar esses elementos.

não existem Perguntas Idiotas

P: Eu tenho `remove` e `detach`, mas e se eu só quiser me livrar de algo que se encontra dentro de um elemento e não do elemento em si?

R: Para livrar-se do conteúdo de um elemento, é possível usar o método `empty`. Digamos que você queira apagar todas as coisas que estão dentro dos parágrafos de uma página; basta fazer isso: `$("p").empty();`.

P: Existe uma maneira de atravessar todos os elementos pai do elemento?

R: Sim. Além do método `parent`, o jQuery também oferece o método `parents`, que permite que você atravesse todos os elementos pai do elemento selecionado. Você verá esse método em ação mais à frente neste capítulo.

P: E se eu quiser pegar o elemento mais próximo do elemento selecionado?

R: Você pode usar o método `closest`. Assim como o método `parents`, o método `closest` passará através dos elementos pai do elemento, mas ele para quando encontra uma combinação. Por exemplo, se você quiser encontrar a `ul` mais próxima acima de um item da lista, use isso: `$("li").closest("ul")`.

P: Eu conheço **next** e **previous**, mas e se eu quiser atravessar todos os elementos no mesmo nível da árvore do DOM?

R: Felizmente, a equipe do jQuery pensou nisso também. O método `siblings` atravessará todos os elementos no mesmo nível do elemento selecionado.

P: O Google Chrome tem o jQuery embutido?

R: Não. O motivo para podermos rodar o jQuery nas ferramentas de desenvolvimento do navegador Chrome é que incluímos o jQuery na página HTML. Se você visitar uma página web que não usa jQuery, não espere que o console JavaScript do Chrome rode as declarações do jQuery.

148 *Capítulo 4*

As variáveis também podem armazenar elementos

As variáveis devem ser muito úteis, pois estamos precisando delas novamente. Vimos as variáveis ao longo dos três primeiros capítulos, mas só as usamos para armazenar números e strings de texto. Não seria conveniente se as variáveis de JavaScript também pudessem armazenar nossos elementos? Conforme elas aparecem, isso é possível.

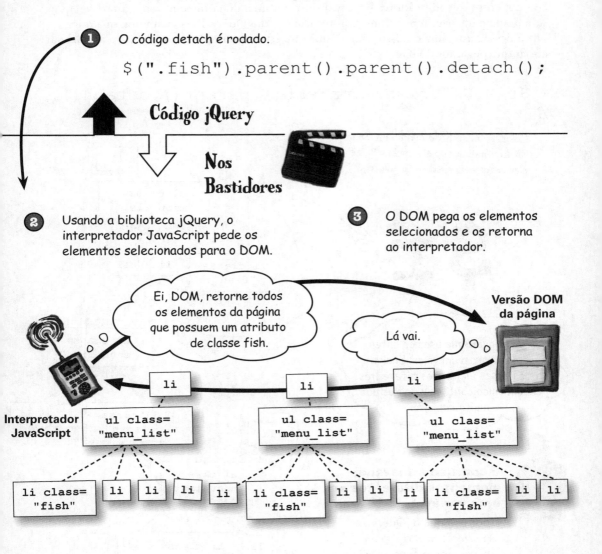

O navegador guardará esses elementos na memória temporariamente. Se quisermos guardá-los para usar em nosso programa mais tarde, é recomendável colocá-los em uma variável. Mas como fazemos isso?

$amigos especiais

Aquele cifrão outra vez...

É simples armazenar nossos elementos. Criamos uma variável, assim como fizemos para os números e strings de texto, e definimos a variável (usando o sinal de igual) na declaração que retorna elementos. Mas não seria bom saber quando a variável está armazenando coisas *especiais* como elementos (versus somente números ou strings de texto)? É prática comum entre os codificadores jQuery inserir um sinal do cifrão em frente à variável que será usada para armazenar elementos retornados do jQuery. Dessa maneira, qualquer outra pessoa que olha o nosso código sabe que estamos usando a variável para armazenar coisas que pegamos do jQuery.

```
$f = $(".fish").parent().parent().detach();
```

Colocar um sinal do cifrão na frente da variável indica que ela está armazenando elementos retornados do jQuery.

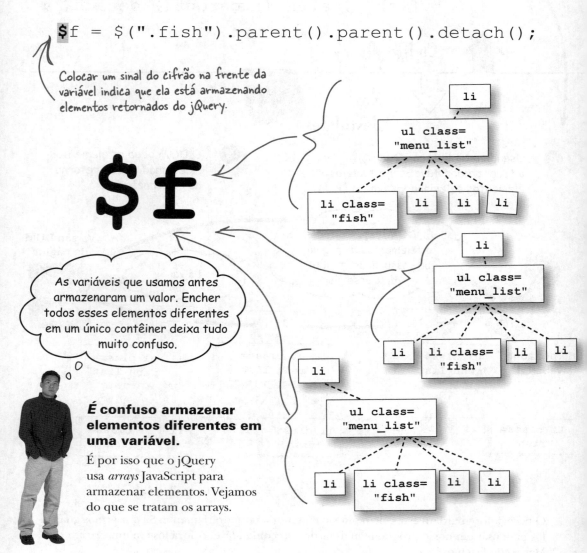

As variáveis que usamos antes armazenaram um valor. Encher todos esses elementos diferentes em um único contêiner deixa tudo muito confuso.

É confuso armazenar elementos diferentes em uma variável.

É por isso que o jQuery usa *arrays* JavaScript para armazenar elementos. Vejamos do que se tratam os arrays.

Aumente suas opções de armazenamento com arrays

Qualquer momento que selecionamos elementos do DOM e os armazenamos em uma variável, o jQuery retorna os dados como um *array*. Um array é simplesmente uma variável com maiores opções de armazenamento.

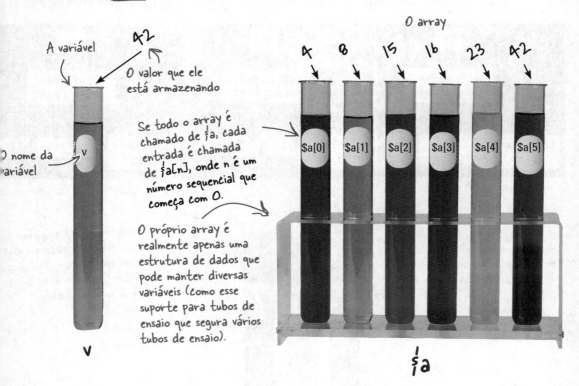

Uma variável básica armazena um valor.

Um array armazena muitos valores.

Podemos colocar coisas e tirar coisas de cada entrada de armazenamento. Para colocar o valor "15" na terceira entrada, escrevemos isso:

$a[2] = 15;

A terceira entrada possui o número 2, porque começamos com 0.

Notas Geek

Os arrays não **têm** de começar com o sinal do cifrão ($). A prática de indicar um array do jQuery com um sinal do cifrão é uma convenção de codificação dos desenvolvedores do jQuery.

você está aqui ▶   **151**

bem-arrumado!

Armazene elementos em um array

Quando selecionamos e retiramos os elementos li e definimos uma variável ($f) para o resultado, o jQuery pega os elementos que o DOM retorna e os armazena organizadamente para nós em um array de JavaScript. Quando queremos colocar esses elementos de volta com o botão restaurar, nossa função será bem menos confusa.

```
$f = $(".fish").parent().parent().detach();
```

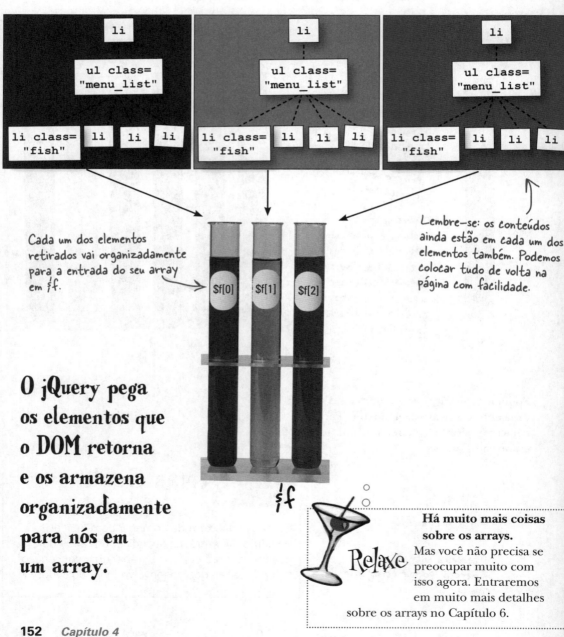

O jQuery pega os elementos que o DOM retorna e os armazena organizadamente para nós em um array.

Há muito mais coisas sobre os arrays. Mas você não precisa se preocupar muito com isso agora. Entraremos em muito mais detalhes sobre os arrays no Capítulo 6.

manipulação de página web com jQuery

Test Drive

Acrescente a linha de código da página anterior, que retira os pais dos pais dos elementos #fish dentro da função vegOn com click no botão em seu arquivo *my_scripts.js*. Então, abra a página em seu navegador favorito para garantir que tudo esteja funcionando.

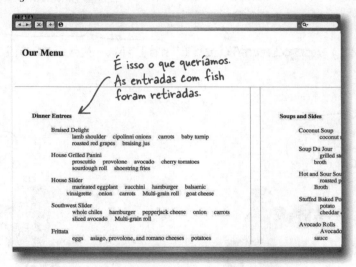

É isso o que queríamos. As entradas com fish foram retiradas.

Você conseguiu. Agora vamos atualizar a lista de verificação.

☑ 1. Relacione os elementos li da classe fish e remova essas entradas do menu.

☐ 2. Relacione os elementos li na classe hamburger e substitua-os por cogumelos portobello.

☐ 3. Relacione os elementos li na classe meat e substitua-os por tofu.

Em seguida, você precisa procurar as entradas que contenham hambúrguer e substituir o hambúrguer por cogumelos portobello.

Poder do Cérebro

Vimos como tirar elementos do DOM, mas como substituímos dinamicamente o seu conteúdo por conteúdo diferente?

você está aqui ▶ **153**

isto por aquilo

Altere elementos com replaceWith

O método `replaceWith` permite que você substitua elemento(s) selecionado(s) por novos elementos. Sempre que quiser modificar o DOM, trocando uma coisa por outra, você pode usar esse método útil do jQuery. Digamos que queremos mudar dinamicamente o elemento do cabeçalho no nível 2, que diz "Our Menu" para um cabeçalho no nível 1, que diz "My Menu". Veja como você pode fazer isso, usando o método `replaceWith`:

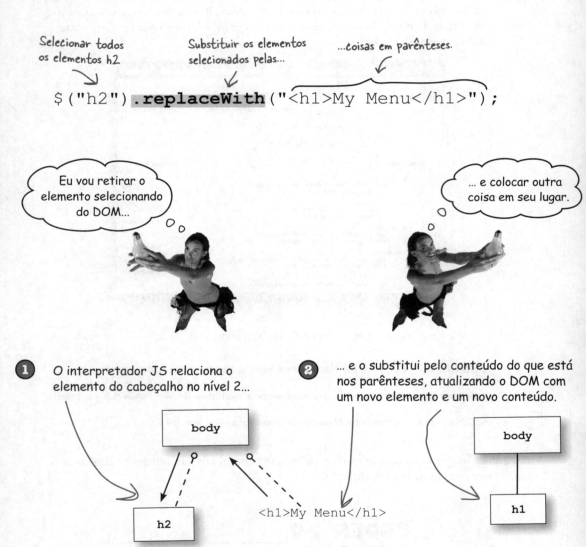

154   *Capítulo 4*

Como o replaceWith pode ajudar?

Você precisa relacionar os elementos `li` na classe `hamburger` e substituí-los por um elemento `li` da classe `portobello`. Vamos pensar nesse problema antes de escrevermos nosso código.

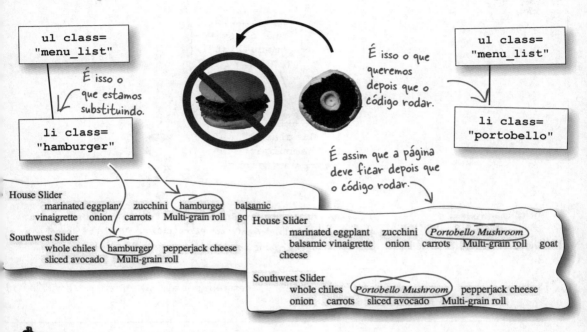

Exercício

Escreva o código que procurará os elementos `li` na classe `hamburger` e substitua-os por elementos `li` na classe `portobello`. O diagrama abaixo deve ajudá-lo a pensar. Escrevemos parte da resposta para você. Agora faça o restante.

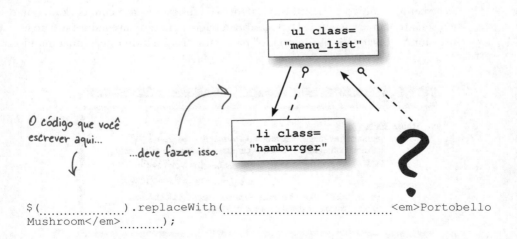

```
$(..............).replaceWith(..................................<em>Portobello Mushroom</em>..........);
```

exercício solução

Escreva o código que procurará os elementos `li` na classe `hamburger` e substitua-os por elementos `li` na classe `portobello`. Veja nossa solução.

Selecionar todos os elementos da classe hamburger.

O método replaceWith troca o conteúdo selecionado dinamicamente pelo elemento nos parênteses. O ponto principal a lembrar é que você pode colocar o HTML nos parênteses.

`$(".hamburger").replaceWith("<li class='portobello'> <em>Portobello Mushroom</em></li>");`

Test Drive

Acrescente o código `replaceWith` dentro da função `vegOn` com click no botão em seu arquivo *my_scripts.js*. Depois, abra a página em seu navegador favorito e pressione o botão "Vire Vegetariano" para garantir que tudo esteja funcionando.

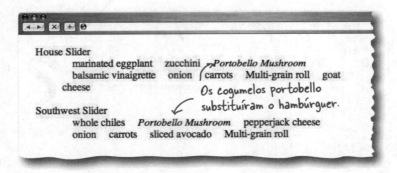

Os cogumelos portobello substituíram o hambúrguer.

156 *Capítulo 4*

manipulação de página web com jQuery

Pense com antecedência antes de usar replaceWith

Qual é o próximo passo na lista de verificação?

☑ 1. Relacione os elementos li da classe fish e remova essas entradas do menu.

☑ 2. Relacione os elementos li na classe hamburger e substitua-os por cogumelos portobello.

☐ 3. Relacione os elementos li na classe meat e substitua-os por tofu.

Você precisa procurar entradas na classe meat e substituí-las por tofu.

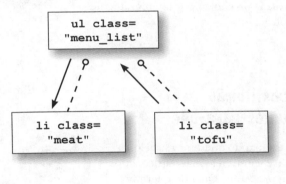

Isso é fácil! É só usar replaceWith novamente, certo?

Na verdade, não podemos usar `replaceWith` **nesse passo.**

Poder do Cérebro

O método `replaceWith` do jQuery é objetivo e poderoso, mas, infelizmente, não nos ajudará a resolver isso aqui. Por que não?

você está aqui ▶ **157**

não exatamente um para todos

replaceWith não funciona em todo tipo de situação

O método `replaceWith` funciona bem quando você tem uma substituição **um-para-um** como a troca da classe `hamburger` pela classe `portobello`.

Substituição um-para-um

Substituição um-para-muitos

Mas o cenário da troca de elementos do próximo item em nossa lista de verificação não é um-para-um. Temos de substituir muitos tipos *diferentes* de ingredientes (ou seja, turkey, eggs, steak, lamb chops) por um ingrediente (tofu).

Substituição um-para-muitos

Podemos pegar os itens da classe meat e substituir todos eles por tofu.

Substituição muitos-para-um

Mas, quando queremos selecionar tofu e substituí-lo mais tarde, temos um problema. Quando queremos colocar tipos diferentes de meat (carne) de volta, o DOM se esqueceu deles.

Substituição muitos-para-um.

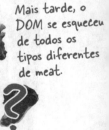

Mais tarde, o DOM se esqueceu de todos os tipos diferentes de meat.

Poderíamos substituir o tofu por apenas *um* dos tipos de meat, mas, definitivamente, não é isso o que queremos.

Portanto, precisamos realizar a substituição desse menu em dois passos:

1. Insira os elementos li da classe tofu no DOM depois dos elementos meat.

2. Retire os elementos da classe meat e guarde-os em uma variável.

manipulação de página web com jQuery

Insira o conteúdo HTML no DOM

Até aqui, tanto removemos quanto substituímos elementos no DOM. Felizmente para nós, os criadores da biblioteca jQuery nos ofereceram muitas maneiras para inserir coisas no DOM. As que veremos agora são `before` e `after`.
`before` insere conteúdo antes do elemento selecionado.

```
$(".meat").before("<li>Tofu</li>");
```

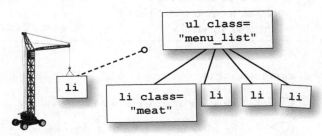

`after` insere conteúdo depois do elemento selecionado.

```
$(".meat").after("<li>Tofu</li>");
```

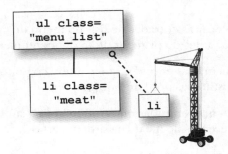

Aponte o seu lápis

Escreva o código jQuery que realizará cada passo em nossa solução.

1. Insira elementos li da classe tofu no DOM depois dos elementos de meat. ....

2. Retire os elementos da classe meat e guarde-os em uma variável. ....

você está aqui ▶ 159

aponte seu lápis solução

Aponte o seu lápis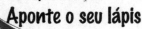

Escreva o código jQuery que realizará cada passo em nossa solução.

1 Insira elementos li da classe tofu no DOM depois dos elementos de meat. $("meat").after("<li class='tofu'>Tofu</li>");

2 Retire os elementos da classe meat e guarde-os em uma variável. $m = $(".meat").detach();

Você cumpriu cada um dos passos do botão "Vire Vegetariano":

☑ 1. Relacione os elementos li da classe fish e remova essas entradas do menu.

☑ 2. Relacione os elementos li na classe hamburger e substitua-os por cogumelos portobello.

☑ 3. Relacione os elementos li na classe meat e substitua-os por tofu.

Agora, precisamos construir o botão "Restaurar Menu". Veja o que esse botão precisa fazer.

☐ Colocar as entradas de fish no menu de onde as removemos (ou seja, antes do primeiro item do menu na coluna esquerda).

☐ Procurar as entradas que contêm cogumelos portobello e substituí-las por hambúrguer.

☐ Procurar entradas que contêm tofu e substituí-las por tipos diferentes de meat (na ordem certa).

Vamos nos aprofundar e ver o que precisamos fazer no primeiro.

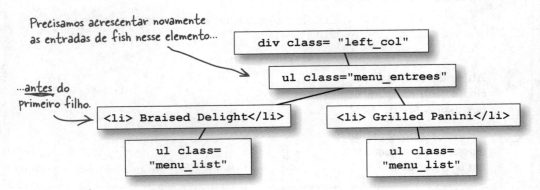

Sabemos como usar `before`, mas como especificamos o *primeiro* filho?

Use métodos de filtragem para delimitar suas seleções (Parte 1)

Felizmente, o jQuery fornece métodos de filtragem que nos permitem delimitar nossa seleção para problemas como a procura do primeiro filho. Vejamos seis deles (três nesta página, três na próxima).

first

O método `first` filtrará *o primeiro elemento* de um grupo selecionado de elementos.

eq

O método `eq` filtrará *todo elemento cujo número de índice seja igual* ao que você colocar nos parênteses em um grupo selecionado de elementos.

last

O método `last` filtrará *o último elemento* de um grupo selecionado de elementos.

Vamos olhar um item do nosso menu para ver como esses métodos funcionam:

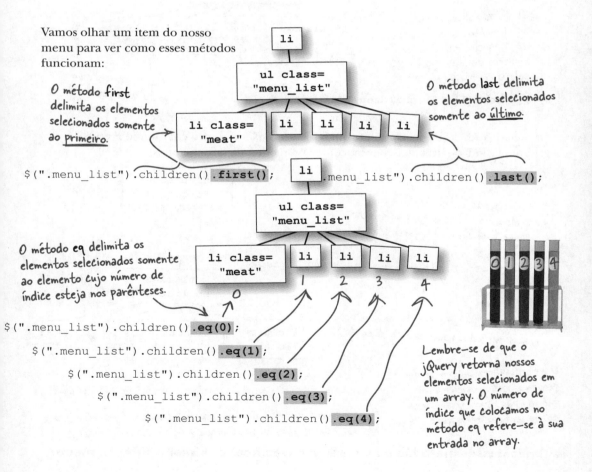

O método first delimita os elementos selecionados somente ao primeiro.

$(".menu_list").children().**first()**;

O método last delimita os elementos selecionados somente ao último.

$(".menu_list").children().**last()**;

O método eq delimita os elementos selecionados somente ao elemento cujo número de índice esteja nos parênteses.

$(".menu_list").children().**eq(0)**;
$(".menu_list").children().**eq(1)**;
$(".menu_list").children().**eq(2)**;
$(".menu_list").children().**eq(3)**;
$(".menu_list").children().**eq(4)**;

Lembre-se de que o jQuery retorna nossos elementos selecionados em um array. O número de índice que colocamos no método eq refere-se à sua entrada no array.

delimitando as coisas

Use métodos de filtragem para delimitar suas seleções (Parte 2)

Agora, vamos verificar os métodos `slice`, `filter` e `not` e como eles funcionam.

slice

O método `slice` filtrará todos os elementos com um índice *entre os números de índice* que você colocar em seus parênteses.

filter

O método `filter` filtrará todos os elementos que *se encaixam no seletor* que você coloca em seus parênteses.

not

O método `not` filtrará tudo que *não se encaixa no seletor* que você coloca nos parênteses.

O método slice delimita os elementos selecionados para aqueles entre os dois números de índice que você coloca em parênteses.

`$(".menu_list").children().slice(1,3);`

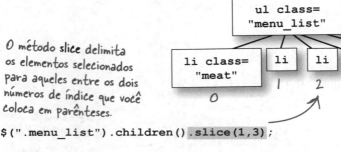

Nesse caso, somente um elemento será retornado — o segundo elemento li.

Os métodos `filter` e `not` permite que usemos os seletores para criar um subgrupo do grupo relacionado, usando seletores como argumentos de seus métodos.

O método filter delimita os elementos selecionados ao seletor que você coloca em parênteses.

`$(".menu_list").parents().filter(".organic");`

Os métodos filter e not funcionam bem com os métodos parents e children.

O método parents permite que peguemos todos os elementos que são pais, avós, bisavós etc. do elemento selecionado.

`$("ul.menu_list.organic").children().not(".local");`

O método not delimita os elementos selecionados para aqueles que não são relacionados no seletor que você coloca em parênteses.

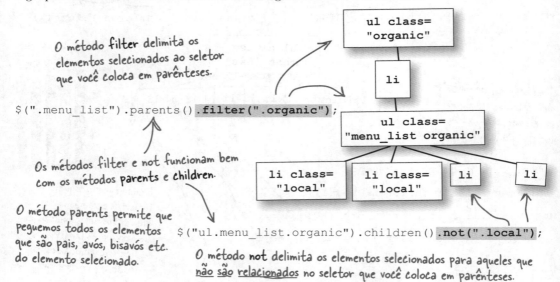

Quais desses métodos o ajudarão a especificar o primeiro filho no menu?

manipulação de página web com jQuery

Sinta-se como o navegador

Sua tarefa é agir como o DOM. Desenhe uma linha da declaração jQuery para o(s) elemento(s) do DOM que o seletor retornará. Imagine que eles são os únicos elementos na página. Fizemos a primeira para você.

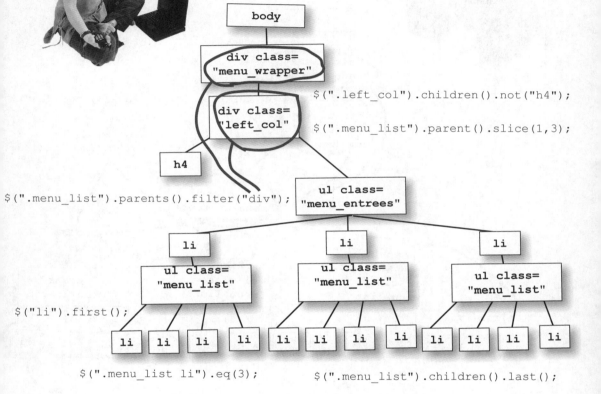

Aponte o seu lápis

Escreva a linha de código do jQuery que coloca as entradas de fish de volta para o menu de onde as removemos (ou seja, antes do primeiro item do menu `menu_entrees`).

....`.before($f);`

você está aqui ▶ **163**

sinta-se como o DOM solução

Sinta-se como o navegador – Solução

Sua tarefa é agir como o DOM. Desenhe uma linha da
declaração jQuery para o(s) elemento(s) do DOM que o seletor
retornará. Imagine que eles são os únicos elementos na página.
Fizemos a primeira para você.

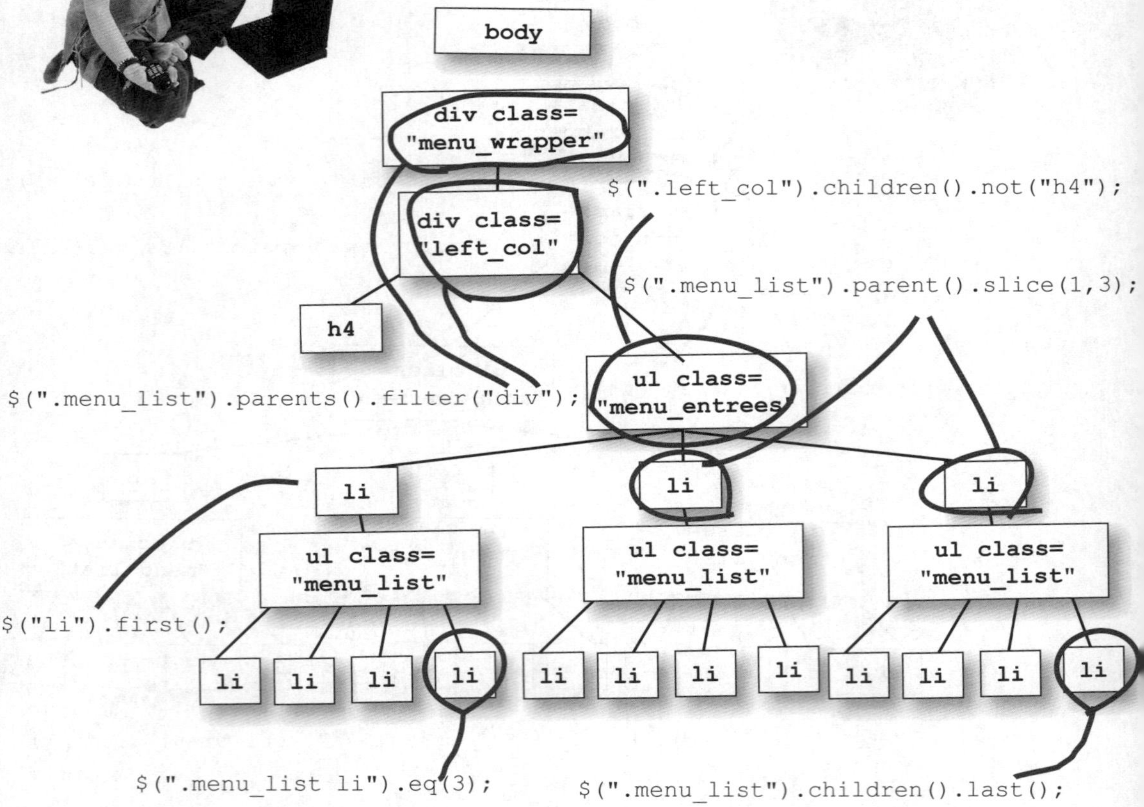

```
body
```

```
div class=
"menu_wrapper"
```

`$(".left_col").children().not("h4");`

```
div class=
"left_col"
```

`$(".menu_list").parent().slice(1,3);`

```
h4
```

```
ul class=
"menu_entrees"
```

`$(".menu_list").parents().filter("div");`

```
li        li        li
```

```
ul class=        ul class=        ul class=
"menu_list"      "menu_list"      "menu_list"
```

`$("li").first();`

```
li  li  li  li    li  li  li  li    li  li  li  li
```

`$(".menu_list li").eq(3);`   `$(".menu_list").children().last();`

✏️ Aponte o seu lápis

Escreva a linha de código do jQuery que coloca as
entradas da Fish de volta para o menu de onde as
removemos (ou seja, antes do primeiro item do menu
menu_entrees).

$(".menu_entrees li").first()   `.before($f);`

164   *Capítulo 4*

manipulação de página web com jQuery

Traga o hambúrguer de volta

Até aqui, na requisição "Restaurar Menu", concluímos um item, faltam dois:

- [x] Colocar as entradas de fish no menu de onde as removemos (ou seja, antes do primeiro item do menu na coluna esquerda).
- [ ] Procurar as entradas que contêm cogumelos portobello e substituí-las por hambúrguer.
- [ ] Procurar entradas que contêm tofu e substituí-las por tipos diferentes de meat (na ordem certa).

O próximo item da nossa lista de verificação parece um pouco com um déjà vu, não parece? Tudo o que realmente precisamos fazer é o contrário do que fizemos na substituição original. Por quê? Porque estamos lidando com uma substituição um-para-um e adoramos substituições um-para-um, porque elas são logicamente simples.

Exercício

Lembra-se desse exercício? Vamos mexer nele. Escreva o código que procurará os elementos `li` da classe `portobello` e os substitua pelos elementos `li` da classe `hamburger`. O diagrama abaixo deve ajudá-lo a pensar. Escrevemos parte da resposta – o resto é com você.

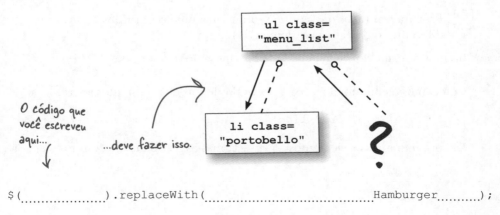

$(..................).replaceWith(..Hamburger..........);

exercício solução

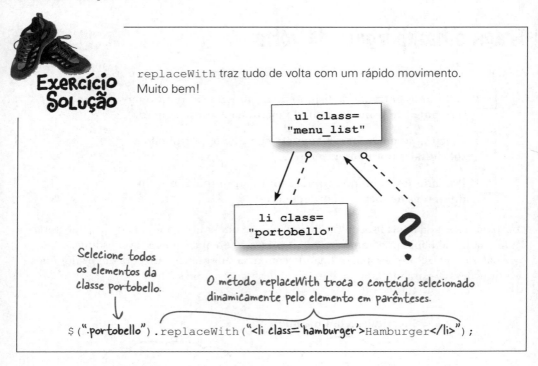

Cadê o bife (hum... meat)?

Chegamos ao nosso último item do botão "Restaurar Menu":

- ✓ Colocar as entradas de fish no menu de onde as removemos (ou seja, antes do primeiro item do menu na coluna esquerda).
- ✓ Procurar as entradas que contêm cogumelos portobello e substituí-las por hambúrguer.
- ☐ Procurar entradas que contêm tofu e substituí-las por tipos diferentes de meat (na ordem certa).

O que fizemos com aqueles elementos li.meat mesmo? Vamos revisar.

Colocamos elementos li.tofu no DOM depois dos elementos meat.

```
$(".meat").after("<li class='tofu'><em>Tofu</em></li>");
```

Depois, retiramos os elementos li.meat, mas os guardamos, salvando-os em $m.

```
$m = $(".meat").detach();
```

Então onde estão esses elementos e como os trazemos de volta?

Um array carnudo

Lembre-se de que, sempre que armazenamos elementos do jQuery, atribuímos o sinal do cifrão à variável para indicar que a variável que estamos usando possui um tipo especial de armazenamento. Nesse caso, esse é um array do jQuery, veja aqui como os elementos em $m são armazenados:

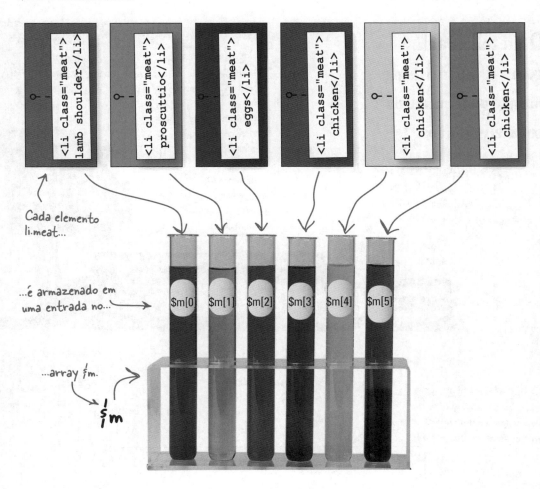

Você precisa colocar cada elemento li.meat de volta para cada elemento li.tofu. Você viu muitos métodos que colocam elementos no DOM. Qual método você usaria para esse?

o retorno de each

O método each faz loop nos arrays

No Capítulo 3, você viu como usar o método `each` para fazer loop através de elementos. Podemos usá-lo novamente aqui em todos os elementos `meat` no array `$m` e colocá-los de volta onde estavam. Mas, para fazer isso, precisaremos verificar um pouco mais sobre como o método `each` funciona.

O método each é como uma linha de montagem para os seus elementos.

O método each lhe dá a força de script com jQuery. Ele permite que você trabalhe com um elemento em um array por vez.

Colocamos força de verdade quando colocamos uma função dentro de each. A função permite que façamos algo em cada elemento enquanto ele é processado.

A palavra-chave this refere-se ao elemento em que a função está trabalhando.

O índice (ou iterador) mantém o registro do elemento em que a função está trabalhando.

i = 0

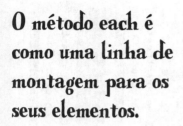

A variável i começa com 0 e conta cada elemento enquanto esse elemento é processado.

Quando selecionamos nosso elemento de parágrafo, o jQuery armazena o que selecionamos em um array.

O método each processa os elementos do array um por um e faz algo em cada um deles.

```
$(".tofu").each(function(i){
   $(this).after(      );
});
```

$(this) é como você indica para a função sobre o elemento que está sendo processado.

Estamos usando o método after aqui, mas você pode usar qualquer método do jQuery para fazer coisas em um array de elementos.

Queremos colocar os elementos meat em cada elemento li.tofu. Então o que devemos colocar aqui?

168   Capítulo 4

manipulação de página web com jQuery

Ímãs de Geladeira do jQuery

Coloque os ímãs de código de volta na ordem certa para terminar o botão `restoreMenu` e fazê-lo funcionar. Colocamos alguns ímãs para você.

```
$("button#restoreMe").click(function(){
```

```
if (v == true){
```

```
v = false;
```

```
}
```

```
});
```

my_scripts.js

```
"<li class='hamburger'>Hamburger</li>");
```

```
$m[i]);
```

```
.before($f);
```

```
$(".portobello").replaceWith(
```

```
});
```

```
$(".tofu").remove();
```

```
$(".menu_entrees li").first()
```

```
$(this).after(
```

```
$(".tofu").each( function(i){
```

você está aqui ▶ **169**

ímãs de geladeira do jQuery *solução*

Ímãs de Geladeira do jQuery - Solução

Coloque os ímãs de código de volta na ordem certa para terminar o botão `restoreMenu` e fazê-lo funcionar. Colocamos alguns ímãs para você.

```
$("button#restoreMe").click(function(){

    if (v == true){

        $(".portobello").replaceWith( "<li class='hamburger'>Hamburger</li>");

        $(".menu_entrees li").first() .before($f);

        $(".tofu").each( function(i){

            $(this).after( $m[i]);

        });

        $(".tofu").remove();

        v = false;
    }
});
```

Colocamos os elementos meat de volta, indicando o array ím e o índice que enquadra os elementos tofu em que a função está trabalhando.

my_scripts.js

manipulação de página web com jQuery

É isso... certo?

Você fez tudo o que foi requisitado para o botão "Restore Menu". Vamos atualizar nossos arquivos e concluir esse projeto.

- ☑ Colocar as entradas de fish no menu de onde as removemos (ou seja, antes do primeiro item do menu na coluna esquerda).
- ☑ Procurar as entradas que contêm cogumelos portobello e substituí-las por hambúrguer.
- ☑ Procurar entradas que contêm tofu e substituí-las por tipos diferentes de meat (na ordem certa).

Espere. Esquecemos a Obs. no guardanapo.

Obs. Se puder ajustar isso, também gostaríamos que o ícone de uma folha aparecesse ao lado das entradas vegetarianas substitutivas.

Opa, tem razão.

Felizmente, o web designer já colocou a classe `veg_leaf` no arquivo *my_style.css*. Vamos dar uma olhada nele.

```
.veg_leaf{
    list-style-image:url('../images/leaf.png');
}
```

my_style.css

Exercício

Escreva a declaração que acrescentará a classe `veg_leaf` no pai do pai das classes `tofu`.

....

Dica: addClass é sua aliada aqui.

exercício solução

Exercício Solução

Só um pouco do atravessamento do DOM, mais uma mágica de `addClass` e você acabou!

`$(".tofu").parent().parent().addClass("veg_leaf");`

não existem Perguntas Idiotas

P: Eu entendo os outros métodos de filtragem, mas `slice` realmente ainda me confunde. Você poderia dar uma explicação mais aprofundada sobre ele?

R: O método `slice` pode ser confuso. A coisa mais confusa do `slice` são seus parâmetros: `slice(start, end)`.

O primeiro parâmetro é o parâmetro `start`, e você tem de incluí-lo ou `slice` não funcionará. O parâmetro `start` diz onde começar a seleção dentro de um array de elementos. Lembre-se de que o primeiro elemento de um array possui um "índice zero", que significa que você deve começar a contar do 0. O parâmetro `start` também terá um número negativo. Se você colocar um número negativo, `slice` começará a contar ao contrário do final do array, em vez de adiante, começando pelo início.

P: Ok, então o que o parâmetro `end` do método `slice` faz?

R: O segundo parâmetro do método `slice`, o parâmetro `end`, não é obrigatório. Se você não incluí-lo, `slice` selecionará todos os elementos de qualquer parâmetro `start` que estiver configurado e selecionará todos os elementos no array que forem maiores que o parâmetro `start`. O parâmetro `end` pode ser contraintuitivo se você não se lembrar de que o array começa contando do 0.

P: O método `each` parece bastante poderoso. Como `each` sabe em qual elemento ele está trabalhando?

R: O verdadeiro poder vem da combinação de each com a palavra-chave `this`. O método `each` mantém o registro de seu índice automaticamente e "sabe" em qual elemento ele está trabalhando. Você só deve usar `each` quando selecionar vários elementos. Para indicar o elemento atual, você usa `this`, mas o envolve com o atalho do jQuery: `$(this)`.

P: Por que eu tenho de colocar "i" ou "índice" dentro da função `each`?

R: A variável `index`, geralmente chamada de "i" ou "index", é usada pela função `each` para manter uma contagem do elemento `each` que está trabalhando. Dessa forma, a função `each` sabe quando o processamento acabou. Se `each` não tivesse uma variável `index`, ela não saberia em qual função trabalhar e não conseguiria parar.

P: Como é possível encontrar elementos dentro de um array do jQuery?

R: Você pode encontrar elementos dentro de um array do jQuery, usando o método `find`. Digamos que você possui um array de elementos `li` em um array do jQuery: `var $my_elements = $("li");`.

Agora, você quer encontrar todos os elementos âncora desse array. Veja o que fazer: `$my_elements.find("a");`.

P: O jQuery nos dá uma forma de envolver um elemento dentro de outro elemento?

R: De fato, ele dá. Digamos que você queira cercar uma imagem com um ID de `oreilly` dentro de um elemento âncora. Veja como fazer isso:

`$("img#oreilly").wrap("<a href='http://www.oreilly.com'></a>");`

manipulação de página web com jQuery

Test Drive

Já faz um tempo que você atualizou seus arquivos. Acrescente o código para o botão "Restore Menu" e o código para acrescentar e remover a classe `veg_leaf`, onde você faz as substituições vegetarianas. Quando quiser você pode fazer o download dos arquivos deste capítulo em *http://www.thinkjquery.com/chapter04/* (conteúdo em inglês) e compará-los com o seu código.

Aqui está a folha que acrescentamos com a classe veg_leaf.

Ficou ótimo! Nossos clientes adoraram o novo menu web e o melhor de tudo é que não temos mais que manter dois menus diferentes. Está tudo em uma página!

Agora Alexandra pode focar-se em cozinhar novos itens saborosos do menu, em vez de se preocupar com o site.

você está aqui ▶ **173**

sua caixa de ferramentas jquery

Sua Caixa de Ferramentas jQuery

Agora que adquiriu os conhecimentos do Capítulo 4, você acabou de acrescentar manipulação e atravessamento do DOM, arrays e filtros em sua caixa de ferramentas.

Manipulação do DOM

Você pode acrescentar, substituir e remover coisas do DOM conforme desejar:

detach

remove

replaceWith

before

after

Atravessamento do DOM

Tem tudo a ver com a passagem pela árvore do DOM, para que você possa manipulá-lo.

Você usa relacionamentos do elemento com métodos associados como pai e filho para chegar aonde você quer.

Os métodos de encadeamento é uma maneira eficiente de atravessar o DOM rapidamente.

Arrays

Os arrays do jQuery armazenam todos os tipos de coisas, incluindo elementos, para que você possa acessá-los mais tarde.

Assim como nas variáveis, coloque um $ na frente do seu array para indicar que ele está armazenando partes especiais do jQuery.

Filtros

Os métodos de filtragem o ajudam a delimitar uma série de elementos selecionados:

first

equal

last

slice

filter

not

5 efeitos e animação com jQuery

Um leve deslizar em seu andar

Fazer as coisas acontecerem em sua página é muito bom, mas se você não conseguir deixá-la com uma boa aparência, as pessoas não desejarão usar seu site. É aí que entram os efeitos e a animação com jQuery. Neste capítulo, você aprenderá como fazer transição dos elementos em sua página com o passar do tempo, exibir ou ocultar partes específicas dos elementos que são relevantes e reduzir ou aumentar um elemento na página, tudo antes que seus usuários vejam. Você também verá como agendar essas animações, para que elas aconteçam em vários intervalos e deem uma aparência bastante dinâmica a sua página.

passando o flash

O DoodleStuff precisa de um aplicativo web

O DoodleStuff fornece materiais de arte legais para as crianças da Weblândia. Alguns anos atrás, o DoodleStuff deu início a um site popular que fornece aplicativos de arte interativos para as crianças. A quantidade de fãs da empresa aumentou tão rápido que ela está com problemas para manter as requisições em dia.
Para atender ao público novo e mais amplo do DoodleStuff, o diretor de projetos web quer construir um aplicativo que não use Flash ou quaisquer outros plugins do navegador.

efeitos e animação com jQuery

Faça a Mistura de Monstros

Esse é o modelo do projeto do diretor de projetos web, junto com os arquivos do designer gráfico para o aplicativo.

Projeto da Mistura de Monstros

A aplicativo da Mistura de Monstros pretende entreter as crianças da faixa etária alvo, permitindo que elas "mixem" a cabeça de seus próprios monstros ao misturar 10 tipos diferentes de cabeças, olhos e bocas. As transições entre as partes do rosto do monstro devem ser animadas.

Interface do Usuário

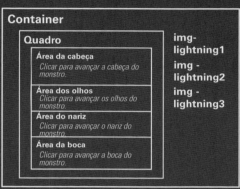

Container
- Quadro
  - Área da cabeça
    - Clicar para avançar a cabeça do monstro.
  - Área dos olhos
    - Clicar para avançar os olhos do monstro.
  - Área do nariz
    - Clicar para avançar o nariz do monstro.
  - Área da boca
    - Clicar para avançar a boca do monstro.
- img-lightning1
- img-lightning2
- img-lightning3

Depois de nove cliques, cada faixa deve "voltar" para o início.

Animação

Um modelo de como uma parte do monstro deve mudar.

Um modelo de como as animações de relâmpago devem ficar.

As imagens de relâmpago devem aparecer e depois desaparecer rapidamente, como se estivessem piscando.

Arquivos Gráficos

quadro.png
largura: 545 pixels
altura: 629 pixels

headsstrip.png largura: 3670 pixels, altura: 172 pixels
eyesstrip.png largura: 3670 pixels, altura: 79 pixels
nosesstrip.png largura: 3670 pixels, altura: 86 pixels
mouthsstrip.png largura: 3670 pixels, altura: 117 pixels

lightning_01.jpg

lightning_02.jpg

lightning_03.jpg

Você tem muitos detalhes das requisições do projeto e dos arquivos gráficos que precisa, mas o designer gráfico não escreveu qualquer coisa em HTML ou CSS – é a partir daí que você precisará começar. O que é preciso fazer para iniciá-lo?

você está aqui ▶ **177**

colocando uma boa fundação

A Mistura de Monstros precisa de layout e posicionamento

Sem dúvida, tínhamos muita coisa a dizer sobre a colocação da estrutura e do estilo certo, antes de escrever qualquer coisa em jQuery. E agora isso é ainda mais importante – se você não colocar seu layout e posicionamento bem no início, seus efeitos e animações podem dar errado, *rapidamente*. Não há nada pior do que olhar o seu código jQuery e perguntar-se por que ele não está fazendo o que você quer que ele faça no navegador. É recomendável criar um modelo com suas ideias e pensar sobre o que acontecerá na tela.

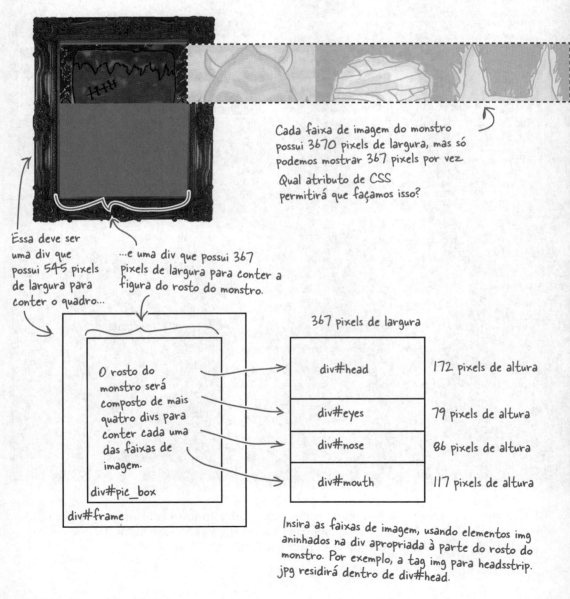

Cada faixa de imagem do monstro possui 3670 pixels de largura, mas só podemos mostrar 367 pixels por vez

Qual atributo de CSS permitirá que façamos isso?

Essa deve ser uma div que possui 545 pixels de largura para conter o quadro...

...e uma div que possui 367 pixels de largura para conter a figura do rosto do monstro.

O rosto do monstro será composto de mais quatro divs para conter cada uma das faixas de imagem.

div#pie_box

div#frame

367 pixels de largura

div#head	172 pixels de altura
div#eyes	79 pixels de altura
div#nose	86 pixels de altura
div#mouth	117 pixels de altura

Insira as faixas de imagem, usando elementos img aninhados na div apropriada à parte do rosto do monstro. Por exemplo, a tag img para headsstrip.jpg residirá dentro de div#head.

efeitos e animação com jQuery

Exercício Para cada linha em branco nos arquivos HTML e CSS, escreva o ID, propriedade ou definição de CSS que ajudará a criar o layout e o posicionamento do aplicativo Mistura de Monstros. Quando estiver em dúvida, olhe as duas páginas anteriores para se orientar. Fizemos algumas para você.

```
body>
<header id="top"><img src="images/Monster_Mashup.png" />
<p>Make your own monster face by clicking on the picture.</p></header>

<div id="frame">
   <div id="pic_box">
      <div id=............... class="face"><img src="images/headsstrip.jpg"></div>
      <div id=............... class="face"><img src="images/eyesstrip.jpg"></div>
      <div id=............... class="face"><img src="images/nosesstrip.jpg"></div>
      <div id=............... class="face"><img src="images/mouthsstrip.jpg"></div>
   </div>
</div>
   <script type="text/javascript" src="scripts/jquery-1.6.2.min.js"></script>
   <script type="text/javascript" src="scripts/my_scripts.js"></script>
</body>
```

index.html

```
#frame {
   position:...................................
   left:100px;
   top:100px;
   width:545px;
   height:629px;
   background-image:url(images/frame.png);
   z-index: 2;
   overflow:...................................
}

#pic_box{
   position: relative;
   left:91px;
   top:84px;
   ...........................................
   height:460px;
   z-index: 1;
   overflow:...................................
}
```

```
.face{
   position:...................................
   left:0px;
   top:0px;
   z-index: 0;
}

#head{
   height:172px;
}

#eyes{
   ...........................................
}

#nose{
   ...........................................
}

#mouth{
   ...........................................
}
```

my_style.css

você está aqui ▶ **179**

exercício solução

Para cada linha em branco nos arquivos HTML e CSS, escreva o ID, propriedade ou definição de CSS que ajudará a criar o layout e o posicionamento do aplicativo Mistura de Monstros. Quando estiver em dúvida, olhe as duas páginas anteriores para se orientar. Fizemos algumas para você.

```html
body>
<header id="top"><img src="images/Monster_Mashup.png" />
<p>Make your own monster face by clicking on the picture.</p></header>

<div id="frame">
   <div id="pic_box">
      <div id="head"    class="face"><img src="images/headsstrip.jpg"></div>
      <div id="eyes"    class="face"><img src="images/eyesstrip.jpg"></div>
      <div id="nose"    class="face"><img src="images/nosesstrip.jpg"></div>
      <div id="mouth"   class="face"><img src="images/mouthsstrip.jpg"></div>
   </div>
</div>
   <script type="text/javascript" src="scripts/jquery-1.6.2.min.js"></script>
   <script type="text/javascript" src="scripts/my_scripts.js"></script>
</body>
```

index.html

```css
#frame {
   position: absolute;
   left:100px;
   top:100px;
   width:545px;
   height:629px;
   background-image:url(images/frame.png);
   z-index: 2;
   overflow: hidden;
}

#pic_box{
   position: relative;
   left:91px;
   top:84px;
   width:367px;
   height:460px;
   z-index: 1;
   overflow: hidden;
}
```

Quando animamos a posição dos elementos, precisamos usar o posicionamento absoluto ou relativo.

Definir a propriedade overflow para "hidden" permite que ocultemos a parte da faixa de imagem que se estende além da área de pic_box.

Você também pode usar a propriedade "clip" de CSS para fazer isso.

```css
.face{
   position: relative;
   left:0px;
   top:0px;
   z-index: 0;
}

#head{
   height:172px;
}

#eyes{
   height:79px;
}

#nose{
   height:86px;
}

#mouth{
   height:117px;
}
```

my_style.css

180   Capítulo 5

efeitos e animação com jQuery

Um pouco mais de estrutura e estilo

Agora temos as mudanças estruturais nos arquivos HTML e CSS. Acrescente o código abaixo em seus arquivos *index.html* e *my_style.css*. Você pode pegar os arquivos de imagem a partir de *www.thinkjquery.com/chapter05*.

> Acrescente um contêiner e aninhe as imagens dos relâmpagos dentro dele.

Faça isso!

```html
<div id="container">
  <img class="lightning" id="lightning1" src="images/lightning-01.jpg" />
  <img class="lightning" id="lightning2" src="images/lightning-02.jpg" />
  <img class="lightning" id="lightning3" src="images/lightning-03.jpg" />
  <div id="frame">
    <div id="pic_box">
      <div id="head" class="face"><img src="images/headsstrip.jpg"></div>
      <div id="eyes" class="face"><img src="images/eyesstrip.jpg"></div>
      <div id="nose" class="face"><img src="images/nosesstrip.jpg"></div>
      <div id="mouth" class="face"><img src="images/mouthsstrip.jpg"></div>
    </div>
  </div>
</div>
```

index.html

```css
#container{
    position:absolute;
    left:0px;
    top:0px;
    z-index: 0;
}

.lightning{
    display:none;
    position:absolute;
    left:0px;
    top:0px;
    z-index: 0;
}

body{
```
> Queremos que as imagens dos relâmpagos comecem como se fossem invisíveis.

> Quando quisermos animar os elementos, precisamos de suas propriedades de posicionamento definidas para absolute, fixed ou relative.

```css
    background-color:#000000;
}
p{
    color:#33FF66;
    font-family: Tahoma, Verdana,
Arial, Helvetica, sans-serif;
    font-size:12px;
}
#text_top {
    position:relative;
    z-index: 4;
}
```

my_style.css

você está aqui ▶ **181**

agora você é especialista em cliques

Faça a interface clicar

Agora que temos o layout da Mistura de Monstros definido visualmente, vamos configurar o restante da seção da interface do usuário mencionada no modelo. Esta parte tem tudo a ver com clicar para fazer as coisas acontecerem, e você fez isso nos quatro primeiros capítulos até aqui. Sua configuração deve ser fácil.

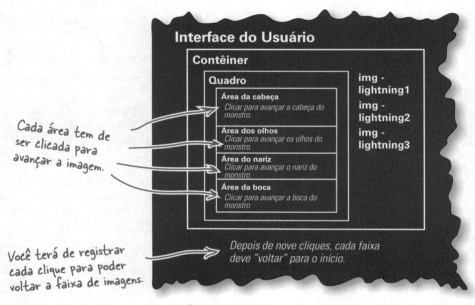

não existem Perguntas Idiotas

P: Estou um pouco enferrujado no posicionamento de CSS. Por que precisamos dele nos efeitos e animação do jQuery?

R: `position` é uma propriedade de CSS que controla como e onde os elementos são inseridos pelo motor de renderização do navegador. O jQuery realiza muitos de seus efeitos usando a propriedade `position` de CSS. Se você estiver enferrujado e precisar de uma revisão, confira essa explicação excelente no centro do desenvolvedor do Mozilla:

http://developer.mozilla.org/en/CSS/position#Relative_positioning (conteúdo em inglês).

P: Por que temos de definir a propriedade position para `absolute`, `fixed` ou `relative` quando queremos animar elementos?

R: Se deixarmos a propriedade `position` definida para sua configuração padrão (ou seja, `static`), então não podemos aplicar o posicionamento superior, direito, esquerdo ou inferior. Quando falamos da função `animate`, precisaremos ter a capacidade de definir essas posições, e `static` simplesmente não permite isso. As outras definições de posição — `absolute`, `fixed` e `relative` — permitem.

P: Você mencionou o motor de renderização de um navegador. Mas o que é *isso*?

R: O motor de renderização do navegador é a parte central de um navegador que interpreta o código HTML e CSS e o exibe na *área de visualização* (a janela que exibe o conteúdo ao espectador). O Chrome do Google e o Safari da Apple usam o motor de renderização do navegador Webkit. O Firefox usa o motor de renderização Gecko e o Microsoft Internet Explorer usa um motor de renderização chamado Trident.

182 Capítulo 5

efeitos e animação com jQuery

Ímãs de Geladeira do jQuery

Coloque os ímãs de código na ordem apropriada para tornar o elemento `div#head` clicável. Certifique-se de sequenciar as variáveis e as declarações condicionais na ordem certa para que você possa detectar o nono clique.

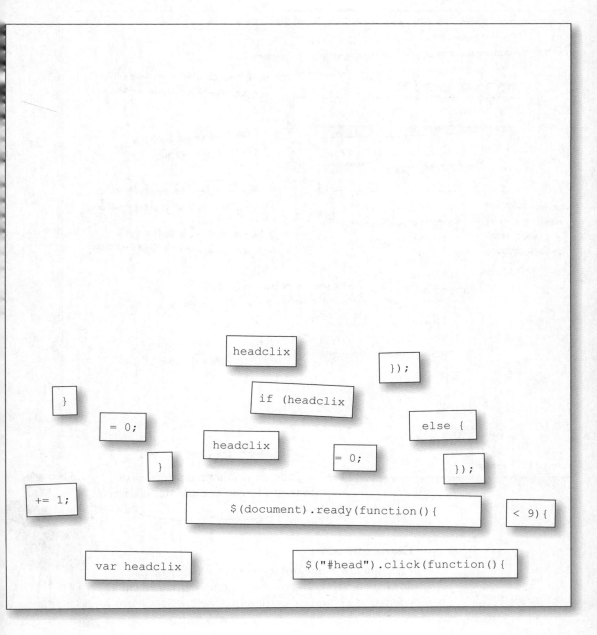

ímãs de geladeira do jquery solução

Ímãs de Geladeira do jQuery - Solução

Coloque os ímãs de código na ordem apropriada para tornar o elemento `div#head` clicável. Certifique-se de sequenciar as variáveis e as declarações condicionais na ordem certa para que você possa detectar o nono clique.

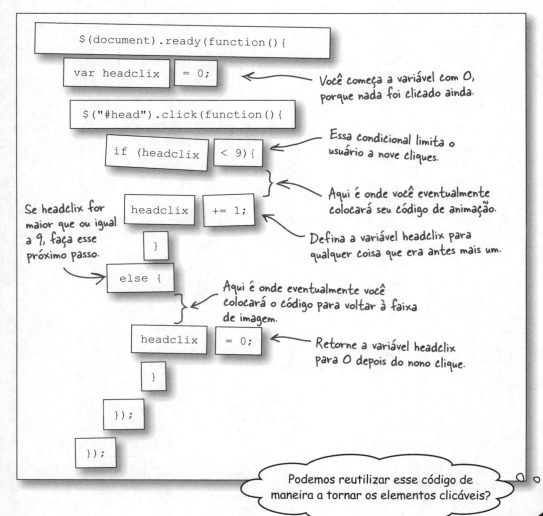

Claro que sim!

Cada um dos elementos segue um padrão semelhante ao elemento `div#head` (com algumas variações em coisas como o nome da variável).

184 *Capítulo 5*

efeitos e animação com jQuery

Aponte o seu lápis

Preencha o script do jQuery abaixo para tornar os olhos, o nariz e a boca elementos clicáveis. Logo colocaremos alguma funcionalidade em cada clique. Certifique-se de sequenciar as variáveis e as declarações condicionais na ordem certa para que você possa detectar o nono clique.

```
$(document).ready(function(){

        $("#head").click(function(){
            if (headclix < 9){
                headclix += 1;
                }
                else{
                headclix = 0;
                }
        });
















});
```

my_scripts.js

você está aqui ▶ **185**

aponte seu lápis solução

Aponte o seu lápis
Solução

Você tornou os elementos dos olhos, nariz e boca clicáveis, sequenciando as variáveis e as declarações condicionais na ordem certa, para que você pudesse detectar o nono clique.

```
$(document).ready(function(){
        var headclix = 0, eyeclix=0, noseclix= 0, mouthclix = 0;
        $("#head").click(function(){
            if (headclix < 9){
                    headclix += 1;
                    }
                    else{
                    headclix = 0;
                    }
        });
        $("#eyes").click(function() {
            if (eyeclix < 9){
                        eyeclix += 1;
                }
                else{
                        eyeclix = 0;
                }
        });
        $("#nose").click(function() {
            if (noseclix < 9){
                        noseclix += 1;
                }
                else{
                        noseclix = 0;
                }
        });
        $("#mouth").click(function() {
            if (mouthclix < 9){
                        mouthclix += 1;
                }
                else{
                        mouthclix = 0;
                }
        });

});
```

Podemos declarar e definir diversas variáveis, colocando vírgulas entre elas.

Agora, cada parte do rosto do monstro é clicável e está configurada para permitir somente nove cliques antes de voltar à faixa de imagem.

Você notou como cada função dentro do clique é estruturada de uma maneira semelhante com pequenas variações? Esse pode ser um bom caso para reutilização.

Tenha paciência, seu apressadinho! Entraremos nisso no Capítulo 7.

my_scripts.js

186 *Capítulo 5*

Crie o efeito relâmpago

Agora chegamos ao efeito relâmpago. Vamos revisar o que o modelo pede antes de qualquer tentativa para fazer o efeito funcionar.

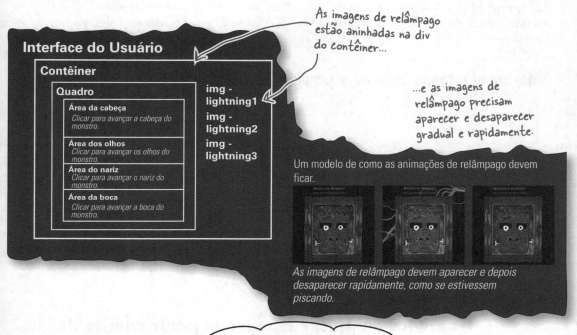

Um modelo de como as animações de relâmpago devem ficar.

As imagens de relâmpago devem aparecer e depois desaparecer rapidamente, como se estivessem piscando.

Fizemos algo parecido, no Capítulo 1, com os deslizamentos e esmaecimentos. Nós podemos usá-los para fazer a Mistura de Monstros funcionar?

Potencialmente, sim. Mas deve existir uma maneira melhor.

Vimos os efeitos padrão do jQuery no Capítulo 1, mas vamos nos aprofundar um pouco mais.

propriedade mágica

Como jQuery anima os elementos?

Quando o navegador carrega um arquivo de CSS, ele define as propriedades visuais dos elementos da página. Usando os efeitos embutidos do jQuery, o interpretador JS muda essas propriedades de CSS e anima a mudança bem diante dos seus olhos. Mas isso não é mágica... tem tudo a ver com as propriedades de CSS. Vamos olhar novamente alguns que você já viu.

hide, show e toggle mudam a propriedade display de CSS

hide

show

toggle

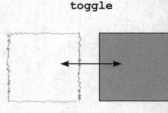

O interpretador JS muda a propriedade `display` de CSS do elemento, selecionado para `none`, e a remove do layout.

O interpretador JS muda a propriedade `display` do elemento selecionado, para que ele se torne visível.

Se um elemento estiver escondido, o interpretador JS o mostrará e vice-versa.

Os efeitos do jQuery mudam as propriedades de CSS imediatamente, fazendo a página mudar bem diante dos olhos dos seus usuários.

> `hide`, `show` e `toggle` têm tudo a ver com a propriedade `display`. Mas precisamos deslizar as partes do rosto em volta e fazer o relâmpago aparecer e desaparecer gradualmente nesse momento. Quais propriedades de CSS você acha que o jQuery muda com os esmaecimentos e deslizamentos?

efeitos e animação com jQuery

Os efeitos de esmaecimento animam a propriedade opacity de CSS

Com fadeIn, o interpretador JavaScript muda a propriedade opacity do elemento selecionado de 0 a 100.

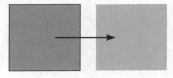

fadeTo permite que você anime o elemento selecionado com uma porcentagem específica de opacidade.

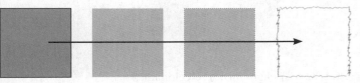

Com fadeOut, o interpretador JavaScript muda a propriedade opacity do elemento selecionado de 100 a 0, mas guarda espaço na página para o elemento.

Notas Geek

A propriedade opacity de CSS não funciona da mesma forma entre os navegadores. Felizmente, o jQuery cuida disso para nós. E, de fato, isso é tudo o que você precisa saber sobre ela!

você está aqui ▶ **189**

coloque um leve deslizamento ocultamente

O deslizamento tem tudo a ver com altura

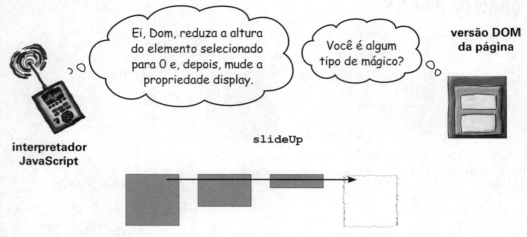

slideUp

O interpretador JavaScript diz ao DOM para mudar a propriedade height de CSS do(s) elemento(s) selecionado(s) para 0 e, depois, definir a propriedade `display` para `none`. Essencialmente, é um ocultamento com deslizamento.

slideDown

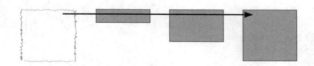

O interpretador JavaScript faz o(s) elemento(s) selecionado(s) aparecer(em), animando sua altura de 0 para qualquer altura que estiver definida no estilo CSS.

slideToggle

O interpretador JavaScript verifica se a imagem está na altura máxima ou altura 0 e troca o efeito de deslizamento, dependendo do que encontrar. Se o elemento possui uma altura de 0, o interpretador JavaScript o desliza para baixo. Se o elemento estiver em sua altura máxima, o interpretador JavaScript desliza os elementos para cima.

efeitos e animação com jQuery

Então eu só posso deslizar as coisas para cima e para baixo? E se eu quiser deslizar algo para a esquerda ou direita?

O jQuery só inclui efeitos padrão para deslizar os elementos para cima ou para baixo.

Você não encontrará um método `slideRight` ou `slideLeft` no jQuery (pelo menos enquanto este livro estava sendo escrito). Não se preocupe, vamos resolver isso daqui a pouco...

Você não encontrará um método slideRight ou slideLeft no jQuery.

Aponte o seu lápis

Quais dos efeitos padrão do jQuery funcionarão no aplicativo Mistura de Monstros? Para cada grupo de efeito, responda se ele nos ajudará e explique por que você escolheu ou não cada um deles.

Efeito	Podemos usá-lo?	Por quê?
Mostrar/Ocultar		
Deslizamentos		
Esmaecimentos		

você está aqui ▶ **191**

aponte seu lápis solução

Aponte o seu lápis
Solução

Quais dos efeitos padrão do jQuery funcionarão no aplicativo Mistura de Monstros? Para cada grupo de efeito, responda se ele nos ajudará e explique por que você escolheu ou não cada um deles.

Efeito	Podemos usá-lo?	Por quê?
Mostrar/Ocultar	Não	Os efeitos mostrar/ocultar não nos ajudará na Mistura de Monstros, porque não precisamos animar a propriedade display de qualquer coisa.
Deslizamentos	Não	Chegou perto, mas ainda não é isso. Precisamos deslizar a faixa de imagem para a esquerda. slideUp, slideDown e os deslizamentos só nos permitem mudar a propriedade height. Precisamos de algo que mude a propriedade left.
Esmaecimentos	Sim	Podemos usar o esmaecimento para atender à especificação do modelo, que diz que as imagens do relâmpago devem aparecer e depois desaparecer gradual e rapidamente, como se estivessem piscando.

Coloque os efeitos de esmaecimento para funcionar

O modelo pede que as imagens de relâmpago apareçam ou desapareçam gradualmente, mas precisamos fazer isso rapidamente para parecer que elas estão piscando. Vamos nos aprofundar nos efeitos de esmaecimento um pouco mais, para ver como podemos fazer o relâmpago funcionar.

Esse é o ID do primeiro elemento img

É aqui onde entra o parâmetro "duration". Ele controla quanto tempo ele leva para que o efeito se complete.

```javascript
$("#lightning1").fadeIn("fast");
```

É possível usar um dos parâmetros da string: slow, normal ou fast...

...ou você pode usar um valor em milissegundos. Por exemplo, você pode colocar em 1000, e o efeito levaria um segundo para animar-se.

1 segundo = 1000 milissegundos

slow normal fast

em ação

Fixe Isso

1 segundo = 1.000 milissegundos

```javascript
$("#lightning1").fadeIn(1000);
```

efeitos e animação com jQuery

Combine os efeitos com os encadeamentos de método

O relâmpago precisará aparecer e desaparecer gradualmente várias vezes. Em vez de escrever esses efeitos separadamente, é possível usar o encadeamento que você usou brevemente no Capítulo 4, quando precisou subir no DOM. Os encadeamentos de método são um recurso do jQuery que junta os métodos para rodá-los com um grupo de elementos retornados. Eles simplificarão os efeitos do relâmpago e os deixarão mais limpos para serem escritos; portanto, vamos olhar mais de perto.

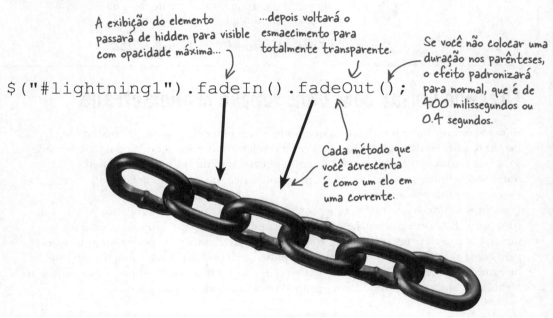

Exercício

Escreva a linha de código que fará cada um dos passos que aparecem abaixo.

① Fazer aparecer gradualmente o elemento `#lightning1` com uma duração de um quarto de segundo.

....

② Encadear outro efeito que faz desaparecer o elemento `#lightning1` em um quarto de segundo.

....

você está aqui ▶ **193**

faíscas de relâmpago

Exercício Solução

Escreva a linha de código que fará cada um dos passos que aparecem abaixo.

1 Fazer aparecer gradualmente o elemento `#lightning1` com uma duração de um quarto de segundo.

$("#lightning1").fadeIn("250");

2 Encadear outro efeito que faz desaparecer o elemento `#lightning1` em um quarto de segundo.

$("#lightning1").fadeIn("250").fadeOut("250");

Fazendo voltar com uma função cronometrada

Então agora você tem o relâmpago que pode aparecer e desaparecer gradualmente, mas as requisições do projeto são para fazer o relâmpago voltar. O relâmpago de verdade solta uma faísca no céu e, depois, normalmente, há um intervalo de tempo antes que outra faísca atravesse o céu. Portanto, precisamos de uma maneira de fazer o esmaecimento *repetidamente*.

Pense nos capítulos anteriores, onde você precisou fazer uma tarefa repetida; o que você usou? Está certo: as funções! Elas apareceram primeiro no Capítulo 3, para tornar uma função click e um gerador aleatório reutilizável, e agora você pode usar as funções para rodar os esmaecimentos, esperar um pouco, e depois fazê-los novamente em um determinado intervalo. Isso dará o efeito inteligente de diversos relâmpagos que piscam na Mistura de Monstros. Vamos dar uma olhada em uma função que fará isso.

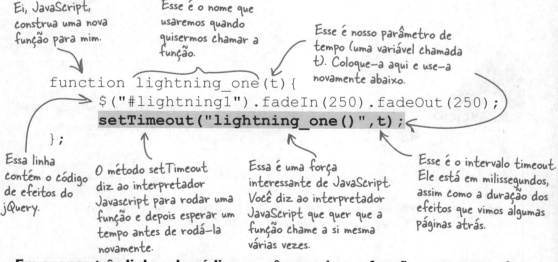

Em apenas três linhas de código, você possui uma função cronometrada do relâmpago para a primeira imagem do relâmpago. Agora, tente escrever as funções para as outras duas imagens do relâmpago.

efeitos e animação com jQuery

Ímãs de Geladeira do jQuery

Coloque os ímãs de código na ordem certa para compor as funções cronometradas do relâmpago nos outros dois elementos de relâmpago.

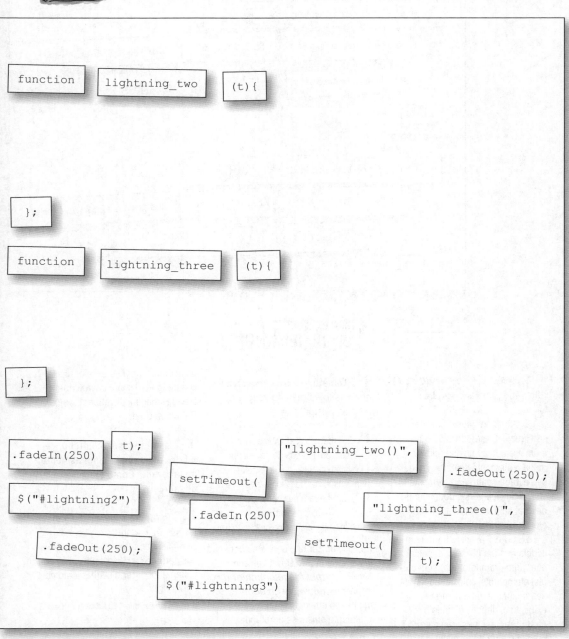

você está aqui ▶ **195**

ímãs de geladeira do jQuery solução

Ímãs de Geladeira do jQuery - Solução

Coloque os ímãs de código na ordem certa para compor as funções cronometradas do relâmpago nos outros dois elementos de relâmpago.

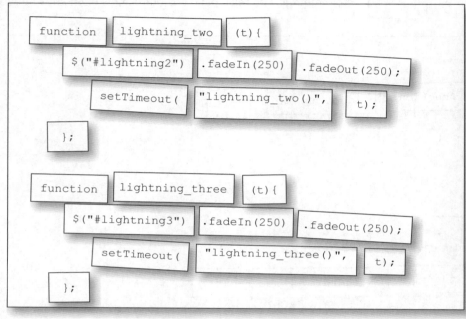

não existem Perguntas Idiotas

P: `fadeIn().fadeOut()` não são iguais a `toggle`?

R: Ótima pergunta! Eles não são iguais. O método `toggle` é um método único que apenas muda o elemento selecionado de seu estado oculto para seu estado visível ou vice-versa, dependendo de qual seja o estado atual do elemento selecionado. Inserir `fadeIn` e `fadeOut` em uma cadeia cria um efeito sequencial que, primeiramente, fará com que o(s) elemento(s) selecionado(s) apareça(m) gradualmente na exibição e, depois, quando o efeito terminar, desapareça(m) gradualmente da exibição.

P: O método `setTimeout` é novo. Isso é coisa do jQuery ou de JavaScript?

R: O método `setTimeout` na verdade é um método de JavaScript que você pode usar para controlar alguns aspectos das animações de jQuery. Entraremos na função `setTimeout` nos próximos capítulos, especialmente no Capítulo 7.

Se você quiser ler sobre ele agora, visite o Centro do Desenvolvedor Mozilla: *https://developer.mozilla.org/en/window.setTimeout* (conteúdo em inglês), ou, se realmente quiser se aprofundar, pegue uma cópia do excelente e completo livro sobre JavaScript de David Flanagan, JavaScript: The Definitive Guide.

P: Quando eu uso o efeito `hide`, o elemento simplesmente desaparece. Como eu o desacelero?

R: Para "desacelerar" o efeito `hide`, `show` ou `toggle`, coloque um parâmetro `duration` nos parênteses. Veja como poderíamos fazer o ocultamento do Capítulo 1:

`$("#picframe").hide(500);`.

efeitos e animação com jQuery

Acrescente as funções do relâmpago em seu script

Usando o código que você juntou no exercício da página anterior, atualize seu arquivo de script da Mistura de Monstros.

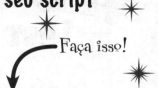
Faça isso!

Essas linhas chamam as funções que estão definidas em negrito bem no final.

```
$(document).ready(function(){
    var headclix = 0, eyeclix = 0, noseclix = 0, mouthclix = 0;
    lightning_one(4000);
    lightning_two(5000);
    lightning_three(7000);

    $("#head").click(function(){
        if (headclix < 9){headclix+=1;}
        else{headclix = 0;}
    });

    $("#eyes").click(function(){
        if (eyeclix < 9){eyeclix+=1;}
        else{eyeclix = 0;}
    });

    $("#nose").click(function(){
        if (noseclix < 9){noseclix+=1;}
        else{noseclix = 0;}
    });

    $("#mouth").click(function(){
        if (mouthclix < 9){mouthclix+=1;}
        else{mouthclix = 0;}
    });

});//end doc.onready function

function lightning_one(t){
    $("#container #lightning1").fadeIn(250).fadeOut(250);
    setTimeout("lightning_one()",t);
};
function lightning_two(t){
    $("#container #lightning2").fadeIn("fast").fadeOut("fast");
    setTimeout("lightning_two()",t);
};
function lightning_three(t){
    $("#container #lightning3").fadeIn("fast").fadeOut("fast");
    setTimeout("lightning_three()",t);
};
```

Os números em parênteses são parâmetros em milissegundos que serão passados para o método setTimeout. Com eles, você pode alternar os clarões do relâmpago.

Tiramos algumas das quebras de linha para economizar espaço nessa página. Não se preocupe se as quebras de linha do seu script forem diferentes.

Essas são as definições da função do relâmpago.

my_scripts.js

test drive

Test Drive

Abra a página no seu navegador favorito para ver se seu efeito de relâmpago foi bem-sucedido.

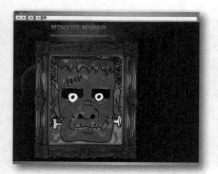

Você conseguiu fazer o efeito de esmaecimento do relâmpago, combinando-o com o método setTimeout de JavaScript.

O relâmpago aparece e desaparece gradualmente em intervalos diferentes, simulando um verdadeiro relâmpago.

Até aqui, você tem as funções de click funcionando e fez as três imagens de relâmpago aparecerem e desaparecerem em intervalos diferentes. Vamos dar uma olhada no modelo para ver o que resta fazer.

Projeto da Mistura de Monstros

O aplicativo da Mistura de Monstros pretende entreter as crianças da faixa etária alvo, permitindo que elas "mixem" a cabeça de seus próprios monstros ao misturar 10 tipos diferentes de cabeças, olhos e bocas. As transições entre as partes do rosto do monstro devem ser animadas.

Animação
Um modelo de como uma parte do monstro deve mudar.

Um modelo de como as animações de relâmpago devem ficar.

Essa parte do modelo é nosso último desafio do projeto.

Então, agora, estamos no ponto onde precisamos deslizá-los para a esquerda, e nenhum dos efeitos padrão de deslizamento faz isso. Existe algum outro método que podemos usar?

Os efeitos padrão são ótimos, mas eles não permitem que você faça tudo o que quer.

É hora de fazer um efeito *customizado* que deslizará as partes do rosto do monstro para a esquerda.

efeitos e *animação* com *jQuery*

Crie sozinho efeitos com animate

Então o jQuery não possui o método `slideRight` ou `slideLeft`, e é exatamente isso o que você precisa fazer nesse estágio do projeto. Isso significa que seu projeto da Mistura de Monstros está comprometido?

Não tenha medo – o jQuery oferece o método `animate` para construir seus próprios efeitos. Com `animate`, você pode criar animações customizadas que fazem muito mais coisas do que os efeitos padrão fazem. O método `animate` permite que você anime as propriedades de CSS do(s) elemento(s) selecionado(s), e ele também permite que você anime várias propriedades ao mesmo tempo.

Vamos dar uma olhada em algumas das coisas que você pode fazer com o método `animate`.

Efeitos de movimento

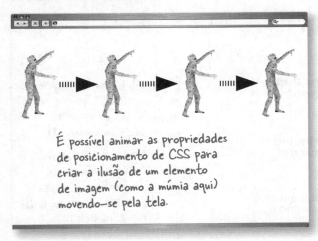

É possível animar as propriedades de posicionamento de CSS para criar a ilusão de um elemento de imagem (como a múmia aqui) movendo-se pela tela.

Efeitos de escala

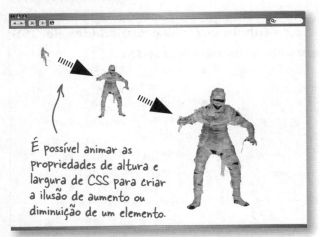

É possível animar as propriedades de altura e largura de CSS para criar a ilusão de aumento ou diminuição de um elemento.

PODER DO CÉREBRO

Que propriedade de CSS você precisará animar para fazer as partes do rosto do monstro deslizarem para a esquerda em cada clique?

você está aqui ▶ **199**

uma questão matemática

O que pode e o que não pode ser animado

Com o método `animate`, você também pode alterar as propriedades de fonte dinamicamente para criar efeitos de texto. Também é possível animar várias propriedades de CSS em uma chamada de animação, que é uma adição à paleta de coisas legais que seu aplicativo web pode fazer.

Apesar de o método `animate` ser legal, ele possui alguns limites. Por dentro, a animação usa muita matemática (que, felizmente, você não tem com que se preocupar); portanto, você está limitado a trabalhar somente com as propriedades de CSS que possuem definições *numéricas*. Conheça seus limites, mas deixe sua imaginação correr solta – `animate` oferece todos os tipos de flexibilidade e diversão.

Efeitos de texto

**Estou diminuindo, diminuindo!
Oh, que mundo, que mundo!**

**Estou diminuindo, diminuindo!
Oh, que mundo, que mundo!**

**Estou diminuindo, diminuindo!
Oh, que mundo, que mundo!**

**Estou diminuindo, diminuindo!
Oh, que mundo, que mundo!**

**Estou diminuindo, diminuindo!
Oh, que mundo, que mundo!**

É possível animar as propriedades de fonte de CSS para criar a ilusão de que o texto está voando, aumentando ou diminuindo.

Esses são apenas alguns exemplos. Seria preciso muito, muito, muito mais páginas para mostrar todas as possibilidades.

Veja bem!

O método `animate` só funcionará nas propriedades de CSS que usem números em suas configurações.

- `borders, margin, padding;`
- `element height, min-height e max-height;`
- `element width, min-width e max-width;`
- `font size;`
- `bottom, left, right e top position;`
- `background position;`
- `letter spacing, word spacing;`
- `text indent;`
- `line height.`

efeitos e animação com jQuery

O Método animate de perto

Aparentemente, o animate trabalha de forma muito parecida com outros métodos com que você já trabalhou

Selecione o(s) elemento(s) que você quer animar.

Chame o método animate.

O primeiro parâmetro de animate permite que você selecione a propriedade de CSS que você quer animar.

O segundo parâmetro é a duração em milissegundos. Isso permite que você controle quanto tempo leva para a animação se completar.

```
$("#my_div").animate({left:"100px"},500);
```

Nesse exemplo, estamos animando a propriedade left de CSS...

... e definindo-a para 100px.

O primeiro argumento foi requisitado — você tem de colocá-lo ali para que o animate funcione. O segundo parâmetro é opcional.

Mas um dos recursos mais poderosos de animate é sua capacidade de mudar várias propriedades do(s) elemento(s) selecionado(s) ao mesmo tempo.

```
$("#my_div").animate({
    opacity: 0,
    width: "200",
    height: "800"
}, 5000);
```

Nesse exemplo, estamos animando a opacidade e o tamanho do elemento simultaneamente.

Veja bem!

Os parâmetros das propriedades de CSS têm de ser definidos usando o padrão <u>DOM</u>, e não o padrão CSS.

EXERCITANDO O CÉREBRO

O que você acha que está acontecendo nos bastidores do navegador que permite que o método animate mude as coisas diante dos olhos do usuário?

você está aqui ▶ **201**

colocando as coisas em movimento

animate muda o estilo com o tempo

Os efeitos visuais e a animação que você vê em um filme ou na tela da televisão usam a ilusão do movimento. Os técnicos de efeitos e os animadores pegam uma sequência de imagens e as executam **uma por vez em uma frequência específica** para conseguir dar essa ilusão – provavelmente você já viu aqueles pequenos livros que quando folheados, dão esse efeito.

A mesma coisa acontece com a tela de um navegador, exceto por não termos uma série de imagens com que trabalhar. Em vez disso, o interpretador JavaScript **roda repetidamente uma função que muda o estilo do elemento animado**. O navegador desenha (ou *pinta novamente*) essas mudanças na tela. O usuário vê uma ilusão de movimento ou mudança em um elemento conforme o estilo desse elemento muda.

1 Quando animate é rodado, o interpretador JavaScript define um cronômetro para a duração da animação.

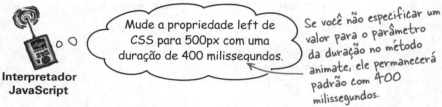

2 O interpretador JavaScript diz ao motor de renderização do navegador para mudar a propriedade de CSS especificada nos parâmetros do método animate. O motor de renderização do navegador renderiza essas propriedades de CSS visualmente na tela.

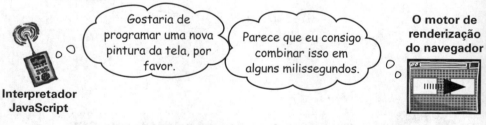

3 O interpretador JavaScript chama repetidamente a função que muda a propriedade de CSS do elemento até que o tempo definido no passo 1 se esgote. Cada vez que essa função é rodada, a mudança aparece na tela.

4 O visitante vê a ilusão do movimento conforme o navegador renderiza as mudanças do elemento.

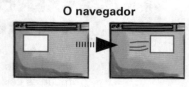

202 *Capítulo 5*

efeitos e animação com jQuery

QUEM FAZ O QUÊ?

Relacione cada bloco de código de animação customizado com o que ele faz quando é rodado.

```
$("#my_div").animate({top: "150px"}, "slow")
```
Anima a mudança em todas as margens esquerda e direita dos parágrafos simultaneamente.

```
$("p").animate({
      marginLeft:"150px",
      marginRight:"150px"
});
```
Anima a posição direita de #my_div para 0 na metade de um segundo.

```
$("#my_div").animate({width: "30%"}, 250)
```
Anima o espaço entre as letras de todos os parágrafos com duração padrão de 400 segundos.

```
$("#my_div").animate({right: "0"}, 500)
```
Anima a mudança do espaçamento e largura de #my_div simultaneamente

```
$("p").animate({letterSpacing:"15px"});
```
Anima a mudança da posição superior de #my_div com uma duração lenta.

```
$("#my_div").animate({
      padding: "200px",
      width: "30%"
}, "slow")
```
Anima a altura de todas as imagens com uma duração rápida.

```
$("img").animate({height: "20px"}, "fast")
```
Anima a mudança para a largura de #my_div em um quarto de segundo.

você está aqui ▶ **203**

quem faz o quê solução

QUEM FAZ O QUÊ?
SOLUÇÃO

Relacione cada bloco de código de animação customizado
com o que ele faz quando é rodado.

```
$("#my_div").animate({top: "150px"}, "slow")
```

Anima a mudança em todas as margens esquerda e direita dos parágrafos simultaneamente.

```
$("p").animate({
     marginLeft:"150px",
     marginRight:"150px"
});
```

Anima a posição direita de #my_div para 0 na metade de um segundo.

```
$("#my_div").animate({width: "30%"}, 250)
```

Anima o espaço entre as letras de todos os parágrafos com duração padrão de 400 segundos.

```
$("#my_div").animate({right: "0"}, 500)
```

Anima a mudança do espaçamento e largura de #my_div simultaneamente

```
$("p").animate({letterSpacing:"15px"});
```

Anima a mudança da posição superior de #my_div com uma duração lenta.

```
$("#my_div").animate({
     padding: "200px",
     width: "30%"
}, "slow")
```

Anima a altura de todas as imagens com uma duração rápida.

```
$("img").animate({height: "20px"}, "fast")
```

Anima a mudança para a largura de #my_div em um quarto de segundo.

204 *Capítulo 5*

efeitos e animação com jQuery

De onde para onde exatamente?

Uma coisa importante a se lembrar sobre o animate é de que ele muda a propriedade *atual* de CSS para a propriedade de CSS que você definiu *no primeiro parâmetro*. Para tornar eficaz a sua animação personalizada, você precisa pensar bastante sobre o que definiu atualmente em CSS. No exemplo anterior, mudamos a posição left de #my_div para 100px. O que acontecerá na tela depende inteiramente da configuração atual da propriedade left de CSS em #my_div.

A propriedade atual de CSS

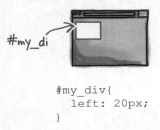

```
#my_div{
    left: 20px;
}
```

A propriedade animate de CSS

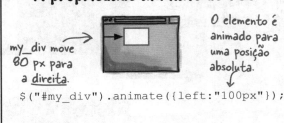

```
$("#my_div").animate({left:"100px"});
```

Se a propriedade atual for um valor diferente, teremos um resultado diferente.

A propriedade atual de CSS

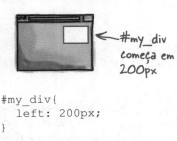

```
#my_div{
    left: 200px;
}
```

A propriedade animate de CSS

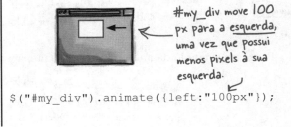

```
$("#my_div").animate({left:"100px"});
```

Isso é fascinante, mas como usaremos isso para fazer a Mistura de Monstros funcionar?

Tudo isso é relativo

Para fazer as partes do rosto da Mistura de Monstros deslizarem da maneira como queremos que elas deslizem, temos de pensar quais são suas *posições atuais* e como queremos que elas mudem *relativas* a onde estavam suas posições da última vez que animate as mudou.

você está aqui ▶ **205**

isso é relativamente simples

Movimento absoluto vs. relativo do elemento

Lembra-se de que aninhamos as faixas de imagem que queremos mostrar dentro de uma `div` com ID de `#pic_box`. A propriedade `left` de `div#pic_box` está definida para 91px no CSS atual. Para conseguir o efeito de deslizamento à esquerda que queremos, vamos pensar em como queremos mover as faixas de imagem.

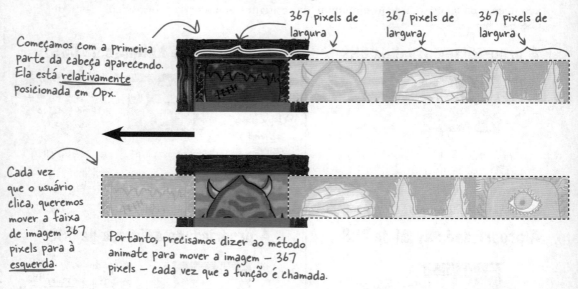

Pense no exemplo da animação absoluta na página anterior.

```
$("#my_div").animate({left:"100px"});      $("#head").animate({left:"???"});
```

Animação relativa = mova essa quantidade toda vez

Com uma animação *absoluta*, você move um elemento para uma *posição absoluta* na grade visual. Com uma animação *relativa*, você move o elemento relativo para onde ele estava da *última vez* que qualquer animação o moveu.

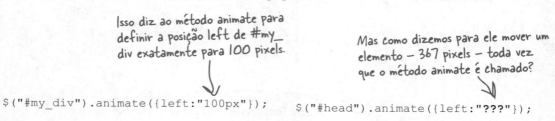

206 Capítulo 5

Mova as coisas relativamente com as combinações do operador

Existem alguns operadores especiais de JavaScript que move(m) o(s) elemento(s) numa mesma quantidade todas as vezes que o método `animate` é chamado. Eles são conhecidos como *operadores de atribuição*, porque normalmente são usados para atribuir um valor para uma variável, de tal maneira que a variável acrescenta o novo valor ao seu valor atual. Parece muito mais complexo do que realmente é.

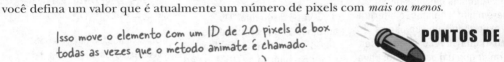

O sinal de igual é um operador de atribuição.

O operador `=` atribui o valor de 20 para a variável a.

Quando você combina os operadores aritméticos com sinais de igual, você fica com alguns atalhos úteis.

O sinal de mais combinado com o operador de igual é o atalho para "a=a+30".

Aqui, o sinal de menos combinado com o operador de igual é o atalho para "a=a-10".

Essas combinações do operador o ajudam o criar uma animação relativa, permitindo que você defina um valor que é atualmente um número de pixels com *mais ou menos*.

Isso move o elemento com um ID de 20 pixels de box todas as vezes que o método animate é chamado.

```
$("#box").animate({left:"+=20"});
```

Veja o que acontecerá com `#box` todas as vezes que o método `animate` acima for chamado.

PONTOS DE BALA

Algumas outras combinações do operador de atribuição:

- a `*=` 5 é o atalho para "multiplicar 5 pelo valor atual de a e atribuir esse valor para a".

- a `/=` 2 é o atalho para "dividir o valor atual de a por 2 e atribuir esse valor para a".

Digamos que left começa com 0

left = 0

animate é rodado e define left para +=20.

left = 20

animate é rodado e define left para +=20.

left = 40

Ao avançar a posição left do elemento todas as vezes, estamos na verdade movendo-o para a direita na janela do navegador.

Exercício

Escreva a linha de código do jQuery que realizará cada um dos passos que aparecem abaixo.

1 Mova o elemento `#head` 367 pixels para a esquerda toda vez que `animate` for chamado. Dê uma duração de meio-segundo a ele.

....

2 Mova o elemento `#head` de volta para sua posição original (`left:0px`). Dê uma duração de meio-segundo a ele.

....

você está aqui ▶ **207**

exercício *solução*

Exercício Solução

Escreva a linha de código do jQuery que realizará cada um dos passos que aparecem abaixo.

1 Mova o elemento `#head` 367 pixels para a esquerda toda vez que `animate` for chamado. Dê uma duração de meio-segundo a ele.

$("#head").animate({left:"-=367px"},500);

2 Mova o elemento `#head` de volta para sua posição original (`left:0px`). Dê uma duração de meio-segundo a ele.

$("#head").animate({left:"0px"},500);

← Essa animação absoluta retorna a cabeça do monstro, dando a ela a aparência de estar rebobinando.

não existem Perguntas Idiotas

P: Algumas pessoas não querem que a animação interfira na experiência de sua página web. O que eu faço se eu quiser permitir que um usuário desative a animação?

R: Essa é uma observação excelente. A animação pode causar irritação e problemas de acessibilidade. Se você quiser que os usuários desativem a animação da sua página web, é possível criar um botão de click (você já sabe como fazer isso) nessa linha de código:

```
$.fx.off = true
```

Outro método útil para parar a animação é um método do jQuery chamado `stop`. Você pode descobrir mais sobre esses tópicos no site do jQuery (conteúdo em inglês).

http://api.jquery.com/jQuery.fx.off/
http://api.jquery.com/stop/

P: Você disse que "Os parâmetros das propriedades de CSS têm de ser definidos usando o padrão do DOM, e não o padrão de CSS". Afinal, o que isso significa?

R: Ótima pergunta! O método `animate` pega os parâmetros escritos no padrão DOM (também conhecido como notação DOM) em vez de pegar a notação CSS.

Veja um exemplo concreto que ilustra a diferença. Para definir a largura de uma borda para uma `div` na notação CSS, você faria isso:

```
div {
border-style:solid;
border-width:5px;
}
```

Agora, digamos que você queira animar a largura dessa borda. No jQuery você define a propriedade width da borda usando a notação DOM, assim:

```
$("div").animate({borderWidth:30},"slow");
```

Observe que, na notação CSS, você escreve `border-width` para a propriedade, enquanto que, na notação DOM, escreve a propriedade `borderWidth`.

Se quiser ler mais sobre a diferença entre esses dois estilos de notação, leia este artigo:

http://www.oxfordu.net/webdesign/dom/straight_text.html (conteúdo em inglês).

P: E se eu quiser animar uma mudança de cor?

R: Para animar as transições de cor, você precisa usar a jQuery UI, que acrescenta mais efeitos que os incluídos no jQuery. Abordamos jQuery UI no Capítulo 10, mas sem efeitos. Quando você souber como fazer o seu download, criar temas e incluir jQueryUI em seu aplicativo web, a animação de cores será muito fácil.

efeitos e animação com jQuery

Acrescente as funções de animação em seu script

Usando o código que você juntou no exercício da página anterior, atualize o arquivo do seu script para a Mistura de Monstros.

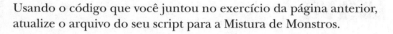

Faça isso!

```
$("#head").click(function(){
     if (headclix < 9){
          $(this).animate({left:"-=367px"},500);
          headclix+=1;
     }
     else{
          $(this).animate({left:"0px"},500);
          headclix = 0;
     }
});
```

Podemos usar a palavra-chave "this" aqui, porque estamos dentro da função para o elemento que clicamos.

```
$("#eyes").click(function(){
     if (eyeclix < 9){
          $(this).animate({left:"-=367px"},500);
          eyeclix+=1;
     }
     lse{
          $(this).animate({left:"0px"},500);
          eyeclix = 0;
     }
});

$("#nose").click(function(){
     if (noseclix < 9){
          $(this).animate({left:"-=367px"},500);
          noseclix+=1;
     }
     else{
          $(this).animate({left:"0px"},500);
          noseclix = 0;
     }
});

$("#mouth").click(function(){
     if (mouthclix < 9){
          $(this).animate({left:"-=367px"},500);
          mouthclix+=1;
     }
     else{
          $(this).animate({left:"0px"},500);
          mouthclix = 0;
     }
```

my_scripts.js

test drive

Test Drive

Abra a página em seu navegador favorito para garantir que tudo esteja funcionando.

Você fez o efeito de deslizamento à esquerda customizado funcionar.

Com alguns cliques, o visitante pode misturar seu próprio rosto de monstro.

efeitos e animação com jQuery

cruzadinha jQuery

É hora de sentar e dar algo para o lado esquerdo do seu cérebro fazer. Essa cruzadinha é padrão; todas as palavras das respostas fazem parte deste livro.

Horizontal

1. `hide`, `show` e `toggle` animam essa propriedade de CSS.

5. Os efeitos e a animação do jQuery têm a ver com a manipulação de ____ imediatamente.

6. _____ = 1.000 milissegundos.

7. Parâmetro que controla quanto tempo é necessário para o efeito se completar.

8. Cria a ilusão de um elemento se movendo na tela.

10. Método de efeito que permite a animação do elemento selecionado para uma opacidade específica.

12. Recurso de jQuery que permite que você vincule métodos que quer rodar em um grupo retornado de elementos.

13. O método `animate` só funcionará nas propriedades de CSS que possuem valores _____.

14. Você pode animar as propriedades ____ e `width` de CSS para criar a ilusão de aumento ou diminuição de um elemento.

vertical

2. O efeito a ser usado quando você quer animar a propriedade `height` de um elemento.

3. Quando você deseja animar elementos, você precisa de sua propriedade position definida para _____, `fixed` ou `relative`.

4. O método de efeitos funciona assim: se o elemento selecionado possuir uma altura de 0, o interpretador JS o desliza para baixo. Se o elemento estiver em sua altura máxima, o interpretador JS desliza os elementos para cima.

9. Quando você roda esse efeito do jQuery, o interpretador JavaScript muda a propriedade opacity de CSS do elemento selecionado de 0 para 100.

11. A biblioteca jQuery oferece esse método quando você quer construir efeitos customizados.

um sucesso monstruoso

Olha só, cara, nada de Flash!

O diretor de projetos web está contente com os resultados da Mistura de Monstros. Você usou efeitos padrão do jQuery com seus próprios efeitos customizados criados para atender às necessidades do cliente.

212   *Capítulo 5*

efeitos e animação com jQuery

cruzadinha jQuery – Solução

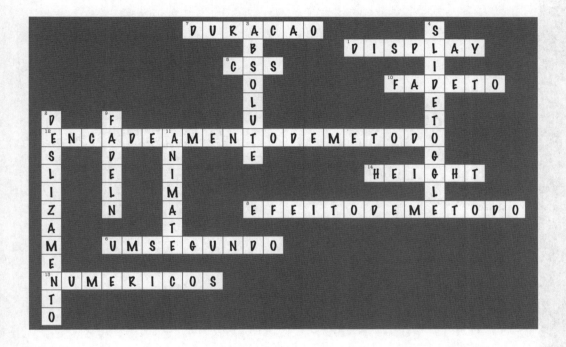

sua caixa de ferramentas do jquery

Sua Caixa de Ferramentas jQuery

Agora que adquiriu os conhecimentos do Capítulo 5, você acabou de acrescentar os efeitos de esmaecimento e deslizamento mais a animação customizada em sua caixa de ferramentas.

Efeitos de esmaecimento

Mudam a propriedade opacity dos elementos de CSS:

fadeIn

fadeOut

fadeTo

Efeitos de deslizamento

Mudam a propriedade height dos elementos de CSS:

slideUp

slideDown

slideToggle

animate

Permite que você crie animações customizadas quando os efeitos padrão do jQuery não são suficientes.

Anima as propriedades de CSS com o passar do tempo.

Funciona somente nas propriedades de CSS que possuem configurações numéricas.

Os elementos podem ser movidos tanto absoluta quanto relativamente.

As combinações do operador (=, +, -) simplificam muito a animação relativa.

6 jQuery e JavaScript

~~Luke~~ jQuery, eu sou seu pai!

jQuery não consegue fazer tudo sozinho. Embora seja uma biblioteca JavaScript, infelizmente ele não pode fazer tudo que sua linguagem pai pode fazer. Neste capítulo, veremos alguns dos recursos de JavaScript que você precisará para criar sites bastante convincentes e como jQuery pode usá-los para criar listas e objetos customizados, assim como fazer loop nessas listas e objetos, para facilitar ainda mais sua vida.

este capítulo é novo   **215**

jquery ou nada

Animando o Lounge do *Use a Cabeça!*

Você está com sorte, as notícias sobre suas façanhas com jQuery estão se espalhando. Veja esse e-mail do Lounge do *Use a Cabeça!* pedindo ajuda para aumentar o nível de entretenimento de seus visitantes.

De: **Lounge do *Use a Cabeça!***
Assunto: **Aplicativo para o Jogo de Cartas Vinte e Um**

Olá!

Aqui são seus amigos do Lounge do *Use a Cabeça!*. Esperamos que você possa nos ajudar com um novo aplicativo que queremos dar aos nossos visitantes.

Gostaríamos MESMO de um aplicativo para jogo de cartas vinte e um em nosso site. Você consegue fazer isso?

Idealmente, o jogador clicaria e obteria duas cartas, com a opção de pedir mais cartas.

Essas são as regras da casa que queremos incluir no jogo:

1. Ás é sempre alta (igualando-se a 11, nunca a 1).
2. Se as cartas do jogador somam mais de 21, então ele perdeu e deve começar novamente. O jogo acabou.
3. Se as cartas do jogador somam exatamente 21, então ele conseguiu um vinte e um e o jogo acabou.
4. Se as cartas do jogador somam 21 ou menos, mas já distribuiu cinco cartas, então o jogo acabou, e ele ganha.

Se nenhuma dessas condições for atendida, os jogadores podem pedir outra carta.

Se uma das regras/condições for atendida, então o jogo acaba.

Dê aos jogadores a opção de retornar e jogar novamente.

Mas não queremos que eles tenham de recarregar a página. O jogo deve retornar sozinho.

Você consegue fazer isso para nós? Ficaríamos muito gratos por isso!

Lounge do *Use a Cabeça!*

216   *Capítulo 6*

jQuery e JavaScript

Jim: Ei, gente, vocês leram o e-mail do pessoal do Lounge do *Use a Cabeça*!?

Frank: Sim, parece que eles querem um jogo de cartas vinte e um fácil de jogar no site deles. Acho que ele deve ser bastante objetivo.

Jim: Objetivo? Mas é um jogo de vinte e um! Precisamos de um baralho de cartas, um carteador, um balcão para apoiar as mãos e outras coisas mais. Você acha que podemos fazer tudo isso?

Joe: Não será *fácil*, mas acho que podemos fazer isso. Como você disse, precisaremos de alguma coisa para lidar com as cartas. Podemos escrever uma função para fazer isso. Já escrevemos uma função aleatória antes, então provavelmente possamos usá-la novamente.

Jim: Ah, sim... mas e as cartas? Há 52 delas em um baralho.

Frank: Podemos simplesmente ter uma lista grande delas e escolher uma aleatoriamente da lista cada vez.

Jim: Mas como evitamos a escolha da mesma carta duas vezes?

Frank: Acho que eu sei como fazer isso...

Jim: Uau, isso é impressionante! E que tal lembrar-se de quais cartas já temos? E contá-las enquanto jogamos?

Frank: Ok, agora você me pegou. Não tenho certeza de como fazer isso.

Joe: Não precisa se preocupar. Existem uns recursos de JavaScript e jQuery que podemos usar para nos ajudar nisso.

Jim: Espere, espere, JavaScript? Não podemos usar as variáveis ou os arrays do jQuery para lembrar nossas cartas? Pensei que realmente não tivéssemos de entrar em JavaScript se estamos usando o jQuery...

Frank: As variáveis por si só podem não suportar isso. Elas só podem armazenar um valor por vez, como um número ou uma string de texto, ou um elemento particular da página. E um array do jQuery pode guardar diversos valores, mas somente dos elementos do DOM retornados por um seletor...

Joe: Está certo. Precisamos de algo um pouco mais flexível.

Frank: Assim como *nossas próprias* estruturas ou tipos de variável.

Joe: Mais uma vez, está correto! E precisaremos de JavaScript para criar nossas próprias estruturas...

você está aqui ▶ **217**

sem objeções

Os objetos oferecem armazenamento ainda mais inteligente

As estruturas de dados que você usou até aqui são variáveis e arrays. As variáveis oferecem armazenamento simples: elas atribuem um valor para um nome. Os arrays permitem que, mais eficientemente, você armazene mais dados, permitindo que você crie diversos valores com um nome da variável.

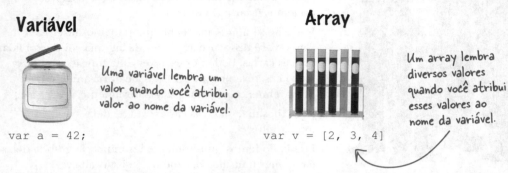

Variável

Uma variável lembra um valor quando você atribui o valor ao nome da variável.

`var a = 42;`

Array

Um array lembra diversos valores quando você atribui esses valores ao nome da variável.

`var v = [2, 3, 4]`

Os *objetos* oferecem armazenamento ainda mais inteligente. Você usa objetos quando precisa armazenar diversas variáveis sobre uma coisa em particular. Dentro de um objeto, uma variável é chamada de *propriedade*. Um objeto também pode conter funções que permitem que você interaja com as propriedades do objeto. Quando você constrói essa função dentro de um objeto, ela é chamada de *método*.

Objeto

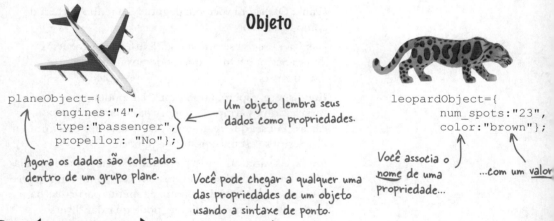

```
planeObject={
    engines:"4",
    type:"passenger",
    propellor: "No"};
```

Agora os dados são coletados dentro de um grupo plane.

Um objeto lembra seus dados como propriedades.

```
leopardObject={
    num_spots:"23",
    color:"brown"};
```

Você associa o *nome* de uma propriedade...

...com um *valor*

Você pode chegar a qualquer uma das propriedades de um objeto usando a sintaxe de ponto.

```
planeObject.engines;
leopardObject.color;
```

O objeto   *sua propriedade*

Use objetos quando precisar armazenar diversas partes de dados sobre uma coisa em particular.

PODER DO CÉREBRO

Quais propriedades um objeto da carta pode ter?

218   Capítulo 6

jQuery e JavaScript

Construa seus próprios objetos

Essencialmente, os objetos são uma maneira de criar suas próprias variáveis customizadas exatamente como *você* quer. Você pode criar objetos para usar uma vez, ou criar seu próprio modelo de objeto que pode ser usado várias vezes. Veremos os objetos reutilizáveis daqui a pouco, mas por enquanto vamos discutir como criar um objeto para usar uma vez e alguns dos termos e diagramas associados com um objeto.

Os objetos podem ser descritos de uma maneira padrão, usando um diagrama UML (Unified Modeling Language ou Linguagem de Modelagem Unificada). UML é um padrão com objetivos gerais, universal para ajudar a descrever objetos na programação orientada a objetos.

Quando um objeto possui uma variável associada a ele, nós chamamos isso de *propriedade* do objeto. Quando um objeto possui uma função associada a ele, nós chamamos isso de *método* do objeto. Você cria objetos de uso único usando a palavra-chave `var`, assim como em todas as outras variáveis que você viu até aqui.

Diagrama UML de um objeto

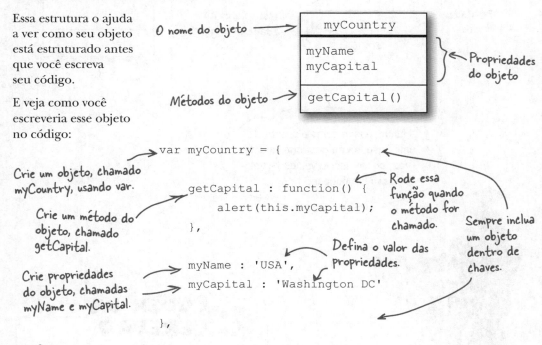

Enquanto isso relaxe, quase tudo em jQuery e JavaScript é um objeto.
Isso inclui elementos, arrays, funções, números e até mesmo strings – e todos eles possuem propriedades e métodos.

você está aqui ▶ **219**

objetos *para você fazer sozinho*

Crie objetos reutilizáveis com construtores de objeto

Um aspecto bem legal sobre os objetos é que eles podem ter a mesma estrutura, mas manter valores diferentes em suas propriedades (ou variáveis). Assim como a criação das funções reutilizáveis – como fizemos no Capítulo 3 –, podemos criar o modelo de um objeto ou o *construtor do objeto*; portanto, podemos usá-lo diversas vezes. O construtor de um objeto também pode ser usado para criar *instâncias* do objeto.

O construtor é apenas uma função; portanto, para criar um construtor para um objeto, você usa a palavra-chave `function` em vez de a palavra-chave `var`. Depois, use a palavra-chave `new` para criar uma nova instância do objeto.

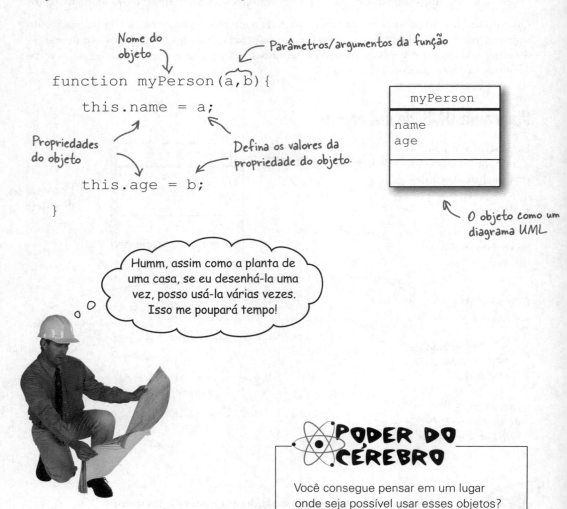

jQuery e JavaScript

Interagindo com objetos

Os objetos vêm em todas as formas e tamanhos. Depois que você *instancia* (ou cria uma instância de) um objeto – seja um objeto que você criou ou um criado por outra pessoa –, você interage com ele usando o operador de ponto (.). Para ter uma ideia de como isso funciona, vamos dar uma olhada mais de perto nos objetos `myCountry` e `myPerson` que acabamos de definir.

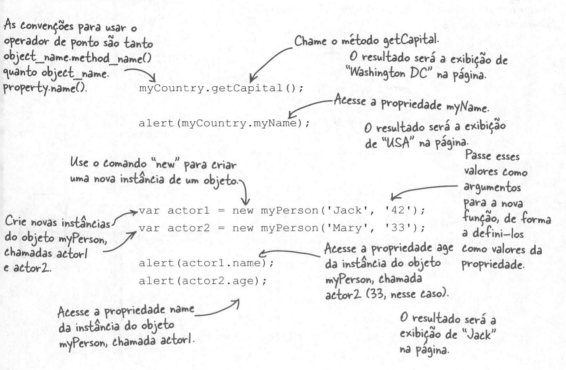

As convenções para usar o operador de ponto são tanto object_name.method_name() quanto object_name.property.name().

```
myCountry.getCapital();
```
Chame o método getCapital. O resultado será a exibição de "Washington DC" na página.

```
alert(myCountry.myName);
```
Acesse a propriedade myName. O resultado será a exibição de "USA" na página.

Use o comando "new" para criar uma nova instância de um objeto.

Crie novas instâncias do objeto myPerson, chamadas actor1 e actor2.

```
var actor1 = new myPerson('Jack', '42');
var actor2 = new myPerson('Mary', '33');
alert(actor1.name);
alert(actor2.age);
```

Passe esses valores como argumentos para a nova função, de forma a defini-los como valores da propriedade.

Acesse a propriedade age da instância do objeto myPerson, chamada actor2 (33, nesse caso).

Acesse a propriedade name da instância do objeto myPerson, chamada actor1.

O resultado será a exibição de "Jack" na página.

Ah, acho que entendi como isso funciona... Eu posso criar um objeto para representar cartas de um baralho para o Lounge do **Use a Cabeça!***?*

Sim! Que ideia ótima.

Vamos configurar a página HTML e depois dar uma olhada em como podemos dar continuidade na criação do objeto para a carta.

você está aqui ▶ **221**

vamos começar o jogo

Configure a página

Crie seus arquivos HTML e CSS, usando as informações abaixo. Não se esqueça também de criar em sua pasta *scripts* um arquivo *my_scripts.js*. Acrescentaremos uma boa quantidade de código nele nas páginas a seguir. Você pode fazer o download de todos os recursos de imagem para todo o capítulo em *http://thinkjquery.com/chapter06/images.zip*.

```css
#controls{
    clear:both;
}
#my_hand{
    clear:both;
    border: 1px solid gray;
    height: 250px;
    width: 835px;
}
h3 {
    display: inline;
    padding-right: 40px;
}
.current_hand{
    float:left;
}
```

my_style.css

Faça isso!

```html
<!DOCTYPE html>
<html>
    <head>
        <title>Head First Black Jack</title>
        <link href="styles/my_style.css" rel="stylesheet">
    </head>
    <body>
        <div id="main">
            <h1>Click to reveal your cards</h1>
            <h3 id="hdrTotal"></h3><h3 id="hdrResult"></h3>
            <div id="my_hand">
            </div>
            <div id="controls">
                <div id="btnDeal">
                    <img src="images/deck_small.jpg">
                </div>
            </div>
        </div>
        <script src="scripts/jquery-1.6.2.min.js"></script>
        <script src="scripts/my_scripts.js"></script>
    </body>
</html>
```

index.html

Falta muito para eu distribuir essas cartas?

222 *Capítulo 6*

jQuery e JavaScript

Test Drive

Abra a página *index.html* que você acabou de criar em seu navegador favorito para ver a estrutura básica da página.

Exercício

Usando o diagrama UML para um objeto da carta dado abaixo, crie um objeto reutilizável, chamado `card`, que leva três parâmetros chamados `name`, `suit` e `value`. Defina esses parâmetros como os valores das propriedades do objeto. Esse objeto em particular não possui quaisquer métodos. Já preenchemos parte do código para você.

card
name suit value

```
function card(                    ) {



}
```

você está aqui ▶ **223**

exercício solução

Exercício Solução

Esse é seu objeto `card`. Acrescente-o em seu arquivo *my_scripts.js*, dentro da seção `$ (document).ready(function() { });`. Por enquanto, esse deve ser o único código no arquivo.

Use a palavra-chave function para torná-lo reutilizável.

```
function card( name, suit, value ) {

    this.name = name;
    this.suit = suit;
    this.value = value;

}
```

Atribua os argumentos às propriedades do objeto.

card
name
suit
value

my_scripts.js

---

não existem Perguntas Idiotas

P: Qual é a diferença entre objetos de uso único e reutilizáveis?

R: Objetos de uso único são simplesmente uma variável sofisticada definida para manter várias partes da informação. Os objetos reutilizáveis são apenas isso – reutilizáveis. Depois que você define o modelo de um objeto reutilizável com suas propriedades/métodos, é possível criar quantas cópias desse objeto você quiser – cada um com informações diferentes descrevendo o objeto.

P: Parece que você está usando maneiras diferentes para definir as propriedades. É isso mesmo?

R: Sim, estamos, e sim, é. Você pode atribuir o valor das propriedades usando o operador de atribuição (=) ou o símbolo de dois pontos (:), assim como fizemos em nossos objetos. Os dois são válidos e intercambiáveis.

P: Há alguma outra coisa sobre os objetos que você não me disse?

R: Essa é uma pergunta difícil. Eles são recursos muito complexos de JavaScript. Mais à frente no livro usaremos JavaScript Object Notation, também conhecido como JSON. Usando JSON, acessaremos as propriedades com um método um pouco diferente, que também pode ser aplicado aqui em seus objetos JavaScript. Essa é a notação "principal". Em vez de fazer:

`object.my_property`

você pode fazer o seguinte:

`object['my_property']`

e ter o mesmo resultado – acesso ao valor de `my_property`.

P: De onde veio o UML?

R: O UML nasceu na metade nos anos 90, quando as empresas estavam tentando ter um método claro para descrever os objetos. Houve várias iterações dele, desde então, com várias empresas competindo para ter sua versão como o padrão aceito. No entanto, felizmente, há um padrão, e qualquer um que use UML será capaz de ler e entender diagramas e informações de outras fontes UML.

jQuery e JavaScript

> Então esse objeto card será super útil, mas ainda precisamos de uma maneira para registrar cartas individuais enquanto elas são jogadas, certo?

Você está certo.

Precisamos de uma maneira de armazenar e acessar as cartas enquanto elas são distribuídas. O bom é que já vimos como fazer isso...

O retorno dos arrays

Como você já viu, podemos agrupar vários itens em uma única estrutura chamada de array. Os itens de um array não são necessariamente relacionados um ao outro, mas acessar seus valores torna-se muito mais fácil dessa maneira. No Capítulo 4, vimos como um seletor do jQuery retorna itens e os armazena em um array. Agora usaremos JavaScript para ter ainda mais utilidade fora dos arrays. As variáveis de um array podem ser de qualquer tipo, incluindo strings, números, objetos e até mesmo elementos HTML! Há várias maneiras diferentes de criar seus próprios arrays.

> Sou eu de novo! Você já trabalhou um pouco comigo no Capítulo 4.

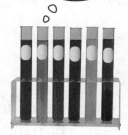

Crie um array vazio, usando a palavra-chave "new".

```
var my_arr1 = new Array();
```

Crie um array, usando a palavra-chave "new" e diga também quais são os valores do array.

```
var my_arr2 = new Array('USA', 'China', 'Japan', 'Ireland');

var my_arr3 = ['USA', 'China', 'Japan', 'Ireland'];
```

Crie um array <u>sem</u> a palavra-chave "new", mas defina os valores, incluindo-os dentro de colchetes [ ].

E, como mencionamos anteriormente, os arrays também são objetos, o que significa que eles possuem métodos e propriedades. Uma propriedade de array comum é `length`. Isso denota quantos itens existem no array. É possível acessar a propriedade `length` com `array_name.length`.

Veja bem!

Não há diferença entre as diversas maneiras de criação de arrays.

É comum misturar e combinar as diferentes maneiras, dependendo do objetivo do array. Procure em seu mecanismo de busca favorito "métodos de array em JavaScript", para procurar todos os métodos que o objeto do array possui.

você está aqui ▶ **225**

o acesso tem tudo a ver com o índice

Acessando arrays

Diferentemente da criação de arrays, existe apenas uma maneira de acessar as informações dentro de um array. Os arrays possuem *índice zero* – quer dizer, sua posição (ou índice) na lista começa com 0. Usamos o índice no Capítulo 3; portanto você sempre pode voltar lá para fazer uma atualização se não estiver caindo a ficha.

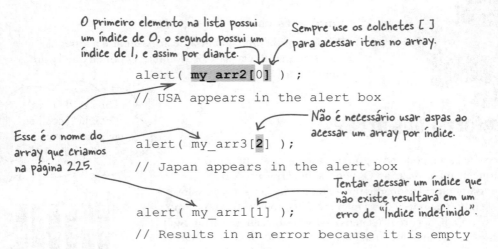

O índice de um item da lista refere-se ao local onde ele aparece na lista.

OK, então agora temos um array com algumas coisas dentro dele, mas nós ficamos presos ao que colocamos inicialmente lá?

Definitivamente não!

É fácil acrescentar, mudar e apagar itens em um array. Vamos dar uma olhada em como fazer isso.

Acrescente e atualize itens nos arrays

Podemos acrescentar quantos itens quisermos em um array. No exemplo das páginas anteriores, pré-populamos alguns itens nos arrays my_arr2 e my_arr3, mas deixamos o array my_arr1 vazio. Podemos acrescentar ou atualizar itens em um array e, para fazer isso, mais uma vez tem tudo a ver com o índice. Veja algumas abordagens diferentes para atualizar um array:

Defina o valor do primeiro item no array my_arr1.

```
my_arr1[0] = "France";
alert( my_arr1[0] );
// Displays 'France' on the screen
```

Acrescente um segundo valor no array my_arr1.

```
my_arr1[1] = "Spain" ;
```

Atualize o valor do primeiro item no array my_arr1.

```
my_arr1[0] = "Italy" ;
alert( my_arr1[0] );
// Displays 'Italy' on the screen
```

Atualize o valor do terceiro item no array my_arr3.

```
my_arr3[2] = "Canada";
alert( my_arr3[2] );
// Displays 'Canada' on the screen
```

Exercício

Em seu arquivo *my_scripts.js*, depois do código de objeto card, crie um array, chamado deck, com todas as 52 cartas de um baralho padrão nele.

Você pode usar o objeto card que já criou e chamar o construtor toda vez com os parâmetros corretos para criar cada carta – Ás até Reis, para cada um dos quatro grupos (Paus, Copas, Ouros, Espadas) – e o valor de cada carta, com "Ás" valendo 11, "Dois" valendo 2, "Três" valendo 3, e assim por diante.

exercício solução

Exercício Solução

Agora, seu arquivo *my_scripts.js* deve conter um array, chamado `deck`, com 52 cartas de um baralho padrão nele, assim como o objeto `card`. Você deve usar o objeto `card` que já criou e chamar o construtor toda vez com os parâmetros corretos para criar cada carta.

Defina o nome do array.

Passe os três parâmetros para cada um dos objetos card.

```
var deck = [
    new card('Ace', 'Hearts',11),
    new card('Two', 'Hearts',2),
    new card('Three', 'Hearts',3),
    new card('Four', 'Hearts',4),

    new card('King', 'Hearts',10),
    new card('Ace', 'Diamonds',11),
    new card('Two', 'Diamonds',2),
    new card('Three', 'Diamonds',3),

    new card('Queen', 'Diamonds',10),
    new card('King', 'Diamonds',10),
    new card('Ace', 'Clubs',11),
    new card('Two', 'Clubs',2),

    new card('King', 'Clubs',10),
    new card('Ace', 'Spades',11),
    new card('Two', 'Spades',2),
    new card('Three', 'Spades',3),

    new card('Jack', 'Spades',10),
    new card('Queen', 'Spades',10),
    new card('King', 'Spades',10)
];
```

Lembre-se de incluir os valores de seu array em colchetes.

my_scripts.js

Mas, agora, nós temos muitas cartas em um array. Parece que escrevemos uma grande quantidade de código para retorná-los mais uma vez. Que coisa chata!

Não necessariamente.

Ainda acessaremos cada item por seu índice, mas podemos usar uma técnica semelhante em `each`, que vimos no Capítulo 3, para acessar cada item por vez, sem escrever muito código para cada carta.

É hora de fazer um passeio pela Looplândia...

Realize uma ação novamente (várias vezes...)

Você acrescentará cartas e obterá informações dos arrays com frequência nesse jogo de vinte e um. Felizmente, JavaScript vem preparado para esse cenário com os *loops*. E a notícia **ainda melhor** é que você já fez isso antes: no Capítulo 3, você usou o método `each` do jQuery para fazer loop, nos elementos, com base em um seletor do jQuery. Mas, nesse caso, temos mais opções, pois JavaScript possui vários tipos diferentes de loops, cada um com uma sintaxe um pouco diferente e cada um com sua própria finalidade.

O loop `for` é ótimo para repetição de código um número definido de vezes. Você deve conhecer esse número antes de começar seu loop ou ele pode continuar eternamente. Ele pode rodar zero ou muitas vezes, dependendo dos valores da variável.

O loop `do...while` rodará seu código uma vez e, depois, continuará rodando o mesmo código, até que uma condição particular seja atendida, como a transformação de um valor true para false (ou vice-versa) ou a contagem de um número particular é alcançada no código. Um loop `do...while` pode rodar uma ou muitas vezes.

Um ciclo de repetição do loop `for`:

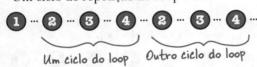

Um ciclo de repetição do loop `do...while`:

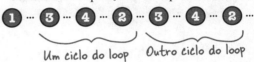

Os loops for permitem que você repita um código um número definido de vezes.

Os loops do...while permitem que você rode seu código uma vez e depois o repita até uma condição particular ser atendida.

Cada loop, independente do tipo, possui quatro partes distintas:

1 **Inicialização**
Essa ocorre uma vez, no início do loop.

2 **Condição do teste**
Ela verifica se o loop deve parar ou manter a continuidade de outra rodada de código em execução, normalmente verificando o valor de uma variável.

3 **Ação**
Esse é o código que é repetido cada vez que passamos pelo loop.

4 **Atualização**
Esta parte atualiza as variáveis sendo usadas pela condição de teste, para ver se devemos manter o loop ou não.

O bom é que eu gosto de fazer as coisas várias vezes!

pego no loop

Os loops de perto

Olhando de perto os tipos diferentes de loop que mencionamos, podemos ver que eles contêm os quatro elementos principais, mas em uma ordem um pouco diferente. Essa ordem reflete algumas das diferenças principais entre os tipos de loop.

loops for

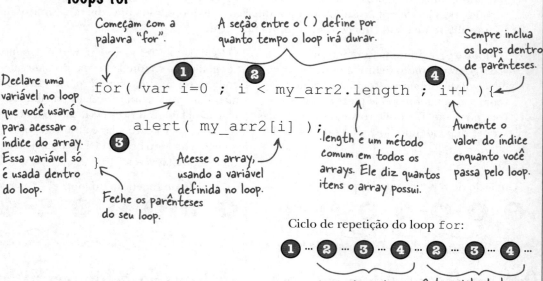

loops do...while

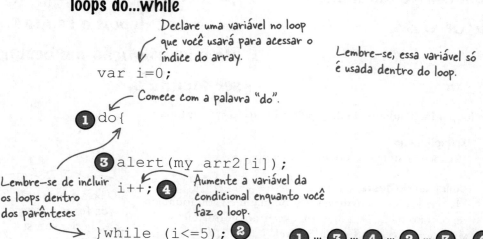

jQuery e JavaScript

Uau, esses loops devem fazer com que passemos muito rapidamente por todas as cartas. Essa aplicação será finalizada muito rápido. O que vem agora?

Frank: Bem, temos nosso array de objetos `card`, mas precisamos ter a capacidade de tirar uma carta aleatoriamente quando a distribuímos, certo?

Joe: Sim e, felizmente, já escrevemos a função `getRandom` no Capítulo 3. Isso nos dará um número aleatório toda vez para tirar uma carta do array.

Jim: Mas o que faremos com ela então?

Frank: Teremos de nos lembrar disso. Temos de ter a capacidade de acrescentar o valor total das cartas para descobrir se os jogadores atingiram 21 ou não.

Joe: E por outro motivo. Não podemos dar a mesma carta a eles duas vezes; portanto, também temos de garantir que ela ainda não foi distribuída.

Jim: Podemos usar uma variável para nos lembrar das cartas?

Frank: Podemos usar uma variável de array...

Joe: Boa ideia! Nem precisamos armazenar as cartas, podemos simplesmente armazenar seus valores de índice. Dessa maneira podemos testar se está em nosso array `used_cards`.

Jim: Uau, isso é impressionante! Como podemos dizer se um valor está em um array?

Frank: Usando um método utilitário chamado `inArray`.

Joe: Isso parece prático. Mas eu acho que precisaremos de várias funções para fazer isso para nós. Temos de ter um número aleatório entre 0 e 51 e temos de verificar se já o usamos. Se o usamos, precisamos tentar novamente. Se não, precisamos tirar a carta certa do baralho e nos lembrar do índice dessa carta. E depois precisamos mostrar essa carta para o jogador.

Jim: Parece bastante coisa! Como mostraremos a carta para o jogador?

Frank: Bem, já temos as imagens, e elas estão dispostas por grupo e tipo nomeado; portanto, podemos usar esses atributos do objeto `card` para colocar a imagem na tela.

Joe: Exatamente. Podemos criar um elemento do DOM e colocá-lo no elemento `my_hand div` já em nossa página.

Frank: Esse objeto `card` já está compensando... Vamos entrar nele!

você está aqui ▶   **231**

esconde-*esconde* da variável

Procurando uma agulha no palheiro

Geralmente você precisará ver se uma variável já existe em um array ou não; portanto acaba não duplicando dados ou evitando que seu código acrescente a mesma coisa várias vezes em um array. Isso pode ser particularmente útil se você usar arrays para armazenar coisas como um carrinho de compras ou uma lista de desejos.

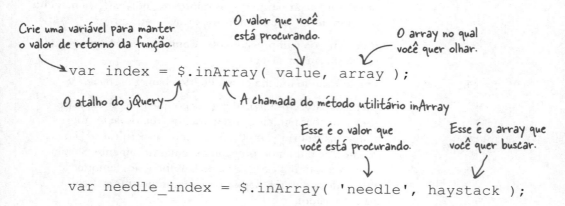

O jQuery fornece toda uma hospedagem de métodos *utilitários* para nos ajudar a fazer tarefas particulares mais eficientemente. Eles incluem funções para verificação de que tipo de navegador o visitante do site está usando, para retornar a hora atual, para mesclar arrays ou para remover duplicações de arrays.

O método utilitário que é útil para essa situação particular é o método `inArray`. Ele retornará o local dentro do array do valor que você está procurando (seu índice), se for o caso. Se não puder encontrar o valor no array, ele retornará -1. Assim como outros métodos utilitários, `inArray` não requer um seletor – ele é chamado diretamente pela função jQuery ou atalho do jQuery.

> **PODER DO CÉREBRO**
>
> Que recurso do aplicativo do jogo de cartas vinte e um precisa de verificação se já usamos um valor?

Ímãs de Geladeira do Código jQuery para o Jogo de Cartas Vinte e Um

Arrume os ímãs de geladeira para escrever o código que completará várias funções para ajudá-lo a terminar o jogo de cartas vinte e um. O código completo deve criar duas funções – `deal` e `hit` –, assim como um escutador de evento para um elemento com o ID `btnDeal` e uma nova variável de array, chamada `used_cards`, para lembrar quais cartas já foram distribuídas.

```
var used_cards = new _____();
function _____{
    for(var i=0;i<2;i++){
        hit();
    }
}
function getRandom(num){
    var my_num = Math.floor(_____*num);
    return my_num;
}
function _____{
    var good_card = false;
    do{
        var index = _____(52);
        if( !$.inArray(index, _____ ) > -1 ){
            good_card = true;
            var c = deck[ index ];
            _____[used_cards.length] = index;
            hand.cards[hand.cards.length] = c;
            var $d = $("<div>");
            $d.addClass("current_hand")
                .appendTo(_____);
            $("<img>").appendTo($d)
                    .attr( _____ , 'images/cards/' + c.suit + '/' + c.name + '.jpg' )
                    .fadeOut('slow')
                    .fadeIn('slow');
        }
    }_____(!good_card);
    good_card = false;
}
$("#btnDeal").click( _____(){
    deal();
    $(this).toggle();
});
```

Ímãs disponíveis: `getRandom`, `deal()`, `used_cards`, `'src'`, `hit()`, `while`, `Array`, `"#my_hand"`, `function`, `used_cards`, `Math.random()`

my_scripts.js

ímãs de código *solução*

Ímãs de Geladeira do Código jQuery para o Jogo de Cartas Vinte e Um – Solução

Arrume os ímãs de geladeira para escrever o código que completará várias funções para ajudá-lo a terminar o jogo de cartas vinte e um. O código completo deve criar duas funções – deal e hit –, assim como um escutador de evento para um elemento com o ID btnDeal e uma nova variável de array, chamada used_cards, para lembrar quais cartas já foram distribuídas.

```javascript
var used_cards = new  Array  ();          // Crie um array para
function  deal()  {                        // guardar as cartas usadas.
    for(var i=0;i<2;i++){
        hit();           // Use o loop for para chamar a função hit duas vezes.
    }
}                        // A função getRandom novamente!
function getRandom(num){
    var my_num = Math.floor(  Math.random()  *num);
    return my_num;
}
function  hit()  {
    var good_card = false;
    do{                                              // Verifique se você já está
        var index =  getRandom  (52);                // usando a carta que escolheu,
        if( !$.inArray(index,  used_cards  ) > -1 ){ // usando a função inArray.
            good_card = true;
            var c = deck[ index ];       // Pegue a carta do array deck.
            used_cards [used_cards.length] = index;
            hand.cards[hand.cards.length] = c;    // Acrescente o índice
            var $d = $("<div>");                  // de array da carta ao
            $d.addClass("current_hand")           // array used_cards.
              .appendTo( "#my_hand" );
            $("<img>").appendTo($d)
                     .attr( 'src' , 'images/cards/' + c.suit + '/' + c.name + '.jpg')
                     .fadeOut('slow')        // Faça a carta piscar na tela.
                     .fadeIn('slow');        // Use as propriedades do objeto card para construir o caminho para a imagem.
        }
    }  while  (!good_card);     // Tente novamente, se você já usou a carta.
    good_card = false;
}
$("#btnDeal").click(  function  (){
    deal();       // Chame a função deal com click.
    $(this).toggle();
});
```

A variável condicional do loop do...while.

my_scripts.js

jQuery e JavaScript

Acrescente todo o código do exercício de ímãs anterior, em seu arquivo *my_scripts.js* depois de seu array `deck`, e faça uma tentativa em seu navegador. Clique no baralho de cartas para tirar sua próxima carta no jogo vinte e um.

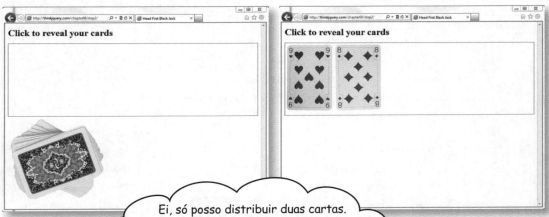

> Ei, só posso distribuir duas cartas. Como carteadora, eu quase sempre vou ganhar! Mas, talvez, devemos deixar isso justo. É possível criar uma maneira de distribuir mais cartas?

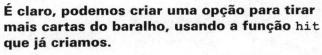

É claro, podemos criar uma opção para tirar mais cartas do baralho, usando a função `hit` que já criamos.

Só precisamos de algo para rodar essa função, assim como o clique de um botão ou algo semelhante. Isso também nos dá uma nova preocupação: agora temos de lembrar e contar quais cartas foram distribuídas, para que possamos dizer se o jogador perdeu ou não.

Você consegue imaginar o que poderíamos usar para lembrar toda essa informação diferente?

você está aqui ▶ **235**

HTML & CSS prontos

Uma vez que você já é um profissional de estilo e estrutura, daremos apenas o código atualizado para seus arquivos *index.html* e *my_style.css* para que você possa comparar. Você deve ver algumas mudanças em suas páginas depois de acrescentar o novo código HTML e CSS. Daqui a pouco vamos juntar tudo isso.

```html
<!DOCTYPE html>
<html>
    <head>
        <title>Head First Black Jack</title>
        <link href="styles/my_style.css" rel="stylesheet">
    </head>
    <body>
        <div id="main">
            <h1>Click to reveal your cards</h1>
            <h3 id="hdrTotal"></h3>
            <h3 id="hdrResult"></h3>
            <div id="my_hand">
            </div>
            <div id="controls">
                <div id="btnDeal">
                    <img src="images/deck_small.jpg">
                </div>
                <div id="btnHit">
                    <img src="images/deck_small.jpg">
                </div>
                <div id="btnStick">
                    <img src="images/stick_small.jpg">
                </div>
            </div>
        </div>
        <script src="scripts/jquery-1.6.2.min.js"></script>
        <script src="scripts/my_scripts.js"></script>
    </body>
</html>
```

Acrescente novos controles para o jogo de cartas vinte e um

Acrescente um pouco de CSS nos novos controles.

```css
#controls{
    clear:both;
}

.current_hand{
    float:left;
}

#my_hand{
    clear:both;
    border: 1px solid gray;
    height: 250px;
    width: 835px;
}

#btnHit, #btnStick,
#btnRestart{
    display:none;
    float:left;
}

h3 {
    display: inline;
    padding-right: 40px;
}
```

my_style.css

index.html

236 *Capítulo 6*

jQuery e JavaScript

não existem Perguntas Idiotas

P: Existem outros tipos de loops que devo conhecer?

R: Sim, existem. Há o loop `while`, que é muito semelhante ao loop `do...while`, exceto por ele fazer sua verificação condicional no início. Há também um loop `for...in`, que fará o loop através das propriedades de um objeto e tirará o valor de cada um.

P: Então, eu comecei a fazer um loop. Posso pará-lo na metade?

R: Sim, pode, com um comando muito simples: `break`. Chamá-lo em qualquer lugar em seu loop fará com que o loop pare e continue na próxima parte do código depois do loop.

P: O que é **appendTo**? Eu só vi o **append** antes. Existe alguma diferença?

R: Com `append`, o seletor chamando o método é o contêiner no qual o conteúdo está inserido. Por outro lado, com `appendTo`, o conteúdo vem antes do método, tanto como uma expressão do seletor quanto uma marcação HTML criada instantaneamente, e é inserido no contêiner alvo.

Exercício

Usando o diagrama UML dado abaixo, crie um objeto de uso único, chamado `hand`. A propriedade `cards` deve ser um novo array vazio. A propriedade `current_total` deve ser definida para 0 (zero). O método `sumCardTotal` deve fazer o loop em todas as cartas na propriedade `cards` e colocar seus valores juntos, e definir esse número como o valor da propriedade `current_total`. Depois, use o valor `current_total` para definir o valor do elemento com o ID `hdrTotal`. Iniciamos o código do objeto para você.

```
var hand = {
    cards : new Array(),
    current_total : 0,

    sumCardTotal: function(){




    }
};
```

hand
cards current_total
sumCardTotal()

você está aqui ▶ **237**

exercício solução

Exercício Solução

Agora você tem um objeto hand com uma propriedade card (que é um array), e uma função que faz o loop no array card pegar a carta atual e atualizar o total atual.

```
var hand = {
    cards : new Array(),      ← Defina a propriedade card
    current_total : 0,         para ser um new array.
                              ← Defina a propriedade
                                current_total para 0.
    sumCardTotal: function(){
                              ← Faça o loop no
    this.current_total = 0;      array card.
    for(var i=0;i<this.cards.length;i++){  ← Pegue o card
        var c = this.cards[i];              atual do array.
        this.current_total += c.value;  ← Acrescente o valor
    }                                      em current_total.
    $("#hdrTotal").html("Total: " + this.current_total );
    }                         ← Coloque no final a contagem total
};                              na tela, no elemento hdrTotal.
```

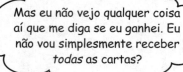

hand
cards
current_total
sumCardTotal()

Mas eu não vejo qualquer coisa aí que me diga se eu ganhei. Eu não vou simplesmente receber todas as cartas?

Definitivamente não queremos isso.

Então não haverá uma maneira de ver quem ganhou. Com base nas regras definidas no e-mail do Lounge do *Use a Cabeça!*, temos de decidir se você ganhou com base em vários critérios diferentes. Vamos dar uma olhada nesses critérios novamente.

1. Se as cartas do jogador somam mais de 21, então ele perdeu e deve começar novamente. O jogo acabou.

2. Se as cartas do jogador somam exatamente 21, então ele fez vinte e um e o jogo acabou.

3. Se as cartas do jogador somam 21 ou menos, mas já pegou cinco cartas, então o jogo acabou e ele ganha.

4. Do contrário, o jogador pode escolher receber outra carta ou parar de jogar.

Hora de tomar uma decisão... novamente!

No Capítulo 3, vimos o uso da lógica condicional para rodar código diferente com base nas decisões que você quer que seu código tome, dadas as informações que ela já possui.

Comece a declaração if → *O que queremos verificar:* → *O operador de igualdade. Pode ser lido como "é igual a".*

```
if( myBool == true ){
    // Do Something!
}else{
    // Otherwise Do something else!
}
```

Uma variável de JavaScript · *O código que queremos rodar, se o que verificamos for true:*

Conforme é produzido, há uma opção adicional para tomar mais de uma única decisão por vez. Combinando as declarações `if` e `else` em uma declaração composta chamada `else if`, você pode verificar várias condições, todas dentro de uma declaração. Vamos dar uma olhada.

O que queremos verificar:

```
if( myNumber < 10 ){
    // Do Something!
}else if( myNumber > 20 ){
    // Do something else!
}else{
    // Finally, Do something even different!
}
```

Outra coisa que queremos verificar:

PODER DO CÉREBRO

Você consegue imaginar onde em seu código você poderia usar uma declaração `if/else if/else`?

se isso ou aquilo, ou esse outro!

Operadores de comparação e lógicos

Para que as declarações lógicas condicionais (como if/else ou do...while) funcionem adequadamente, elas têm de ter a capacidade de tomar a decisão certa com base no que estão verificando. Para fazer isso, elas usam uma série de operadores de *comparação* e *lógicos* para ajudá-las a tomar a decisão. Em JavaScript, existem sete operadores de comparação e três operadores lógicos, assim como um operador de atalho para a declaração if/else, chamado de operador *ternário*. Já vimos alguns deles, mas aqui está a lista completa.

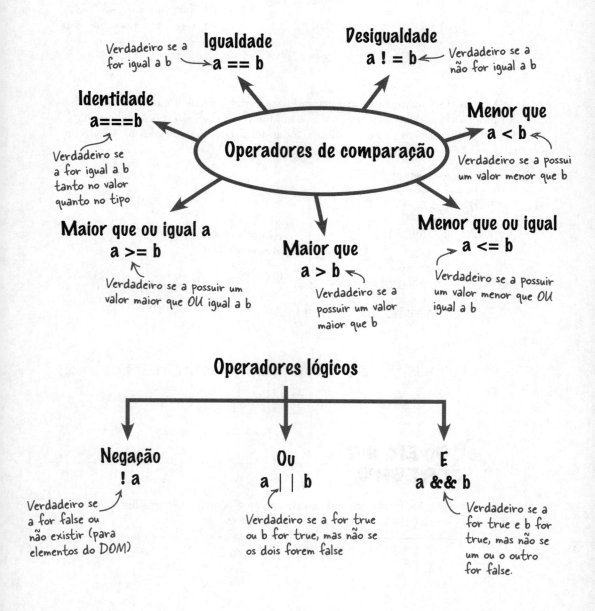

240   Capítulo 6

jQuery e JavaScript

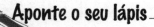
Aponte o seu lápis

Atualize seu objeto `hand` para verificar se o valor da propriedade `current_total` atende aos critérios do jogo (volte e verifique o e-mail original se você não se lembrar de todas as regras). Veja o objeto existente, assim como as partes do novo código que você precisa escrever.

```
var hand = {
    cards : new Array(),
    current_total : 0,

    sumCardTotal: function(){
        this.current_total = 0;
        for(var i=0;i<this.cards.length;i++){
            var c = this.cards[i];
            this.current_total += c.value;
        }
        $("#hdrTotal").html("Total: " + this.current_total );
        if(this._____ > 21){
            $("#btnStick").trigger("click");
            $("#hdrResult").html("BUST!");
        }_____(this.current_total         ){
            $("#btnStick").trigger("click");
            $("#hdrResult").html("BlackJack!");
        }else if(____.current_total____21____this.cards.length == 5){
            $("#btnStick").trigger("click");
            $("#hdrResult").html("5 card trick!");
        }_____
            // Keep playing! :)
        }
    }
};
```

my_scripts.js

você está aqui ▶ **241**

aponte seu lápis *solução*

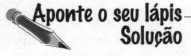

Aponte o seu lápis
Solução

Agora você atualizou o método `sumCardTotal` para incluir a lógica que verifica o valor atual de hand. Existem muitos operadores condicionais e lógicos aí, mesmo para esse aplicativo simples.

```
var hand = {
    cards : new Array(),
    current_total : 0,

    sumCardTotal: function(){
        this.current_total = 0;
        for(var i=0;i<this.cards.length;i++){
            var c = this.cards[i];
            this.current_total += c.value;
        }
        $("#hdrTotal").html("Total: " + this.current_total );
        if(this.current_total > 21){          ← Verifique se current_total é maior que 21.
            $("#btnStick").trigger("click");
            $("#hdrResult").html("BUST!");
        }else if(this.current_total == 21){   ← Verifique se current_total é igual a 21.
            $("#btnStick").trigger("click");
            $("#hdrResult").html("BlackJack!");
        }else if(this.current_total <= 21 && this.cards.length == 5){
            $("#btnStick").trigger("click");
            $("#hdrResult").html("BlackJack - 5 card trick!");
        }else{                                 Verifique se current_total é
            // Keep playing! :)                menor que ou igual a 21 e se
        }                                      já foram distribuídas 5 cartas.
    }            ← Do contrário, não faça qualquer coisa!
};
```

my_scripts.js

242   *Capítulo 6*

jQuery e JavaScript

Mas ainda não conseguimos ter essas novas funções, porque não temos nada com que chamá-las, certo?

Sim, ainda não acabamos.

Você já possui todas as partes em seu código HTML para distribuir as cartas iniciais, pedir outra carta e acabar o jogo. Você só não as ligou ainda. E não se esqueça, é preciso chamar o método para acrescentar os totais da carta toda vez que distribuir uma nova carta.

Ímãs de Geladeira do Código jQuery para o Jogo de Cartas Vinte e Um

Mova os ímãs para escrever o código para uma função que acrescentará vários escutadores de evento na aplicação do jogo de cartas vinte e um. Os escutadores devem estar nos elementos com os IDs de `btnHit` e `btnStick`. O evento `btnHit` deve distribuir outra carta. O outro deve parar o jogo. Além disso, chame o método `sumCardTotal` depois que qualquer carta for distribuída. Também incluímos um código do final da função `hit` para atualização.

```
    }while(!_____);
    good_card = false;
    hand._____();
}
$("#btnDeal").click( _____(){
    deal();
    $(this).toggle();
    $("#btnHit")._____();
    $("#btnStick").toggle();
});
$("_____").click( function(){
    hit();
});
$("#btnStick").click( function(){
    $("#hdrResult").html(_____);
});
```

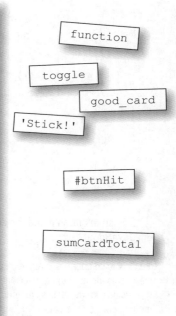

my_scripts.js

Ímãs disponíveis: `function`, `toggle`, `good_card`, `'Stick!'`, `#btnHit`, `sumCardTotal`

ímãs de código *solução*

Ímãs de Geladeira do Código jQuery para o Jogo de Cartas Vinte e Um – Solução

Esse código cria uma função que acrescentará vários escutadores de evento nos botões hit e stick e chamará também o método `sumCardTotal` depois que qualquer carta for distribuída.

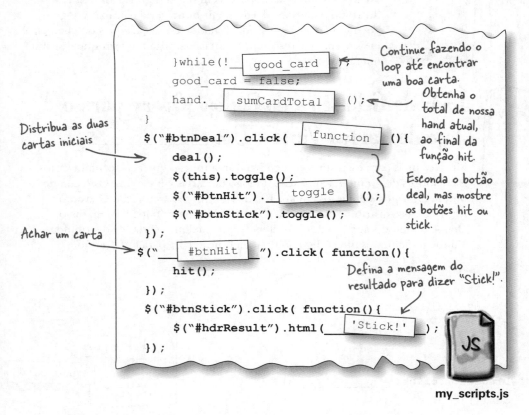

```
          }while(!  good_card  );
          good_card = false;
          hand.  sumCardTotal  ();
        }
        $("#btnDeal").click(  function  (){
            deal();
            $(this).toggle();
            $("#btnHit").  toggle  ();
            $("#btnStick").toggle();
        });
        $("  #btnHit  ").click( function(){
            hit();
        });
        $("#btnStick").click( function(){
            $("#hdrResult").html(  'Stick!'  );
        });
```

Continue fazendo o loop até encontrar uma boa carta.

Obtenha o total de nossa hand atual, ao final da função hit.

Distribua as duas cartas iniciais

Esconda o botão deal, mas mostre os botões hit ou stick.

Achar um carta

Defina a mensagem do resultado para dizer "*Stick!*".

my_scripts.js

––––––– não existem –––––––
Perguntas Idiotas

P: Existem outras maneiras de comparar valores em JavaScript?

R: Não comparar valores, *em si*, mas há outro método usado para tomar decisões com base nos valores das variáveis. Esse método é chamado de método `switch` e pode ter muitas condições diferentes. Geralmente, se você se encontrar escrevendo declarações `if/else if/else` grandes, uma declaração `switch` pode simplificar.

P: Você disse que havia um atalho para a declaração `if/else`. O que é isso?

R: Ele é chamado de operador ternário e usa um ponto de interrogação para separar a operação lógica das ações resultantes, assim:

```
a > b ? if_true_code : if_false_code
```

244 *Capítulo 6*

jQuery e JavaScript

Acrescente todo o código que você acabou de criar em seu arquivo *my_scripts.js* – depois de sua função `hit` – incluindo uma atualização ao final da função `hit` em si – e rode em seu navegador favorito.

Então é isso? Acabamos agora?

Frank: Não tão rápido assim. Ainda temos de acrescentar a função de retorno que eles pediram. Portanto, assim que o jogo acabar, os jogadores podem começar novamente sem recarregar a página.

Joe: Precisamos também garantir que as pessoas não estão recebendo cartas dos jogos anteriores. Temos de ter certeza de estar removendo tudo.

Jim: Mas como fazemos isso? Temos elementos HTML que acrescentamos dinamicamente e novos itens nos arrays. Temos de limpar tudo isso?

Frank: Sim. Teremos de usar técnicas um pouco diferentes em cada um, mas, sim, temos de limpar todos eles.

Joe: Entendi qual é o truque! Para o jQuery, dar uma olhada no método `empty`. Para os arrays, existem algumas maneiras, mas nem todas funcionam com qualquer navegador. Vejamos quais são as melhores opções.

você está aqui ▶ **245**

um plano de limpeza

Limpar as coisas com jQuery...

Lembra-se no Capítulo 2 de quando usamos o método `remove` para eliminar um elemento particular e todos os elementos filho do DOM, para não aparecer novamente? Essa abordagem é ótima se você quiser remover o elemento pai. Porém, se quiser manter o elemento principal por perto e esvaziar seu conteúdo, é possível usar o método `empty` do jQuery, que – assim como `remove` – requer um seletor, mas deixará o elemento chamado no lugar.

```
$("#my_hand").empty();
```

A estrutura atual da página

```
body
 │
 div id="main"
 │
 div id="my_hand"
 ╱        ╲
div class=   div class=
"current_hand" "current_hand"
```

O elemento que queremos remover

...é ainda mais simples em JavaScript

Geralmente nos pegamos escrevendo jQuery para evitar ter de escrever várias linhas de JavaScript. Felizmente, há algumas ocasiões onde fazer algo em JavaScript é tão fácil quanto no jQuery, e esse é um desses momentos. Enquanto a sintaxe é um pouco diferente, o resultado final é igual e você não tem de registrar onde está no DOM. Para esvaziar de vez um array em JavaScript, você simplesmente define sua extensão para 0 (zero):

```
used_cards.length = 0;
```

As coisas não podem ficar mais simples do que isso, não é mesmo?

> Então, tudo o que temos de fazer agora é entender o que precisa ser limpo e então chegamos ao fim, correto?

Sim, mas a ordem na qual você limpa as coisas é importante.

Já que também temos de lidar com o próximo hand de um reinício, devemos limpar tudo primeiro, *depois* lidar com o novo hand. Também temos de tornar outro elemento clicável para chamar nosso código.

246 *Capítulo 6*

jQuery e JavaScript

Aponte o seu lápis

Atualize seu arquivo *index.html* com um elemento semelhante a todos os outros elementos no elemento `div` de controles. Dê um ID `btnRestart` para a `div` clicável. Dentro da `div`, coloque uma imagem com uma fonte de *restart_small.jpg*, da pasta *images*.

Além disso, atualize seu arquivo *my_scripts.js* com um escutador de evento click no elemento `btnRestart`. Isso deve esvaziar o elemento `my_hand`, o array `used_cards` e o array `cards` no objeto `hand`. Ele também deve alternar um novo elemento `div` com os IDs de `result` e `itself`. Ele também deve limpar o `html` dos elementos `hdrResult`. Finalmente, ele deve alternar e ativar o evento click no elemento `btnDeal`.

```html
    <div id="btnStick">
        <img src="images/stick_small.jpg">
    </div>

    _____

        _____

    _____
    <div id="_____"><img src="" id="imgResult">_____
    </div>
</div>
<script src="scripts/jquery-1.6.2.min.js"></script>
```

index.html

```javascript
        $("#hdrResult").html('Stick!');
});
$("#btnRestart").click( function(){
        _____.toggle();
        $(this)._____
        $("#my_hand")._____
        $("#hdrResult").html('');
        used_cards._____= 0;
        _____.length = 0;
        hand._____= 0;


        $("#btnDeal").toggle()
                        ._____('click');
});
```

my_scripts.js

você está aqui ▶ **247**

aponte seu lápis solução

Aponte o seu lápis
Solução

Agora você tem um botão retornar para reiniciar o jogo e que retorna todos os elementos para o que eles eram antes de o jogo começar. Acrescente um pouco de mágica de JavaScript com a propriedade `length` e está pronto.

```html
<div id="btnStick">
        <img src="images/stick_small.jpg">
</div>
<div id="btnRestart">        Um botão retornar para
        <img src="images/restart_small.jpg">
</div>
<div id="result"><img src="" id="imgResult"></div>
</div>                   Torne o resultado
</div>                   mais óbvio aqui.
<script src="scripts/jquery-1.6.2.min.js"></script>
```

Um botão retornar para começar o jogo novamente.

index.html

```javascript
        $("#hdrResult").html('Stick!');
        $("result").toggle();
});
$("#btnRestart").click( function(){
        $("#result").toggle();
        $(this).toggle();
        $("#my_hand").empty();
        $("#hdrResult").html('');
        used_cards.length = 0;
        hand.cards.length = 0;
        hand.current_total = 0;


        $("#btnDeal").toggle()
                        .trigger('click');
});
```

my_scripts.js

Retorne todos os elementos para a maneira que eles estavam.

Simule um click do elemento btnDeal.

248   *Capítulo 6*

jQuery e JavaScript

Test Drive

Acrescente um evento click no elemento `btnRestart` em seu arquivo *my_scripts.js*. Além disso, não se esqueça de incluir código HTML adicional em seu arquivo *index.html*.

Ah, cara, está tão perto do que eu quero, mas tem só mais uma coisa: podemos tornar o ganho ou a perda mais óbvio ou animado? Desculpe pela bagunça.

todos gostam de um vencedor

Coloque mais animação

Atualize seu arquivo *my_scripts.js* com uma nova função end, que é chamada por btnStick, e algumas outras atualizações na lógica computacional em sumCardTotal. Além disso, pegue o arquivo *my_style.css* mais recente aqui:
http://thinkjquery.com/chapter06/end/styles/my_styles.css.

— Faça isso!

```
            if(this.current_total> 21){
                $("#btnStick").trigger("click");
                $("#imgResult").attr('src','images/x2.png');
                $("#hdrResult").html("BUST!")
                                    .attr('class', 'lose');
            }else if(this.current_total == 21){
                $("#btnStick").trigger("click");
                $("#imgResult").attr('src','images/check.png');
                $("#hdrResult").html("BlackJack!")
                                    .attr('class', 'win');
            }else if(this.current_total <= 21 && this.cards.length == 5){
                    $("#btnStick").trigger("click");
                    $("#imgResult").attr('src','images/check.png');
                    $("#hdrResult").html("BlackJack - 5 card trick!")
                                    .attr('class', 'win');
            }else{}
            $("#hdrTotal").html("Total: " + this.current_total );
        }
};
function end(){
    $("#btnHit").toggle();
    $("#btnStick").toggle();
    $("#btnRestart").toggle();
}
$("#btnStick").click( function(){
    $("#hdrResult").html('Stick!')
                    .attr('class', 'win');
    $("#result").toggle();
    end();
});
```

Defina o src de imgResult para uma imagem diferente, dependendo do resultado.

Defina uma classe diferente para o cabeçalho, dependendo do resultado.

Use toggle em todos os controles para terminar o jogo.

Chame a função end para terminar o jogo, depois que for definido.

my_scripts.js

250 Capítulo 6

jQuery e JavaScript

Test Drive

Atualize o método `sumCardTotal` da função `hand` em seu arquivo *my_scripts.js*. Além disso, não se esqueça de pegar o novo arquivo *my_style.css* e substituir seu atual pela nova versão.

Incrível! Ficou perfeito! Agora os visitantes do Lounge do *Use a Cabeça!* podem desfrutar de um bom jogo de vinte e um quando se encontrarem.

você está aqui ▶ 251

sua caixa de ferramentas jquery/javascript

CAPÍTULO 6

Sua Caixa de Ferramentas jQuery/JavaScript

Agora que adquiriu os conhecimentos do Capítulo 6, você acabou de acrescentar objetos, arrays e loops de JavaScript em sua caixa de ferramentas.

Objeto de JavaScript

Criação individual e criação de um construtor.

Uso de objetos e chamando do construtor.

Arrays

Criação de arrays.

Atribuição de valores em um array.

Adição de mais elementos em um array.

Atualização de elementos existentes no array.

Loops

loop for

loop do...while

operadores lógicos

operadores de comparação

jQuery

.empty

$.inArray – Método utilitário

.attr

.trigger

7 funções customizadas para efeitos customizados

O que você tem feito por mim ultimamente?

Eu realmente poderia usar uma função chamada limpeCasa.

Ao combinar os efeitos customizados de jQuery com as funções de Javascript, você pode tornar o seu código – e sua aplicação web – mais eficiente, mais eficaz e mais *poderoso*. Neste capítulo, você se aprofundará em como melhorar seus efeitos com jQuery, lidando com **eventos do navegador**, trabalhando com **funções cronometradas** e melhorando a **organização e a reusabilidade** de suas funções customizadas em Javascript.

este capítulo é novo   253

uh oh

Uma tempestade está se formando

A aplicação web da Mistura de Monstros que você construiu no Capítulo 5 foi um grande sucesso entre as crianças e seus pais. Mas parece que há um grande erro que está fazendo com que o relâmpago fique descontrolado. A gerente de qualidade do Doodlestuff entrou em contato com você com alguns problemas e um pedido de recurso para melhorar a Mistura de Monstros.

Jill, que cuida da qualidade do Doodlestuff.

Descobrimos que, quando o usuário abre uma nova aba em seu navegador e deixa a Mistura de Monstros aberta em outra aba, quando ele volta, o relâmpago dispara em uma rápida sucessão sem qualquer pausa no meio. Parece que a aplicação está ficando descontrolada!

Quando o visitante inicia uma Mistura de Monstros...

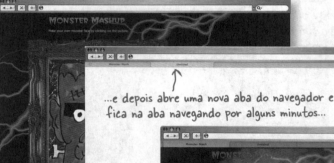

...e depois abre uma nova aba do navegador e fica na aba navegando por alguns minutos...

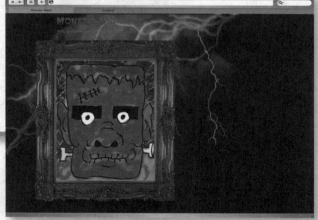

...e em seguida retorna para a aba em que a Mistura de Monstros está rodando, o relâmpago dispara em uma rápida sucessão, como se os efeitos estivessem se chocando uns contra os outros.

PODER DO CÉREBRO

Tente reproduzir o problema. Depois pense no que está dando errado com as funções do relâmpago. Por que todos elas se chocam quando alguém alterna de uma aba para outra?

funções **customizadas**

Criamos um monstro...de função

A função do relâmpago que criamos no Capítulo 5 ficou um pouco monstruosa. Ela fica rodando, mesmo que o usuário navegue fora da página. Quando o usuário retorna para a aba, o cronômetro tem de se atualizar e ele tenta recriar o relâmpago na tela em uma rápida sucessão. Parece que o cronômetro não funciona da maneira que queríamos que funcionasse; então, o que aconteceu?

O intervalo timeout está em milissegundos.

```
function lightning_one(t){
    $("#lightning1").fadeIn(250).fadeOut(250);
    setTimeout("lightning_one()",t);
};
```

Ele diz ao interpretador JavaScript que a função deve chamar a si mesma e ela faz isso repetidamente.

Em JavaScript, você geralmente define uma função e a chama em algum outro lugar do código. Nesse caso, você chamou a função de dentro de si mesma.

O método setTimeout diz ao interpretador JS para rodar uma função e, depois, esperar um tempo antes de rodá-la novamente.

No Capítulo 5, precisávamos de uma maneira de chamar o método repetidamente, com um timeout entre essas chamadas. Ao resolver esse problema, inconscientemente criamos um novo problema: a função continua a rodar quando a janela perde o *foco* do visitante (ou seja, quando o visitante abre uma nova aba e se afasta da janela ativa).

Uma função que roda infinitamente *e* está fora de controle? Isso é complexo e assustador! Como posso recuperar o controle?

Veja bem!

Você precisa ter muito cuidado com as funções que chamam a si mesmas.

*Criar **loops infinitos** pode consumir os recursos da CPU e derrubar o navegador do visitante.*

você está aqui ▶ **255**

um objeto para comandar todos os outros

Domine os efeitos cronometrados com o objeto window

Felizmente, existe uma maneira de controlar a animação do relâmpago, usando o objeto `window` de JavaScript. O objeto `window` é criado toda vez que o visitante abre uma nova janela em seu navegador, e ele oferece bastante força do jQuery e de JavaScript. No mundo do JavaScript, o objeto `window` é o objeto *global*. Em outras palavras, `window` é o *objeto principal* do mundo de JavaScript.

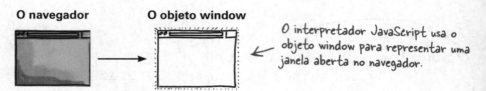

O interpretador JavaScript usa o objeto window para representar uma janela aberta no navegador.

Digamos que você tenha aberto três abas em seu navegador. O navegador cria um objeto `window` para cada uma das abas. O objeto `window` é um objeto, assim como aqueles com que você trabalhou no Capítulo 6; portanto, possui propriedades, manipuladores de evento e métodos. E eles são super úteis – podemos usar os manipuladores de evento `onblur` e `onfocus` do objeto `window` para descobrir o que o visitante está fazendo no nível do navegador.

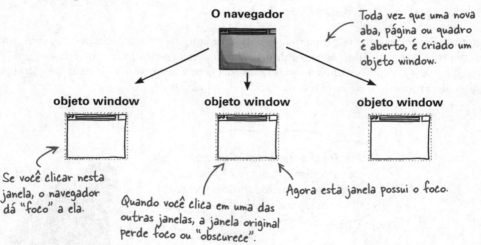

Toda vez que uma nova aba, página ou quadro é aberto, é criado um objeto window.

Se você clicar nesta janela, o navegador dá "foco" a ela.

Quando você clica em uma das outras janelas, a janela original perde foco ou "obscurece".

Agora esta janela possui o foco.

O objeto `window` também oferece métodos cronometrados que você pode alavancar para rodar suas funções cronometradas customizadas. `window` possui muitos outros métodos, mas esses são o que precisamos usar para o conserto das funções do relâmpago.

Veja bem!

Não confunda os manipuladores de evento `onblur` e `onfocus` **do objeto** `window` **de JavaScript com os métodos** `blur` e `focus` **do jQuery.**

Os métodos `blur` *e* `focus` *do jQuery têm o objetivo de estar vinculados aos campos do formulário HTML e outros elementos,* ***exceto*** *ao objeto* `window`.

256 Capítulo 7

funções **customizadas**

Relacione cada propriedade, manipulador de evento ou método do objeto `window` com o que ele faz.

`window.name`   Detecta quando a janela recebe um clique, entrada do teclado ou algum outro tipo de entrada.

`window.history`   Uma propriedade do objeto `window` que refere-se ao conteúdo principal do documento carregado.

`window.document`   Detecta quando a janela perde o foco.

`window.onfocus`   Um método do objeto `window` usado para definir um período de tempo de espera antes de chamar uma função ou outra declaração.

`window.setTimeout()`   Um método do objeto `window` usado para cancelar o período de tempo de espera entre as repetições.

`window.clearTimeout()`   Um método do objeto `window` usado para definir um período de tempo de espera entre as repetições de uma chamada de função ou outra declaração.

`window.setInterval()`   Uma propriedade do objeto `window` que permite que você acesse as diferentes URLs que a janela carregou com o tempo.

`window.clearInterval()`   Um método do objeto `window` usado para cancelar o período de tempo de espera.

`window.onblur`   Uma propriedade do objeto `window` que permite que acessemos ou definamos o nome da janela.

quem faz o quê solução

QUEM FAZ O QUÊ? SOLUÇÃO

`window.name`	Detecta quando a janela recebe um clique, entrada do teclado ou algum outro tipo de entrada.
`window.history`	Uma propriedade do objeto `window` que refere-se ao conteúdo principal do documento carregado.
`window.document`	Detecta quando a janela perde o foco.
`window.onfocus`	Um método do objeto `window` usado para definir um período de tempo de espera antes de chamar uma função ou outra declaração.
`window.setTimeout()`	Um método do objeto `window` usado para cancelar o período de tempo de espera entre as repetições.
`window.clearTimeout()`	Um método do objeto `window` usado para definir um período de tempo de espera entre as repetições de uma chamada de função ou outra declaração.
`window.setInterval()`	Uma propriedade do objeto `window` que permite que você acesse as diferentes URLs que a janela carregou com o tempo.
`window.clearInterval()`	Um método do objeto `window` usado para cancelar o período de tempo de espera.
`window.onblur`	Uma propriedade do objeto `window` que permite que acessemos ou definamos o nome da janela.

PODER DO CÉREBRO

Os manipuladores de evento `onfocus` e `onblur` do objeto `window` podem detectar uma mudança do foco da janela, mas o que é possível fazer em resposta a esses eventos?

*funções **customizadas***

Responda aos eventos do navegador com onblur e onfocus

Então, sabemos que, com `window.onfocus`, você pode dizer quando a janela ganha foco (ou seja, um visitante ativa a página ou direciona o mouse ou a entrada do teclado para a janela) e, com `window.onblur`, você pode dizer quando a janela ativa do navegador perde foco. Mas o que é possível fazer em resposta a esses eventos? Você pode *atribuir uma referência à função* em `onfocus` ou `onblur`.

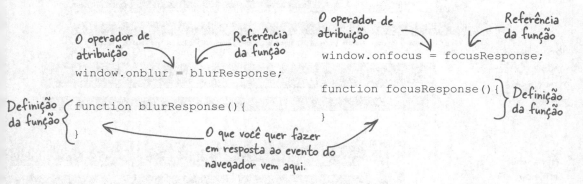

É aqui onde o poder de escrita de suas próprias funções customizadas realmente começa a entrar em cena. Agora você tem um objeto `window` que dá muitas informações sobre o que seu usuário está fazendo no navegador, e você pode atribuir suas próprias funções customizadas com base no que esse objeto diz a você. Então, de fato, você pode fazer *o que quiser*, desde que possa escrever sua própria função customizada para ele.

Vamos fazer um test drive nos manipuladores de evento `onfocus` e `onblur` do objeto `window`. Nos arquivos de código dos quais você fez o download para o Capítulo 7, você encontrará uma pasta chamada *window_tester*. Abra o arquivo *window_tester.html*, nessa pasta, em seu navegador favorito. Abra uma segunda aba e brinque, clicando nas duas janelas do navegador.

test drive

Test Drive

É isso o que você deve ver quando abrir o arquivo *window_tester.html*, abrir uma segunda aba e clicar nas duas janelas alternadamente.

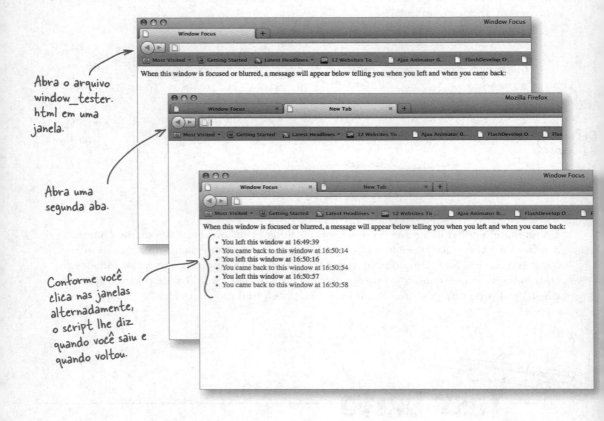

Abra o arquivo window_tester.html em uma janela.

Abra uma segunda aba.

Conforme você clica nas janelas alternadamente, o script lhe diz quando você saiu e quando voltou.

Usando as informações que você recebeu do objeto `window`, é possível parar o relâmpago enquanto o visitante vagueia fora da janela da Mistura de Monstros e, depois, o reinicia quando retornar.

*funções **customizadas***

Ímãs de Geladeira do jQuery

Coloque os ímãs de código na ordem certa, para atribuir as definições da função nos manipuladores `onblur` e `onfocus`. Uma definição da função irá interromper o relâmpago quando o navegador perder o foco (chame-a de `stopLightning`). A outra definição da função reiniciará o relâmpago quando o navegador ganhar novamente o foco (chame-a de `goLightning`). Você ainda não escreverá o código para as funções; por enquanto, apenas coloque os ímãs com os comentários (começando com //) dentro de cada função.

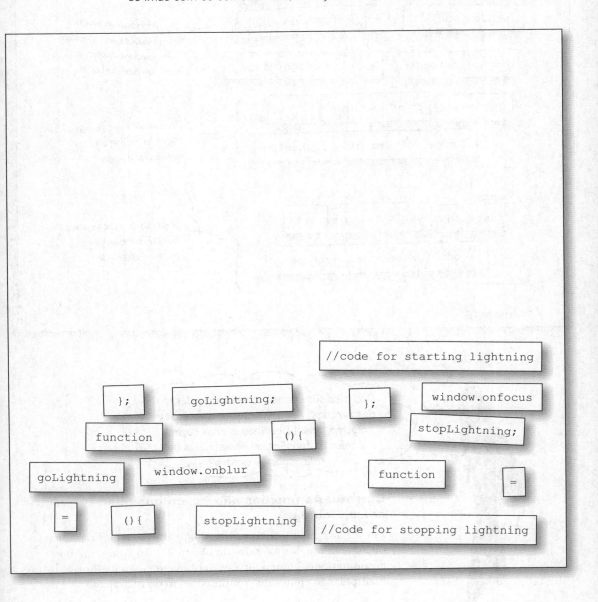

você está aqui ▶ **261**

ímãs de geladeira do jQuery solução

Imãs de Geladeira do jQuery – Solução

Agora você está pronto para seguir com as declarações da função para os dois manipuladores de evento do objeto `window`.

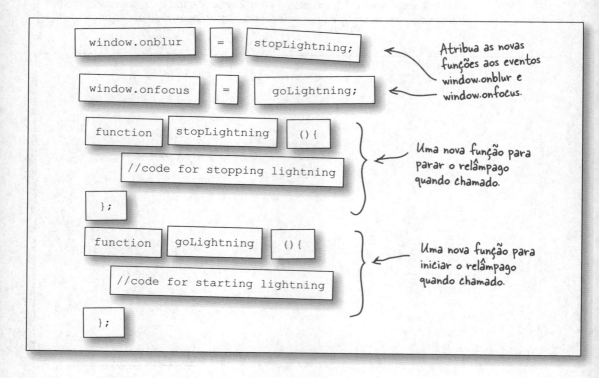

Mas eles são apenas comentários dentro das funções. As funções precisam **fazer alguma coisa!** Devemos apenas copiar e colar as funções cronometradas do relâmpago ali dentro?

Correto. As funções não fazem qualquer coisa... ainda.

Em vez de copiar e colar nosso código antigo, vamos dar uma olhada em um dos métodos do objeto `window` – um método cronometrado – que pode nos dar uma maneira melhor de manipular os efeitos de cronometragem do relâmpago.

funções *customizadas*

Os métodos cronometrados dizem às suas funções quando elas devem rodar

Tanto JavaScript quanto jQuery nos oferecem métodos cronometrados que chamam as funções para rodar com base na passagem de tempo. O objeto `window` de JavaScript possui quatro métodos de tempo para o controle cronometrado: `setTimeout`, `clearTimeout`, `setInterval` e `clearInterval`. O jQuery nos oferece o método `delay`. Vamos dar uma olhada nesses métodos e no que eles nos oferecem.

Métodos de cronometragem de JavaScript

setTimeout

Use-me quando quiser definir um período de tempo de espera até dizer para uma função rodar.

`setTimeout(myFunction, 4000);`

A função que será chamada quando a duração de timeout se passar.

O timer delay (em milissegundos)

setInterval

Eu digo para uma função rodar repetitivamente com um intervalo de tempo entre cada repetição.

`setInterval(repeatMe, 1000);`

A função que será repetida depois que cada intervalo estiver ativo.

O intervalo de tempo entre as chamadas da função (em milissegundos).

Método delay do jQuery

delay

Eu coloco uma pausa entre os efeitos que são enfileirados em uma cadeia de efeitos.

`slideDown().`**`delay(5000)`**`.slideUp();`

Quando essa cadeia é rodada, ela é conhecida no jQuery como uma fila de efeitos.

Nesse exemplo, o método delay coloca uma pausa de cinco segundos entre os efeitos slideUp e slideDown.

Aponte o seu lápis

Quais desses métodos de cronometragem funcionarão melhor para consertar a função `goLightning`? Em cada método de cronometragem, responda se ajudará e explique por que você o escolheu ou não.

Cronometragem	Devemos usá-lo?	Por quê?
`setTimeout`		
`setInterval`		
`delay`		

você está aqui ▶ **263**

aponte seu lápis solução

Aponte o seu lápis
Solução

Quais desses métodos de cronometragem funcionarão melhor para consertar a função do relâmpago? Veja nossas respostas.

Cronometragem	Devemos usá-lo?	Por quê?
`setTimeout`	Não	O método setTimeout é direcionado para situações em que você quer esperar uma quantidade específica de tempo antes de rodar uma função.
`setInterval`	Sim	O método setInterval é direcionado especificamente para situações em que você quer que uma função rode em um agendamento com repetição. É isso que você precisa que o relâmpago faça.
`delay`	Não	O método delay funciona bem em efeitos sequenciados, mas não possui um mecanismo para rodar em um agendamento com repetição.

> Então `setInterval` será a melhor solução para a função `goLightning`, mas a função `stopLightning` precisa parar o cronômetro. O método `clearInterval` fará isso por nós?

Ótima pergunta!

Você pode usar o método `clearInterval` para interromper o agendamento com repetição das chamadas de função criadas por `setInterval`. Para fazer isso, você precisa passar uma variável para `clearInterval` como parâmetro. Vamos dar uma olhada mais de perto como isso funciona.

Atribua uma variável que identifique o método setInterval.

```
myInterval = setInterval(repeatMe, 1000);
```

```
clearInterval(myInterval);
```

Passe a variável para clearInterval como parâmetro.

O método clearInterval diz para setInterval limpar seu cronômetro e parar a ação com repetição.

*funções **customizadas***

Perguntas Idiotas (não existem)

P: Todos os navegadores processam o método `setTimeout` da mesma maneira?

R: Não. O Firefox do Mozilla e o Chrome do Google exibem o comportamento que encontramos anteriormente (empilhar as chamadas de função). O Internet Explorer 9 mantém a chamada da função como era a intenção no Capítulo 5. Isso mostra que não são apenas os web designers que têm problemas de compatibilidade entre os navegadores.

P: As funções de cronometragem como `setInterval` e `setTimeout` podem ser usadas com coisas diferentes além do objeto `window`?

R: Essa é uma ótima pergunta. Infelizmente, não podem. Elas são métodos específicos do objeto `window` e só podem ser chamadas em referência ao objeto `window`. Porém, elas podem ser chamadas sem o prefixo "window," e o navegador saberá que você pretende que ele seja anexado ao objeto `window` atual. No entanto, é recomendável incluir o prefixo.

Relacione cada método de cronometragem àquilo que ele faz quando é rodado.

```
window.clearInterval(int1);
```

Detecta quando a janela atual ganha foco e chama o método `goLightning`.

```
window.onfocus = goLightning;
```

Define a função `lightning_one` para ser rodada a cada quatro segundos e a atribui a variável `int1`.

```
setTimeout(wakeUp(),4000);
```

Detecta quando a janela atual perde o foco e chama a função `stopLightning`.

```
$("#container #lightning1").
fadeIn(250).delay(5000).fadeOut(250).;
```

Limpa o cronômetro e para a repetição de `setInterval` em `int1`.

```
int1 = setInterval( function() {
       lightning_one();
     },
     4000
   );
```

Define uma espera de quatro segundos antes de chamar uma função chamada `wakeUp`.

```
window.onblur = stopLightning;
```

Cria uma pausa de cinco segundos entre um efeito `fadeIn` e `fadeOut`.

você está aqui ▶ **265**

quem faz o quê solução

Relacione cada método de cronometragem àquilo que ele faz quando é rodado.

```
window.clearInterval(int1);
```
Detecta quando a janela atual ganha foco e chama o método `goLightning`.

```
window.onfocus = goLightning;
```
Define a função `lightning_one` para ser rodada a cada quatro segundos e a atribui a variável `int1`.

```
setTimeout(wakeUp(),4000);
```
Detecta quando a janela atual perde o foco e chama a função `stopLightning`.

```
$("#container #lightning1").
fadeIn(250).delay(5000).fadeOut(250).;
```
Limpa o cronômetro e para a repetição de `setInterval` em `int1`.

```
int1 = setInterval( function() {
       lightning_one();
   },
   4000
   );
```
Define uma espera de quatro segundos antes de chamar uma função chamada `wakeUp`.

```
window.onblur = stopLightning;
```
Cria uma pausa de cinco segundos entre um efeito `fadeIn` e `fadeOut`.

Escreva as funções stopLightning e goLightning

Agora que você sabe mais sobre os métodos de cronometragem, vamos revisar onde precisamos deles.

```
goLightning();
```
← Inicie o relâmpago quando a página for carregada.

```
window.onblur = stopLightning;
```
← Chame a função stopLightning quando o navegador perder o foco.

```
window.onfocus = goLightning;
```
← Chame a função goLightning quando o navegador recuperar o foco.

```
function stopLightning (){
  //code for stopping lightning
};
```
← Limpe os cronômetros dos três intervalos do relâmpago. Precisamos de <u>três</u> clearIntervals aqui. Sabe por quê?

```
function goLightning (){
  //code for starting lightning
};
```
← Defina três cronômetros para os três intervalos do relâmpago. E, sim, precisamos de <u>três</u> setIntervals aqui.

funções customizadas

Exercício Em cada linha em branco do arquivo, escreva a variável, função ou método que ajudará a consertar a aplicação da Mistura de Monstros. Se ficar em dúvida, olhe as duas páginas anteriores para se orientar. Fizemos alguns para você.

```
goLightning();
window.onblur = stopLightning;
window.onfocus = goLightning;
var int1, int2, int3 ;
function goLightning(){
   int1 =................( function() {

   },   ..................
   4000
);

   .........=  ................( function() {

   },   ..................
   5000
);
   .........=  ................( function() {
   },   lightning_three();
   7000
);
}

function stopLightning()
{
   window...................( int1 );
   window...................(.........);
   window...................(.........);
}
function lightning_one()  {
   $("#container #lightning1").fadeIn(250).fadeOut(250);
};

function....................{
   $("#container #lightning2").fadeIn(250).fadeOut(250);
};

function....................{
   $("#container #lightning3").fadeIn(250).fadeOut(250);
};
```

my_scripts.js

exercício solução

Agora você possui duas funções customizadas — cada uma com referências às funções relâmpago que você escreveu no Capítulo 5 — que respondem aos eventos `onfocus` e `onblur` do objeto `window`.

```
goLightning();
window.onblur = stopLightning;
window.onfocus = goLightning;
var int1, int2, int3 ;
function goLightning(){
    int1 = setInterval( function() {
        lightning_one();
    },
    4000
    );
    int2 = setInterval( function() {
        lightning_two();
    },
    5000
    );
    int3 = setInterval( function() {
        lightning_three();
    },
    7000
    );
}
function stopLightning()
{
    window.clearInterval(int1);
    window.clearInterval(int2);
    window.clearInterval(int3);
}
function lightning_one() {
    $("#container #lightning1").fadeIn(250).fadeOut(250);
};

function lightning_one() {
    $("#container #lightning2").fadeIn(250).fadeOut(250);
};

function lightning_three() {
    $("#container #lightning3").fadeIn(250).fadeOut(250);
};
```

- Declare três variáveis para lembrar nossos cronômetros de forma que o navegador possa limpá-las novamente.
- Defina três cronômetros diferentes para os três intervalos do relâmpago
- Aqui, você chama a função lightning_one.
- E depois chama a função lightning_two.
- Agora chame a função lightning_three.
- Limpe os cronômetros dos três intervalos do relâmpago.
- Nossas três definições da função lightning.

my_scripts.js

funções **customizadas**

Faça isso!

Você atualizará uma grande quantidade de código para consertar e melhorar o que construiu no Capítulo 5; então, vamos começar com um arquivo de script em branco. Os arquivos de código dos quais você fez o download para este livro contêm uma pasta para o Capítulo 7. Ali dentro, você encontrará uma pasta, chamada *begin*, estruturada dessa forma:

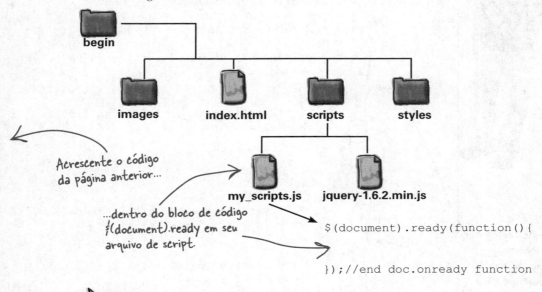

Acrescente o código da página anterior...

...dentro do bloco de código $(document).ready em seu arquivo de script.

```
$(document).ready(function(){

});//end doc.onready function
```

Test Drive

Assim que você acrescentar o código da página anterior no arquivo de script, abra a página em seu navegador favorito para ver se seu conserto do efeito de relâmpago foi bem-sucedido.

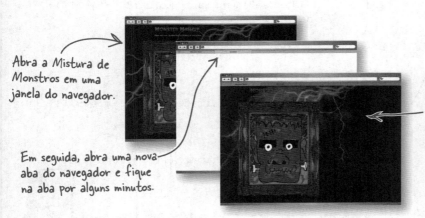

Abra a Mistura de Monstros em uma janela do navegador.

Em seguida, abra uma nova aba do navegador e fique na aba por alguns minutos.

Depois, retorne para a aba original em que a aplicação da Mistura de Monstros está rodando. Quando você retornar, o primeiro efeito não deve estar rodando. Ele deve começar depois de quatro segundos.

você está aqui ▶ **269**

limpando nossas funções

> Já que estamos consertando as coisas, não devemos voltar e consertar essas funções repetitivas que construímos no Capítulo 5?

Uma estrutura de dados diferente funcionaria melhor aqui, uma que cuide de diversas variáveis.

Ótima ideia. Temos uma boa quantidade de funções relacionadas ao clique para esse código que, provavelmente, poderíamos combinar em *uma* função com várias finalidades.

Você consegue escrever uma função que funcione para cada um deles?

```javascript
var headclix = 0, eyeclix = 0, noseclix = 0, mouthclix = 0;

$("#head").click(function(){
    if (headclix < 9){
        $("#head").animate({left:"-=367px"},500);
        headclix+=1;
    }
    else{
        $("#head").animate({left:"0px'},500);
        headclix = 0;
    }
});

$("#eyes").click(function(){
    if (eyeclix < 9){
        $("#eyes").animate({left:"-=367px"},500);
        eyeclix+=1;
    }
    else{
        $("#eyes").animate({left:"0px"},500);
        eyeclix = 0;
    }
});

$("#nose").click(function(){
    if (noseclix < 9){
        $("#nose").animate({left:"-=367px"},500);
        noseclix+=1;
    }
    else{
        $("#nose").animate({left:"0px"},500);
        noseclix = 0;
    }
});//end click

$("#mouth").click(function(){
    if (mouthclix < 9){
        $("#mouth").animate({left:"-=367px"},500);
        mouthclix+=1;
    }
    else{
        $("#mouth").animate({left:"0px"},500);
        mouthclix = 0;
    }
});//end click
```

my_scripts.js

funções *customizadas*

Ímãs de Geladeira do jQuery

A partir da página anterior, identifique quais trechos de código são comuns em todos os aspectos diferentes da aplicação. Use os ímãs abaixo para criar uma função genérica, chamada `moveMe`, que será chamada sempre que o usuário clicar em alguma das imagens móveis. Para a função `moveMe`, o primeiro parâmetro é o índice correspondente no array `clix`, e o segundo é uma referência a qualquer coisa que foi clicada.

```
var clix = _____; // head,eyes,nose,mouth

    $("#head").click( function(){

        _____

    });//end click function

    $("#eyes").click( function(){

        _____

    } );//end click function

    $("#nose").click( function(){

        _____

    });//end click function

    $("#mouth").click( function(){

        _____

    });//end click function

    function moveMe(_____){

        if (_____ < 9){
            $(obj).animate({left:"-=367px"},500);
            clix[i] = clix[i]+1;
        }else{
            clix[i] = 0;
            $(_____).animate({left:"0px"},500);
        }
    }
```

Magnets:
- `moveMe(2, this);`
- `obj`
- `moveMe(0, this);`
- `i, obj`
- `moveMe(3, this);`
- `clix[i]`
- `[0,0,0,0]`
- `moveMe(1, this);`

my_scripts.js

imãs de geladeira do jQuery *solução*

Ímãs de Geladeira do jQuery - Solução

Agora que possui uma função reutilizável que alavanca um array, você terá menos código para manter e será mais fácil registrar e depurar quaisquer problemas que possam surgir.

```
var clix = [0,0,0,0]   // head,eyes,nose,mouth

    $("#head").click( function(){

            moveMe(0, this);
    });//end click function

    $("#eyes").click( function(){

            moveMe(1, this);
    } );//end click function

    $("#nose").click( function(){

            moveMe(2, this);
    });//end click function

    $("#mouth").click( function(){

            moveMe(3, this);
    });//end click function

    function moveMe( i, obj ){

        if ( clix[i] < 9){
                $(obj).animate({left:"-=367px"},500);
                clix[i] = clix[i]+1;
        }else{
                clix[i] = 0;
                $( obj ).animate({left:"0px"},500);
        }
    }
```

Transformar clix em um array ajuda a economizar código.

Passe uma referência para a função moveMe nessa posição para o array clix. Depois você pode usar essa posição para registrar quantas vezes cada elemento foi clicado.

Você também passa o objeto atual para a função moveMe para que ele possa ser animado.

Criando uma função moveMe com várias finalidades, você reduz a possibilidade de erros de código e o número de funções a manter.

A lógica repetitiva que você tinha antes está, agora, em um lugar, o que facilita o conserto, caso algo dê errado.

my_scripts.js

funções **customizadas**

Test Drive

Acrescente o código do exercício dos ímãs na página anterior em seu arquivo *my_scripts.js* e salve-o. Depois, abra a página *index.html* em seu navegador favorito para garantir que a reescrita de sua função não apresentou problemas quando todas as diversas partes do rosto são clicadas.

A página da Mistura não deve ficar diferente de antes, mas você saberá que seu código está mais eficiente, menos repetitivo e sua manutenção mais simples.

um raio pode cair duas vezes *no mesmo lugar*

Pedido de recurso para a Mistura de Monstros

Jill e a equipe de Qualidade estão realmente felizes com seus consertos e, como eles gostam do seu trabalho, querem fazer um pedido de recurso para a Mistura de Monstros.

*funções **customizadas***

Vamos ficar (mais) aleatórios

Você está construindo funções aleatórias ao longo de todo o livro; então, a essa altura, provavelmente já é um profissional nisso. Nesse caso, é preciso criar uma função que anima aleatoriamente os rostos dos monstros. Vamos dividir e reduzir o problema, separando-o em passos menores. Vamos começar entendendo a posição atual de cada faixa de imagem.

Você precisa registrar a posição atual de cada faixa de imagem do monstro. Vamos dizer que o visitante está nesta.

A posição atual é o número de cliques multiplicado pela distância entre as partes do rosto (367 pixels). Em nosso exemplo, a posição atual é 2 * 367, que dá 734.

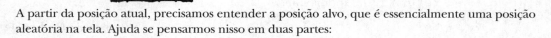

A partir da posição atual, precisamos entender a posição alvo, que é essencialmente uma posição aleatória na tela. Ajuda se pensarmos nisso em duas partes:

1 **Pegue um número aleatório.**

Veja o que fizemos nos Capítulos 2 e 3 para obter um número aleatório.

2 **Mova cada parte do rosto para uma posição aleatória, com base nesse número aleatório.**

Em cada parte do rosto do monstro, você precisa movê-la para a posição random, multiplicada pela largura de cada rosto em cada faixa. Para um número aleatório 7, a posição atual é 7 * 367, que dá 2.569.

```
var my_num = Math.floor((Math.random()*5) + 5);
```

Mas, agora, precisamos de um número entre 1 e 10 (porque cada faixa possui 10 partes do rosto do monstro).

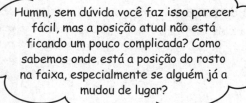

Humm, sem dúvida você faz isso parecer fácil, mas a posição atual não está ficando um pouco complicada? Como sabemos onde está a posição do rosto na faixa, especialmente se alguém já a mudou de lugar?

Não é tão difícil quanto parece.

Na verdade, basta virar a página para saber como.

você está aqui ▶ **275**

quanto mais você conhece...

Você já conhece a posição atual...

Felizmente, você não tem de vir com todas as novas variáveis ou funções aqui. O valor de índice do array `clix` fornece a posição atual, porque ele nos diz quantas vezes o usuário clicou em cada parte do rosto do monstro. Então, tudo o que você precisa é de uma linha de código:

Defina a posição atual para o valor de clix[index]

```
var current_position = clix[index] ;
```

...e a função getRandom também

Construímos uma função para obter números aleatórios nos Capítulos 2, 3 e 6. Podemos reutilizar essa função aqui com ajustes mínimos.

```
function getRandom(num) {
    var my_random_num = Math.floor(Math.random()*num);
    return my_random_num;
}
```

Você pode passar um número como um argumento para a função getRandom...

...para gerar e retornar um número inteiro. Aqui, teríamos um número entre 0 e 10.

Multiplicando Math.random e o número passado como entrada, é possível criar um número entre 0 e qualquer valor da variável num.

1 **Defina sua variável e passe-a para a função:**

Passando um valor para a função

```
num = 10;
getRandom(num);
```

2 **Essa é a operação central da função:**

Algumas pessoas se remeteriam a isso como uma função utilitária. Faz uma coisa e faz bem.

```
var my_random_num = Math.floor(Math.random()*num);
```

3 **E o resultado (ou saída) da função:**

```
return my_random_num;
```

Algumas pessoas se remetem às funções que retornam valores como "getters", porque elas pegam um valor para você.

A seguir: a `target_position` (ou seja, a parte aleatória do rosto) que queremos deslizar.

*funções **customizadas***

Código Pronto Acrescente o código em negrito em seus arquivos *index.html* e *my_scripts.js*. Isso fará com que sua função randomize seja configurada, junto com alguns alertas que mostrarão a posição target (que usa um número aleatório) e a posição current (que é determinada pelo número de vezes que o visitante clicou).

```html
<header id="top">
    <img src="images/Monster_Mashup.png" />
    <button id="btnRandom">Randomize</button>
    <button id="btnReset">Reset</button>
    <p>Make your own monster face by clicking on the picture.</p>
</header>
```

Você precisa de alguns botões na interface para os comportamentos randomize e reset.

index.html

```js
var w = 367; //width of the face strip
var m = 10; //number of the monster face strip we're on

$("#btnRandom").click( randomize );
$("#btnReset").click(  );

function getRandom(num){
    var my_random_num = Math.floor(Math.random()*num);
    return my_random_num;
}
function randomize(){
    $(".face").each(function(index){
        var target_position = getRandom(m);
        var current_position = clix[index] ;
        clix[index] = target_position;
        var move_to = target_position * w;
        $(this).animate({left:"-="+move_to+"px"},500);
    });
};
```

Torne a posição de cada parte do rosto aleatória em each.

Defina target_position para o resultado da função getRandom.

Atualize clix[index] para que o usuário ainda possa clicar para avançar as partes do rosto do monstro.

Defina move_to para a posição aleatória, multiplicada pela largura das seções da faixa do rosto.

Rode seu código de animação customizado para mover a faixa para a esquerda.

my_scripts.js

test drive

Test Drive

Depois de entrar no código da página anterior para seus arquivos, abra a página *index.html* em seu navegador favorito para testar a função `randomize`. Clique no botão Randomize de 10 a 20 vezes para garantir que fez um teste completo.

O randomizer funciona...

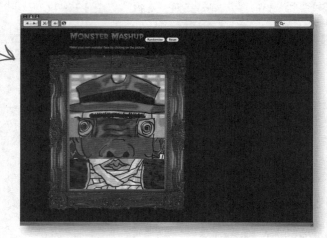

Nos primeiros cliques, a função randomizer faz o que você pediu para ela fazer.

...nos primeiros cliques

Depois de alguns cliques, o randomizer continua fazendo o que você pediu para ele fazer.

Minha melhor característica *são* meus dentes, mas ainda poderia usar o restante do meu rosto para causar uma gritaria!

*funções **customizadas***

Não codificamos para deixar as partes do rosto em branco. Configuramos para ficar em uma posição aleatória! Será que fomos longe demais?

Você está certo.

Essas funções customizadas tinham efeitos involuntários, mas, provavelmente, eles fizeram exatamente o que escrevemos no código. Vamos dar uma olhada no que provavelmente não pensamos.

A declaração animate mantém a faixa de imagem deslizando para a esquerda e, eventualmente, move-a para além do que o usuário pode ver dentro do quadro da figura. Ficou "fora da grade," por assim dizer.

```
$(this).animate({left:-="+move_to+"px"},500);
```

Se o usuário continuar clicando no botão Randomize, no final ele empurra tanto a faixa de imagem para a esquerda que ela não aparecerá mais na tela.

Socorro! Deixamos o quadro da nossa figura cair!

EXERCITANDO O CÉREBRO

O que é preciso fazer para evitar que a faixa da imagem vá para fora da grade e, em vez disso, pare em uma parte aleatória do rosto do monstro?

você está aqui ▶ **279**

de onde para onde?

Mova da posição relativa para a atual

Para evitar que a faixa de imagem desapareça da grade – mas ainda caia corretamente na parte do rosto do monstro aleatória –, é preciso mover da *posição relativa* para a *atual*, o que significa incluir a posição atual e alguma lógica condicional. Vamos separá-la.

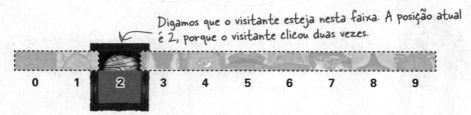

Então o usuário clica no botão Randomize, que vem com um número aleatório entre 0 e 9. Vamos olhar dois cenários diferentes que podem surgir como resultado.

Cenário 1: target > current

A função get_Random retorna um valor de 5. Portanto, a variável target_position é definida para 5, o que significa que é *maior que* a variável current_position. Precisamos escrever a lógica condicional para cuidar dessa situação.

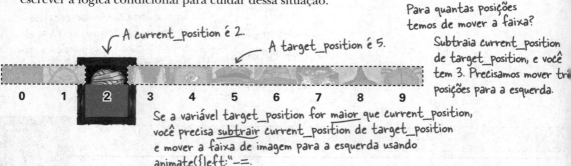

Cenário 2: target > current

A função getRandom retorna um valor de 1. A variável target_position é 1, o que significa que é *menor que* a variável current_position. Com base na lógica condicional do Cenário 1, você consegue entender que lógica precisa aqui?

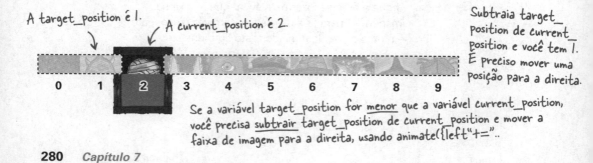

*funções **customizadas***

Enigma da Piscina

Sua tarefa é pegar os trechos de código da piscina e inseri-los nas linhas em branco do código. Você **não** pode usar o mesmo trecho mais de uma vez e não precisará usar todos os trechos. Seu **objetivo** é fazer a função randomizer funcionar da mesma forma que é intencionada: as partes do rosto não podem ficar em branco.

```javascript
var w = 367;
var m = 10;

function getRandom(num){
        var my_random_num = Math.floor(Math.random()*num);
        return my_random_num;
}
function randomize(){
        $(".face").........................................{
                var target_position = getRandom(m);
                        var current_position = clix[index] ;
                        clix[index] = target_position;

                        if(.......................................................) {
                                var move_to = (.................................................) * w;
                                $(this).animate(.......................................);
                        }else if(...........................................){
                                var move_to = (.................................................) * w;
                                $(this).animate(.......................................);
                        }else{
                                // They are the same - Don't move it.
                        }
                });
};
```

Observação: cada coisa dentro da piscina só pode ser usada uma vez!

```
{left:"-="+move_to+"px"},500

{left:"+="+move_to+"px"},500

target_position > current_position
target_position - current_position          {left:"="+move_to+"px"},500
current_position - target_position      target_position + current_position
target_position == current_position     target_position < current_position
                                              each(function(index)
```

você está aqui ▶ **281**

enigma da piscina solução

Enigma da Piscina - Solução

Sua tarefa é pegar os trechos de código da piscina e inseri-los nas linhas em branco do código. Você **não** pode usar o mesmo trecho mais de uma vez e não precisará usar todos os trechos. Seu **objetivo** é fazer a função randomizer funcionar da mesma forma que é intencionada: as partes do rosto não podem ficar em branco.

```javascript
var w = 367;
var m = 10;

function getRandom(num){
        var my_random_num = Math.floor(Math.random()*num);
        return my_random_num;
}
function randomize(){
        $(".face").each(function(index){
                var target_position = getRandom(m);
                var current_position = clix[index] ;
                clix[index] = target_position;
                if(target_position > current_position) {
                        var move_to = (target_position - current_position) * w;
                        $(this).animate({left:"-="+move_to+"px"},500 );
                }else if(target_position < current_position){
                        var move_to = (current_position - target_position) * w;
                        $(this).animate({left:"+="+move_to+"px"},500 );
                }else{
                        // They are the same - Don't move it.
                }
        });
};
```

Rode o código a seguir para cada elemento que seja membro da classe face.

Se a variável target_position for maior que current_position...
...subtraia target_position de current_position.
Mova a faixa de imagem para a esquerda. Isso significa que precisamos usar animate({left:"-="...}).

Se a variável target_position for menor que current_position.
Substraia target_position de current_position e...
...mova a faixa de imagem para a direita. Isso significa que precisamos usar animate({left:"+="...}).

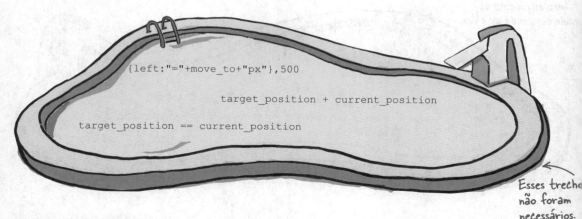

Trechos na piscina (não necessários):
- `{left:"="+move_to+"px"},500`
- `target_position + current_position`
- `target_position == current_position`

Esses trechos não foram necessários.

282   Capítulo 7

funções **customizadas**

O randomizer está funcionando bem agora. Suponho que precisaremos de outra função customizada para retornar tudo, correto?

Exatamente.

Lembra-se do botão reset no arquivo *index.html* há algumas páginas atrás? Agora você só precisa ligá-lo com uma função customizada de `reset`.

Ímãs de Geladeira do jQuery

Coloque os ímãs de código na ordem apropriada para escrever o código do botão reset e construir sua função de retorno customizada. Fizemos alguns deles para você.

```
$("#btnReset").click( reset );
```

```
function reset(){
```

```
}
```

```
$(".face")
```

```
});
```

```
$(this)
```

```
.each(function(index){
```

```
.animate({left:"0px"},500);
```

```
clix[index] = 0;
```

você está aqui ▶ **283**

ímãs de geladeira do jquery solução

Ímãs de Geladeira do jQuery - Solução

E voilà! Apenas algumas linhas breves colocam tudo de volta no lugar para recomeçar.

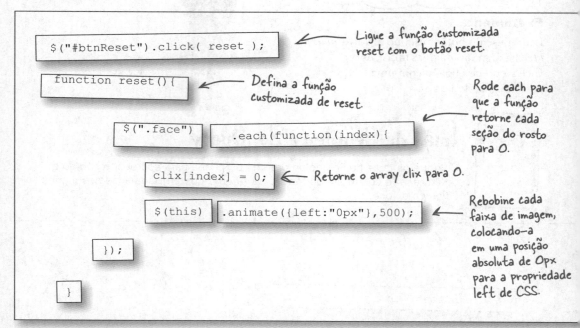

não existem Perguntas Idiotas

P: Todos os navegadores possuem o objeto `window`?

R: Sim, todos os navegadores modernos possuem um objeto `window` com que você pode interagir. Cada objeto `window`, por aba em seu navegador, também terá um objeto `document` separado, dentro do qual sua página web será carregada.

P: Então, por que eu tenho de mover da posição relativa para a atual? Não posso simplesmente mover para qualquer lugar que o número aleatório disser que eu vá?

R: Isso poderia funcionar, exceto por que você teria de retornar sua imagem para a posição inicial e, depois, movê-la para qualquer lugar que a função aleatória disser para você movê-la. Isso duplicará a quantidade de código que você terá de escrever e manter e deixará sua aplicação consideravelmente lenta.

P: Como a função `reset` funciona?

R: A função `reset` simplesmente faz o loop em cada elemento com a classe `face` e define sua propriedade `left` de CSS para 0. Ela define cada item no array `clix` para ser 0 também — assim como era quando carregamos a página.

funções *customizadas*

Faça isso!

Abaixo, você encontrará todo o código que você construiu nas últimas páginas. Se você ainda não fez isso, acrescente o código em negrito em seu arquivo *my_scripts.js* e prepare-se para testar toda a nova funcionalidade que você construiu.

```javascript
var w = 367; //width of the face strip
var m = 10; //number of the monster face strip we're on
$("#btnRandom").click( randomize );
$("#btnReset").click( reset );

function getRandom(num){
        var my_random_num = Math.floor(Math.random()*num);
        return my_random_num;
}
function randomize(){
        $(".face").each(function(index){
                var target_position = getRandom(m);
                var current_position = clix[index] ;
                clix[index] = target_position;
                        if( target_position > current_position ) {
                        var move_to = (target_position - current_position) * w;
                                $(this).animate({left:"-="+move_to+"px"},500);
                        }else if( target_position < current_position ){
                                var move_to = (current_position - target_position) * w;
                                $(this).animate({left:"+="+move_to+"px"},500);
                        }else{
                                // They are the same - Don't move it.
                        }
        });
}

function reset(){
        $(".face").each(function(index){
                clix[index] = 0;
                $(this).animate({left:"0px"},500);
        });
}
```

my_scripts.js

você está aqui ▶ **285**

bom trabalho!

Test Drive

Depois de digitar o código da página anterior, abra a página *index.html* em seu navegador favorito para testar as funções `randomize` e `reset`. Clique no botão Randomize de 10 a 20 vezes para garantir que fez um teste completo. Clique também no botão reset intermitentemente, para garantir que tudo esteja funcionando como você quer que funcione.

Tudo funciona!

As seções do rosto do monstro devem ir para a direita e para a esquerda agora, o que traz ainda mais interesse visual para seus usuários.

E o botão reset coloca tudo de volta da maneira que começou.

cruzadinha jQuery

*funções **customizadas***

É hora de sentar e dar algo para o lado esquerdo do seu cérebro fazer. Essa cruzadinha é padrão; todas as palavras das respostas fazem parte deste livro.

Horizontal

6. Diz para uma função rodar repetidamente e com um intervalo de tempo entre cada repetição.

7. Manipulador de evento de JavaScript que detecta quando a janela perde o foco.

9. Um método de JavaScript usado para cancelar o período de tempo de espera entre as repetições.

10. Usado para "passar" as variáveis ou objetos para uma função. Dica: Pense nos parênteses.

11. Método do jQuery que coloca uma pausa entre os efeitos em uma cadeia de método.

Vertical

1. Manipulador de evento que detecta quando a janela recebe um clique, entrada do teclado ou algum outro tipo de entrada.

2. Funções que retornam valores às vezes são indicadas como funções _____.

3. Uma propriedade do objeto `window` que permite que você acesse as diferentes URLs que a janela carregou com o tempo.

4. O objeto global que é criado toda vez que o visitante abre uma nova janela em seu navegador.

5. Use esse método cronometrado de JavaScript quando quiser definir um período de tempo de espera até dizer para uma função rodar.

8. O que algumas pessoas chamam de função que faz uma coisa e faz bem: uma função _____.

você está aqui ▶ **287**

cruzadinha jquery solução

cruzadinha jQuery – Solução

É hora de sentar e dar algo para o lado esquerdo do seu cérebro fazer. Essa cruzadinha é padrão; todas as palavras das respostas fazem parte deste livro.

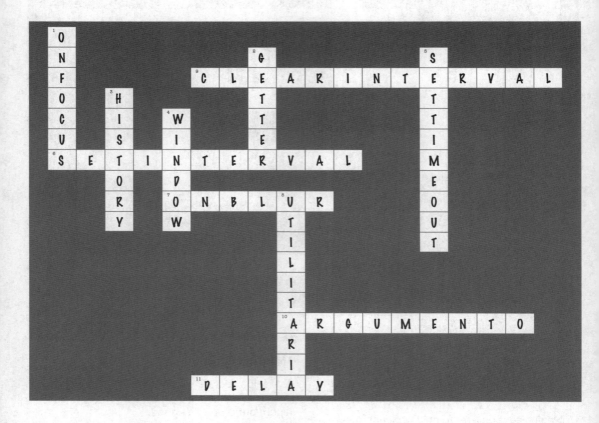

sua caixa de ferramentas jquery

Sua Caixa de Ferramentas jQuery

Agora que adquiriu os conhecimentos do Capítulo 7, você acabou de acrescentar o objeto window, as funções cronometradas e as funções customizadas em sua caixa de ferramentas.

Objeto window

Esse é o objeto principal de JavaScript.

Ele possui propriedades, manipuladores de evento e métodos que o ajudam a detectar e responder aos eventos do navegador.

onFocus diz quando uma janela do navegador está ativa.

onBlur detecta quando uma janela perde o foco.

Funções cronometradas

Métodos disponíveis para o objeto window.

setTimeout espera um período definido de tempo antes de dizer para uma função rodar.

setInterval roda uma função repetidamente, com certa quantidade de tempo no meio.

clearInterval limpa o agendamento das chamadas de função com repetição.

Funções customizadas otimizadas

Escrever suas próprias funções customizadas permite que você realmente comece a fazer páginas web interativas que as pessoas desejarão usar.

Mas você também pode perder o controle; portanto, é importante ver como combinar e otimizar melhor suas funções, de forma que você escreva menos código com manutenção e depuração mais simples.

8 jQuery e Ajax

Por favor, passe os dados

Uma pitada de Ajax, uma gota de jQuery e sete xícaras de creme de leite. Tem certeza de que você escreveu essa receita certo, querido?

Usar jQuery para fazer truques legais com CSS e DOM é divertido, mas logo você precisará ler informações (ou dados) de um servidor e exibi-las. Talvez você até tenha de atualizar pequenas partes da página com as informações do servidor, sem ter de recarregar a página. É aí que entra o Ajax. Combinado com jQuery e JavaScript, ele pode fazer exatamente isso. Neste capítulo, aprenderemos como jQuery faz para realizar chamadas do Ajax com o servidor e o que ele pode fazer com as informações retornadas.

este capítulo é novo

aloha dados em tempo real!

Traga a Corrida Bit to Byte para este século

De: Marketing da WebCorps Weblândia
Assunto: Página de resultados da 42ª Corrida Anual Bit to Byte

Olá, Equipe de Web Design,

Como todos vocês estão cientes, todo ano patrocinamos a Corrida Anual de 10km da Weblândia, fornecendo a página de resultados da corrida. Mas a nossa página está bem desatualizada, pois só a atualizamos depois que todos os resultados saem. As pessoas querem gratificação instantânea e, com o Twitter e o Facebook, o pessoal que participa da corrida está nos superando, dando resultados em tempo real.

Então temos um desafio para você com uma bela recompensa. Se puder atualizar, até a semana que vem, nossa página de resultados da Weblândia, para que nos dê resultado em tempo real, você poderá nos encontrar na seção VIP no final da corrida. (Ah, nós mencionamos que a corrida é em Maui este ano?)

Veja o que precisamos:

1) A página deve fornecer a opção de mostrar os corredores masculinos ou femininos, ou todos os participantes de uma vez.

2) Ela deve fornecer atualizações automáticas enquanto os corredores atravessam a linha de chegada.

3) As pessoas não devem ter de atualizar a página conforme os resultados são atualizados.

4) Finalmente, queremos indicar na página quando ela foi atualizada e a frequência das atualizações e permitir que as pessoas tenham a capacidade de começar e parar as atualizações se quiserem.

Não ficará muito diferente da página do ano passado; portanto, seria um bom lugar para começar. Esse evento é grande, mal podemos esperar para ver o que você conseguirá!

Dionah C. Housney
   Diretora de Marketing
   MegaCorp Weblândia

jQuery e Ajax

Analisando a página do ano passado

Vamos dar uma olhada na página do ano passado para ver como ela foi configurada e como ficou, para podermos entender melhor o que está sendo pedido pelo departamento de marketing.

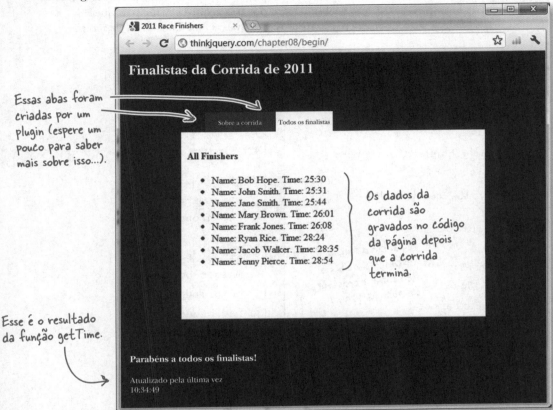

Essas abas foram criadas por um plugin (espere um pouco para saber mais sobre isso...).

Os dados da corrida são gravados no código da página depois que a corrida termina.

Esse é o resultado da função getTime.

Configurando um plugin

Os plugins são *extensões* para a base da biblioteca JavaScript que melhoram a funcionalidade ou simplificam funções específicas ou tarefas. No exemplo acima, combinando com nossa CSS, o plugin `idTabs` converte nosso elemento `ul` em abas clicáveis e diz ao links `a` em nosso `li`s quais elementos `div` mostrar quando eles são clicados. Esse plugin específico nos dá uma estrutura de navegação fácil de usar em nossa página; portanto, podemos manter tipos diferentes de informação visualmente separados, mas, ainda assim, usar a mesma área de exibição.

Não se preocupe muito com o plugin. Os plugins fornecem funcionalidade adicional para a biblioteca padrão do jQuery. Veremos mais sobre eles no Capítulo 10, mas, por enquanto, vamos ver o que esse plugin pode fazer para acelerar nosso projeto...

você está aqui ▶ **293**

código pronto download

Antes de continuarmos, vamos olhar os arquivos do ano passado, para ver como as coisas foram configuradas. O código deve estar no arquivo *last_year.zip* (junto com todos os outros arquivos que você pode baixar para este capítulo em *http://thinkjquery.com/chapter08*). Essa é uma análise parcial dos três arquivos principais que precisaremos: *my_style.css*, *index.html* e *my_scripts.js*.

```css
body{
    background-color: #000;
    color: white;
}
                    Um comentário de CSS
/* Style for tabs */
#main {                    A partir daqui, o
  color:#111;              restante da CSS é
  width:500px;             dedicada à construção
  margin:8px auto;         de abas na página.
}
#main > li, #main > ul > li
{ list-style:none; float:left; }
#main ul a {
  display:block;
  padding:6px 10px;
  text-decoration:none!important;
  margin:1px 1px 1px 0;
  color:#FFF;
  background:#444;
}
```

```css
#main ul a:hover {
  color:#FFF;
  background:#111;
}
#main ul a.selected {
  margin-bottom:0;
  color:#000;
  background:snow;
  border-bottom:1px solid snow;
  cursor:default;
}
#main div {
  padding:10px 10px 8px 10px;
  *padding-top:3px;
  *margin-top:-15px;
  clear:left;
  background:snow;
  height: 300px ;
}
#main div a {
  color:#000; font-weight:bold;
}
```

my_style.css

jQuery e Ajax

Crie os links que serão convertidos em abas pelo plugin.

Os elementos div para manter o conteúdo da aba.

```html
<div id="main">
    <ul class="idTabs">
        <li><a href="#about">About the Race</a></li>
        <li><a href="#finishers">All Finishers</a></li>
    </ul>
    <div id="about">
        <h4>About the race</h4>This race Bit to Byte Campaign!
    </div>
    <div id="finishers">
        <h4>All Finishers</h4>
            <ul id="finishers_all">
                <li>Name: Bob Hope. Time: 25:30</li>
                <li>Name: John Smith. Time: 25:31</li>
                <li>Name: Jane Smith. Time:  25:44</li>
                ...
            </ul>
    </div>
...
<script src="scripts/jquery-1.6.2.min.js"></script>
<script src="scripts/my_scripts.js"></script>
<script src="scripts/jquery.idTabs.min.js"></script>
```

Parte dos corredores do ano passado, gravados no código da página. Deve ter sido maçante atualizar isso...

Inclui os arquivos JavaScript, como de costume. Usamos o mesmo método para incluir plugins.

index.html

```javascript
$(document).ready(function(){
    getTime();
    function getTime(){
        var a_p = "";
        var d = new Date();
        var curr_hour = d.getHours();
        (curr_hour < 12) ? a_p = "AM" : a_p = "PM";
        (curr_hour == 0) ? curr_hour = 12 : curr_hour = curr_hour;
        (curr_hour > 12) ? curr_hour = curr_hour - 12 : curr_hour = curr_hour;
        var curr_min = d.getMinutes().toString();
        var curr_sec = d.getSeconds().toString();
        if (curr_min.length == 1) { curr_min = "0" + curr_min; }
        if (curr_sec.length == 1) { curr_sec = "0' + curr_sec; }
        $('#updatedTime').html(curr_hour + ":" + curr_min + ":" + curr_sec + "
        " + a_p );
    }
});
```

Chama nossa função getTime customizada.

Uma nova instância do objeto Date de JavaScript.

Métodos do objeto Date.

Um operador ternário de JavaScript (daqui a pouco saberemos um pouco mais sobre isso).

my_scripts.js

você está aqui ▶ **295**

tchau-tchau resultados gravados no código

Tornando-se dinâmica

A equipe de marketing quer que a página seja atualizada quase em tempo real; então, aqueles resultados gravados no código do arquivo HTML têm de sair. E eles só usaram JavaScript para atualizar a hora na página! Essa é a oportunidade perfeita para colocar seu jQuery no próximo nível. Bem-vindo à próxima geração de *aplicações* web, onde jQuery, JavaScript e um pouquinho de Ajax e XML podem fazer suas aplicações de desktop parecerem receptivas e *dinâmicas* (basicamente, o oposto de *estáticas*).

Ajax, que significa "Asynchronous JavaScript and XML", é uma forma de passar dados em um formato estruturado entre um servidor web e um navegador, sem interferir no visitante do site. Com Ajax, suas páginas e aplicações só pedem para o servidor o que elas realmente precisam – apenas as partes de uma página que precisam mudar e apenas os dados para essas partes que o servidor tem de fornecer. Isso significa menos tráfego, atualizações menores e menos tempo esperando as atualizações da página.

E o melhor de tudo, uma página do Ajax é construída usando tecnologias padrão da Internet, coisas que você já viu neste livro ou já sabe como usar, como:

- **HTML**
- **CSS**
- **JavaScript**
- **O DOM**

Para usar o Ajax, veremos um formato de dados que está em circulação há um tempo (XML) e o método do jQuery para cuidar de requisições do Ajax, `ajax`.

> Quando você usa Ajax, suas páginas web só pedem para o servidor o que elas realmente precisam, quando (e onde) precisam.

296 Capítulo 8

jQuery e Ajax

ANTIGA web, conheça a NOVA web

Apesar de conhecer um pouco do jQuery agora, lidar com os dados ameaça a nossa volta aos tempos da antiga web, onde tínhamos de atualizar a página inteira ou criar um vínculo com uma página separada, para obter alguns ou todos os dados para atualização. E, depois, voltaríamos aos sites que parecem parados, enquanto a página inteira tem de ser requisitada ao servidor, toda vez. Qual é o sentido em aprender um monte de coisas interessantes do jQuery se a manipulação dos dados só nos fará retroceder novamente?

Entre com o Ajax

O Ajax nos permite trocar dados com um servidor de uma maneira dinâmica. Usando Ajax e alguma manipulação do DOM, é possível carregar ou recarregar somente uma *parte* da página com o jQuery e JavaScript.

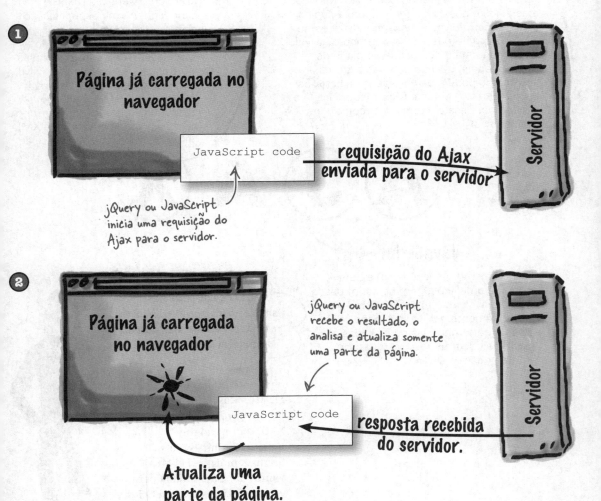

você está aqui ▶ 297

tem tudo a ver com os dados

Compreendendo Ajax

Conforme mencionamos anteriormente, Ajax é uma maneira de passar dados em um formato estruturado entre um servidor web e um navegador, sem interferir no visitante do site. Mas, de fato, não é apenas uma coisa – é uma combinação de tecnologias diferentes usadas para construir aplicações web interessantes, interativas. A parte de JavaScript permite que ela interaja com a estrutura do DOM da sua página. *Assíncrono* significa que pode acontecer no plano de fundo, sem interferir na página ou em um usuário interagindo com sua página. E o X tem tudo a ver com os dados.

O que é Ajax?

Assíncrono

JavaScript faz uma requisição para o servidor, mas ainda é possível interagir com a página, digitando em formulários web e até mesmo clicando em botões – todo o tempo o servidor web ainda está funcionando no plano de fundo. Depois, quando o servidor terminar, seu código pode atualizar apenas a parte da página que foi alterada. Mas você nunca fica esperando. Essa é a força das requisições assíncronas!

XML

XML, ou eXtensible Markup Language, é uma especificação para armazenar informações. Também é uma especificação para descrever a estrutura dessa informação. E, uma vez que XML é uma linguagem de marcação (assim como HTML), ela não possui tags próprias. Ela permite que a pessoa que escreve a XML crie quaisquer tags que precisar.

JavaScript

JavaScript, como você já sabe bem agora, é uma linguagem de script usada no desenvolvimento do conteúdo web, principalmente para criar funções que podem ser embutidas ou incluídas a partir de documentos HTML e para interagir com o DOM.

Mas nós não podemos simplesmente usar HTML? Por que precisamos de outra linguagem de marcação?

Sim, você poderia usar HTML. Mas, para a *transferência* da informação, XML oferece alguns benefícios únicos em sua linguagem irmã, HTML. Vamos dar uma olhada para ver quais são esses benefícios.

298   Capítulo 8

jQuery e Ajax

O fator X

XML é um acrônimo para e**X**tensible **M**arkup **L**anguage. Ela oferece uma maneira padrão amplamente adotada de representar texto e dados em um formato que pode ser processado sem muita interação humana. As informações formatadas em XML podem ser trocadas entre plataformas, aplicações e até mesmo entre linguagens escritas e de programação. Também pode ser usada com uma ampla variedade de ferramentas de desenvolvimento e utilitários. XML é fácil de ser criado e editado; tudo o que você precisa é de um simples editor de texto e da declaração XML no topo do arquivo. O resto é com você!

XML não FAZ qualquer coisa

Pode parecer um pouco estranho, mas XML não *faz* muita coisa por si só. XML estrutura e armazena informações de transporte. De fato, XML é realmente uma metalinguagem para descrição de linguagens de marcação. Em outras palavras, XML fornece uma facilidade para definir tags e os relacionamentos estruturais entre elas. É importante entender que XML não é uma substituição do HTML. XML é um *complemento* para o HTML. Em muitas aplicações web, XML é usado para formatar dados de transporte, enquanto HTML é usado para formatar e exibir os dados. Vamos dar uma olhada de perto no arquivo XML que contém dados sobre alguns livros.

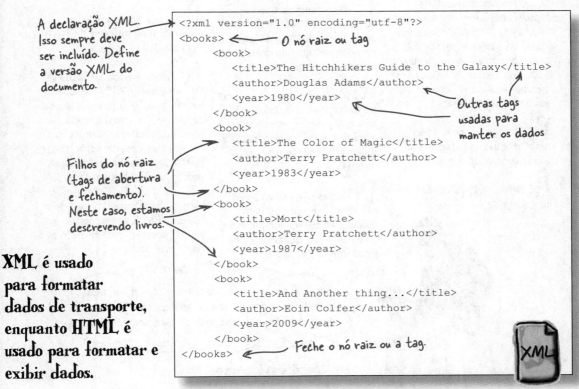

XML é usado para formatar dados de transporte, enquanto HTML é usado para formatar e exibir dados.

books.xml

você está aqui ▶ **299**

não existem Perguntas Idiotas

P: Então o grande negócio do XML é que você pode criar suas próprias tags?

R: Exatamente! É bastante conveniente ser capaz de definir elementos e a estrutura que serve em seu negócio. Melhor ainda, XML é um padrão; então, muitas pessoas sabem como trabalhar com ele. Isso significa que seu vocabulário é utilizável, por muitos programadores, em programas do lado cliente e do lado servidor.

P: Não seria mais fácil apenas fazer nosso próprio formato de dados?

R: Inicialmente, pode parecer isso, mas os formatos de dados proprietários — aqueles que você faz para uso próprio — podem realmente causar muitos problemas. Se você não os documentar, as pessoas podem esquecer como eles funcionam. E se alguma coisa mudar, você precisa garantir que tudo esteja atualizado: o cliente, o servidor, o banco de dados, a documentação... isso pode ser uma verdadeira dor de cabeça.

P: Então as pessoas estão realmente usando XML quanto você faz parecer?

R: Dada sua flexibilidade para criar quaisquer estruturas de dados que você precisar, XML é usado como uma base para muitos tipos diferentes de linguagens de marcação pela Web. Existem mais de 150 tipos diferentes de linguagens que usam XML, que variam desde RSS (RDF Site Summary, também conhecido como Real Simple Syndication) para feeds de notícias ou áudio/vídeo, até KML (Keyhole Markup Language) para informações geográficas usadas no Google Earth, ao OOXML (Office Open XML), um padrão apresentado pela Microsoft para arquivos de editor de texto, apresentações de planilhas etc., SVG (scalable vector graphics), que descreve imagens em duas dimensões, e ao SOAP (Simple Object Access Protocol), que define métodos de troca de informações em Serviços Web. Uau, realmente são muitos usos para o XML!

P: OK, entendi porque devemos usar XML, mas ele não se torna um "formato de dados proprietário" quando começamos a declarar nomes do elemento?

R: Não, definitivamente não. Essa é a beleza do XML: ser flexível. O servidor e o cliente precisam procurar os mesmos nomes de elemento, mas, geralmente, você pode resolver isso no tempo de execução.

P: Mas as páginas web não são todas assíncronas, como quando um navegador carrega uma imagem enquanto já estou visualizando a página?

R: Os *navegadores* são assíncronos, a página web padrão não é. Normalmente, quando uma página web precisa de informação de um programa do lado servidor, tudo para completamente até que o servidor responda... a menos que a página faça uma requisição assíncrona. E é disso que se trata o Ajax.

P: Como eu sei quando usar Ajax e as requisições assíncronas, e quando não usar?

R: Pense nele assim: se quiser algo em andamento, enquanto seu usuário ainda está trabalhando, provavelmente você desejará uma requisição assíncrona. Mas se seu usuário precisar de informações ou uma resposta da sua aplicação antes de continuar, então você deseja fazê-lo esperar. Normalmente, isso significa que a requisição é síncrona.

P: Eu não deveria usar o XHTML para interagir com o XML?

R: História divertida: XHTML é XML. Em sua essência, o XHTML não é tão semelhante ao HTML quanto as pessoas pensam. XHTML é uma linguagem mais rígida quando se fala em análise sintática e origina-se da mesma família do XML. Mas isso não significa que ele pode analisar sintaticamente ou interagir com ele melhor que o HTML pode. A marcação deste livro está na verdade usando o HTML 5, que abrangerá o XHTML5 sempre que as especificações padrão forem lançadas.

Estou ansioso para continuar com Ajax, mas primeiro precisamos que nossa estrutura seja configurada para isso, não é? Sempre foi assim...

Você está certo.

Vamos sair da nossa rota, assim podemos continuar acrescentando Ajax em nossa página.

jQuery e Ajax

Ímãs de Geladeira do Código HTML

Arrume os ímãs de geladeira para completar o código e criar duas novas abas que possam exibir partes diferentes de informações: uma para finalistas masculinos (com ID `male`) e uma para finalistas femininas (com ID `female`). É possível remover a aba **About**, mas manter a aba **All Finishers**. Em cada seção, coloque um elemento `ul` vazio que conterá seus corredores. Além disso, remova todo o conteúdo existente do elemento `finishers_all ul`.

```
<body>
    <header>
        <h2>_____</h2>
    </header>
    <div id="main">
        <ul class="idTabs">
            <li><a href="_____">Male Finishers</a></li>
            <li><a href="#female">_____</a></li>
            <li><a href="#all">All Finishers</a></li>
        </ul>
        <div id="male">
            <h4>Male Finishers</h4>
            <ul id="_____"></ul>
        </div>
        <div _____>
            <h4>Female Finishers</h4>
            <ul id="finishers_f"></ul>
        </div>
        <div _____>
            <h4>All Finishers</h4>
            <ul id=_____></ul>
        </div>
    </div>
    <footer>
        <h4>Congratulations to all our finishers!</h4>
        <br>Last Updated: <div id=_____></div>
    </footer>
    <script src="scripts/jquery-1.6.2.min.js"></script>
    <script src=_____></script>
    <script src="scripts/jquery.idTabs.min.js"></script>
</body>
```

Ímãs:
- `"scripts/my_scripts.js"`
- `#male`
- `"finishers_all"`
- `2011 Race Finishers!`
- `"updatedTime"`
- `Female Finishers`
- `finishers_m`
- `id="female"`
- `id="all"`

ímãs de geladeira do código HTML solução

Ímãs de Geladeira do Código HTML - Solução

Agora você deve ter duas novas abas; cada uma delas para os corredores masculinos e femininos.

```
<body>
    <header>
        <h2> 2011 Race Finishers! </h2>
    </header>
    <div id="main">
        <ul class="idTabs">
            <li><a href=" #male ">Male Finishers</a></li>
            <li><a href="#female"> Female Finishers </a></li>
            <li><a href="#all">All Finishers</a></li>
        </ul>
        <div id="male">
            <h4>Male Finishers</h4>
            <ul id=" finishers_m "></ul>
        </div>
        <div  id="female"  >
            <h4>Female Finishers</h4>
            <ul id="finishers_f"></ul>
        </div>
        <div  id="all"  >
            <h4>All Finishers</h4>
            <ul id= "finishers_all" ></ul>
        </div>
    </div>
    <footer>
        <h4>Congratulations to all our finishers!</h4>
        <br>Last Updated: <div id= "updatedTime" ></div>
    </footer>
    <script src="scripts/jquery-1.6.2.min.js"></script>
    <script src= "scripts/my_scripts.js" ></script>
    <script src="scripts/jquery.idTabs.min.js"></script>
</body>
```

index.html

Nossa lista de finalistas

Inclua um plugin do jQuery para construir nossas abas.

jQuery e Ajax

Test Drive

Atualize seu arquivo *index.html* com o código que você completou no exercício dos ímãs e abra-o em seu navegador favorito.

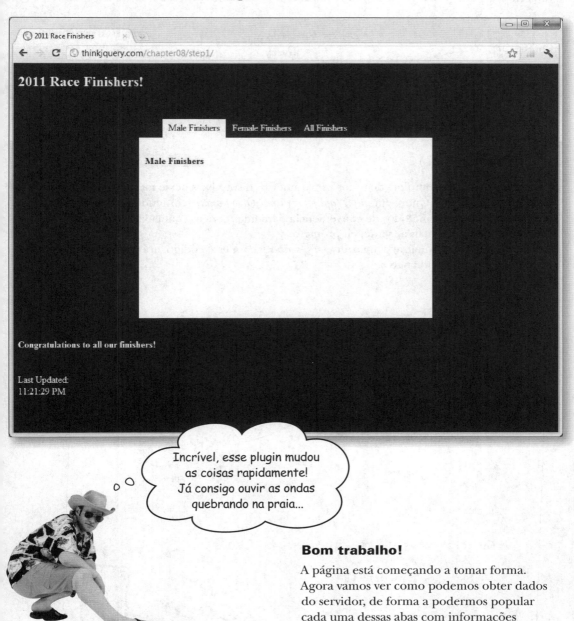

Incrível, esse plugin mudou as coisas rapidamente! Já consigo ouvir as ondas quebrando na praia...

Bom trabalho!

A página está começando a tomar forma. Agora vamos ver como podemos obter dados do servidor, de forma a podermos popular cada uma dessas abas com informações reais da corrida.

você está aqui ▶ **303**

hora de ficar sério com GET

Obtenha dados com GET, usando o método ajax.

Você quer dados? jQuery e Ajax são ótimos para fornecê-los a você. O método Ajax do jQuery retorna um objeto (lembra-se deles no Capítulo 6, certo?) com dados sobre a ação particular que você está tentando realizar. O método `ajax` pode aceitar muitos parâmetros diferentes e pode postar dados com POST *para* ou obter dados com GET *de* um servidor.

O atalho do jQuery ———→ `$.ajax({` ← O método ajax do jQuery

A URL do que você deseja obter com GET via Ajax. ——→ `url: "my_page.html"`

Rode essa função se o método Ajax for bem-sucedido. Colocaremos mais código aqui daqui a pouco.

`success: function(data){`

`}`

Os dados retornados da chamada Ajax

`});`

Para obter uma lista completa de todos os parâmetros disponíveis nesse método, visite o site da documentação do jQuery em *http://api.jquery.com/jQuery.ajax/* (conteúdo em inglês). Há também uma série de métodos de conveniência para lidar com as chamadas Ajax. Falaremos sobre eles um pouco mais à frente, eu prometo.

Por enquanto, basta atualizar seu arquivo *my_scripts.js* com esse código, apenas incluindo o novo código em negrito abaixo.

```
$(document).ready(function(){
    $.ajax({
        url: "finishers.xml",
        cache: false,
        dataType: "xml",
        success: function(xml){
        }
    });

    getTime();

    function getTime(){
        var a_p = "";
        var d = new Date();
```

Carregue o arquivo finishers.xml via Ajax.

Este parâmetro armazena os resultados localmente. Isso pode reduzir as chamadas do servidor.

O tipo de dados que estamos esperando receber do servidor.

my_scripts.js

304 *Capítulo 8*

jQuery e Ajax

Test Drive

Atualize seu arquivo *my_scripts.js* com o código da página anterior. Depois, faça o download do arquivo XML para este capítulo, em *http://thinkjquery.com/chapter08/step2/finishers.xml*, e salve-o no mesmo diretório do seu arquivo *index.html*. Quando terminar, abra *index.html* em seu navegador e abra a aba "Network" (nas ferramentas de desenvolvimento do Google Chrome) ou a aba "Net" (no Firebug do Firefox). Seu arquivo XML deve estar listado lá, junto com os outros arquivos da sua página.

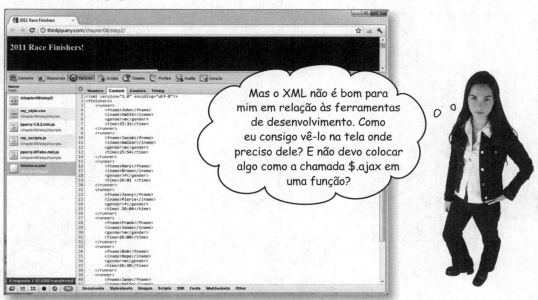

Mas o XML não é bom para mim em relação às ferramentas de desenvolvimento. Como eu consigo vê-lo na tela onde preciso dele? E não devo colocar algo como a chamada $.ajax em uma função?

Boa observação.

Agora que sabemos que é possível carregar o arquivo XML no navegador, precisamos selecionar o texto necessário e exibi-lo na tela. Precisaremos de uma maneira de encontrar *cada* corredor para acrescentá-lo na lista correta da página. E, sim, é recomendável colocar as chamadas `ajax` em funções, para que você possa chamá-las sempre que precisar delas.

As chamadas de ajax estão sujeitas à política de mesma origem!

A *política de mesma origem* é um conceito de segurança para JavaScript e outras linguagens de script do lado do cliente. Ela permite que os scripts que rodam na página acessem recursos, como propriedades e métodos do elemento, que **originam-se do mesmo servidor**. Isso evita que os scripts acessem elementos nas páginas que não vieram do mesmo servidor. Devido ao legado da compatibilidade, as inclusões de JavaScript não estão sujeitas a essas verificações, mas o arquivo XML do exemplo está. Isso significa que o arquivo XML **deve estar no mesmo servidor que a página que o carrega**.

você está aqui ▶ **305**

fazendo loop com os métodos find e each

Analisando os dados XML

Precisamos de um método para selecionar cada corredor de nosso arquivo XML e ser capaz de exibi-lo na tela. Felizmente, o jQuery nos fornece o método `find`, cuja tarefa é procurar elementos que combinam quaisquer critérios que damos a ele. `find` permite que busquemos através dos elementos descendentes em um grupo estruturado, hierárquico de informações, assim como a árvore do DOM ou um documento XML, e construa um novo array com os elementos correspondentes. Os métodos `find` e `children` são semelhantes (vimos o método `children` no Capítulo 4, quando estávamos construindo o menu do Restaurante Weblândia), exceto que o último só viaja um nível abaixo da árvore do DOM. E talvez precisemos ir além disso...

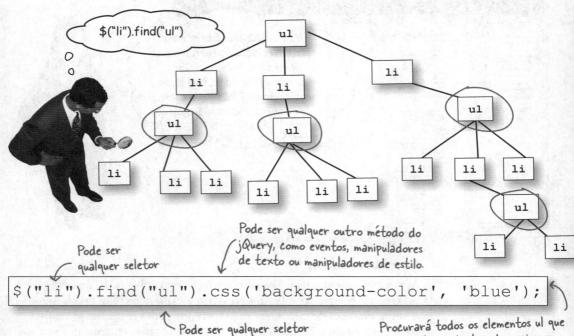

Ao combinar o método find com o método each, podemos procurar um grupo de elementos e interagir com cada um individualmente, usando um loop.

Você consegue pensar com quais partes do nosso documento XML precisaríamos interagir para exibir os corredores individuais na tela?

jQuery e Ajax

Ímãs de Geladeira do código jQuery

Reorganize os ímãs de código para criar uma função chamada `getXMLRacers`, que chamará o método `ajax` e carregará o arquivo *finishers.xml*. Quando o carregamento terminar com sucesso, esvazie todas as listas que terão as informações e, depois, procure cada corredor no arquivo XML e determine se o corredor é masculino ou feminino. Coloque os corredores na lista apropriada ao gênero e sempre acrescente-os na lista `finishers_all`. Depois, chame a função `getTime` para atualizar a hora na página.

```
function _ _ _ _ _ _ _ _ _ _ _ _ _ _
    $.ajax({
        url: _ _ _ _ _ _ _ _ _ _ _ _ _ _ _ _ _ _ ,
        cache: false,
        dataType: "xml",
        _ _ _ _ _ _ _ _ _ function(xml){
          $( _ _ _ _ _ _ _ _ _ _ _ _ _ _ _ _ ).empty();
          $('#finishers_f') _ _ _ _ _ _ _ _ _ ;
          $('#finishers_all').empty();
          $(xml).find _ _ _ _ _ _ _ _ _ _ _ _ _ _ _ _ (function() {
            var info = '<li>Name: ' + $(this).find _ _ _ _ _ _ _ _ _ + ' ' + $(this).
find("lname").text() + '. Time: ' + _ _ _ _ _ _ _ _ _ _ _ _ _ _ _ _ .text() + '</li>';
            if( $(this).find("gender").text() == "m" ){
              $('#finishers_m').append _ _ _ _ _ _ _
            }else if ( $(this).find("gender").text() == "f" ){
              _ _ _ _ _ _ _ _ _ _ _ _ _ _ _ _ _ _ _ .append(info);
            }else{  }
              _ _ _ _ _ _ _ _ _ _ _ _ _ _ _ _ _ _ .append(info);
        });
        _ _ _ _ _ _ _ _ _ _
      }
    });
}
```

Magnets:
- `"finishers.xml"`
- `getXMLRacers(){`
- `getTime();`
- `success:`
- `(info)`
- `$('#finishers_all')`
- `#finishers_m`
- `("runner").each`
- `$('#finishers_f')`
- `.empty()`
- `("fname").text()`
- `$(this).find("time")`

my_scripts.js

ímãs de geladeira do código jQuery solução

Ímãs de Geladeira do Código jQuery - Solução

Usando `find` e `each`, é possível fazer loop no arquivo *finishers.xml*, verificar o gênero e acrescentar cada corredor na aba apropriada de sua aplicação web.

```
function getXMLRacers(){
    $.ajax({
        url: "finishers.xml",
        cache: false,
        dataType: "xml",
        success: function(xml){
            $( '#finishers_m' ).empty();
            $('#finishers_f').empty();
            $('#finishers_all').empty();
            $(xml).find("runner").each(function() {
                var info = '<li>Name: ' + $(this).find("fname").text() + ' ' + $(this).find("lname").text() + '. Time: ' + $(this).find("time").text() + '</li>';
                if( $(this).find("gender").text() == "m" ){
                    $('#finishers_m').append(info);
                }else if ( $(this).find("gender").text() == "f" ){
                    $('#finishers_f').append(info);
                }else{
                    $('#finishers_all').append(info);
                }
            });
            getTime();
        }
    });
}
```

- `"finishers.xml"` → (url do ajax)
- **Esvazie todos os elementos ul para que eles possam obter dados atualizados.**
- **Faça loop em cada elemento runner no arquivo XML.**
- **Verifique o gênero de cada corredor, para que você possa acrescentá-lo na lista correta.**
- **Além disso, coloque cada corredor na lista finishers_all.**
- **Chame a função getTime para atualizar a página com o último horário que a função getXMLRacers foi chamada.**

my_scripts.js

Nesse exemplo, a linha que começa com "var info=..." era longa demais para a página; então, tivemos de deixá-la continuar na linha seguinte. Não será necessário fazer isso em seu código.

308   *Capítulo 8*

jQuery e Ajax

Test Drive

Atualize seu arquivo *my_scripts.js* com a função `getXMLRacers`. Depois, substitua a chamada da função `getTime` (na seção `document.ready`) com uma chamada para a função `getXMLRacers` no lugar. A função `getTime` agora é chamada dentro dessa nova função. Certifique-se de que rodou seu código em seu servidor web; portanto, a URL deve dizer *http://*, não *file://*. Mais uma vez, certifique-se de que seu arquivo XML está no mesmo servidor que seu arquivo HTML ou você encontrará aqueles problemas desagradáveis de permissão de mesma origem.

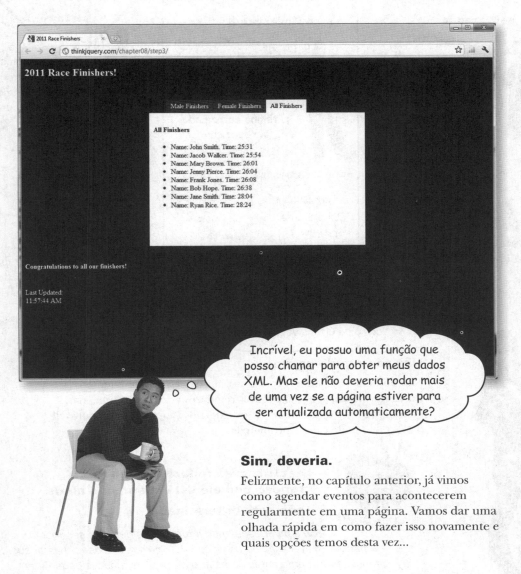

Incrível, eu possuo uma função que posso chamar para obter meus dados XML. Mas ele não deveria rodar mais de uma vez se a página estiver para ser atualizada automaticamente?

Sim, deveria.

Felizmente, no capítulo anterior, já vimos como agendar eventos para acontecerem regularmente em uma página. Vamos dar uma olhada rápida em como fazer isso novamente e quais opções temos desta vez...

você está aqui ▶ **309**

tudo em boa hora

Programando eventos em uma página

No último capítulo, vimos que JavaScript e jQuery oferecem métodos de cronometragem que chamam funções que rodam com base no passar do tempo. O objeto window de JavaScript possui quatro métodos de controle de tempo: `setTimeout`, `clearTimeout`, `setInterval` e `clearInterval`. jQuery fornece o método `delay`, mas ele foca nos efeitos e não oferece opção de agendamento ou repetição de ações. Portanto, ele não nos ajudará aqui...

métodos de cronometragem de JavaScript | método delay do jQuery

setTimeout

Use-me quando quiser definir um período de tempo de espera até dizer para uma função rodar.

```
setTimeout(myFunction, 4000);
```

A função que será chamada quando a duração de timeout se passar.

O cronômetro delay (em milissegundos).

setInterval

Eu digo para uma função rodar repetitivamente com um intervalo de tempo entre cada repetição.

```
setInterval(repeatMe, 1000);
```

A função que será repetida depois que cada intervalo estiver ativo.

O intervalo de tempo entre as chamadas de função (em milissegundos).

delay

Eu coloco uma pausa entre efeitos que são enfileirados em uma cadeia de efeitos.

```
slideDown().delay(5000).
            slideUp();
```

Quando essa cadeia roda, ela é conhecida no jQuery como fila de efeitos.

Neste exemplo, o método delay coloca uma pausa de cinco segundos entre os efeitos slideUp e slideDown.

É óbvio, não é? Usamos **setInterval**, assim como da última vez. Correto?

Não tão rápido assim!

Não podemos ter tanta certeza, `setInterval` normalmente funcionaria para agendar eventos regulares em uma página, mas, quando é dependente de recursos externos (como nosso arquivo de dados), ele pode causar problemas.

`setInterval` rodará mesmo que a função que ele está chamando ainda não estiver terminada.

Se estiver esperando informações de outro servidor ou esperando a interação do usuário, `setInterval` poderia chamar sua função novamente antes de estar pronto. Suas funções podem nem sempre retornar na ordem que você as chamou.

jQuery e Ajax

Funções de autorreferenciamento

Uma função de _autorreferenciamento_ chama a si mesma durante suas operações normais. Essas funções podem ser particularmente úteis quando você precisar esperar a operação da função, atualmente em andamento, ser completada antes de rodá-la novamente. Combine isso com uma chamada `setTimeout` e você poderá agendar uma função para rodar, mas só manter em andamento se a chamada anterior da função foi bem-sucedida. Do contrário, não atingirá a autochamada no código e, por isso, não será chamada novamente.

Aponte o seu lápis

Crie uma função chamada `startAJAXcalls`, que é chamada quando a página é carregada e que chamará a função `getXMLRacers` a cada 10 segundos. Defina uma variável no início do arquivo de script, dentro da função `$(document).ready`, chamada `FREQ`, e defina para o número de milissegundos que precisaremos como parâmetro para a frequência de nossas chamadas repetidas para a função `getXMLRacers`. Use `setTimeout` para chamar a função `startAJAXcalls`, de forma a torná-la autorreferenciadora depois que a função `getXMLRacers` estiver completa. Você também precisará chamar a função `startAJAX` calls diretamente em seu código para começar o cronômetro.

```
$(document).ready(function(){

    ...........................................

    function startAJAXcalls(){
        ...........................................
                ...........................................
                ...........................................
            .....................
            .....................
        .....................
    }
    getXMLRacers();

    ...........................................

    function getXMLRacers(){
        $.ajax({
            url: "finishers.xml",
            cache: false,
```

my_scripts.js

você está aqui ▶ **311**

aponte seu lápis solução

Aponte o seu lápis
Solução

Esta solução usa `setTimeout`, dentro da função `startAJAXcalls`, para chamar a função `getXMLRacers` e pegar nosso XML, mais uma chamada para si. Essa autochamada garante que a próxima chamada só aconteça quando a última for completada. Isso garante que não haja um acúmulo de requisições no servidor se a rede for lenta ou se a resposta do servidor não voltar antes da próxima chamada que está agendada para ser feita.

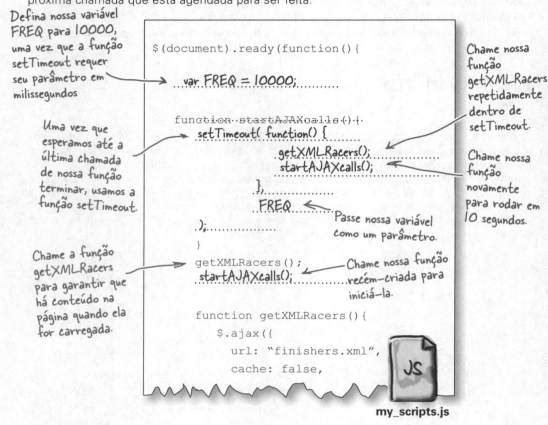

não existem Perguntas Idiotas

P: Tudo o que eu li sobre o Ajax diz que eu preciso usar o objeto XMLHttpRequest; isso está certo?

R: Sim, mas não com o jQuery. Como programador web, você não tem de usar esse objeto. O jQuery faz isso para você ao usar o método `ajax`. Além disso, uma vez que as chamadas de Ajax podem diferir por navegador, o jQuery entende a melhor maneira de fazer uma requisição do Ajax para cada um dos visitantes do seu site.

P: O que acontece se o servidor retorna um erro ou não responde? Ele ficará parado e esperará para sempre?

R: Não, a requisição não esperará para sempre. Você pode definir um timeout como um de seus parâmetros em sua chamada `ajax`. Além disso, assim como o parâmetro de evento `success`, que pode rodar uma função, há outra para manipular `error`, `complete` e muitos outros. Esses eventos podem ser definidos como eventos locais, quando o método `ajax` é chamado, ou como eventos globais, para ativar quaisquer manipuladores que possam estar ouvindo-os.

jQuery e Ajax

Test Drive

Atualize seu arquivo *my_scripts.js* com o novo código que você acabou de criar. Além disso, não se esqueça de acrescentar uma chamada para a nova função logo depois de sua chamada para a função `getXMLRacers` na parte inferior do seu script. Depois, visualize a página em seu navegador e use o recurso "Network" do Google Chrome ou o recurso "Net" do Firebug do Firefox para ver o arquivo carregado a cada 10 segundos. Quando você vir isso acontecendo, atualize seu arquivo XML, usando seu editor de texto favorito, com a entrada listada abaixo e veja seu novo corredor aparecer na sua página... (Não se esqueça de salvar o arquivo XML depois de atualizá-lo!)

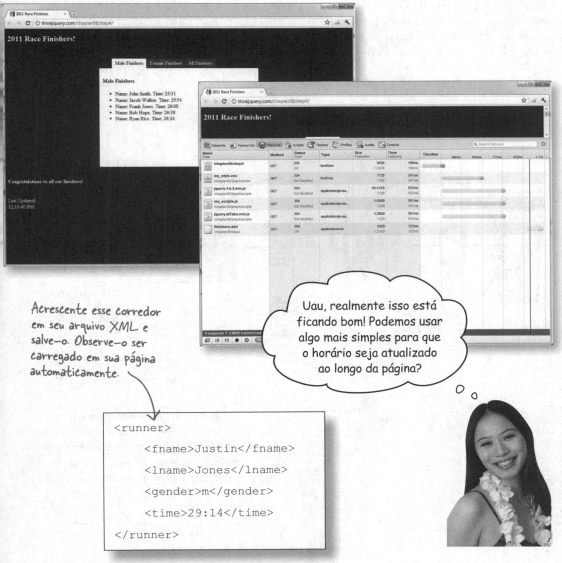

Acrescente esse corredor em seu arquivo XML e salve-o. Observe-o ser carregado em sua página automaticamente.

```
<runner>
    <fname>Justin</fname>
    <lname>Jones</lname>
    <gender>m</gender>
    <time>29:14</time>
</runner>
```

Uau, realmente isso está ficando bom! Podemos usar algo mais simples para que o horário seja atualizado ao longo da página?

você está aqui ▶   313

quem não quer mais?

Obtendo mais de seu servidor

Como vimos até aqui, o HTML é ótimo para *exibir* informações em uma página e o XML é ótimo para *formatar dados de transporte* em uma página, mas e se você precisar que sua página na verdade *faça* algo, como dizer a hora ou obter dados de um banco de dados? É claro, poderíamos provavelmente fazer mais algumas coisas divertidas com o jQuery e JavaScript, mas por que não usar algo criado para essa tarefa?

Linguagens do lado servidor para nossa salvação!

Existem vários tipos diferentes de linguagens do lado do servidor – como JSP, ASP ou Cold Fusion –, mas focaremos apenas em um de nossos objetivos: PHP.

PHP (que significa PHP: Hypertext Processor – sim, ele é um acrônimo dentro de um acrônimo, e não nos pergunte porquê!) é uma linguagem de script gratuita, com objetivos gerais do lado servidor, usada para produzir páginas web dinâmicas. Os arquivos que contêm código PHP são rodados no servidor e produzem HTML, que é concedido, então, para que um navegador o renderize. Veremos o PHP em mais detalhes no próximo capítulo, mas, por enquanto, veremos como ele pode nos ajudar com nosso recurso de "hora atualizada".

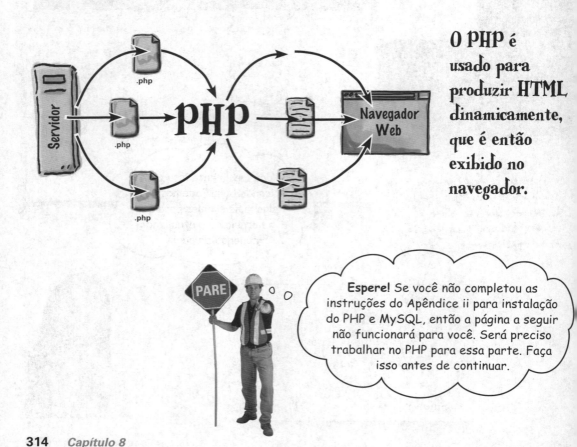

O PHP é usado para produzir HTML dinamicamente, que é então exibido no navegador.

Espere! Se você não completou as instruções do Apêndice ii para instalação do PHP e MySQL, então a página a seguir não funcionará para você. Será preciso trabalhar no PHP para essa parte. Faça isso antes de continuar.

jQuery e Ajax

Que horas são?

Ok, vamos confessar, já *existe* uma função de JavaScript que poderíamos usar para obter a hora. Mas essa função é grande, complicada para fazer algo tão simples. Por sorte, o PHP nos concede uma maneira muito fácil de obter a hora, usando a função date. Assim como as funções que você criou até esta altura, são necessários diversos parâmetros e retornos de uma versão diferente de data, dependendo de quais parâmetros você passar. O principal parâmetro determina como você quer que a data seja exibida. Vamos dar uma olhada de perto.

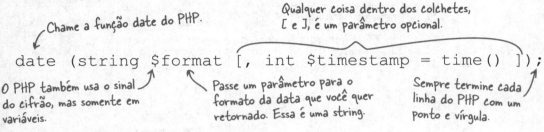

Para ter uma lista completa dos parâmetros da função date, visite *http://php.net/manual/pt_BR/function.date.php*.

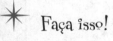

Crie um novo arquivo na mesma pasta do seu arquivo *index.html* e chame-o de *time.php*. Acrescente o código a seguir em seu novo arquivo *time.php*.

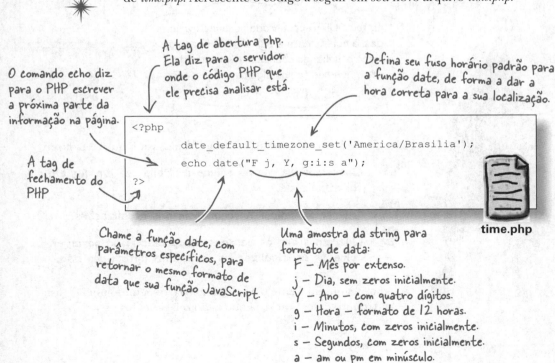

você está aqui ▶ **315**

test drive

Test Drive

Depois de salvar seu arquivo *time.php*, traga-o para o seu navegador, para garantir que a data está no formato correto. O código PHP **deve** rodar em seu servidor web; portanto, a URL deve dizer *http://*, e não *file://*. Depois, certifique-se de que a URL está apontando para o servidor onde você está desenvolvendo seu código.

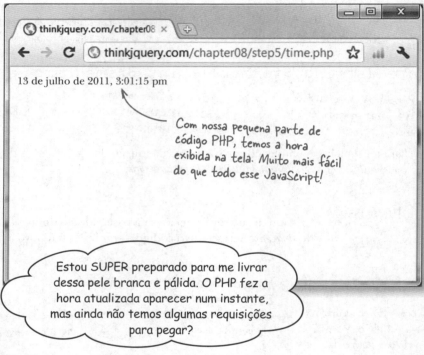

Sim, ainda não entraremos no avião. Vamos ver o que resta fazer:

① **Queremos indicar na página a última vez em que ela foi atualizada.**

② **Queremos indicar a frequência das atualizações.**

③ **Queremos dar às pessoas a capacidade de parar e começar as atualizações, caso elas optem por isso.**

Vamos seguir em frente para o primeiro e o segundo item da lista. Cuidaremos deles juntos, já que estão relacionados.

jQuery e Ajax

Aponte o seu lápis

Acrescente uma tag `<span>`, com o ID `freq`, no rodapé de sua página *index.html*. Ela será usada para indicar o resultado de uma nova função, chamada `showFrequency`, que deve exibir com que frequência a página é atualizada. Depois, crie outra função, chamada `getTimeAjax`, que carregará o arquivo *time.php*, usando o método `load` – um método de conveniência do jQuery para o Ajax. Esse método pegará uma URL como parâmetro e escreverá o resultado automaticamente no `div` com o ID de `updatedTime`. Por último, substitua a chamada para a função `getTime`, em `getXMLRacers`, com essa nova função `getTimeAjax`.

```
<footer>
    <h4>Congratulations to all our finishers!</h4>
    .................................................
    <br><br>
    Last Updated: <div id="updatedTime"></div>
</footer>
<script src="scripts/jquery-1.6.2.min.js"></script>
<script src="scripts/my_scripts.js"></script>
```

index.html

```
function ...............................
    ............................"Page refreshes every " + FREQ/1000 + " second(s).");
}
.
.
.
.
function ....................
    $(....................).load(....................);
    }
```

my_scripts.js

você está aqui ▶ **317**

aponte seu lápis solução

Aponte o seu lápis — Solução

Agora você acrescentou uma tag `<span>` com o ID de `freq` no rodapé da sua página *index.html*, para exibir com que frequência a página foi atualizada. Você também criou uma nova função `getTimeAjax`, que carrega o arquivo *time.php*, usando o método de conveniência `load` do Ajax, que escreverá o resultado em `updatedTime.div`. Você também atualizou a função `getXMLRacers` para usar a nova função `getTimeAjax`, em vez de a função `getTime` de JavaScript.

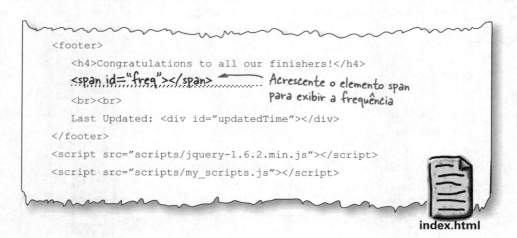

```
<footer>
    <h4>Congratulations to all our finishers!</h4>
    <span id="freq"></span>   ← Acrescente o elemento span
                                 para exibir a frequência
    <br><br>
    Last Updated: <div id="updatedTime"></div>
</footer>
<script src="scripts/jquery-1.6.2.min.js"></script>
<script src="scripts/my_scripts.js"></script>
```

index.html

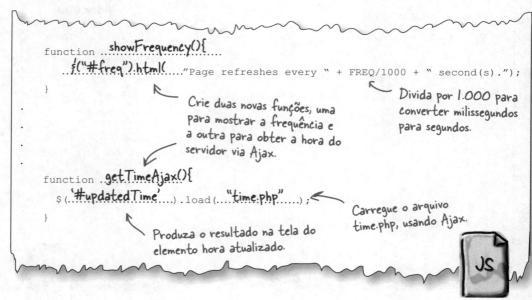

```
function showFrequency(){
    $("#freq").html("Page refreshes every " + FREQ/1000 + " second(s).");
}
```
← Divida por 1.000 para converter milissegundos para segundos.

← Crie duas novas funções, uma para mostrar a frequência e a outra para obter a hora do servidor via Ajax.

```
function getTimeAjax(){
    $('#updatedTime').load("time.php");
}
```
← Carregue o arquivo time.php, usando Ajax.

← Produza o resultado na tela do elemento hora atualizado.

my_scripts.js

jQuery e Ajax

Test Drive

Atualize seu arquivo *my_scripts.js* com o novo código que você acabou de criar. Além disso, não se esqueça de acrescentar o novo elemento span em seu arquivo *index.html* e substitua a chamada da função getTime pela função getTimeAjax.

1. ~~Queremos indicar na página a última vez em que ela foi atualizada.~~
2. ~~Queremos indicar a frequência das atualizações.~~
3. Queremos dar às pessoas a capacidade de parar e começar as atualizações, caso elas optem por isso.

Mas como iremos parar uma função que chama a si mesma?

Isso é complicado.
Precisaremos mudar a função para ela rodar somente quando certas condições forem atendidas.

Que recurso nós vimos até aqui que verifica se as condições foram atendidas?

você está aqui ▶ **319**

outra verificação condicional

Desativando eventos programados em sua página

Nos Capítulos 5 e 7, criamos um "monstro" de função, usando `setTimeout` para chamar continuamente as funções que produziram os efeitos do relâmpago. Isso levou a algumas consequências inesperadas – a página perdeu o foco e os efeitos visuais se empilharam um por cima do outro quando alguém retornava para a aplicação. Porém, uma vez que já determinamos que precisamos esperar até que a chamada anterior seja concluída, não podemos mudar e usar `setInterval` nessas chamadas.

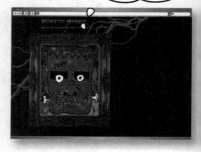

Precisamos achar uma solução melhor. E que solução melhor do que a que já vimos? Não podemos usar os eventos do navegador `window.onblur` e `window.onfocus`, uma vez que não queremos que as pessoas tenham de sair para interromper a atualização. Mas já vimos, em vários capítulos, como rodar código com base na *lógica condicional*; portanto, vamos usá-la para nossa solução aqui também.

Você consegue pensar na estrutura da lógica condicional que poderíamos usar para isso? (Dica: Já a usamos para verificar o gênero dos corredores no arquivo XML.)

não existem Perguntas Idiotas

P: Que outras coisas, além do XML, o Ajax pode carregar na página?

R: Usando o jQuery, é possível carregar todos os tipos de informações na página. Como você viu, usando o método `load`, é possível carregar os resultados de um arquivo PHP em seu elemento HTML. Além disso, você pode carregar outros arquivos HTML, arquivos JavaScript, texto simples e objetos JSON (JavaScript Object Notation). Veremos sobre JSON no próximo capítulo.

P: Que outros métodos de conveniência existem para o Ajax no jQuery?

R: O jQuery possui cinco métodos de conveniência ou de atalho para o Ajax: `get`, `getJSON`, `getScript`, `post` e `load`. Os quatro primeiros são chamados usando o objeto jQuery. Mas `load` pode ser chamado de qualquer elemento – que será o destino dos dados retornados.

P: Quando eu devo usar o método `load` e quando devo usar `ajax`?

R: O método `load` foi criado para carregar uma parte específica de dados em um local específico, como fazemos com nossa função `getTimeAjax`. O método `ajax` é muito mais complexo e possui muitos outros objetivos e parâmetros. Ele pode ser usado para carregar outras informações ou enviar dados para o servidor processar. Veremos mais sobre isso no próximo capítulo.

jQuery e Ajax

Aponte o seu lápis

Crie uma variável global, chamada `repeat`, com um valor padrão `true`. Crie uma função que altere a variável de repetição com o clique de um novo botão, dando a ela o ID `btnStop`. Defina o HTML do elemento `span` com o ID de `freq` para dizer "Atualizações pausadas". Depois, crie um botão, chamado `btnStart`, que definirá a variável global `repeat` para `true`, assim como chamará as funções `startAJAXcalls` e `setTimeout` se a variável `repeat` for `true`. Acrescente os novos botões na área do rodapé da página.

```
$(document).ready(function(){

    .............................
    var FREQ = 10000;
    function startAJAXcalls(){

        ..................
            setTimeout( function() {
                getXMLRacers();
                startAJAXcalls();
            },
            FREQ
        ..................
    );
.
.

    $("#btnStop").click(function(){
        ..................
        $("#freq").html(....................);
    });

..............................function(){

        ..................
        startAJAXcalls();
        ..................
    });
```

my_scripts.js

```
<footer>
    <h4>Congratulations to all our finishers!</h4>
    ..................................................
    ..................................................
    <br>
    <span id="freq"></span> <br><br>
```

index.html

você está aqui ▶ **321**

aponte seu lápis solução

Aponte o seu lápis
Solução

Quando terminar, você deve ter uma variável chamada `repeat`, que controlará se a função chamará a si mesma, ou não, novamente para obter o arquivo XML para a atualização. O valor dessa variável deve ser controlado pelos botões `btnStop` e `btnStart`, que são colocados na área do rodapé da página. Esses botões também definem o texto do elemento `freq span` para mostrar mensagens diferentes, dependendo ou não se a página está sendo atualizada.

Defina a variável para um valor padrão de true, para que ele atualize quando a página for carregada.

Verifique se a variável repeat é true.

Defina a variável para false quando o botão btnStop for clicado.

Defina a variável de volta para true quando o botão btnStart for clicado. Depois, chame a função startAJAXcalls, para começar a obter o arquivo novamente.

```javascript
$(document).ready(function(){

    var repeat = true;
    var FREQ = 10000;
    function startAJAXcalls(){

        if(repeat) {
            setTimeout( function() {
                getXMLRacers();
                startAJAXcalls();
                },
                FREQ

            ); }

.
.

    $("#btnStop").click(function(){
        repeat = false;
        $("#freq").html("Updates paused.");
    });

    $("#btnStart").click( function(){

        repeat = true;
        startAJAXcalls();
        showFrequency();
    });
```

my_scripts.js

Acrescente os novos botões na área do rodapé da página.

```html
<footer>
    <h4>Congratulations to all our finishers!</h4>
    <button id="btnStart">Start Page Updates</button>
    <button id="btnStop">Stop Page Updates</button>

    <br>
    <span id="freq"></span> <br><br>
```

index.html

322 *Capítulo 8*

jQuery e Ajax

Test Drive

Atualize seu arquivo *my_scripts.js* e seu arquivo *index.html* com o novo código que você acabou de criar. Depois, carregue a página em seu navegador favorito para garantir que tudo ainda funciona. Experimente os novos botões para garantir que eles param as requisições de Ajax. Você será capaz de ver isso na aba "Network" do Chrome do Google ou na aba "Net" do Firebug do Firefox.

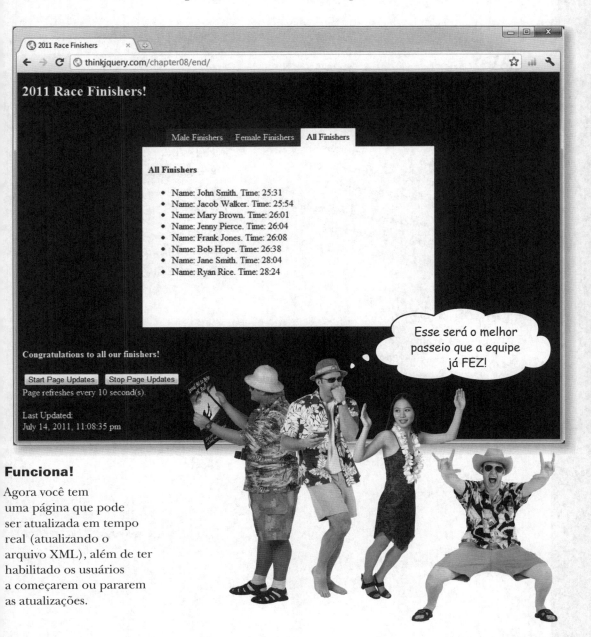

Funciona!

Agora você tem uma página que pode ser atualizada em tempo real (atualizando o arquivo XML), além de ter habilitado os usuários a começarem ou pararem as atualizações.

você está aqui ▶   **323**

sua caixa de ferramentas jQuery/Ajax

Sua Caixa de Ferramentas jQuery/Ajax

Agora que adquiriu os conhecimentos do Capítulo 8, você acabou de acrescentar um pouco de PHP, alguma coisa de XML e muita coisa de Ajax em sua caixa de ferramentas.

Ajax

Uma combinação de tecnologias que permite que você atualize parte de uma página web sem ter de recarregar a página inteira.

Faz chamadas para um servidor de backend que pode processar dados antes de enviá-los de volta.

O jQuery implementa a funcionalidade do Ajax através do método ajax.

XML

Uma linguagem de marcação rígida, mas ainda assim flexível, usada para descrever dados e estrutura de dados.

Pode ser usada para armazenamento de informações ou para formatar dados de transferência.

Usada em muitas tecnologias web comuns como RSS, SOAP/Web Services e SVG.

Atalhos ajax()

Existem cinco atalhos para o ajax no jQuery, todos configurados para ter parâmetros diferentes por padrão, mas, por fim, chamando o método ajax:

$.get
$.getJSON
$.getScript
$.post
$.load

PHP

Uma linguagem de script do lado servidor que permite que você manipule o conteúdo da página web no servidor antes que uma página seja entregue ao navegador do cliente.

9 manipulando dados JSON
Cliente, Conheça o Servidor

Flores? Espero que haja alguns dados acompanhado-as. Se bem que isso pode ser o início de uma linda amizade.

Apesar de a leitura de dados a partir de um arquivo XML ter sido útil, nem sempre isso funcionará. Um formato de troca de dados mais eficiente (JavaScript Object Notation, ou JSON) facilitará para que você obtenha os dados do lado servidor. JSON também é mais fácil de ser gerado e lido do que o XML. Ao usar jQuery, PHP e SQL, você aprenderá como criar um banco de dados para armazenar informações, de modo que possa recuperá-las mais tarde, usando JSON, e exibi-las na tela, usando jQuery. Uma verdadeira aplicação web super poderosa!

acho que deveríamos ter verificado com o marketing...

O Departamento de Marketing da MegaCorp Weblândia não conhece o XML

De: **Marketing da Megacorp Weblândia**
Assunto: **Re: Página de resultados da 42ª Corrida Anual Bit to Byte**

Olá, Equipe de Web Design,

Gostamos bastante das atualizações que vocês fizeram no site.
No entanto, temos um problema: ninguém em nosso escritório sabe XML! Portanto, não sabemos como acrescentar novos finalistas no site da corrida.

Nós tentamos, mas toda vez fazemos errado e isso faz com que o site faça algumas coisas estranhas... Os finalistas não aparecem ou os campos desaparecem da página, mesmo que estejam no arquivo XML. É muito esquisito.

O que gostaríamos mesmo é de uma maneira de simplesmente digitar em algumas caixas e clicar em um botão para acrescentar um finalista. Você consegue fazer isso?

E, se errarmos, você consegue fazer isso sem que pausemos o site inteiro?

Sei que faltam só três dias para viajarmos para o Havaí, mas gostaríamos mesmo desse trabalho pronto antes de irmos. Você acha que consegue fazer isso a tempo?

Dionah C. Housney
    Diretora de Marketing
Megacorp Weblândia

Corrida Anual de 10km Bit to Byte

A corrida deste ano será em Maui, portanto, reserve já a sua vaga!

manipulando dados JSON

Os erros de XML quebram a página

Quando existem erros no XML, a lógica que escrevemos para ler e analisar esse XML falha. Esses erros acontecem principalmente quando há problemas com as tags, como se esquecer de fechar uma tag ou ter o tipo de letra maiúscula ou minúscula errado no nome da tag. Porém, os dados nas tags também podem provocar alguns problemas de XML se não for codificado para uso no XML da forma adequada.

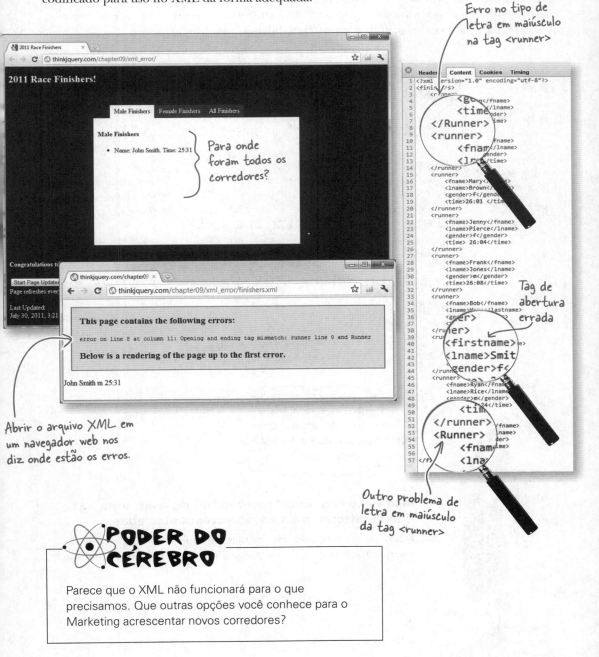

PODER DO CÉREBRO

Parece que o XML não funcionará para o que precisamos. Que outras opções você conhece para o Marketing acrescentar novos corredores?

você está aqui ▶ **327**

formulários para nos salvar

Colete dados de uma página web

É provável que você já tenha pensado em usar um **formulário** HTML. Com um formulário, é possível coletar todos os tipos de dados e enviá-los para o servidor para processamento. Os formulários possuem vários tipos diferentes de elementos usados para coletar vários tipos de dados. Veremos os formulários em muito mais detalhes no Capítulo 10, mas, por enquanto, vamos apenas usar dois dos elementos mais básicos do formulário: uma caixa de texto e uma lista suspensa. Você pode até ser profissional em formulários, mas vamos dar apenas uma olhada rápida para sabermos com o que estamos lidando aqui.

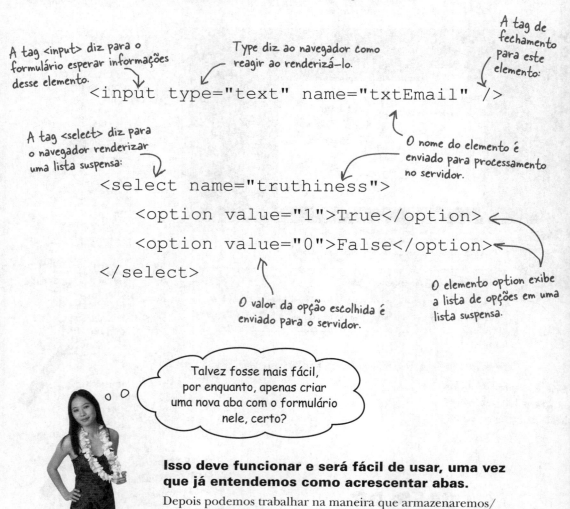

Isso deve funcionar e será fácil de usar, uma vez que já entendemos como acrescentar abas.

Depois podemos trabalhar na maneira que armazenaremos/recuperaremos esses dados para exibição nas listas dos Finalistas.

manipulando dados JSON

HTML & CSS Prontos

Atualize seu arquivo *index.html* com uma aba adicional para acrescentar novos finalistas através de um formulário. Depois, atualize a entrada em seu arquivo *my_style.css* para deixar o elemento com o ID main maior.

```css
#main {
  background:#181818;
  color:#111;
  padding:15px 20px;
  width:600px;
  border:1px solid #222;
  margin:8px auto;
}
```
my_style.css

```html
<ul class="idTabs">
    <li><a href="#male">Male Finishers</a></li>
    <li><a href="#female">Female Finishers</a></li>
    <li><a href="#all">All Finishers</a></li>
    <li><a href="#new">Add New Finisher</a></li>
</ul>
<div id="male">
    <h4>Male Finishers</h4><ul id="finishers_m"></ul>
</div>
<div id="female">
    <h4>Female Finishers</h4><ul id="finishers_f"></ul>
</div>
<div id="all">
    <h4>All Finishers</h4> <ul id="finishers_all"></ul>
</div>
<div id="new">
    <h4>Add New Finisher</h4>
    <form id="addRunner" name="addRunner" action="service.php" method="POST">
        First Name: <input type="text" name="txtFirstName" id="txtFirstName" /> <br>
        Last Name: <input type="text" name="txtLastName" id="txtLastName" /> <br>
        Gender: <select id="ddlGender" name="ddlGender">
            <option value="">--Please Select--</option>
            <option value="f">Female</option>
            <option value="m">Male</option>
        </select><br>
        Finish Time:
        <input type="text" name="txtMinutes" id="txtMinutes" size="10" maxlength="2" />(Minutes)
        <input type="text" name="txtSeconds" id="txtSeconds" size="10" maxlength="2" />(Seconds)
        <br><br>
        <button type="submit" name="btnSave" id="btnSave">Add Runner</button>
        <input type="hidden" name="action" value="addRunner" id="action">
    </form>
</div>
```

Acrescente a nova aba, chamada "Add New Finisher".

Acrescente um novo formulário HTML para coletar e postar dados para o servidor.

A ação diz ao formulário para onde deve ser enviado para processamento.

O método determina como os dados serão enviados para o servidor.

Um campo HTML hidden. Usaremos mais dele daqui a pouco.

index.html

você está aqui ▶ **329**

test drive

Abra o arquivo *index.html* em seu navegador e selecione a aba **Add New Finisher** para ver o novo formulário e os campos acrescentados em sua página.

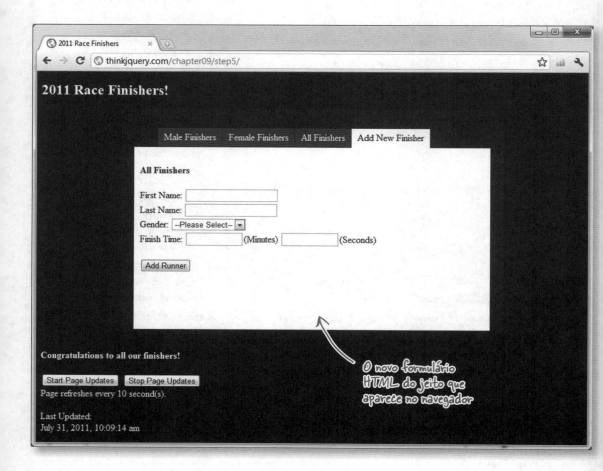

O novo formulário HTML do jeito que aparece no navegador

Agora que você tem um formulário adequado para coletar os dados, como você acha que devemos fazer para armazená-los e recuperá-los?

manipulando dados JSON

O que fazer com os dados

Agora precisamos enviar os dados coletados pelo formulário para o servidor e armazená-los de alguma maneira. Para fazer isso, usaremos outra linguagem, PHP, para inserir os dados em um *banco de dados*. Não se preocupe! Vamos fazer com que você acelere no PHP e nos bancos de dados daqui a pouco, mas primeiro vamos focar em como obter os dados do formulário para o servidor.

Há dois métodos de envio de dados para o servidor, usando HTTP: GET e POST. A principal diferença entre GET e POST é como os dados são enviados para o servidor. GET acrescentará os nomes e os valores no campo do formulário ao final da URL como pares de chave/valor. O PHP pode ler essa informação de um array associativo, chamado $_GET[ ], que é enviado para o servidor quando o formulário é disparado. Os dados são visíveis depois de ? na URL.

POST envia os dados – em um array associativo também, mas codificado de forma diferente – e não é visível para o usuário final na URL. O array associativo $_POST[ ] contém todas as informações dos elementos do formulário. Esse, assim como o array $_GET[ ], é uma série de pares de chave/valor dos nomes e valores do elemento do formulário.

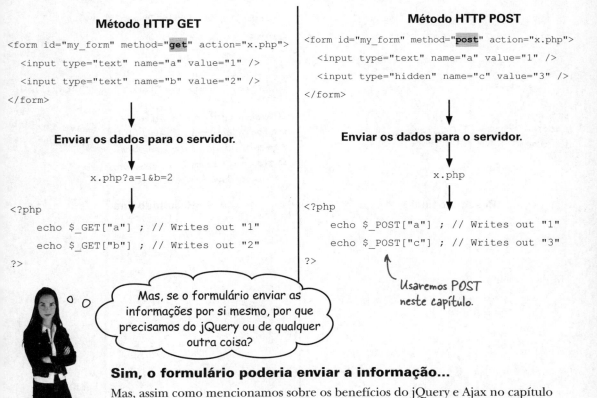

Sim, o formulário poderia enviar a informação...

Mas, assim como mencionamos sobre os benefícios do jQuery e Ajax no capítulo anterior, você não tem de recarregar a página inteira para receber ou enviar os dados; portanto, o usuário não verá a página inteira recarregar todas as vezes. Porém, antes de enviar os dados para o servidor usando jQuery e Ajax, é preciso preparar-se para o envio.

você está aqui ▶ **331**

uma serialização séria

Formate os dados antes de enviá-los

Antes que possamos enviar informações para o servidor (usando Ajax), precisamos fazer um pequeno preparo para entrar em um formato que a chamada do Ajax possa enviar e o servidor entenderá. Para fazer isso, *serializamos* nossos dados em um único objeto, assim a chamada do Ajax pode enviá-los como um único pacote. O jQuery oferece dois métodos auxiliares de formulário para serializar os dados: `serialize` e `serializeArray`. O primeiro juntará todas as entradas do seu formulário em uma única string de pares de chave/valor, separadas pelo "e" comercial (**&**). O segundo criará um array associativo de pares de chave/valor, que ainda é um objeto único, mas é muito mais estruturado do que o resultado do método simples `serialize`. Veremos os dois, mas usaremos `serializeArray` em nossos dados da maratona.

serialize

```html
<form id="my_form">
  <input type="text" name="a" value="1" />
  <input type="text" name="b" value="2" />
  <input type="hidden" name="c" value="3" />
</form>
```

```javascript
$("#my_form").serialize();
```

O seletor de ID do formulário

O método serialize

Resultado final

```
a=1&b=2&c=3
```

serializeArray

```html
<form id="my_form">
  <input type="text" name="a" value="1" />
  <input type="hidden" name="c" value="3" />
</form>
```

```javascript
$("#my_form:input").serializeArray();
```

O seletor de ID do formulário, seguido pelo filtro de entrada do elemento HTML. Ele diz para o seletor olhar somente os elementos HTML do tipo "input".

Chame o método serializeArray.

Resultado final

```
[
  {
    name: "a",
    value: "1"
  },
  {
    name: "c",
    value: "3"
  }
]
```

manipulando dados JSON

Envie os dados para o servidor

O jQuery fornece um método de atalho, `post`, dedicado para enviar dados para o servidor. O método `post` leva vários parâmetros, incluindo a URL para a qual você quer enviar sua informação, a informação que você quer enviar e uma função manipuladora que rodará quando POST estiver completo.

```
$.post(url_to_send, data, function(json){

});
```

- Atalho do jQuery
- A URL para a qual você deseja enviar os dados.
- Os dados que você quer enviar, que já foram serializados.
- Rode essa função de callback.
- Os dados retornados, em um objeto chamado json. Não se preocupe com isso por enquanto; falaremos sobre ele mais à frente no capítulo.

Ímãs de Geladeira do Código jQuery

Crie um escutador de evento click em `#btnSave` que pega todos os dados no formulário e os serializa. Depois envie essa informação para o servidor, usando um método `post` do jQuery. Pegue a URL que será postada a partir do atributo `action` do formulário. Depois, crie uma função `clearInputs`, que define todos os valores dos campos do formulário para branco, se o envio for **bem-sucedido**. Também será preciso cancelar a ação de envio padrão do formulário (retornando `false`), usando um escutador `.submit` no formulário com o ID `addRunner`.

```
$('_____').click(function() {
   var data = $("#addRunner :input")._____();
   $.post($("#addRunner").attr('action'), _____ , _____(json){
      if (json.status == "fail") {
         alert(json._____);
      }
      if (json.status == _____) {
         alert(json.message);
         clearInputs();
      }
   }, "json");
});
function _____{
   $("#addRunner :input").each(function(){
      $(this).val('');
   });
}
$("#addRunner")._____(function(){
   return false;
});
```

Ímãs disponíveis:
`serializeArray`, `"success"`, `message`, `data`, `#btnSave`, `function`, `submit`, `clearInputs()`

my_scripts.js

você está aqui ▶ **333**

ímãs de geladeira do código jQuery solução

Ímãs de Geladeira do Código jQuery - Solução

Crie um escutador de evento click em `#btnSave` que pega todos os dados no formulário e os serializa. Depois envie essa informação para o servidor, usando um método `post` do jQuery. Pegue a URL que será postada a partir do atributo `action` do formulário. Depois, crie uma função `clearInputs`, que define todos os valores dos campos do formulário para branco, se o envio for **bem-sucedido**. Também será preciso cancelar a ação de envio padrão do formulário (retornando `false`), usando um escutador `.submit` no formulário com o ID `addRunner`.

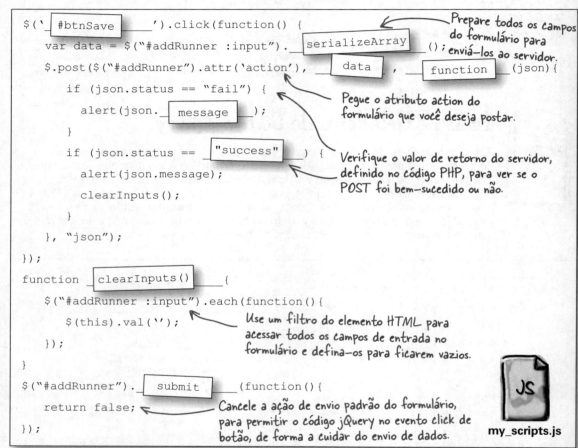

Test Drive

Sua página não ficará diferente com essas adições recentes. Porém, você deve atualizar seu arquivo *my_scripts.js* com o código que acabou de criar. Depois, abra sua página *index.html* em um navegador, abra a aba "Network" (Chrome) ou a aba "Net" (Firebug); você deve ver o POST, no arquivo *service.php*, acontecendo toda vez que você pressiona o botão `btnSubmit`. Haverá um **POST** listado na seção **Request Method** da aba **Headers**. Os **Dados do Formulário** também serão listados ali. Agora precisamos apenas de um lugar para colocá-los...

manipulando dados JSON

Armazene seus dados em um banco de dados MySQL

Sistemas de Gestão de Banco de Dados (SGBD) são aplicações extremamente organizadas criadas para armazenar, organizar e lembrar os relacionamentos entre suas diversas partes de dados.

Geralmente chamados de *servidores de bancos de dados*, eles vêm em várias formas e tamanhos (e preços). Para atingir nossos objetivos, usaremos um servidor de banco de dados gratuito, chamado **MySQL**. Você se comunica com um servidor de banco de dados em uma linguagem que é possível entender, que em nosso caso é o **SQL**. Um servidor de banco de dados geralmente roda junto com um servidor web, às vezes no mesmo servidor, e eles funcionam em conjunto para ler e escrever dados e entregar páginas web.

O "SQL" em MySQL significa Structured Query Language.

MySQL armazena dados dentro de tabelas do banco de dados.

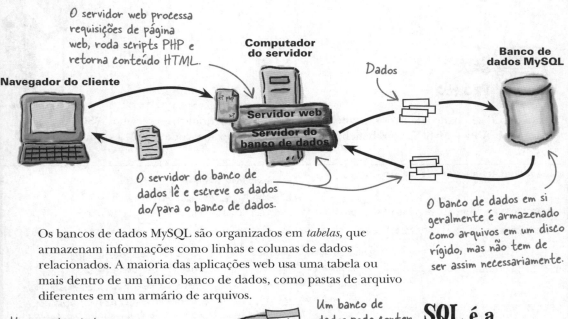

Os bancos de dados MySQL são organizados em *tabelas*, que armazenam informações como linhas e colunas de dados relacionados. A maioria das aplicações web usa uma tabela ou mais dentro de um único banco de dados, como pastas de arquivo diferentes em um armário de arquivos.

SQL é a linguagem de consulta usada para se comunicar com um banco de dados MySQL.

você está aqui ▶ 335

ative o banco de dados

Crie seu banco de dados para armazenar informações em execução.

Ei! Você já configurou o MySQL e o PHP? Certifique-se de passar pelo Apêndice ii para instalar e configurar o PHP e o MySQL antes de continuar.

Certo, continue. Você conseguirá completar o capítulo agora.

SQL Pronto

Para deixar seu banco de dados, a tabela e os usuários configurados, escrevemos o SQL para você. Abra o MySQL Workbench, abra uma nova conexão e rode o SQL a seguir.

```
create database hfjq_race_info;
CREATE USER 'runner_db_user'@'localhost' IDENTIFIED BY 'runner_db_password';
GRANT SELECT,INSERT,UPDATE,DELETE ON hfjq_race_info.* TO 'runner_db_user'@'localhost';

use hfjq_race_info;

CREATE TABLE runners(
        runner_id INT not null AUTO_INCREMENT,
        first_name VARCHAR(100) not null,
        last_name VARCHAR(100) not null,
        gender VARCHAR(1) not null,
        finish_time VARCHAR(10),
        PRIMARY KEY (runner_id)
    );
```

Crie um banco de dados chamado hfjq_race_info.

Crie um usuário, chamado runner_db_user, dê uma senha para ele fazer login e permita que o usuário pegue, defina, atualize e remova os dados no banco de dados.

Diga ao script que a próxima parte relaciona-se ao seu novo banco de dados.

Crie uma tabela, chamada runners, que possui todas as informações que queremos lembrar sobre as pessoas que terminaram a corrida.

manipulando dados JSON

Test Drive

Abra o MySQL Workbench e uma conexão com o servidor. Cole o SQL da página anterior no painel Query e pressione o ícone brilhante para rodar o código SQL. Você deve obter mensagens de sucesso no painel Output na parte inferior.

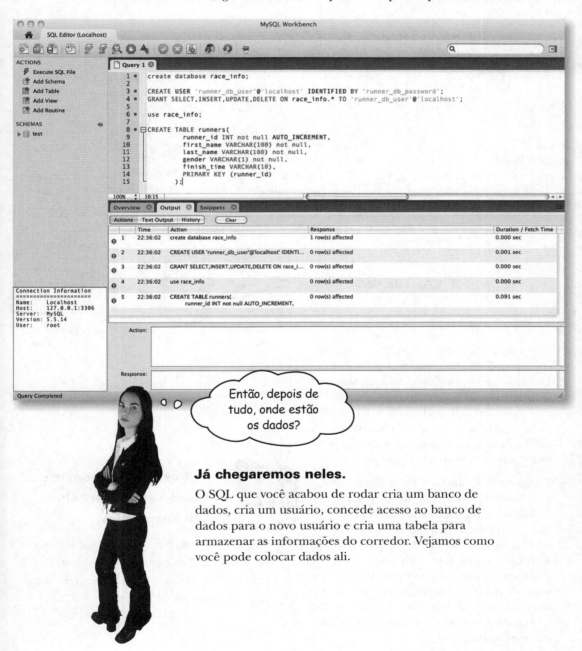

> Então, depois de tudo, onde estão os dados?

Já chegaremos neles.

O SQL que você acabou de rodar cria um banco de dados, cria um usuário, concede acesso ao banco de dados para o novo usuário e cria uma tabela para armazenar as informações do corredor. Vejamos como você pode colocar dados ali.

você está aqui ▶ **337**

a posição a vai na aba b...

A anatomia de uma declaração insert

Existe uma maneira primária de colocar dados em nosso banco de dados, outra maneira de mudá-los/atualizá-los, e uma terceira para colocá-los de volta. Veremos como tirar dados daqui a pouco, mas, por enquanto, vamos focar na colocação de dados *em* nossas tabelas de banco de dados.

Para colocar dados nas tabelas de banco de dados, usamos uma declaração `insert`.

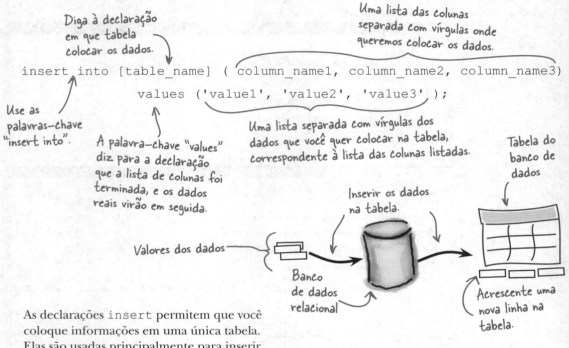

As declarações `insert` permitem que você coloque informações em uma única tabela. Elas são usadas principalmente para inserir um registro por vez, mas alguns usuários avançados em SQL podem criar declarações `insert` que acrescentam várias linhas na tabela. Porém, para atingir nossos objetivos, ficaremos com a sintaxe de um por vez.

Recomenda-se que você especifique as colunas na ordem que quer inserir os dados, embora não seja necessário. Não especificar as colunas pode levar a problemas de dados, uma vez que colocará automaticamente o primeiro valor na primeira coluna, o segundo valor na segunda coluna etc. Será necessário ter um conhecimento aprofundado sobre suas tabelas de dados para ter confiança no uso desse método.

A ordem dos nomes e dos valores da coluna é importante!

Os valores devem ser listados na mesma ordem exata, assim como as colunas. É dessa forma que o banco de dados sabe onde colocar os dados.

manipulando dados JSON

Exercício

Escreva as declarações `insert` do SQL para inserir no seu banco de dados os dados que você já tem em seu arquivo XML. Você deve inserir um registro por vez na tabela runners que criou anteriormente.

```
insert into runners (first_name, last_name, gender, finish_time)
   values ('John','Smith','m','25:31') ;
```

exercício solução

Exercício Solução

Agora que você escreveu todo o SQL necessário para inserir os corredores em suas tabelas de banco de dados, abra MySQL Workbench e rode seu código.

```
insert into runners (first_name, last_name, gender, finish_time)
    values ('John','Smith','m','25:31') ;
```

insert into runners (first_name, last_name, gender, finish_time)
    values ('Jacob','Walker','m','25:54') ;

insert into runners (first_name, last_name, gender, finish_time)
    values ('Mary','Brown','f','26:01') ;

insert into runners (first_name, last_name, gender, finish_time)
    values ('Jenny','Pierce','f','26:04') ;

insert into runners (first_name, last_name, gender, finish_time)
    values ('Frank','Jones','m','26:08') ;

insert into runners (first_name, last_name, gender, finish_time)
    values ('Bob','Hope','m','26:38') ;

insert into runners (first_name, last_name, gender, finish_time)
    values ('Jane','Smith','f','28:04') ;

insert into runners (first_name, last_name, gender, finish_time)
    values ('Ryan','Rice','m','28:24') ;

insert into runners (first_name, last_name, gender, finish_time)
    values ('Justin','Jones','m','29:14') ;

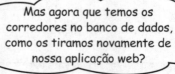

Mas agora que temos os corredores no banco de dados, como os tiramos novamente de nossa aplicação web?

É hora de uma nova linguagem: PHP

Não se preocupe! Daremos informações suficientes sobre PHP para fazer toda a comunicação do lado servidor que você precisa – incluindo a conversa com o servidor do banco de dados – e é isso.

manipulando dados JSON

Use PHP para acessar os dados

O PHP é uma linguagem de programação e precisa de um ambiente para rodar: um servidor web com o suporte PHP. Os scripts PHP e as páginas web que dependem dos scripts **devem ser inseridos em um servidor web real**, diferente da simples abertura de um script diretamente de um sistema de arquivo local.

Se você possui um servidor web instalado localmente e ele possui um suporte PHP, então é possível testar os scripts PHP diretamente em seu computador local.

Os navegadores web não sabem qualquer coisa sobre PHP e, portanto, não possuem a capacidade de rodar scripts PHP.

Diferentemente das páginas web HTML, que podem ser abertas localmente em um navegador, os scripts PHP devem ser sempre "abertos" através de uma URL a partir de um servidor web.

Esse script PHP é apenas um monte de código sem sentido para o navegador web.

O servidor web entende esse código PHP e roda o script!

Os servidores web com suporte PHP são equipados para rodar scripts PHP e transformá-los em páginas web HTML que os navegadores podem entender.

Uma maneira rápida de dizer se uma página web está sendo entregue por um servidor web é olhar o início da URL com "http:". As páginas web abertas como arquivos locais sempre começam com "file:".

Os scripts PHP devem ser rodados em um servidor web ou não funcionarão.

PHP e MySQL? Pensei que estávamos aprendendo jQuery aqui! O que usaremos?

Será o jQuery, nós prometemos.

Mas, primeiro, vamos ver como pegamos nosso arquivo PHP para cuidar dos dados POST, para que possa, também, ser escrito no banco de dados. Veremos também algumas das coisas importantes a serem lembradas ao lidar com o envio das informações para o seu servidor.

entrega postal

Cuide dos dados POST no servidor

Já vimos o objeto especial criado para manipular o transporte das informações a partir do formulário no navegador para o servidor: o objeto $_POST. Ele é um array associativo de todas as informações que você enviou, usando o *nome* (não os IDs) dos elementos HTML como a *chave* para o array associativo e as informações no elemento HTML como o *valor* do array associativo. O código PHP no servidor lê o objeto $_POST e determina quais informações foram enviadas para o servidor.

É possível *tirar* as informações desse array, usando a chave que você enviou com ele (o nome do elemento HTML). Ele retornará o valor em seu script PHP.

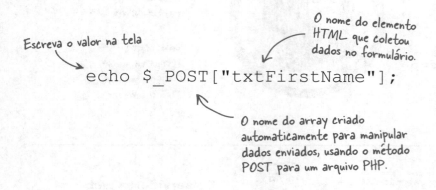

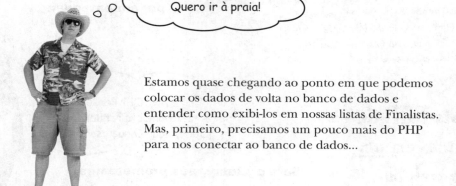

Estamos quase chegando ao ponto em que podemos colocar os dados de volta no banco de dados e entender como exibi-los em nossas listas de Finalistas. Mas, primeiro, precisamos um pouco mais do PHP para nos conectar ao banco de dados...

manipulando dados JSON

Conecte-se a um banco de dados com PHP

Lembra-se de como foi quando passou pelo processo de instalação do PHP, que você selecionou uma biblioteca particular perto do final do processo?

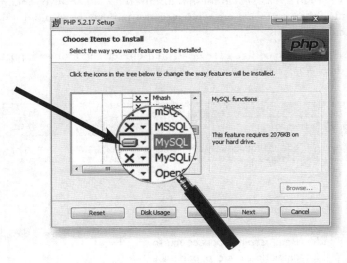

Essa biblioteca permitirá que o PHP fale com o banco de dados MySQL. Usaremos essa biblioteca para nos conectar com o banco de dados que criamos para podermos começar a ler os dados do corredor.

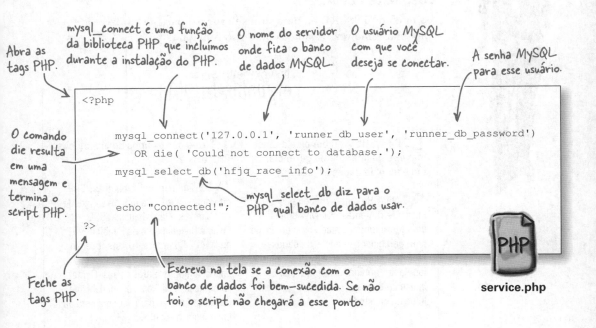

você está aqui ▶ **343**

test drive

Test Drive

Abra seu editor de texto favorito e acrescente o código da página anterior. Salve o arquivo como *service.php* no mesmo diretório do seu arquivo *index.html* para este capítulo. Abra *service.php* em seu navegador para ver os resultados da sua consulta ao banco de dados.

Não se esqueça, o código PHP *deve* rodar em seu servidor web; portanto, a URL deve dizer *http://*, e não *file://*.

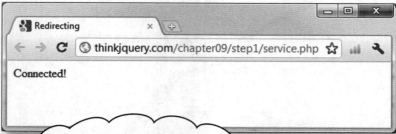

Bem, *isso* não parece muito animador. É claro, podemos conectar... mas ainda não estou vendo os dados!

Você está certa.

Assim como INSERT, há uma sintaxe especial para ler os dados de volta mais uma vez. Vejamos como isso funciona.

não existem Perguntas Idiotas

P: O MySQL Workbench é a única maneira de interagir ou gerenciar um banco de dados MySQL?

R: Não! Há outras maneiras e outras ferramentas. PHPMyAdmin é uma ferramenta baseada na web usada para gerenciar os bancos de dados MySQL. Também é possível usar uma janela do terminal para gerenciar o banco de dados e os dados a partir da linha de comando.

P: Que outros tipos de bibliotecas PHP existem?

R: Existem muitas bibliotecas PHP diferentes, para uma grande variedade de objetivos. Elas vão desde SSL, Envio e Recebimento de E-mail (SMTP ou IMAP), Compressão, Autenticação e outras conexões com banco de dados, e muitas outras coisas. Digite "bibliotecas PHP" em seu mecanismo de busca favorito para ver uma lista das bibliotecas disponíveis.

manipulando dados JSON

Use select para ler os dados de um banco de dados

Para ler os dados dos bancos de dados, usamos uma declaração `select` e os dados são retornados em um *resultset*. O resultset é uma coleção de todos os dados que você pediu em sua consulta `select`. Usando uma declaração `select`, também é possível juntar várias tabelas, assim é possível obter os dados de mais de uma tabela no mesmo resultset.

Para ter muito mais informações sobre PHP, SQL, bancos de dados e tabelas, pegue uma cópia do Use a Cabeça! PHP & MySQL.

Uma lista das colunas separada por vírgulas de onde queremos pegar os dados

Diz para a declaração de qual tabela pegar os dados.

A palavra-chave "asc" diz para "order by" como ordenar os resultados (asc para ascendente, desc para descendente).

```
select column_name1, column_name2 from table_name order by column_name1 asc
```

A palavra-chave "select" inicia a declaração.

A palavra-chave "from" diz para a declaração que a lista de colunas desejadas terminou e de onde pegar os dados que vêm em seguida.

A palavra-chave "order by", seguida por um ou mais nomes de coluna, ordena os dados retornados em qualquer ordem que os colocarmos.

A declaração select de SQL recupera as colunas de dados de uma ou mais tabelas e retorna um resultset.

Aponte o seu lápis

Crie uma declaração `select` para os dados que precisamos para exibir os corredores no site. Você precisará ler `first_name`, `last_name`, `gender` e `finish_time` da tabela `runners`. Ordene os dados para que eles voltem ordenados por `finish_time`, do mais baixo para o mais alto. Se for preciso, olhe na página 336, onde você criou a tabela, para que você pegue os nomes da coluna certa.

você está aqui ▶ **345**

aponte seu lápis solução

Aponte o seu lápis Solução

Você acabou de criar sua própria declaração SQL para recuperar os corredores do seu banco de dados.

A lista das colunas que você precisa selecionar:

SELECT first_name, last_name, gender, finish_time FROM runners order by finish_time ASC

A tabela de onde você quer pegar os dados:

Como você quer que os dados sejam ordenados:

Test Drive

Usando o MySQL Workbench, rode sua declaração `select` para ver todos os seus dados da forma que serão retornados no resultset.

É ótimo eu conseguir ver os dados no Workbench, mas nós não precisamos deles na página Web?

Sim, precisamos.

Vamos ver como podemos obter as informações do banco de dados para exibição em nossa página.

346 Capítulo 9

Obtenha dados com PHP

Até agora, vimos alguns princípios PHP muito básicos e alguns não tão básicos. Vimos como escrever algumas informações básicas na tela e como conectar-se com um banco de dados e escrever uma declaração `select` para obter informações fora de um banco de dados. Agora vamos ver como podemos *obter* informações de um banco de dados e escrever essas informações na tela.

Ímãs de Geladeira do Código PHP

Arrume os ímãs de geladeira abaixo para completar o código PHP que cria uma função, chamada `db_connection`, que cuida das conexões do banco de dados. Em seguida, crie uma variável `$query` e defina seu valor como a declaração `select` que você escreveu anteriormente e que seleciona todos os corredores do banco de dados. Depois, crie uma variável `$result`, que chamará a função `db_connection`, que passa a variável `$query` como parâmetro. Por último, usando um loop `while`, passe por cada linha do resultset – que é um array associativo – e exiba-o na tela.

```
<?php

  $query = "SELECT first_name, last_name, gender, finish_time _____ 
runners order by _____ASC ";
  $result = _____($query);

  while ($row = mysql_fetch_array(_____, MYSQL_ASSOC)) {
    print_r(_____);
  }

  _____db_connection(_____) {
    mysql_connect('127.0.0.1', 'runner_db_user', 'runner_db_password')
       OR _____ ('Could not connect to database.');
    _____('hfjq_race_info');

    return mysql_query($query);
  }
?>
```

Ímãs: `$row`, `die`, `mysql_select_db`, `FROM`, `db_connection`, `$query`, `$result`, `function`, `finish_time`

service.php

ímãs de geladeira do código PHP solução

Ímãs de Geladeira do Código PHP - Solução

Com apenas um pouco de PHP, agora você está pegando os dados do banco de dados e obtendo em um array os resultados retornados que podem ser exibidos em sua página web.

```php
<?php

   $query = "SELECT first_name, last_name, gender, finish_time FROM runners
order by finish_time ASC ";
   $result = db_connection($query);

   while ($row = mysql_fetch_array($result, MYSQL_ASSOC)) {
      print_r($row);
   }

   function db_connection($query) {
      mysql_connect('127.0.0.1', 'runner_db_user', 'runner_db_password')
         OR die('Could not connect to database.');
      mysql_select_db('hfjq_race_info');

      return mysql_query($query);
   }
?>
```

service.php

---

não existem Perguntas Idiotas

P: Então, um `select` só pode pegar todas minhas informações de uma tabela? Sei que é possível limitar as colunas que recebo, mas e as linhas?

R: Sim, você pode limitar as linhas que receber, usando uma cláusula `where`. Veremos isso um pouco mais no Capítulo 11, mas é possível passar em uma condição de filtragem na cláusula `where` e só pegar as linhas que combinam sua condição retornada em uma declaração `select`.

P: Eu só posso obter os dados de uma tabela por vez?

R: Não, você pode juntar quantas tabelas quiser em sua consulta, geralmente por um identificador comum e também na cláusula `where`. Unir muitas tabelas pode desacelerar muito suas consultas ao banco de dados; portanto, você precisa ter cuidado ao fazer isso. Para ter mais informações sobre isso, veja o Capítulo 8 de *Use a Cabeça! PHP & MySQL* ou o capítulo 2 de *Use a Cabeça! SQL*.

P: Que banco de dados fica em 127.0.0.1? Vejo meu site em "localhost". Qual é a diferença?

R: Boa pergunta, e a resposta é nada. 127.0.0.1 e o localhost referem-se à mesma coisa – o computador/servidor em que você está trabalhando atualmente.

348 *Capítulo 9*

manipulando dados JSON

Test Drive

Atualize seu arquivo *service.php* com o código que você acabou de criar e, depois, abra-o em seu navegador para ver os resultados da consulta ao seu banco de dados. Não se esqueça, o código PHP *deve* rodar em seu servidor web, pois a URL deve dizer *http://*, e não *file://*.

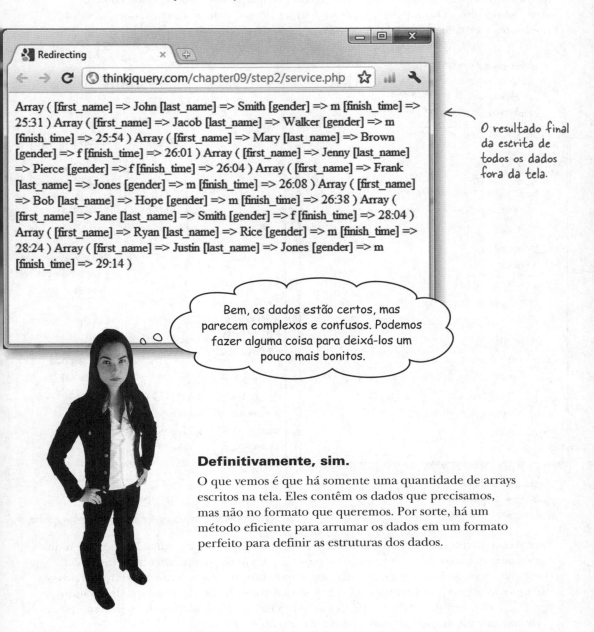

O resultado final da escrita de todos os dados fora da tela.

Bem, os dados estão certos, mas parecem complexos e confusos. Podemos fazer alguma coisa para deixá-los um pouco mais bonitos.

Definitivamente, sim.

O que vemos é que há somente uma quantidade de arrays escritos na tela. Eles contêm os dados que precisamos, mas não no formato que queremos. Por sorte, há um método eficiente para arrumar os dados em um formato perfeito para definir as estruturas dos dados.

você está aqui ▶ **349**

uma maneira mais fácil

JSON para salvá-lo!

JSON, abreviação de JavaScript Object Notation, é um formato leve de troca de dados. É de fácil leitura e escrita para os seres humanos. É de fácil análise e geração para as máquinas. É isso o que torna perfeitas a estrutura e a transferência de dados. É baseado em um subgrupo do padrão usado para definir JavaScript e é independente de linguagem. Isso significa que pode ser usado com quase qualquer linguagem de programação. É mais eficiente na transferência de dados do que XML e é baseado em pares de nome/valor, como os arrays associativos. Os valores do JSON podem ser strings, números, arrays, objetos, valores Booleanos (verdadeiros ou falsos) ou nulos.

Isso deve ser útil, certo?

XML   vs.   JSON

Além do elemento root, não há uma conexão lógica entre os elementos. É por isso que tínhamos "find()" em cada um.

O elemento root.

```xml
<?xml version="1.0" encoding="utf-8"?>
<books>
   <book>
      <title>The Color of Magic</title>
      <author>Terry Pratchett</author>
      <year>1983</year>
   </book>
   <book>
      <title>Mort</title>
      <author>Terry Pratchett</author>
      <year>1987</year>
   </book>
   <book>
      <title>And Another thing...</title>
      <author>Eoin Colfer</author>
      <year>2009</year>
   </book>
</books>
```

Várias cópias das tags aumentam a quantidade dos dados sendo transferidos.

```
{
   books:{
      book:[
         {
            title:'The Color of Magic',
            author:'Terry Pratchett',
            year:1983
         },
         {
            title:'Mort',
            author:'Terry Pratchett',
            year:1987
         },
         {
            title:'And Another thing...',
            author:'Eoin Colfer',
            year:2009
         }
      ]
   }
}
```

O array que armazena os dados.

O par nome/valor, separado pelos dois pontos.

Cada propriedade é separada por vírgulas.

Cada objeto é separado por vírgulas.

Um valor de string é colocado dentro das aspas.

Cada objeto é colocado dentro das chaves.

Os números não precisam de aspas.

Para acessar as informações no objeto JSON, é possível usar a mesma notação que você usar para qualquer outro objeto: a notação de ponto (.). Os arrays dentro do objeto JSON são como outros arrays JavaScript e possuem as mesmas propriedades, como `length`. Em nosso exemplo do objeto JSON acima, você descobriria quantos livros foram retornados usando `books.book.length`. Objetos JSON diferentes terão estruturas diferentes; portanto, você pode não precisar de tantos pontos para acessar o objeto do array.

350   *Capítulo 9*

jQuery + JSON = Incrível

Uma vez que o JSON é tão predominante e fácil de ser usado, o pessoal bom do jQuery construiu um atalho especial apenas para lidar com a obtenção de dados do JSON: o método getJSON.

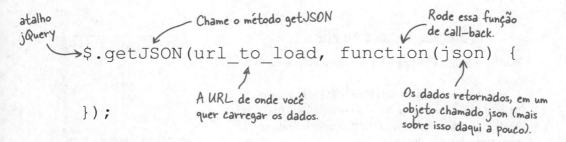

Se isso lhe parece familiar, é porque ele é quase igual ao método post que usamos anteriormente para obter os dados do formulário. Esse método simples é um *atalho* para o método ajax, com vários parâmetros já definidos para você. Para fazer essa chamada sem o atalho, ficaria assim:

```
$.ajax({
    url: url_to_load,
    dataType: 'json',
    data: json,
    success: function(json){

    };
});
```

Mas os dados que temos não estão no formato JSON, são apenas uma série de arrays. Podemos transformar esses arrays no Json?

Sim, podemos.

Por sorte, o pessoal do PHP pensou nisso com antecedência. Vamos dar uma olhada em mais alguns princípios básicos de PHP e, depois, ver como combiná-los com outras funções PHP, para obter nossos dados no JSON.

quebre-as por sua conta e risco

Algumas regras de PHP...

Vamos encarar isso, ninguém gosta de fato de um monte de regras de código, mas há mais algumas coisas sobre o PHP – principalmente sobre sintaxe – que devemos olhar para ajudá-lo a lutar por seus dados para o jQuery. Felizmente, já vimos muitos desses conceitos em relação a JavaScript; portanto, vamos fazer isso o mais rápido e indolor possível...

Princípios básicos de PHP

1. Todo o código PHP precisa ser envolvido com as tags `<?php` e `?>`.
2. É possível **entremear o PHP com HTML**, usando as tags `<?php e?>` em volta do seu código PHP.
3. Todas as linhas do código PHP devem **terminar com um ponto e vírgula(;)**.

```
<div><span> Hello
<?php
        echo "Bob";
?>
</span></div>
```

Regras para variáveis

1. Todas as variáveis *devem* começar com um **sinal do cifrão ($)**.
2. Depois disso, elas devem conter **pelo menos** uma letra ou sublinhado e, depois, qualquer combinação de letras, números ou sublinhados.
3. Os hífens (-), espaços ( ) e **todos os caracteres especiais** (exceto $ e _) *não* **são permitidos** nos nomes das variáveis.

```
<?php
$u = "USA"; // OK
$home_country = "Ireland"; // OK
$another-var = "Canada"; // Causes an error
?>
```

Regras para loops

1. O PHP também contém os loops `for`, `while` e `do...while` – todos com **a mesma sintaxe de JavaScript**.
2. O PHP também contém um mecanismo extra de loop, chamado loop `foreach`, que passará por todos os elementos de um array um por um, usando a palavra-chave `as` até chegar ao final e, depois, para automaticamente.

```
<?php
for ($i = 1; $i <= 10; $i++) {
    echo $i;
}
while ($j <= 10) {
    echo $j++;
}
$a = array(1, 2, 3, 17);
foreach ($a as $v) {
    echo "Current value: $v.\n";
}
?>
```

352 *Capítulo 9*

manipulando dados *JSON*

(Mais) algumas regras de PHP...

Existem mais algumas regras que nos ajudarão a obter os dados que precisamos, formatá-los corretamente e colocá-los em nossas páginas web.

Regras para arrays

1. Você pode criar novos arrays, usando a palavra-chave `array`, semelhante a JavaScript.
2. Você pode acessar os valores do array, usando o índice do item, dentro dos **colchetes [ ]**, assim como em JavaScript. Eles também possuem **índice zero**, como em JavaScript.
3. Os arrays também podem ser **associativos**, o que significa que você pode usar uma chave para acessar o item no array, em vez do índice. Eles são chamados de **pares de chave/valor**.
4. Para atribuir um valor a uma chave em um array associativo, você pode usar o **operador =>**.

```php
<?php
$my_arr2 = array('USA', 'China', 'Ireland');
echo $my_arr2[2]; // Prints "Ireland"

$arr = array("foo" => "bar", 12 => true);
echo $arr["foo"]; // Prints "bar"
echo $arr[12]; // Prints true
?>
```

Regras para condicionais

1. A declaração `if` possui a **mesma sintaxe de JavaScript**, assim como a cláusula `else` e a cláusula `else if`.
2. Os **operadores de comparação** são todos iguais aos de **JavaScript**.
3. Os **operadores lógicos** também são iguais aos de **JavaScript**, com a adição de palavras descritivas – `and`, `or` e `not` – que podem ser usadas no lugar dos operadores.

```php
<?php
if ($x > $y){
        echo "x is greater than y";
}
elseif ($x == $y) {
        echo "x is equal to y";
}
else {
        echo "x is smaller than y";
}
?>
```

Regras para a escrita na tela

1. As palavras-chave `echo` e `print` escrevem na tela.
2. É possível escrever o conteúdo de um **array,** usando o comando `print_r`

```php
<?php
        echo "Bob";
        print_r($my_arr2);
?>
```

você está aqui ▶ **353**

apenas um array

Formate a saída usando PHP

Ok, agora que saímos do caminho, vamos ver o que o PHP pode fazer por nós! A função `json_encode` do PHP permite que você pegue um array associativo e o converta para uma string de valores codificada do JSON.

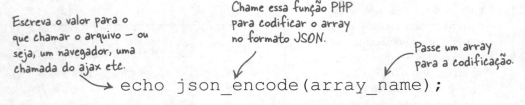

Mas, antes que possamos codificar os dados, eles devem estar em um único array associativo. Já vimos um método para fazer loop em resultset e vimos cada array associativo ali. O que precisamos é de uma maneira de pegar cada um desses arrays e combiná-los em apenas um. Usando a função PHP `array_push`, podemos acrescentar novos itens ao final de um array.

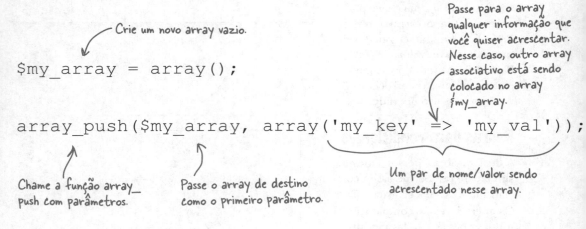

Notas Geek

A função `json_encode` só tornou-se disponível na versão 5.2 do PHP. Se estiver usando uma versão anterior a essa, atualize sua versão do PHP ou digite "alternativas PHP para json_encode" em seu mecanismo de busca favorito e você verá como o pessoal do PHP criou essa função. Dessa forma, é possível criar sua própria função para poder ter a vantagem desses recursos legais.

Perguntas Idiotas
não existem

P: O pessoal do jQuery criou o JSON?

R: Não. Douglas Crockford, o arquiteto JavaScript do Yahoo!, inventou o JSON para ser o que ele chama de "alternativa ao XML sem gordura". Ele explica seus motivos para essa designação aqui: *http://www.json.org/fatfree.html* (conteúdo em inglês).

P: O JSON não é apenas JavaScript?

R: Sim e não. O JSON é baseado em um subgrupo de JavaScript, ECMA 262 Third Edition, mas pode ser usado por várias linguagens para a transferência de dados. Para ver a lista de linguagens que usam o JSON, visite *http://www.json.org/* (conteúdo em inglês).

P: Então, se JavaScript e PHP possuem uma sintaxe semelhante, por que não posso simplesmente usar JavaScript para fazer o que eu preciso?

R: Assim como mencionamos, o PHP é uma linguagem de script do *lado do servidor* e pode interagir com o servidor web e os bancos de dados em seu nome. O código é executado no servidor, gerando HTML, que é então enviado para o cliente. JavaScript, por outro lado, só fica em seu navegador e interage do lado do *cliente*.

P: Está certo. O que é PHP mesmo?

R: O PHP (acrônimo recursivo para PHP: Hypertext Preprocessor) é uma linguagem de script amplamente usada, de fonte aberta, com objetivos gerais e que serve especialmente para o desenvolvimento web e pode ser embutido em HTML.

P: Então, de onde veio o PHP?

R: Boa pergunta. O PHP apareceu primeiramente em 1994. Foi criado por Rasmus Lerdorf como uma maneira de exibir seu currículo via online. Ele publicou a fonte em Junho de 1995, o que permitiu que outros desenvolvedores atualizassem e consertassem erros. Desde então, ele deslanchou e é usado em cerca de 20 milhões de sites pelo mundo.

Relaxe

Você acabou de aprender um monte de coisas sobre PHP, MySQL e JSON. Estamos quase entrando em um grande exercício que colocará todos eles juntos, então dê uma pausa rápida e tome uma xícara de café, dê uma volta ou faça outra coisa para o seu cérebro descansar e poder se preparar para o que está por vir. Quando terminar, vire a página e comece.

exercício longo

Exercício Longo

Atualize seu arquivo *my_scripts.js* com uma nova função, chamada `getDBRacers`, que chama o arquivo *service.php*. Essa chamada deve retornar um objeto JSON e, depois, deve alertar o número de corredores que foram retornados. Atualize também o cronômetro `startAJAXCalls` para chamar essa nova função, em vez de a função `getXMLRunners`. Depois, atualize *service.php* para enviar os dados recebidos dos corredores do banco de dados, codificados no JSON.

```
function startAJAXcalls(){
   if(repeat){
     setTimeout( function() {
     ..................
     startAJAXcalls();
     },
     FREQ
   );
   }
}

function getDBRacers(){
   $.getJSON(.......... function(.....) {
     .....(json.runners........);
   });
   getTimeAjax();
}
```

my_scripts.js

manipulando dados JSON

```php
<?php

   $query = "SELECT first_name, last_name, gender, finish_time FROM runners
order by finish_time ASC ";
   $result = .................($query);

   $runners = array();

   while ($row = mysql_fetch_array($result, MYSQL_ASSOC)) {
      .............($runners, array('fname' => $row['first_name'], 'lname' =>
$row['last_name'], 'gender' => $row['gender'], 'time' => $row['finish_time']));
   }
   echo ............(array("runners" => .............));
   exit;

   function db_connection($query) {
      mysql_connect('127.0.0.1', 'runner_db_user', 'runner_db_password')
         OR die(fail('Could not connect to database.'));
      mysql_select_db..................

      return mysql_query($query);
   }

   function fail($message) {
      die(json_encode(array('status' => 'fail', 'message' => $message)));
   }
   function success($message) {
      die(json_encode(array('status' => 'success', 'message' => $message)));
   }
?>
```

service.php

exercício longo solução

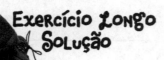

Exercício Longo Solução

Seu arquivo *my_scripts.js* agora possui uma nova função, chamada `getDBRacers`, que chama o arquivo *service.php*. A função `getXMLRunners` não é mais necessária; portanto, você pode livrar-se dela. A nova função aceita o JSON retornado do arquivo *service.php* e alerta o número de corredores que foi retornado. A função de cronometragem `startAJAXCalls` também foi atualizada para chamar a nova função. O arquivo *service.php* foi atualizado para enviar os corredores recuperados do banco de dados, codificados no JSON e ordenados por `finish_time`, começando primeiro pelo tempo mais baixo.

```
function startAJAXcalls(){
   if(repeat){
      setTimeout( function() {
         getDBRacers();     ← Chame a nova função com
         startAJAXcalls();    base no agendamento.
      },
      FREQ
   );
   }
}

function getDBRacers(){
   $.getJSON("service.php" function(json) {   ← Os dados retornados da
      alert(json.runners.length);                chamada getJSON.
   });                          ↑
   getTimeAjax();           Assim como outros arrays, esse
}                           também possui uma propriedade length.
```

Use o método getJSON do jQuery para chamar o arquivo service.php.

O objeto json contém um array chamado runners. Ele recebeu esse nome do método json_encode do PHP.

my_scripts.js

358   Capítulo 9

manipulando dados JSON

```php
<?php
                    A consulta ao banco de dados
                    para pegar os corredores.
    $query = "SELECT first_name, last_name, gender, finish_time FROM runners
order by finish_time ASC ";

    $result = db_connection($query);
                                Crie um novo array para colocar      Faça um loop em
    $runners = array();         nossos valores retornados.           resultset, voltando
                                                                     os arrays associativos.

    while ($row = mysql_fetch_array($result, MYSQL_ASSOC)) {

        array_push.($runners, array('fname' => $row['first_name'], 'lname' =>
$row['last_name'], 'gender' => $row['gender'], 'time' => $row['finish_time']));

    }
    echo json_encode(array("runners" => $runners));             Coloque os dados
    exit;                           Codifique nosso array         retornados em
                                    associativo no formato        nosso próprio
                                    JSON e escreva-o no           array associativo.
    function db_connection($query) {    que o tiver chamado.
        mysql_connect('127.0.0.1', 'runner_db_user', 'runner_db_password')

            OR die(fail('Could not connect to database.'));

        mysql_select_db('hfjq_race_info');        Uma função para
                                                  cuidar da comunicação
                                                  do banco de dados
        return mysql_query($query);
    }  As funções manipuladoras para lidar com    Retorne o resultset
       erros ou sucessos em nossos scripts.       para o que chamou
    function fail($message) {                     essa função.

        die(json_encode(array('status' => 'fail', 'message' => $message)));

    }
    function success($message) {

        die(json_encode(array('status' => 'success', 'message' => $message)));

    }
?>
```

service.php

você está aqui ▶ **359**

test drive

Test Drive

Atualize seus arquivos *service.php* e *my_scripts.js* com o código que você acabou de criar e abra *index.html* em seu navegador. Abra a aba "Network" nas ferramentas de desenvolvimento e você verá as informações JSON sendo carregadas.

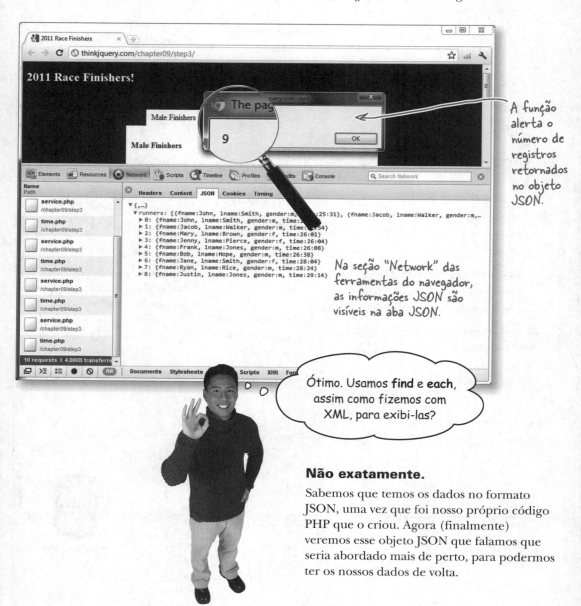

A função alerta o número de registros retornados no objeto JSON.

Na seção "Network" das ferramentas do navegador, as informações JSON são visíveis na aba JSON.

Ótimo. Usamos **find** e **each**, assim como fizemos com XML, para exibi-las?

Não exatamente.

Sabemos que temos os dados no formato JSON, uma vez que foi nosso próprio código PHP que o criou. Agora (finalmente) veremos esse objeto JSON que falamos que seria abordado mais de perto, para podermos ter os nossos dados de volta.

manipulando dados JSON

Acesse os dados no objeto JSON

A função `json_encode` do PHP permite que convertamos um array associativo em uma string de valores codificada no JSON. Esses valores podem então ser acessados em JavaScript como arrays associativos também, assim podemos fazer loop e interagir com eles da mesma maneira que interagimos com outros arrays.

Quando estávamos usando XML, tivemos de varrer os dados para procurar com `find` o corredor seguinte. Depois, assim que encontrávamos um corredor, tínhamos de procurar novamente com `find` se o corredor era masculino ou feminino. Lembra-se do objeto JSON que é retornado de `json_encode`? Com o objeto JSON, podemos acessar suas propriedades diretamente, usando a notação de ponto (.). Ele contém um único array, chamado `runners`, como propriedade. E, uma vez que temos o array, podemos usar a chave do array associativo para saber se o corredor é masculino ou feminino – o que é muito mais eficiente do que procurá-lo todas as vezes.

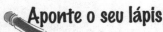

Aponte o seu lápis

Atualize sua função `getDBRunners` para ler o objeto JSON de *service.php*. Depois, use a lógica condicional para decidir em qual lista entra o corredor. Mas cuidado! Só faça isso se os corredores na verdade forem retornados no objeto JSON.

```
function getDBRacers(){
    $.getJSON(..................., function(json) {
        if (json.runners............> 0) {
            $('#finishers_m').empty();
            $('#finishers_f').empty();
            $('#finishers_all').empty();
            $..........(json.runners,function() {
                var info = '<li>Name: ' + this['fname'] + ' ' + this['lname'] + '. Time: ' + this[............] + '</li>';
                if(this['gender'] == 'm'){
                    $('...........................').append( info );
                }else if(this['gender'] == 'f'){
                    $('#finishers_f').append(............);
                }else{}
                    $('...........................').append( info );
            });
        }
    });
    getTimeAjax();
}
```

my_scripts.js

você está aqui ▶ **361**

aponte seu lápis solução

Aponte o seu lápis
Solução

Usando a lógica condicional e as informações retornadas no objeto JSON, é possível determinar em qual lista o corredor deve entrar. Assim como antes, os corredores também devem sempre ser colocados na lista `all_finishers`.

```
function getDBRacers(){                      ← Pegue as informações
    $.getJSON("service.php", function(json) {    do arquivo service.php
        if (json.runners.length > 0) {    ← Verifique se existem dados
            $('#finishers_m').empty();         no array runners.
            $('#finishers_f').empty();     ← Esvazie as listas
            $('#finishers_all').empty();      novamente.

            $.each(json.runners,function() {
                var info = '<li>Name: ' + this['fname'] + ' ' + this['lname'] + '. Time: ' + this['time'] + '</li>';
                if(this['gender'] == 'm'){   ← Verifique se a
                                                propriedade gender atual
                    $('#finishers_m').append( info );   do objeto é m ou f.
                }else if(this['gender'] == 'f'){
                    $('#finishers_f').append(info);
                }else{}
                    $('#finishers_all').append( info );
            });                          ← Coloque o corredor
        }                                   na lista all_runners.
    });
    getTimeAjax();
}
```

my_scripts.js

Notas Geek

Podemos usar o método `each` para fazer loop em todos os elementos do array retornados no objeto JSON. Esse método é ligeiramente diferente do método `(selector).each`, uma vez que ele pode iterar sobre os arrays que não são do jQuery, assim como nosso array `runners`.

manipulando dados JSON

Test Drive

Atualize a função `getDBRacers` em seu arquivo *my_scripts.js*. Depois abra *index.html* e veja seus corredores serem carregados de um banco de dados MySQL, usando Ajax, JSON e PHP.

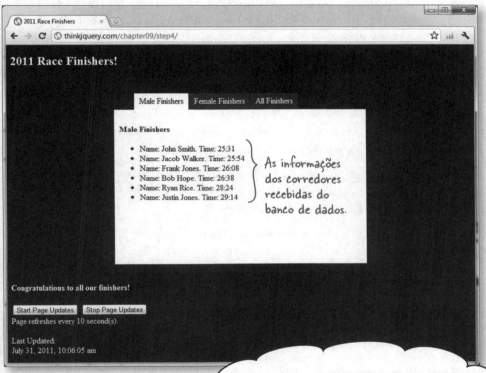

As informações dos corredores recebidas do banco de dados.

> Olha só, é ótimo podermos obter dados dessa maneira, mas realmente precisamos que isso funcione com o formulário que criamos para o departamento de marketing, certo?

Boa observação.

Assim que terminarmos essa parte, aloha Waikiki! Primeiro, vamos garantir que os dados que o Marketing está disponibilizando não nos deixarão com problemas.

ninguém gosta de dados sujos

Aplicação de sanitização e validação de dados em PHP

Com o aumento dos robôs de spam e dos hackers tentando obter a propriedade de seu conjunto de dados para fins ilícitos, você nunca deve confiar nos dados que entram em um formulário web. *Sempre* é bom *validar* e *sanitizar* em quaisquer dados enviados para o seu servidor, antes de inseri-los em seu banco de dados. Isso garante que você tenha de digitar os dados que esperava ter em um campo particular (validação) *e* que os dados que recebeu não contêm qualquer coisa que poderia ser potencialmente perigoso para seu servidor ou banco de dados (sanitização). Isso pode ajudar a protegê-lo contra problemas como injeções SQL, problemas de script gerados por cruzamento de site e muitas outras coisas ruins que você pode encontrar na internet. Em nossa aplicação, usaremos alguns métodos PHP ótimos para limpar nossos dados e garantir que os dados corretos foram usados.

Converte algumas entidades HTML especiais em um formato que é seguro para o banco de dados.

```
<?php
    htmlspecialchars($_POST["a"]) ; // Encode the strings into safer web and database values
    empty($_POST["b"]) ; // The "empty" method checks if the value is empty
    preg_match('',$var); //This is a "Regular Expression". It checks $var against a set pattern
?>
```

Verifique se uma string está vazia ou não.

Uma expressão regular que combina a função. A combinação padrão que usa expressões regulares pode ser muito específica; portanto, é possível realmente controlar o tipo de dados que entrou.

Existem muitas outras funções que você também poderia ver para aplicar sanitização nos dados; elas incluem `htmlentities`, `trim`, `stripslashes`, `mysql_real_escape_string` e muitas outras. É possível encontrar muito mais delas no Capítulo 6 de *Use a Cabeça! PHP & MySQL*.

Use o mesmo arquivo PHP para diversas finalidades

Vimos duas maneiras de enviar dados para o servidor para serem processados pelo PHP: POST e GET. Combinando com alguma lógica condicional, podemos detectar se houve uma requisição POST ou GET em nosso arquivo PHP e agir em conformidade com ela. Lembra-se daquele campo oculto que acrescentamos em nosso formulário há algumas páginas atrás?

```
<input type="hidden" name="action" value="addRunner" id="action">
```

Podemos observar esse valor em POST e saber que postamos um formulário. Depois, podemos rodar algumas funções de validação e sanitização de dados para garantir que temos todos os dados que queremos. Da mesma forma, se atualizarmos a chamada `getJSON` para obter os corredores do banco de dados com um parâmetro da URL (para o objeto PHP `$_GET`), podemos direcionar apenas esse código no arquivo PHP para ser rodado. Dessa maneira, teremos apenas um arquivo PHP para manter.

```
$.getJSON("service.php?action=getRunners", function(json) {
```

Use isso para dizer à função PHP rodar o código associado com a obtenção dos corredores do banco de dados.

Ok! Todos estão arrumando suas mesas e indo para o aeroporto! Então, agora sabemos completar o formulário, certo?

manipulando dados JSON

Código Pronto. Atualize seu arquivo *service.php* com o código a seguir. Ele cuidará de ambos, GET e POST das informações. Você também precisará incluir as funções db_connection, success e fail de antes.

```php
<?php
   if ($_POST['action'] == 'addRunner') {       // Verifique se havia um valor
                                                 //  de addRunner colocado no
      $fname = htmlspecialchars($_POST['txtFirstName']);   // servidor com POST. Esse é
      $lname = htmlspecialchars($_POST['txtLastName']);    // nosso campo oculto de antes.
      $gender = htmlspecialchars($_POST['ddlGender']);     // Aplicação de sanitização das
      $minutes = htmlspecialchars($_POST['txtMinutes']);   // informações no array $_POST.
      $seconds = htmlspecialchars($_POST['txtSeconds']);
      if(preg_match('/[^\w\s]/i', $fname) || preg_match('/[^\w\s]/i', $lname)) {
         fail('Invalid name provided.');
      }                                          // A validação de dados
      if( empty($fname) || empty($lname) ) {    // garante que algo foi inserido.
         fail('Please enter a first and last name.');
      }
      if( empty($gender) ) {
         fail('Please select a gender.');       // Chame a função fail,
      }                                          // caso a validação falhe.
      $time = $minutes.":".$seconds;
      $query = "INSERT INTO runners SET first_name='$fname', last_name='$lname',
gender='$gender', finish_time='$time'";
      $result = db_connection($query);          // Diga ao banco de dados para
                                                 // inserir um novo registro...
      if ($result) {                             // ...e verifique se ele foi bem-sucedido ou não.
         $msg = "Runner: ".$fname." ".$lname." added successfully" ;
         success($msg);
      } else {  fail('Insert failed.');} exit;
   }elseif($_GET['action'] == 'getRunners'){    // Verifique se o valor getRunners foi
                                                 // enviado para a string da URL.
      $query = "SELECT first_name, last_name, gender, finish_time FROM runners order by
finish_time ASC ';
      $result = db_connection($query);
      $runners = array();
      while ($row = mysql_fetch_array($result, MYSQL_ASSOC)) {
         array_push($runners, array('fname' => $row['first_name'], 'lname' => $row['last_
name'], 'gender' => $row['gender'], 'time' => $row['finish_time']));
      }
      echo json_encode(array("runners" => $runners));   // Pegue e retorne os
      exit;                                              // corredores.
   }
```

service.php

você está aqui ▶ **365**

havaí, aí vamos nós...

```
function getDBRacers(){
    $.getJSON("service.php?action=getRunners", function(json) {
        if (json.runners.length > 0) {
            $('#finishers_m').empty();
.
.

        }
    });
    getTimeAjax();
}
```

Faça isso!

Atualize a chamada `getJSON` para incluir um parâmetro na URL, chamado `action`, com um valor `getRunners`, para dizer ao arquivo *service.php* retornar os corredores.

my_scripts.js

Test Drive

Depois de atualizar seus arquivos *service.php* e *my_scripts.js*, abra *index.html* em seu navegador. Você deve ver os corredores sendo carregados. Também deve ter a capacidade de acrescentar novos corredores na lista, usando o formulário na nova aba que você criou.

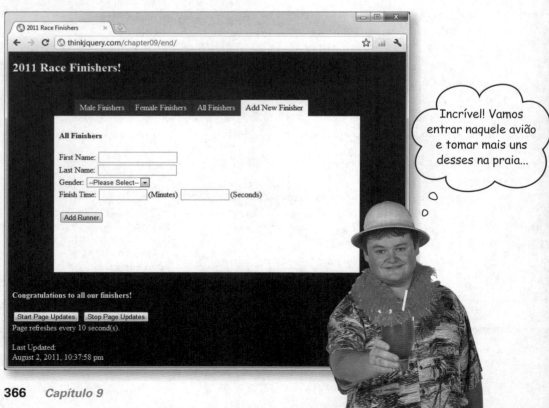

Incrível! Vamos entrar naquele avião e tomar mais uns desses na praia...

manipulando dados JSON

cruzadinha jQuery

É hora de sentar e dar algo para o lado esquerdo do seu cérebro fazer. Essa cruzadinha é padrão; todas as palavras das respostas fazem parte deste livro.

Horizontal

2. JSON e XML são dois tipos de formatos data-____ que o jQuery e o PHP podem passar para frente e para trás um do outro.

4. Um método de atalho do jQuery que é dedicado para enviar dados para o servidor. O método possui vários parâmetros: URL, a informação que você quer enviar e uma função manipuladora que rodará depois que os dados forem enviados.

5. A linguagem de script do lado do servidor geralmente usada para enviar dados coletados em um formulário para o servidor.

9. JSON=Java Script ___ ___.

11. Servidor de banco de dados popular de fonte aberta do qual você pode fazer o download gratuitamente.

13. O atalho do jQuery para a obtenção das informações JSON a partir de um servidor.

14. Outro método auxiliador do formulário jQuery que criará um array associativo dos pares chave/valor (que cria um ótimo armazenamento estruturado).

15. SQL = ____ ____ Language.

Vertical

1. Um tipo de array especial que mantém suas informações em pares de nome/valor.

3. Um dos dois métodos usados para enviar dados para o servidor a partir de um formulário HTML. Esse método colocará os nomes do campo do formulário e seus valores no final da URL.

6. Um dos dois métodos usados para enviar dados para o servidor a partir de um formulário HTML. Ele também envia dados, mas não torna esses dados visíveis na string da URL.

7. O método auxiliar do formulário jQuery que juntará todas as entradas do seu formulário em uma única string de pares chave/valor, separadas pelo e comercial (&).

8. O elemento HTML a ser usado quando você quer coletar dados em uma página web e enviá-los para processamento em um servidor.

10. O comando SQL usado para colocar dados *em* uma tabela.

12. O comando SQL para recuperar dados *de* uma tabela do banco de dados.

você está aqui ▶ **367**

cruzadinha jQuery solução.

cruzadinha jQuery – Solução

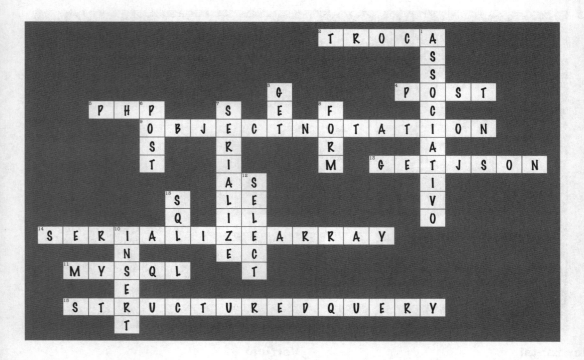

manipulando dados JSON

Sua Caixa de Ferramentas jQuery/Ajax/PHP/MySQL

Agora que adquiriu os conhecimentos do Capítulo 9, você acabou de acrescentar um pouco de PHP, MySQL, JSON e mais coisas sobre Ajax em sua caixa de ferramentas.

MySQL
Permite que você armazene dados em bancos de dados e tabelas e insira e recupere informações, usando a linguagem SQL.

SQL
Uma linguagem de consulta para interagir com as aplicações do banco de dados como MySQL.

PHP
Uma linguagem de script do lado do servidor que permite que você manipule o conteúdo da página web no servidor antes que uma página seja entregue ao navegador do cliente.

Script PHP
Um arquivo de texto que contém código PHP para realizar tarefas em um servidor web.

<?php?>
Essas tags devem cercar todo código PHP em seus scripts PHP.

echo
O comando PHP para enviar o resultado para a janela do navegador. Sua sintaxe é:

echo 'Hello World';

JSON
Use a função getJSON para obter dados codificados no JSON a partir de um servidor. Ele retorna um objeto JSON.

Os dados podem ser enviados de um formulário, usando o método post. Antes de enviar os dados, você precisa formatá-los, usando serializeArray.

$_POST
Uma variável especial que mantém os dados do formulário.

json_encode
Esse comando possui um array e o converte para os dados codificados no JSON requisitados pelo jQuery.

você está aqui ▶ **369**

CAPÍTULO 9

10 jQuery UI

Transformação radical do formulário

A web vive e morre pelos usuários e seus dados. Coletar dados dos usuários é um grande negócio e pode ser um desafio que consome o tempo de um desenvolvedor web. Você viu como jQuery pode ajudar a fazer aplicações web em Ajax, PHP e MySQL funcionarem mais efetivamente. Agora vejamos como o jQuery pode nos ajudar a construir a interface do usuário para os formulários que coletam dados dos usuários. Ao longo do caminho, você receberá uma dose saudável do jQuery UI, a biblioteca oficial da interface do usuário para o jQuery.

o pé grande pode precisar de mais do que um corte de cabelo

O Criptozoologistas.org precisa de uma transformação

A Dra. Pattersby e o Dr. Gimli dedicam-se a coletar o máximo de dados possíveis sobre o descobrimento de *criptídeos*, vindos de usuários ao redor do mundo. Seu site, criptozoologistas.org é reverenciado por criptozoologistas profissionais e amadores do mundo todo. Esses bons doutores têm outro trabalhinho para você: atualizar o formulário dos Achados sobre os Criptídeos que está bastante desatualizado.

jQuery UI

Coloque informações em seu formulário HTML

Abaixo há um modelo de como nossos criptozoologistas querem que fique o novo formulário, junto com algumas observações extras.

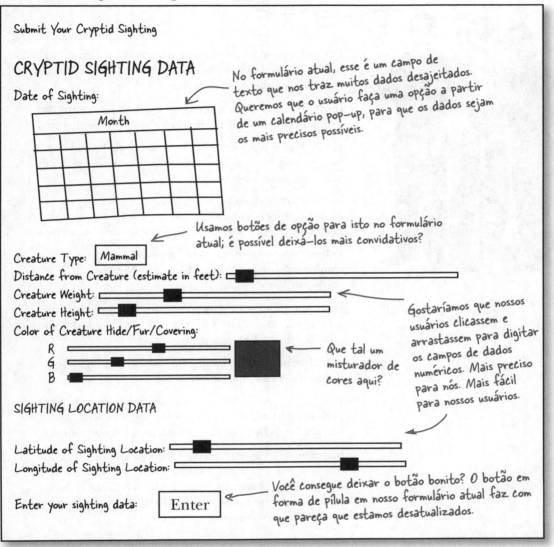

PODER DO CÉREBRO

Os criptozoologistas fizeram um pedido grande aqui. Eles querem que você construa uma interface do usuário da forma que você encontraria em uma aplicação do desktop. O que você acha que o jQuery oferece para fazer isso?

conversa **particular**

Gente, vocês viram o modelo do formulário "Submit your Cryptid Sighting"?

Frank: Eu vi. O formulário atual é em HTML, mas HTML e CSS não vão conseguir o formulário dos criptozoologistas que queremos.

Jim: Sei como é... Você já tentou estilizar elementos do formulário com CSS? Prefiro fazer um cirurgia de canal.

Frank: Sim, e o jQuery... bem, nunca vi qualquer coisa no jQuery que nos ajude a construir os componentes da interface *dessa forma*.

Joe: Temos de descobrir isso, pessoal. As pessoas estão acostumadas com componentes sofisticados como esse; portanto, teremos de descobrir um jeito de construí-los.

Frank: Provavelmente precisaremos de uma combinação de JavaScript, jQuery e CSS para conseguir fazer isso.

Jim: Há muita lógica para ser escrita. Apenas o pop-up do calendário que eles querem serão linhas e linhas de código e muito CSS complexo.

Joe: Hummm. Na verdade, deve haver um plugin do jQuery para esse tipo de coisa.

Jim: Um plugin, certo! Usamos um a uns dois capítulos atrás para criar abas para a página de resultados da corrida Bit to Byte. Então há mais plugins, correto?

Joe: Sim, se o jQuery não oferece algo que um desenvolvedor precisa, esse desenvolvedor pode construir um plugin e publicá-lo na comunidade do jQuery para que todos possam usá-lo. Isso poupa muitas horas de outros desenvolvedores.

Jim: Então algum desenvolvedor ou equipe de desenvolvimento aí fora pode já ter lidado com isso?

Frank: Isso realmente nos pouparia de dores de cabeça.

Joe: Vamos mexer no jQuery.com e ver o que encontramos.

jQuery UI

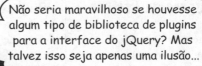

apresentando o jquery UI

Poupe suas dores de cabeça (e tempo), codificando com o jQuery UI

Felizmente para os desenvolvedores de todos os lugares, o jQuery possui uma biblioteca oficial de plugins da interface do usuário para esse tipo de projeto. Essa biblioteca é chamada de jQuery UI e oferece três tipos de plugins para o centro do jQuery: efeitos, interações e widgets.

Plugins de Efeitos

O jQuery UI estende o jQuery, acrescentando mais efeitos. Faça com que seus elementos pulem, explodam, pulsem ou balancem. As jQuery UIs também incluem *funções easing*, operações matemáticas complexas que fazem a animação parecer mais realista.

Plugins de interação

As interações colocam um comportamento mais complexo nas aplicações web. Você pode habilitar os usuários para interagir com elementos, tornando esses elementos draggable, droppable ou sortable, apenas para citar algumas das opções.

Plugins de widget

Um widget da web é um componente autônomo que acrescenta funcionalidade em sua aplicação web. Os widgets poupam muito tempo de codificação e complexidade enquanto criam elementos da interface do usuário úteis e receptivos.

Neste capítulo, focaremos principalmente em widgets para nosso trabalho da UI.

O jQuery oferece uma arquitetura de plugin que permite a extensão (ou adição) do núcleo da biblioteca jQuery aos desenvolvedores web.

Test Drive

Experimente alguns dos efeitos, interações e widgets do jQuery UI, visitando as seguintes URLs (conteúdo em inglês) e fazendo o que as instruções dizem.

URL	Instruções
http://jqueryui.com/demos/animate/#default	Clique no botão Toggle Effect.
http://jqueryui.com/demos/effect/#default.html	Escolha um efeito da lista suspensa. Depois clique em Run Effect.
http://jqueryui.com/demos/draggable/#default	Clique e fique na caixa que diz "Drag me around". Depois, arraste o mouse para arrastar a caixa dentro da área da tela fornecida.
http://jqueryui.com/demos/accordion/#default	Clique em seções diferentes para ver o acordeão expandir e contrair.
http://jqueryui.com/demos/dialog/#animated	Clique no botão Open Dialog para ver uma caixa de diálogo personalizada do jQuery UI. Muito melhor do que uma caixa de alerta monótona e antiga, não é?

jQuery UI

QUEM FAZ O QUÊ?

Relacione cada plugin do jQuery UI com o tipo de plugin que ele é e o que ele faz. Dica: Se não tiver certeza, passe mais um tempo mexendo no site demonstrativo do Test Drive na página anterior.

Puff

Autocomplete

Droppable

Explode

Sortable

Progressbar

Resizable

Blind

Accordion

Interação: Torna um elemento do DOM um alvo para elementos arrastáveis.

Widget: Exibe a porcentagem atual de preenchimento de algum evento.

Efeito: Faz um elemento aparecer para expandir e dissipar em transparência, como fumaça.

Widget: Fornece uma lista de valores possíveis quando o usuário digita em um campo de entrada.

Efeito: Faz um elemento aparecer para deslizar para cima ou para baixo como o tratamento de uma janela.

Widget: Cria áreas empilhadas e dobráveis para organizar o conteúdo web.

Efeito: Faz um elemento aparecer para quebrar-se em pedaços e espalhar-se em várias direções.

Interação: Torna um elemento ordenável ao arrastá-lo.

Interação: Dá alças para um elemento arrastável, permitindo que o usuário o redimensione.

quem faz o quê solução

Relacione cada plugin do jQuery UI com o tipo de plugin que ele é e o que ele faz.

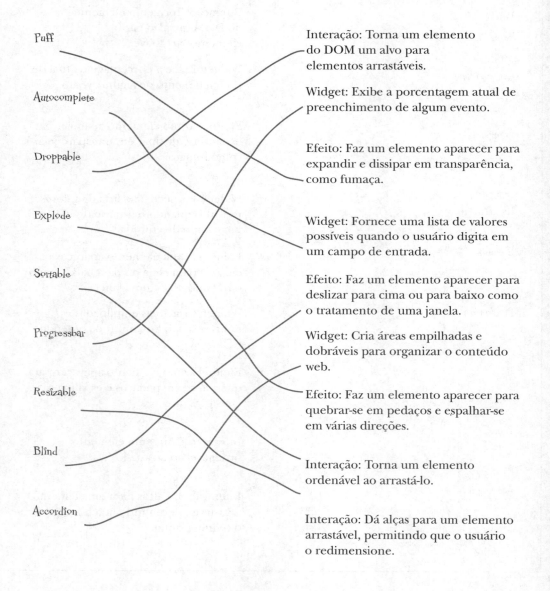

jQuery UI

Faça isso!

Antes que possamos fazer qualquer coisa com o jQuery UI, precisamos configurar os componentes que queremos, escolher um tema e fazer o download de uma cópia dele. Siga os passos abaixo:

1 Indique a página de download do jQuery UI em seu navegador:

http://jqueryui.com/download (conteúdo em inglês).

2 Escolha os componentes dos quais você quer fazer o download.

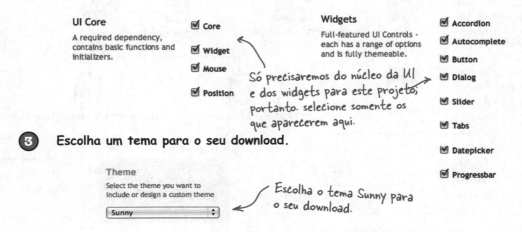

Só precisaremos do núcleo da UI e dos widgets para este projeto; portanto, selecione somente os que aparecerem aqui.

3 Escolha um tema para o seu download.

Escolha o tema Sunny para o seu download.

Uma das melhores coisas do jQuery UI são seus temas. A equipe de desenvolvimento do jQuery UI incluiu toda a CSS para fazer uma interface bonita. É possível até mesmo criar seu próprio tema com a "rolagem de temas" do jQuery UI. Para ver uma galeria de todos os temas do jQuery UI, visite a URL a seguir:

http://jqueryui.com/themeroller/#themeGallery (conteúdo em inglês).

4 Pressione o botão Download.

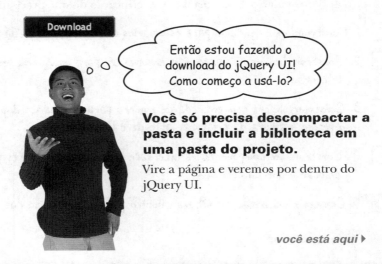

Então estou fazendo o download do jQuery UI! Como começo a usá-lo?

Você só precisa descompactar a pasta e incluir a biblioteca em uma pasta do projeto.

Vire a página e veremos por dentro do jQuery UI.

você está aqui ▶ **379**

estrutura do *jQuery UI*

O que há dentro do pacote jQuery UI

Depois de fazer o download e descompactar o jQuery, você verá que ele está estruturado assim:

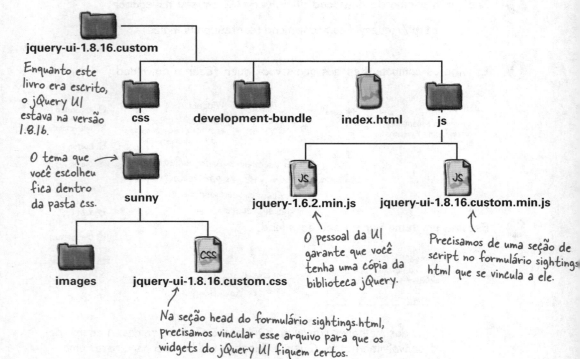

Incluímos a pasta do jQuery UI na pasta de código que você fez o download no início do livro. Você a encontrará na pasta *end*, que fica dentro da pasta *ch10*.

Nossa lista de verificação do projeto

O jQuery UI faz muita coisa por você, mas ainda temos alguns itens para resolver, a fim de construir o novo formulário. Veja uma lista de verificação do que precisamos fazer:

☐ 1. Construir um calendário para os usuários colocarem a data da aparição.

☐ 2. Construir botões de opção mais envolventes para os usuários escolherem o tipo de criatura.

☐ 3. Construir sliders com entrada de número para os usuários digitarem a distância, o peso e a altura da criatura, latitude e longitude.

☐ 4. Construir um componente na interface com mistura de cores para o usuário colocar a cor da criatura.

☐ 5. Construir um botão submit mais bonito para o formulário das aparições.

380   Capítulo 10

jQuery UI

Construa um calendário no formulário de aparições

É surpreendente como é fácil colocar um widget do jQuery UI em um formulário HTML. Vamos começar com o controle datepicker do calendário:

① **Crie um vínculo para o arquivo CSS do jQuery UI:**

```
<link type="text/css" href="jquery-ui-1.8.16.custom/css/
sunny/jquery-ui-1.8.16.custom.css" rel="stylesheet" />
```

② **Crie uma tag <script> que aponta para o jQuery UI:**

```
<script src="jquery-ui-1.8.16.custom/js/jquery-ui-1.8.16.
custom.min.js"></script>
```

③ **Pegue um campo input simples de HTML:**

```
<input type="text" name="sighting_date">
```

> **CRYPTID SIGHTING DATA**
>
> **Date of Sighting:**
>
> [   ]

④ **Acrescente um ID de datepicker na tag <input>:**

```
<input type="text" name="sighting_date" id="datepicker">
```

⑤ **Crie um arquivo JavaScript e coloque o código a seguir entre as chaves de $(document) .ready(function(){}:**

```
$('#datepicker').datepicker();
```

⑥ **Abra o arquivo em seu navegador favorito e clique no campo input.**

> **CRYPTID SIGHTING DATA**
>
> **Date of Sighting:**
>
> [   ]
>
> | ◀ | Aug ⬍ | 2011 ⬍ | ▶ |
> | Su | Mo | Tu | We | Th | Fr | Sa |
> | | 1 | 2 | 3 | 4 | 5 | 6 |
> | 7 | 8 | 9 | 10 | 11 | 12 | 13 |
> | 14 | 15 | 16 | 17 | 18 | 19 | 20 |
> | 21 | 22 | 23 | 24 | 25 | 26 | 27 |
> | 28 | 29 | 30 | 31 | | | |

É isso! Você acabou de acrescentar um widget interativo no formulário.

você está aqui ▶ **381**

trabalhe mais inteligentemente, não dificilmente

Os bastidores do jQuery UI

Pode parecer um pouco com mágica, mas o jQuery UI realmente é apenas um monte de código jQuery bem projetado e bem escrito – código que *você* não teve de escrever. Vamos olhar mais de perto como ele funciona.

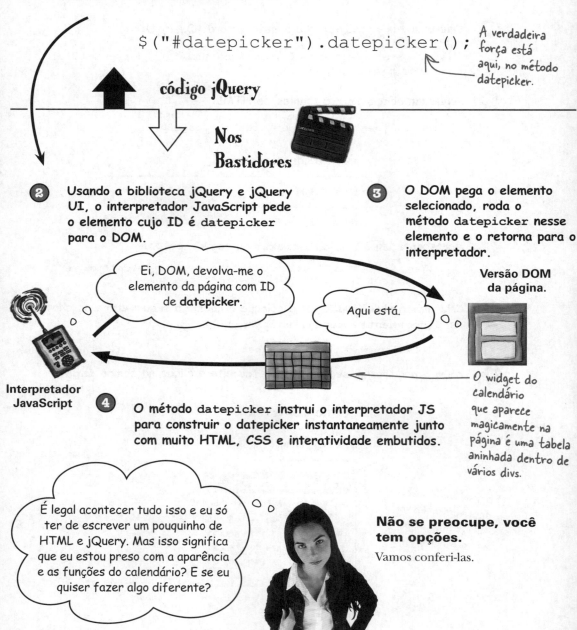

① Assim como todos os outros códigos do jQuery que você escreveu, o datepicker usa um seletor e um método.

`$("#datepicker").datepicker();`

A verdadeira força está aqui, no método datepicker.

código jQuery

Nos Bastidores

② Usando a biblioteca jQuery e jQuery UI, o interpretador JavaScript pede o elemento cujo ID é datepicker para o DOM.

③ O DOM pega o elemento selecionado, roda o método datepicker nesse elemento e o retorna para o interpretador.

Ei, DOM, devolva-me o elemento da página com ID de **datepicker**.

Aqui está.

Versão DOM da página.

Interpretador JavaScript

④ O método datepicker instrui o interpretador JS para construir o datepicker instantaneamente junto com muito HTML, CSS e interatividade embutidos.

O widget do calendário que aparece magicamente na página é uma tabela aninhada dentro de vários divs.

É legal acontecer tudo isso e eu só ter de escrever um pouquinho de HTML e jQuery. Mas isso significa que eu estou preso com a aparência e as funções do calendário? E se eu quiser fazer algo diferente?

Não se preocupe, você tem opções.

Vamos conferi-las.

jQuery UI

Os widgets possuem opções customizadas

Se você entrar no widget datepicker, descobrirá que ele possui muitos recursos e opções ricas que é possível configurar.

O botão "anterior" leva-o para o mês anterior.

O botão "próximo" leva-o para o próximo mês. Toda vez que você clicar, uma nova tabela é gerada instantaneamente para esse mês.

A data atual será destacada com uma cor diferente.

Personalize o datepicker com opções

O jQuery UI é construído no jQuery; portanto, não é necessário escrever muito código para customizar o widget datepicker, para atender a suas necessidades. Enquanto este livro era escrito, o datepicker possuía 46 opções diferentes que você pode definir.

```
$("#datepicker").datepicker({
     stepMonths: 3
});
```

O widget datepicker vem com muitas opções configuráveis. A opção stepMonths permite que você mude quantos meses deseja pular.

Se começar em agosto, quando pressionar o botão "anterior" ou "próximo", você pulará três meses para trás ou três meses para frente.

```
$("#datepicker").datepicker({
     changeMonth: true
});
```

Se definir a opção changeMonth para true, o usuário pode escolher o mês a partir de uma lista suspensa.

Exercício

Escreva o código que permitirá que o usuário mude tanto o mês quanto o ano do widget datepicker, usando uma lista suspensa. Dica: Coloque vírgula entre as opções quando estiver definindo mais de uma opção.

....

....

....

você está aqui ▶   **383**

exercício solução

Exercício Solução

Escreva o código que permitirá que o usuário mude tanto o mês quanto o ano da widget datepicker, usando uma lista suspensa. Dica: Coloque vírgula entre as opções quando estiver definindo mais de uma opção.

```
$('#datepicker').datepicker({
        changeMonth: true, changeYear: true
});
```

Código Pronto

Procure o arquivo chamado *sightings_begin.html*, na pasta *begin*, dentro de *ch10*. Salve-o como *sightings_end.html*, na pasta *end*, do Capítulo 10. Acrescente o código em negrito abaixo em seus arquivos *sightings_end.html* e *my_scripts.js*.

Perto do topo do arquivo sightings_end.html

```html
<head>
    <title>Submit Your Cryptid Sighting</title>
    <link rel="stylesheet" type="text/css" href="style/form.css" />
    <link type="text/css" href="jquery-ui-1.8.16.custom/css/sunny/jquery-ui-1.8.16.custom.css" rel="stylesheet" />
</head>
```

Precisamos vincular ao arquivo CSS do jQuery UI para que os widgets fiquem certos.

```html
<h3>Date of Sighting:</h3>
    <input  type="text" name="sighting_date" id="datepicker" />
```

sightings_end.html

```html
        <script src="scripts/jquery-1.6.2.min.js"></script>
        <script src="scripts/my_scripts.js"></script>
        <script src="jquery-ui-1.8.16.custom/js/jquery-ui-1.8.16.custom.min.js"></script>
    </body>
</html>
```

Precisamos incluir a biblioteca jQuery UI para tornar todos os recursos da UI disponíveis.

Perto do rodapé do arquivo sightings_end.html

```javascript
$(document).ready(function(){
    $('#datepicker').datepicker({ changeMonth: true, changeYear: true});
});//end doc ready
```

O código do datepicker

my_scripts.js

jQuery UI

Test Drive

Depois de digitar o código da página anterior, abra *sightings_end.html*, em seu navegador favorito, para testar o widget datepicker. Clique nos botões "próximo" e "anterior" e a listas suspensas de mês e ano para garantir que tudo funciona.

O datepicker funciona!

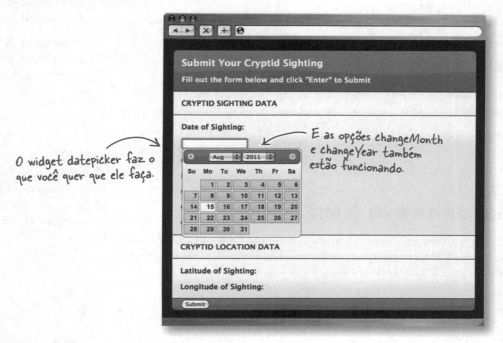

O widget datepicker faz o que você quer que ele faça.

E as opções changeMonth e changeYear também estão funcionando.

Confira a lista

O item 1 da lista de verificação está feito. Vamos passar para o item 2 da lista de verificação.

- ☑ 1. Construir um calendário para os usuários colocarem a data da aparição.
- ☐ 2. Construir botões de opção mais envolventes para os usuários escolherem o tipo de criatura.
- ☐ 3. Construir sliders com entrada de número para os usuários digitarem a distância, o peso e a altura da criatura, latitude e longitude.
- ☐ 4. Construir um componente na interface com mistura de cores para o usuário colocar a cor da criatura.
- ☐ 5. Construir um botão submit mais bonito para o formulário das aparições.

você está aqui ▶ **385**

um botão que vale a pena clicar

Estilizando seus botões

O que significa realmente "mais envolvente"? É principalmente uma questão de estilo: torne um botão mais bonito, e as pessoas desejarão clicar nele. Um widget super útil na biblioteca jQuery UI é o widget de botão. O widget de botão oferece um método `button` para ajudá-lo a fazer elementos do formulário mais atraentes como botões enviar, botões de opção e caixas de verificação.

Esse é o HTML para um único botão.

Essa entrada será atualizada quando o usuário clicar nela.

```
<input type="radio" id="radio1" name="radio" />
            <label for="radio1">Choice 1</label>
```

O widget de botão estiliza label para que apareça como botão.

E a declaração correspondente de jQuery.

```
$( "#radio1" ).button();
```

O método button transforma um simples botão de opção HTML em um botão bonito e mais interativo.

Não se esqueça de que o código de marcação para os botões de entrada precisa ficar dentro de uma tag do formulário HTML.

Agrupando widgets de botão

Para construir um conjunto agrupado de botões, o jQuery UI oferece o método `buttonset`, que transforma elementos de botão individuais em um grupo, indicando o elemento do contêiner para esse grupo.

Coloque seu grupo de botões de opção dentro de um elemento do contêiner.

```
<div id="radio">
        <input type="radio" id="radio1" name="radio" />
            <label for="radio1">Choice 1</label>
        <input type="radio" id="radio2" name="radio" />
            <label for="radio2">Choice 2</label>
        <input type="radio" id="radio3" name="radio" />
            <label for="radio3">Choice 3</label>
</div>
```

Em seu código jQuery, selecione o elemento do contêiner.

```
$( "#radio" ).buttonset();
```

O método buttonset agrupa os botões para você e roda o método button em cada elemento.

jQuery UI

Ímãs de Geladeira do jQuery UI

Coloque os ímãs de código na ordem adequada para criar um conjunto de botões para os usuários selecionarem o tipo de criatura que viram. Colocamos alguns para você.

sightings_end.html

```
<div id="type_select">
    <input type="radio" id="radio1" name="creature_type" />
        <label for="radio1">Chupacabras</label>
```

my_scripts.js

```
<input type="radio" id="radio2" name="creature_type" />
<label for="radio3">Loch Ness Monster</label>        </div>
<label for="radio4">Sasquatch</label>        $( "#type_select" ).buttonset();
                    <label for="radio2">Jersey Devil</label>
<input type="radio" id="radio4" name="creature_type" />
            <input type="radio" id="radio3" name="creature_type" />
```

você está aqui ▶ **387**

ímãs de geladeira jQuery UI solução

Ímãs de Geladeira do jQuery UI - Solução

Agora você tem um conjunto de botões bonitos que combina o tema geral para o seu formulário.

```
<div id="type_select">
    <input type="radio" id="radio1" name="creature_type" />
        <label for="radio1">Chupacabras</label>
    <input type="radio" id="radio2" name="creature_type" />
        <label for="radio2">Jersey Devil</label>
    <input type="radio" id="radio3" name="creature_type" />
        <label for="radio3">Loch Ness Monster</label>
    <input type="radio" id="radio4" name="creature_type" />
        <label for="radio4">Sasquatch</label>
</div>
```

sightings_end.html

Na pasta do código, você verá que acrescentamos os botões Yeti e Others também. Mas ficamos sem espaço neste exercício.

```
$( "#type_select" ).buttonset();
```

my_scripts.js

388 *Capítulo 10*

jQuery UI

Test Drive

Acrescente as linhas de código acima em seus arquivos *sightings_end.html* e *my_scripts.js*. Depois, abra a página em seu navegador favorito para garantir que tudo esteja funcionando.

Creature Type:

○ Chupacabras ○ Jersey Devil ○ Loch Ness Monster ○ Sasquatch ○ Yeti ○ Other

Você pegou esses botões de opção simples em HTML

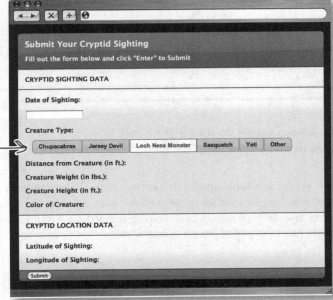

...e os transformou em um grupo elegante de botões para pressionar.

Uau, isso foi bem fácil. Qual é o próximo item da nossa lista do formulário?

- ☑ 1. Construir um calendário para os usuários colocarem a data da aparição.
- ☑ 2. Construir botões de opção mais envolventes para os usuários escolherem o tipo de criatura.
- ☐ 3. Construir sliders com entrada de número para os usuários digitarem a distância, o peso e a altura da criatura, latitude e longitude.
- ☐ 4. Construir um componente na interface com mistura de cores para o usuário colocar a cor da criatura.
- ☐ 5. Construir um botão submit mais bonito para o formulário das aparições.

você está aqui ▶ **389**

os dados restritos são mais limpos

Controle as entradas numéricas com efeito deslizante

O plugin para o slider do jQuery UI dá força para construir uma interface de slider que os usuários podem controlar com o seu mouse ou teclado. Os sliders também o ajudam a controlar os números que os usuários colocam. Como você já viu, construir widgets é rápido desde que você tenha a biblioteca jQuery UI. Construir um widget slider é fácil da mesma maneira.

Isso configura o slider em seu arquivo HTML.

```
<div id="slide_me"></div>
```

E esse é o código jQuery relacionado.

```
$("#slide_me"). slider();
```

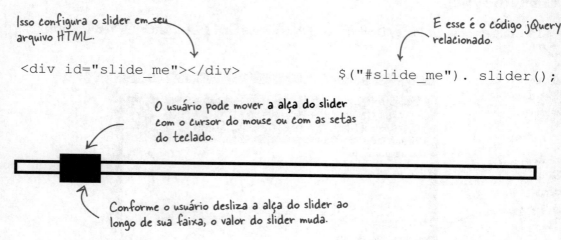

O usuário pode mover a alça do slider com o cursor do mouse ou com as setas do teclado.

Conforme o usuário desliza a alça do slider ao longo de sua faixa, o valor do slider muda.

Os sliders também oferecem muitas opções de customização. Vamos dizer que precisamos que o usuário digite um conjunto de números. O valor mais baixo que queremos que os usuários digitem é 0. E queremos que os usuários digitem valores com 5 acréscimos. Veja como podemos fazer isso com as opções do widget slider:

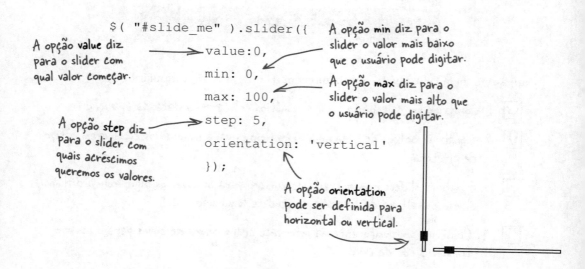

A opção value diz para o slider com qual valor começar.

A opção step diz para o slider com quais acréscimos queremos os valores.

```
$( "#slide_me" ).slider({
    value:0,
    min: 0,
    max: 100,
    step: 5,
    orientation: 'vertical'
});
```

A opção min diz para o slider o valor mais baixo que o usuário pode digitar.

A opção max diz para o slider o valor mais alto que o usuário pode digitar.

A opção orientation pode ser definida para horizontal ou vertical.

390   Capítulo 10

jQuery UI

O widget slider possui algumas opções ótimas, mas como pegamos o valor do slider em uma entrada do formulário?

Temos de conectar o slider com um dos manipuladores de evento do widget slider.

Vimos algumas opções do widget, mas ainda não exploramos outro recurso poderoso do jQuery UI. Muitos componentes do jQuery oferecem manipuladores de evento e o slider não é um deles. Enquanto este livro era escrito, o widget slider do jQuery UI oferecia cinco manipuladores de evento: `create`, `start`, `slide`, `change` e `stop`. Para conectar-se com uma entrada do formulário, vamos experimentar o manipulador de evento `slide`.

Se não quiser que o usuário tenha a possibilidade de entrar com um número, defina a entrada para "readonly".

O HTML para um widget slider

```
<input type="text" id="my_value" readonly="readonly"/>
    <div id="slide_me"></div>
```

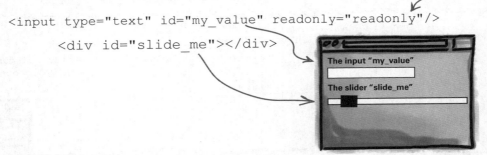

O script do jQuery para um widget slider

```
$( "#slide_me" ).slider({
    slide: function( event, ui ) {
        $( "#my_value" ).val( ui.value );
    }
});
$( "#my_value" ).val( $( "#slide_me" ).slider( "value" ) );
```

Esse é o manipulador de evento slide. O usuário ativa o evento slide ao mover a alça do slide.

O evento slide é vinculado a uma função de callback. Quando a função é rodada, isso define a entrada com o método jQuery val.

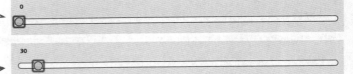

Quando o usuário desliza a alça do slide, a função é chamada e a entrada é atualizada para o valor do slider.

você está aqui ▶ **391**

exercício longo

Exercício Longo

Preencha os espaços em branco para o código em cada campo de entrada que os criptozoologistas querem. Eles deixaram algumas observações nas opções slider para você definir.

> Distância da Criatura (em pés.):
>
> O valor inicial deve ser 0.
>
> A distância mínima deve ser 0.
>
> A distância máxima deve ser 500.
>
> Use acréscimos de 10 pés.

```
<h3>Distance from Creature (in ft.):</h3>
<input type="text" id=".............." class="just_display" name="creature_distance"
                                                              readonly="readonly"/>
          <div id=".............."></div>
     </div>
</div>
```

sightings_end.html

```
$( "#slide_dist" ).slider({
              ..............
              ..............
              ..............
              ..............
              slide: function( event, ui ) {
                     $( "#distance"..............)
              }
});
```

my_scripts.js

jQuery UI

> Peso da Criatura (em libras):
>
> O valor inicial deve ser O.
>
> O peso mínimo deve ser O.
>
> O peso máximo deve ser 5.000.
>
> Use acréscimos de 5 libras.

> Altura da Criatura (em pés):
>
> O valor inicial deve ser O.
>
> A altura mínima deve ser O.
>
> A altura máxima deve ser 20.
>
> Use o acréscimo de 1 pé.

```html
<h3>Creature Weight (in lbs.):</h3>
        <input  type="text" id="weight" class="just_display" name="creature_weight"
                                                readonly="readonly"/>

                    <div id=".................."></div>


<h3>Creature Height (in ft.):</h3>
        <input  type="text" id="height" class="just_display" name="creature_height"
                                                readonly="readonly"/>

                    <div id="slide_height"></div>
```

sightings_end.html

```javascript
$( "....................." ).slider({

              ...............
              ...............
              ...............
              ...............
      slide: function( event, ui ) {
          $( "..............." ).val( ui.value);
      }
});
```

my_scripts.js

```javascript
$( "#slide_weight" ).slider({

              ...............
              ...............
              ...............
              ...............
      ........................................
              $( "#weight" ).val( ui.value);
      }
});
```

my_scripts.js

você está aqui ▶ **393**

exercício longo solução

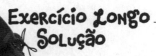

Exercício Longo Solução

Preencha os espaços em branco para o código em cada campo de entrada que os criptozoologistas querem. Eles deixaram algumas observações nas opções slider para você definir.

> Distância da Criatura (em pés):
> O valor inicial deve ser 0.
> A distância mínima deve ser 0.
> A distância máxima deve ser 500.
> Use acréscimos de 10 pés.

```
<h3>Distance from Creature (in ft.):</h3>
<input type="text" id=" distance " class="just_display" name="creature_distance"
                                                                    readonly="readonly"/>
        <div id=" slide_dist "></div>
    </div>
</div>
```

sightings_end.html

```
$( "#slide_dist" ).slider({
                .value:0,
                .min:0,
                .max:500,
                step: 10,
                slide: function( event, ui ) {
                        $( "#distance" ).val( ui.value );
                }
});
```

my_scripts.js

394   Capítulo 10

jQuery UI

Peso da Criatura (em libras):

O valor inicial deve ser 0.

O peso mínimo deve ser 0.

O peso máximo deve ser 5.000.

Use acréscimos de 5 libras.

Altura da Criatura (in ft.):

O valor inicial deve ser 0.

A altura mínima deve ser 0.

A altura máxima deve ser 20.

Use o acréscimo de 1 pé.

```html
<h3>Creature Weight (in lbs.):</h3>
        <input  type="text" id="weight" class="just_display" name="creature_weight"
                                                    readonly="readonly"/>
                    <div id=" slide_weight "></div>


<h3>Creature Height (in ft.):</h3>
        <input  type="text" id="height" class="just_display" name="creature_height"
                                                    readonly="readonly"/>

                    <div id="slide_height"></div>
```

sightings_end.html

```javascript
$( "#slide_height" ).slider({
                value:0,
                min:0,
                max:20,
                step: 1,
        slide: function( event, ui ) {
            $( "#height" ).val( ui.value);
        }
});
```

my_scripts.js

```javascript
$( "#slide_weight" ).slider({
                value:0,
                min:0,
                max:5000,
                step: 10,
        slide: function( event, ui ) {
            $( "#weight" ).val( ui.value);
        }
});
```

my_scripts.js

você está aqui ▸ **395**

test drive

Test Drive

Acrescente o código do exercício ao longo das páginas anteriores em seus arquivos. Depois, abra *sightings_end.html* em seu navegador favorito. Certifique-se de testar os sliders, usando seu mouse e seu teclado (as teclas das setas esquerda e direita devem avançar os acréscimos em seu slider).

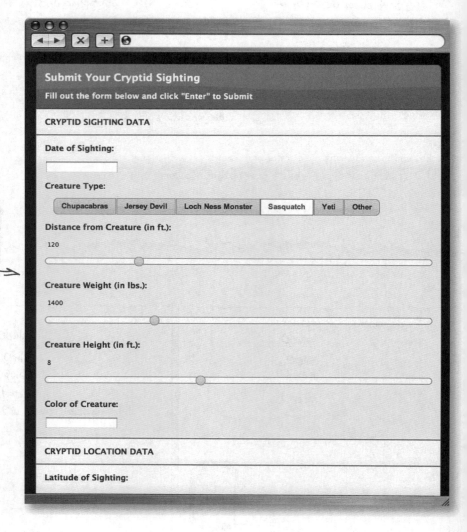

Agora os usuários podem digitar os dados, deslizando as alças, e os criptozoologistas têm um controle de qualidade dos dados muito melhor.

Você tem mais dois sliders numéricos para construir: latitude e longitude. Depois você pode marcar outro item da sua lista de verificação do projeto!

jQuery UI

Mas a latitude e a longitude possuem valores negativos e intervalos decimais como 0.00001. O widget slider consegue lidar com esses tipos de números?

O jQuery UI também possui o que você citou aí.

O widget slider consegue lidar com números negativos e números decimais. É possível entrar com números negativos como valores, mínimos e máximos. Experimente isso logo abaixo para vê-lo em ação.

Aponte o seu lápis

Preencha o código jQuery para fazer com que os sliders para a latitude e a longitude funcionem. O slider da latitude deve ter uma variação de -90 a 90 com acréscimos de 0.00001. O slider da longitude deve ter uma variação de -180 a 180 com acréscimos de 0.00001.

```
........................................
            value:0,
            ................
            ................
            ........................
            slide: function( event, ui ) {
                $( "................" ).val( ui.value);
            }
});


........................................
            value:0,
            ................
            ................
            ........................
            slide: function( event, ui ) {
                $( "................" ).val( ui.value);
            }
});
```

my_scripts.js

aponte seu lápis solução

Aponte o seu lápis
Solução

Preencha o código jQuery para fazer com que os sliders para a latitude e a longitude funcionem. O slider da latitude deve ter uma variação de -90 a 90 com acréscimos de 0.00001. O slider da longitude deve ter uma variação de -180 a 180 com acréscimos de 0.00001.

```javascript
$( "#slide_lat" ).slider({
                        value:0,
                        min: -90,
                        max: 90,
                        step: 0.00001,
                        slide: function( event, ui ) {
                                $( " latitude " ).val( ui.value);
                        }
                });

$( "#slide_long" ).slider({
                        value:0,
                        min: -180,
                        max: 180,
                        step: 0.00001,
                        slide: function( event, ui ) {
                                $( " longitude " ).val( ui.value);
                        }
                });
```

my_scripts.js

Até aqui, você marcou alguns itens da lista:

☑ 1. Construir um calendário para os usuários colocarem a data da aparição.

☑ 2. Construir botões de opção mais envolventes para os usuários escolherem o tipo de criatura.

☑ 3. Construir sliders com entrada de número para os usuários digitarem a distância, o peso e a altura da criatura, latitude e longitude.

E agora? Agora você precisa construir para os criptozoologistas uma interface que permita que os usuários coloquem a cor da criatura que eles viram, usando os sliders que representam vermelho, verde e azul.

☐ 4. Construir um componente na interface com mistura de cores para o usuário colocar a cor da criatura.

jQuery UI

Os computadores misturam a cor, usando vermelho, verde e azul

Os valores de vermelho (red), verde (green) e azul (blue) possuem cada um, um mínimo de 0 e um máximo de 255. Quando cada cor encontra-se em seu mínimo – em outras palavras, quando o valor do vermelho encontra-se no 0, do verde no 0 e do azul no 0 –, você tem preto. Quando cada cor encontra-se em seu máximo – quando o valor do vermelho encontra-se no 255, do verde no 255 e do azul no 255 –, você tem branco.

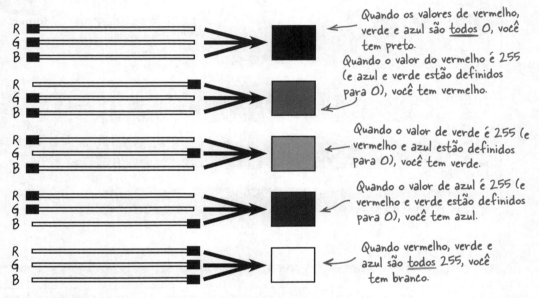

Seus sliders precisam fazer o mesmo

Então você precisa construir três sliders diferentes: um para o vermelho, um para o verde e um para o azul. Depois você combinará cada um dos valores do slider para tornarem-se uma cor. Vamos ver o que precisamos que cada widget slider faça.

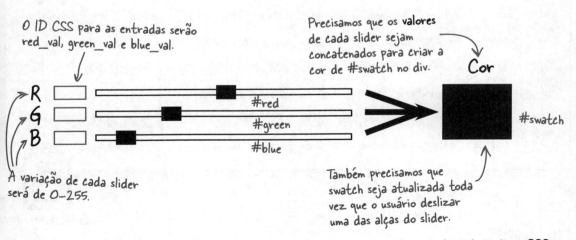

você está aqui ▶ **399**

código pronto do slider

Código Pronto

Acrescente o código em negrito em seu arquivo *sightings_end.html* e *form.css*. Isso configurará seus arquivos para a construção do selecionador de cores.

```css
//color slider styles
    #slide_dist, #slide_weight, #slide_height {
        margin-bottom:14px;
    }
    #swatch {
        width: 75px;
        height: 75px;
        background-image: none;
    }
    #red .ui-slider-range { background: #ef2929; }
    #red .ui-slider-handle { border-color: #ef2929; }

    #green .ui-slider-range { background: #8ae234; }
    #green .ui-slider-handle { border-color: #8ae234; }

    #blue .ui-slider-range { background: #729fcf; }
    #blue .ui-slider-handle { border-color: #729fcf; }
```

Esse estilo de ID CSS define a amostra que exibirá a cor conforme o usuário mude o slider.

form.css

Cada um desses estilos coloca a cor do slider na faixa do slider.

```html
<h3>Color of Creature (use the color sliders to enter):</h3>
Color (in hexadecimal):<input type="text" class="just_display"
name="creature_color" id="color_val" readonly="readonly"/><br /><br />
    <div id="swatch" class="ui-widget-content ui-corner-all"></div>

Red:<input type="text" class="just_display" name="creature_color" id="red_val"
readonly="readonly"/>
    <div id="red"></div>

Green:<input type="text" class="just_display" name="creature_color" id="green_val"
readonly="readonly"/>
    <div id="green"></div>

Blue:<input type="text" class="just_display" name="creature_color" id="blue_val"
readonly="readonly"/>
    <div id="blue"></div>
```

O campo input que manterá o valor hexadecimal da cor.

O div para a amostra da cor.

O dir para o slider vermelho.

O dir para o slider verde.

O dir para o slider azul.

sightings_end.htm

jQuery UI

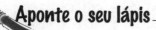

Aponte o seu lápis

O script abaixo configura os sliders vermelho, verde e azul. Leia cada linha e pense no que ele pode fazer com base no que você já sabe sobre jQuery e jQuery UI. Depois, escreva o que você acha que o código faz. Se não tiver certeza do que uma linha faz, é perfeitamente aceitável opinar. Fizemos uma para você.

```
$( "#red, #green, #blue" ).slider({
    orientation: "horizontal",
    range: "min",
    max: 255,
    value: 127,
    slide: refreshSwatch,
    change: refreshSwatch
});
```

Define a variação do slider, de forma que o usuário só pode selecionar um máximo.

não existem Perguntas Idiotas

P: O que é todo esse CSS que vem com o jQuery UI?

R: O bom do jQuery UI é que os desenvolvedores pensaram muito no CSS complexo para que você não tenha de pensar. É possível aprender sobre CSS, olhando o arquivo no pacote do jQuery UI, em *jquery-ui-1.8.16.custom/css/sunny/jquery-ui-1.8.16.custom.css*. Para ler mais sobre essas classes de CSS, visite a documentação do jQuery UI, na URL a seguir: *http://jqueryui.com/docs/Theming/API* (conteúdo em inglês).

P: Você disse que podemos fazer nosso próprio tema para o jQuery UI. Como eu faço isso?

R: Você pode criar facilmente seu próprio tema, usando a rolagem de temas do jQuery UI. Primeiro, indique a aplicação da rolagem de temas em seu navegador aqui:

http://jqueryui.com/themeroller/ (conteúdo em inglês).

Depois, clique na aba "Roll your own". Você verá definições para coisas como fontes, estados de clique, sombras internas e sobreposição na tela. Faça suas próprias mudanças customizadas e os elementos da UI mudarão para refletir suas definições de design.

Quando você tiver seu próprio tema definido da forma que deseja, basta clicar no botão Download Theme e você será levado para a página Build Your Download, para criar seu próprio pacote do jQuery UI. Se quiser salvar seu tema para mais tarde, basta adicionar a página Build Your Download em favoritos.

P: Não tenho widgets de interações. Para que eu os usaria?

R: As interações permitem a criação do tipo de funcionalidade interativa que você encontraria em uma aplicação do desktop.

Usando widgets Draggable, você pode transformar seus elementos em componentes arrastáveis.

O widget Droppable pode ser um alvo para um widget droppable.

O widget Resizable transforma seu elemento em um objeto escalável cujo tamanho você pode mudar, arrastando seus cantos, sua borda direita ou sua borda inferior.

Selectables são widgets que transformam seus elementos em componentes selecionáveis. Um visitante do site pode arrastar seu mouse sobre esses elementos para selecioná-los, assim como ele poderia selecionar arquivos em seu desktop.

Sortables são widgets que podem ser reordenados pelo usuário.

você está aqui ▶   **401**

aponte seu lápis solução

Aponte o seu lápis
Solução

O script abaixo configura os sliders vermelho, verde e azul. Leia cada linha e pense no que ele pode fazer com base no que você já sabe sobre jQuery e jQuery UI. Depois, escreva o que você acha que o código faz. Se não tiver certeza do que uma linha faz, é perfeitamente aceitável opinar. Veja nossas respostas.

```
$( "#red, #green, #blue" ).slider({
    orientation: "horizontal",
    range: "min",
    max: 255,
    value: 127,
    slide: refreshSwatch,
    change: refreshSwatch
});
```

Transforma cada um dos divs para R, G, B em widgets slider.

Transforma-os em sliders horizontais em vez de verticais.

Define a variação do slider, de forma que o usuário só pode selecionar um máximo.

Define o valor max para 255 para ficar dentro dos limites da cor.

Define o valor, de forma que as alças do slider ficam ligeiramente no meio.

Chama uma função nomeada refreshSwatch quando o usuário usa o slide.

Chama a mesma função quando qualquer valor é mudado.

Construa a função refreshSwatch

Para terminar nosso misturador de cores, precisamos de uma função JavaScript que defina e atualize a amostra. Veja uma versão da estrutura dessa função, junto com algumas das perguntas a considerar antes de completá-la, para deixá-la fazer o que deseja.

```
function refreshSwatch() {

    var red = ???

    var green = ???

    var blue = ???

    var my_rgb = ???

    $( "#swatch" ).???;

    $( "#red_val" ).val(red );

    $( "#blue_val" ).val( blue);

    $( "#green_val" ).val( green);

    $( "#color_val" ).val(my_rgb);

}
```

Como você obterá os valores de cada slider em cada uma dessas variáveis?

Precisamos concatenar os valores RGB nesta variável para que possamos definir a amostra de cores.

Que método do jQuery permitirá que definamos a cor da amostra de cores?

Nenhuma pergunta difícil aqui. Podemos simplesmente usar o método val do jQuery para definir os campos de entrada e mostrar o valor dos sliders conforme eles mudam. Dessa forma, o usuário saberá quais são esses valores.

jQuery UI

Já vimos como obter os valores dos sliders, mas como criamos a amostra de cor? Não é necessário muito código para converter cores hexadecimais na web?

Boa sacada! *Poderíamos* escrever uma função de conversão decimal-para-hexadecimal ou poderíamos usar os valores decimais direto dos sliders.

Lembre-se de que a propriedade `background-color` de CSS permite que especifiquemos as cores assim:

$$\text{background-color:rgb}(\underset{R}{255},\underset{G}{0},\underset{B}{255})$$

Mas isso é apenas uma dica para uma das perguntas. Para escrever a função inteira, você terá de fazer um pequeno exercício mental.

Exercício

Preencha as linhas de código em branco para terminar a função `refreshSwatch`.

```
function refreshSwatch() {
    var red = ..............................................................................
    var green = ............................................................................
    var blue = .............................................................................
    var my_rgb = ...........................................................................
    $( "#swatch" )............................................;
    $( "#red_val" ).val(red );
    $( "#blue_val" ).val( blue);
    $( "#green_val" ).val( green);
    $( "#color_val" ).val(my_rgb);
}
```

você está aqui ▶ **403**

exercício solução

Exercício Solução

Preencha as linhas de código em branco para terminar a função `refreshSwatch`.

```
function refreshSwatch() {
    var red =   $( "#red" ).slider( "value" );
    var green = $( "#green" ).slider( "value" );
    var blue =  $( "#blue" ).slider( "value" );
    var my_rgb = "rgb(" + red + "," + green + "," + blue + ")";
    $( "#swatch" ) . $( "#swatch" ).css( "background-color", my_rgb );
    $( "#red_val" ).val(red );
    $( "#blue_val" ).val( blue);
    $( "#green_val" ).val( green);
    $( "#color_val" ).val(my_rgb);
}
```

Concatenando os valores RGB nesta variável...

...podemos definir a CSS para a amostra com os valores combinados das três cores.

Código Pronto

Atualize seu arquivo *my_scripts.js* para incluir o código para o slider de cor e a função `refreshSwatch` das páginas anteriores. Acrescente as linhas abaixo também. Elas ativarão os valores do slider para rodar a função `refreshSwatch` quando a página web for carregada, o que iniciará a página com uma amostra em cores em vez de uma vazia.

```
$( "#red" ).slider( "value", 127 );
$( "#green" ).slider( "value", 127 );
$( "#blue" ).slider( "value", 127 );
```

jQuery UI

Test Drive

Abra *sightings_end.html* em seu navegador favorito. Certifique-se de testar os sliders, usando seu mouse e seu teclado (as teclas das setas esquerda e direita devem avançar o slider com seus acréscimos).

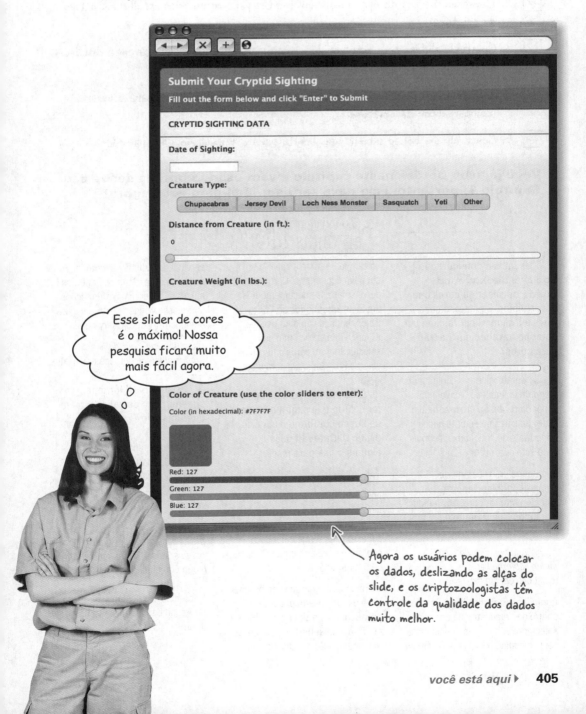

Esse slider de cores é o máximo! Nossa pesquisa ficará muito mais fácil agora.

Agora os usuários podem colocar os dados, deslizando as alças do slide, e os criptozoologistas têm controle da qualidade dos dados muito melhor.

você está aqui ▶   405

um botão final

Uma última coisinha...

Falta apenas mais um item em sua lista de verificação:

☑ 1. Construir um calendário para os usuários colocarem a data da aparição.

☑ 2. Construir botões de opção mais envolventes para os usuários escolherem o tipo de criatura.

☑ 3. Construir sliders com entrada de número para os usuários digitarem a distância, o peso e a altura da criatura, latitude e longitude.

☑ 4. Construir um componente na interface com mistura de cores para o usuário colocar a cor da criatura.

☐ 5. Construir um botão submit mais bonito para o formulário das aparições.

Você já usou botões neste capítulo e vem usando botões desde o Capítulo 1; portanto, isso deve ser bem fácil para você agora!

não existem Perguntas Idiotas

P: Usamos a configuração **rgb** para **background-color** no slider de cores que construímos. E se eu quiser fazer um slider de cores que use notação hexadecimal padrão para cores?

R: Tentamos criar o código mais elegante e simples possível para o slider de cores. Se precisar de um slider de cores que colete dados no formato de cores hexadecimais, você está com sorte.

Você pode ver o código de amostra para um simples selecionador de cores fornecido no site do Query UI. Coloque a URL a seguir em seu navegador:

http://jqueryui.com/demos/slider/#colorpicker
(conteúdo em inglês)

Agora, procure o link View Source dentro da demonstração do selecionador de cores. Selecione e copie o código HTML, CSS e jQuery

no campo de texto e salve-o em um novo documento. Certifique-se de vincular esse documento nos arquivos apropriados de CSS e jQuery em sua cópia do pacote jQuery. Voilà – você tem um selecionador de cores que usa os valores hexadecimais para a cor.

P: Eu preciso de um campo no formulário que sugira os termos de busca conforme o usuário digita. O jQuery UI possui alguma coisa para isso?

R: Sim! Um dos recursos mais novos do jQuery, enquanto este livro era escrito (agosto de 2011), é o widget Autocomplete, que exibe sugestões de termos de busca conforme o usuário digita no campo de um formulário.

De onde vêm os termos de busca? Você os fornece em um array JavaScript, a partir de uma URL, ou usando uma função de callback que pode pegar os dados de um

servidor, utilizando os métodos Ajax que você aprendeu nos Capítulos 8 e 9. Para saber mais informações sobre esse widget, visite a página demonstrativa do jQuery aqui:

http://jqueryui.com/demos/autocomplete/(conteúdo em inglês).

P: O jQuery UI fornece qualquer tipo de validação de formulário?

R: Não. Infelizmente, o jQuery não fornece validação de formulário, mas existe um plugin do jQuery que funciona bem para validação. Você pode encontrar o plugin aqui:

http://bassistance.de/jquery-plugins/jquery-plugin-validation/
(conteúdo em inglês).

Falaremos mais sobre esse plugin no Apêndice i. Verifique mais informações lá.

406 *Capítulo 10*

jQuery UI

> Espere. Claro. Usamos botões desde o Capítulo 1, mas esse botão é do jQuery UI e um elemento do formulário HTML.

Ok, boa observação.

Usamos o método `click` do jQuery e o método `button` do jQuery UI, mas não fizemos muita coisa com os elementos *selecting_form* como botões de entrada enviar. Veja um guia rápido sobre como selecioná-los.

PONTOS DE BALA

- `$(":input")` = Seleciona todos os elementos de entrada.
- `$(":text")` = Seleciona todos os elementos do tipo text.
- `$(":radio")` = Seleciona todos os elementos do tipo radio.
- `$(":checkbox")` = Seleciona todos os elementos do tipo checkbox.
- `$(":submit")` = Seleciona todos os elementos de entrada do tipo submit.
- `$(":reset")` = Seleciona todos os elementos de entrada do tipo reset.
- `$(":checked")` = Seleciona todas as entradas que foram marcadas.
- `$(":selected")` = Seleciona todas as entradas que foram selecionadas.
- `$(":enabled")` = Seleciona todas as entradas que foram habilitadas.
- `$(":disabled")` = Seleciona todas as entradas que foram desabilitadas.
- `$(":password")` = Seleciona todas as entradas que são destinadas para senhas.

Exercício

Escreva a linha de código única que você precisa para acrescentar em *my_scripts.js* e que transformará o botão em forma de pílula em um botão do jQuery UI com tema.

....

você está aqui ▶ **407**

exercício solução

Exercício Solução

Certifique-se de acrescentar isso em seu arquivo *my_scripts.js* e testá-lo, abrindo *sightings_end.html* em seu navegador favorito.

```
$( "button:submit" ).button();
```

Ficamos muito felizes com seu trabalho e o chamaremos para nos ajudar no próximo capítulo.

Sim, muito obrigado! Agora não ficaremos em paz.

jQuery UI

Bônus Exercício

Seu formulário está ótimo, mas na verdade ele não *envia* quailquer dado no momento. Porém, você aprendeu tudo o que precisa para fazer isso no Capítulo 9, então separe um tempo para pensar em como você pode tornar esse lindo formulário verdadeiramente funcional.

A pasta *end* no código, da qual você fez o download para este capítulo, contém todo o código que precisa para deixá-lo ativo e funcionando: *sightings_end. html*, *service.php* e *sightings.sql*. Você terá de fazer algum trabalho por sua conta para deixá-lo ativo, mas ser desenvolvedor web tem tudo a ver com isso, não é? Incluímos os métodos Ajax e JSON que você aprendeu no Capítulo 9 para que o formulário que acabou de construir possa enviar dados.

Você precisa fazer toda a configuração sozinho (ou seja, rodar o script *sightings.sql* ou criar o banco de dados com os campos nesse script sozinho e acrescentar os métodos Ajax e JSON em seu arquivo *my_scripts.js*). Também será preciso acrescentar alguns registros no banco de dados, antes de seguir para o Capítulo 11. Se você precisar relembrar o MySQL, PHP e Ajax, fique à vontade para voltar aos Capítulos 8 e 9.

Não existe solução para este exercício, mas se você tiver problemas, sempre que quiser pode ir para o fórum deste livro em www.headfirstlabs.com (conteúdo em inglês) e conversar com os autores e outros leitores.

você está aqui ▶ **409**

sua caixa de ferramentas jquery

Sua Caixa de Ferramentas jQuery

Agora que adquiriu os conhecimentos do Capítulo 10, você acabou de acrescentar o jQuery UI em sua caixa de ferramentas.

jQuery UI
Uma biblioteca oficial do jQuery que oferece três tipos principais de plugins para o núcleo do jQuery: efeitos, interações e widgets.

Widget
Um componente autônomo que acrescenta funcionalidade em sua aplicação web.

Poupa muito tempo de codificação e complexidade ao criar elementos úteis e receptivos da interface do usuário.

Widget de botão
Fornece um método buton para ajudá-lo a fazer elementos do formulário mais atrativos, como botões enviar, botões de opção e caixas de verificação.

Widget datepicker
O método datepicker instrui o interpretador JS para construir o datepicker instantaneamente, junto com bastante HTML, CSS e interatividade embutida.

Também vem com muitas opções customizáveis.

Sliders
Os elementos ul que os usuários podem manipular com seu mouse ou teclado, controlando os dados que eles colocam.

Inclui cinco manipuladores de evento que você usa para conectar o slider a uma entrada do formulário: create, start, slide, change e stop.

11 jQuery e APIs

Objetos, objetos por todo lugar

O que será que eu vou ganhar este ano? Espero que seja outra API...

Um desenvolvedor tão talentoso quanto você não pode fazer tudo isso sozinho... Vimos como podemos incluir plugins jQuery, como o jQuery UI ou a navegação com abas, para ajudar a estimular nossa aplicação jQuery, sem muito esforço. Para levar nossas aplicações para o próximo nível, coloque em prática algumas das ferramentas bem legais disponíveis na Internet e use as informações dadas pelos grandes destaques – como Google, Twitter ou Yahoo!, – precisamos de alguma coisa... a mais. Essas empresas, e muitas outras, fornecem APIs (interfaces de programação de aplicativos) em seus serviços para que você possa incluí-las em seu site. Neste capítulo, veremos alguns princípios básicos sobre as APIs e usaremos uma bastante comum: a API do Google Maps.

este capítulo é novo   **411**

uma reunião de criptídeos

Onde está ~~Wally~~ o Pé Grande?

A Dra. Pattersby e o Dr. Gimli querem colocar mais alguns recursos legais em seu site – você acha que está pronto para a tarefa?

De: **Dr. Gimli [gimli@criptozoologists.org]**
Assunto: **Mais algumas atualizações para o nosso site**

Olá, pessoal,

Muito obrigado por nos ajudar a deixar nosso site mais favorável ao usuário e mais simples para coletar dados sobre aparições. Tivemos um aumento substancial no tráfego, por isso estamos bastante animados para ver todos os dados que estamos coletando.

Recebemos vários pedidos para tornar as informações mais acessíveis para as massas. Muitas pessoas estão interessadas nos dados das aparições; portanto, gostaríamos de dar a elas uma maneira de ver o que coletamos.

Veja o que precisamos:

1) Gostaríamos de ter a capacidade de selecionar uma única aparição e visualizar as informações associadas a ela. Junto com as informações sobre o criptídeo, gostaríamos de ver as informações de latitude e longitude que aparecem em um mapa do Google.

2) Quando um ponto é exibido no mapa do Google, gostaríamos de ter a capacidade de clicar nele para ver mais informações sobre a aparição.

3) Gostaríamos de ter a capacidade de selecionar o tipo de criatura de uma lista e exibir todas as criaturas associadas com esse tipo a partir de nosso banco de dados. Também gostaríamos de ver todas as criaturas com esse tipo em um mapa do Google, para que possamos procurar focos de aparições e examinar mais de perto. Todos esses pontos podem ser clicáveis, assim como a lista de criaturas, de forma que os usuários podem ver mais informações sobre cada um deles?

Não há muita coisa para questionar, certo, uma vez que já temos todas as informações armazenadas?

Aguardamos ansiosamente sua resposta!

--
Dr. Gimli and Dr. Pattersby
cryptozoologists.org

---

412 *Capítulo 11*

jQuery e APIs

Isso deve ser moleza. Parece que os doutores cripto só estão pedindo algumas coisas.

Joe: Você está falando do mapa do Google que precisamos construir?

Frank: Sim. Isso é bem simples...

Jim: Simples? Eles querem um mapa inteiro do Google!

Frank: Sim.

Jim: Vários pontos no mapa – um para cada um de seus criptídeos – cada um sendo clicável para obter mais informações...

Frank: Sim, acho que eu sei fazer isso.

Jim: E um clique personalizado na lista para interagir com os pontos e mostrar os pop-ups com "mais informações" no mapa.

Frank: Sim, hum, não tenho muita certeza de como se faz isso.

Joe: Não se preocupe com essa parte. O pessoal do Google Maps fornece uma API que podemos usar para realizar essa tarefa.

Jim: AP o quê?

Frank: API. É a abreviação de *application programming interface* (interface de programação de aplicativos). É como as empresas, como Google, Netflix e Yahoo!, permitem que usemos algumas de suas ferramentas legais em nossos próprios sites.

Jim: Isso parece muito legal, mas ela nos dará todas as pop-ups e o que mais precisarmos colocar no mapa?

Joe: Bem, *deveria*. Talvez seja necessário olhar a API do Google Maps para ver como ela funciona.

você está aqui ▶ **413**

dentro da API

A API do Google Maps

Em qualquer API que você deseja usar, é possível procurar a documentação e obter o código de amostra online. Pegamos essa amostra de *http://code.google.com/apis/maps*.

```
var map;
function initialize() {
  var myLatlng = new google.maps.LatLng(40.720721,-74.005966);
  var myOptions = {
    zoom: 13,
    center: myLatlng,
    mapTypeId: google.maps.MapTypeId.ROADMAP
  }

  map = new google.maps.Map(document.getElementById("map_canvas"), myOptions);

  google.maps.event.addListener(map, 'zoom_changed', function() {
    setTimeout(moveToNewYork, 3000);
  });

  var marker = new google.maps.Marker({
      position: myLatlng,
      map: map,
      title:"Hello World!"
  });
  google.maps.event.addListener(marker, 'click', function() {
    map.setZoom(8);
  });
}

function moveToNewYork() {
  var NewYork = new google.maps.LatLng(45.526585, -122.642612);
  map.setCenter(NewYork);
}
```

> Ok, reconheço algumas variáveis e funções aí, mas o que são todas essas outras coisas?

É o código do Google.

Não é tão ruim quanto parece. Vamos ver o que está acontecendo no código em mais detalhes.

414 *Capítulo 11*

jQuery e APIs

APIs usam objetos

No Capítulo 6, criamos nossos próprios objetos JavaScript com propriedades e métodos para armazenar e usar informações conforme vimos que serviam. Muitas empresas – como Google, Netflix, Microsoft e Yahoo! – também criam objetos API para permitir nossa interação com seus dados. Se precisar relembrá-los, fique à vontade para voltar lá e familiarizar-se com os objetos e como eles funcionam.

Declare as variáveis

Atribua essa variável a um novo objeto LatLng do Google.

Defina a variável map para ser um novo objeto do Google Maps.

Crie um array para armazenar algumas opções para o mapa.

Passe alguns valores de latitude e longitude como parâmetros de nosso objeto.

Diga ao mapa para entrar no elemento map_canvas.

```
var map;
var myLatlng = new google.maps.LatLng(40.720721,-74.005966);
var myOptions = {
    zoom: 13,
    center: myLatlng,
    mapTypeId: google.maps.MapTypeId.ROADMAP
}
map = new google.maps.Map(document.getElementById("map_canvas"),
myOptions);

google.maps.event.addListener(map, 'zoom_changed', function() {
    setTimeout(moveToNewYork, 3000);
});
```

Acrescente um escutador de evento em nosso mapa do Google.

Declare uma variável como um objeto Marker. O objeto LatLng que declaramos acima.

Passe os valores como parâmetros.

Diga ao mapa onde se centralizar.

O objeto Map que declaramos acima.

```
var marker = new google.maps.Marker({
    position: myLatlng,
    map: map,
    title:"Hello World!"
});

function moveToNewYork() {
    var NewYork = new google.maps.LatLng(45.526585,
-122.642612);
    map.setCenter(NewYork);
}
```

Declare uma função para chamar mais algum código do Google.

Crie outro objeto LatLng.

Fale para o mapa onde centralizar.

você está aqui ▶ **415**

por que usar *objetos*?

> Então as APIs fazem tudo com os objetos? Por que usaríamos objetos criados por outra pessoa?

Por que isso acelera tudo.

Assim como vimos no Capítulo 6, os objetos oferecem armazenamento mais inteligente. Você usa objetos quando precisa *armazenar diversas variáveis* sobre uma coisa particular. Uma API é apenas uma série de *construtores* de objeto que permitem que você crie suas próprias instâncias dos objetos de outras pessoas. Depois, assim que tiver uma instância, você pode usar todas as propriedades e métodos associados com esses objetos em seu código!

As complexidades da criação de uma aplicação com mapas para todas as pessoas usarem são os motivos pelos quais o Google usa objetos em sua API. Dessa forma, ele pode criar objetos com muitos métodos e propriedades diferentes para todos os elementos diferentes que você precisaria para construir um mapa.

A partir do código na página anterior, é possível ver que o objeto map possui as propriedades zoom, center e mapTypeId – além de muitas outras que não mostramos aqui. O mapa também possui muitos métodos, como setCenter.

Faça isso! Crie uma nova página, chamada *display_one.html*, e salve-a em sua pasta do projeto para este capítulo.

display_one.html

```
<!DOCTYPE html>
<html>
    <head>
        <title>View Cryptid Sightings</title>
        <link type="text/css" href="style/form.css" rel="stylesheet"/>
        <link type="text/css" href="jquery-ui-1.8.16.custom/css/sunny/jquery-ui-1.8.16.custom.css" />
    </head>
    <body>
        <div class="ui-widget-header ui-corner-top form_pad">
            <h2>View Cryptid Sightings</h2>
        </div>
        <div class="ui-widget-content form_pad">
            <div id="map_canvas"></div>      ← Crie um local para colocar nosso mapa.
        </div>
        <script src="http://maps.google.com/maps/api/js?sensor=false"></script>   ← Inclua a API do Google Maps.
        <script src="scripts/jquery-1.6.2.min.js"></script>   ← Inclua a biblioteca jQuery.
        <script src="scripts/maps.js"></script>
    </body>         ↑ Inclua um novo arquivo maps.js
</html>
```

416 Capítulo 11

jQuery e APIs

Inclua os mapas do Google em sua página

Primeiro, faça uma cópia de todos os arquivos que você tem do final do capítulo anterior. Usaremos todos os mesmos arquivos nessa solução também; portanto, também podemos pegá-los de onde paramos. Todo esse código mais seu novo arquivo *display_one.html* nos darão duas novas coisas importantes:

- Um `div` com o ID de `map_canvas`.
- O código da API do Google Maps, acrescentando `<script type="text/javascript" src="http://maps.google.com/maps/api/js?sensor=false"></script>`.

Para incluir um mapa do Google nessa página, você precisará criar um arquivo *maps.js* e acrescentar uma função nele que chama o código API para construir um mapa na página.

Ímãs de Geladeira do Código jQuery

Arrume os ímãs de geladeira para completar o código e criar uma função chamada `initialize`. Essa função criará então uma nova instância do objeto map do Google Maps, usando alguns parâmetros definidos no código. O novo objeto map será então aplicado ao elemento `map_canvas` da página. Depois, atualize seu arquivo *form.css* existente para incluir alguma definição de estilo no contêiner do mapa.

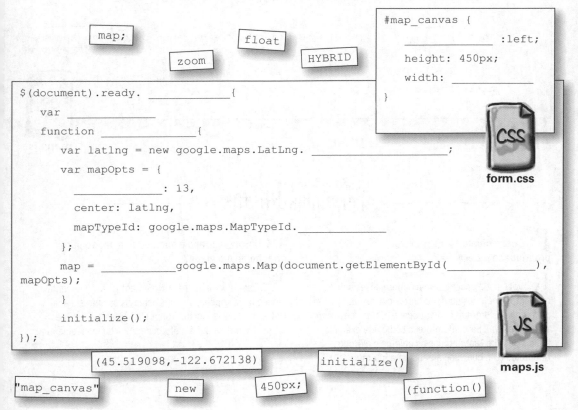

ímãs de geladeira do código do jQuery solução

Ímãs de Geladeira do Código jQuery - Solução

Arrume os ímãs de geladeira para completar o código e criar uma função chamada `initialize`. Essa função criará então uma nova instância do objeto map do Google Maps, usando alguns parâmetros definidos no código. O novo objeto `map` será então aplicado ao elemento `map_canvas` da página. Depois, atualize seu arquivo *form.css* existente para incluir alguma definição de estilo no contêiner do mapa.

```css
#map_canvas {
    float :left;
    height: 450px;
    width: 450px;
}
```

form.css

```
$(document).ready.(function() {
    var map;
    function initialize() {
        var latlng = new google.maps.LatLng(45.519098,-122.672138);
        var mapOpts = {
            zoom : 13,
            center: latlng,
            mapTypeId: google.maps.MapTypeId.HYBRID
        };
        map = new google.maps.Map(document.getElementById("map_canvas"), mapOpts);
    }
    initialize();
});
```

maps.js

não existem Perguntas Idiotas

P: E esse objeto `LatLng` e a propriedade `mapOpts`?

R: Você pode encontrar mais informações sobre os objetos, métodos da API e outras coisas em *http://code.google.com/apis/maps/documentation/javascript/reference.html*. Esse site oferece código de exemplo e mais detalhes sobre todos os objetos e métodos diferentes com que você aprenderá a interagir.

P: O Google Maps é minha única opção para criação de um mapa?

R: Definitivamente não! No entanto, provavelmente ele é o mais popular, por isso estamos usando ele aqui. Outras empresas – como Yahoo!, Microsoft, MapQuest e OpenLayers – também oferecem APIs de mapeamento.

jQuery e APIs

Test Drive

Atualize seu arquivo *maps.js* com a função `initialize` que você colocou nos ímãs. Certifique-se também de que o arquivo *maps.js* esteja incluso em *display_one.html*. Depois, abra *display_one.html* em seu navegador. Você deve rodar todo o seu código em seu servidor web; então a URL deve dizer *http://*, e não *file://*.

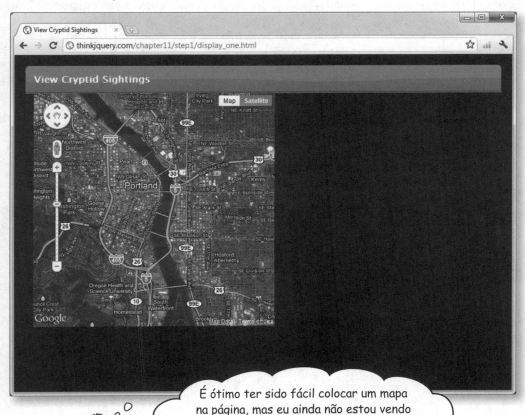

É ótimo ter sido fácil colocar um mapa na página, mas eu ainda não estou vendo quaisquer dados do criptídeo. Precisamos tirá-los do banco de dados, certo?

Exatamente.

No Capítulo 9, você aprendeu como podemos obter informações a partir de um banco de dados MySQL, usando jQuery, Ajax, JSON, PHP e MySQL. Embora essa seja uma lista razoável de tecnologias, ela fez exatamente o que precisávamos que ela fizesse. Vamos ver como podemos aplicá-la aqui novamente.

você está aqui ▶ **419**

alguns amigos chegados

Obtendo dados JSON com SQL e PHP

O Capítulo 9 mostrou como uma declaração `select` do SQL poderia pegar as informações que você queria do banco de dados, para que um arquivo PHP pudesse transformá-las em JSON e retorná-las para nossa página, usando Ajax.

Você também aprendeu a usar Ajax para obter informações codificadas no JSON, a partir de um arquivo PHP. Foi fácil para o PHP retornar dados do JSON – a função `json_encode`, que aceitou um array, devolveu os dados codificados no JSON para que o jQuery pudesse interagir com ele.

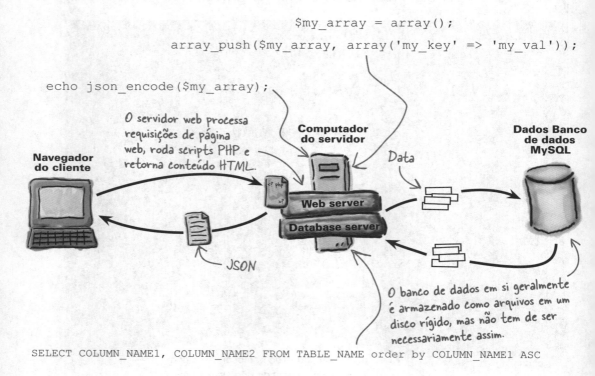

```
                              $my_array = array();
                  array_push($my_array, array('my_key' => 'my_val'));

echo json_encode($my_array);
```

SELECT COLUMN_NAME1, COLUMN_NAME2 FROM TABLE_NAME order by COLUMN_NAME1 ASC

Escrevemos todo o PHP e o SQL para você neste capítulo. Uma vez que você tem o banco de dados MySQL do Capítulo 10, você pode seguir em frente! O restante do código SQL e PHP está nos downloads para este capítulo. Fique à vontade para rodá-los em seu próprio servidor. Você pode fazer o download de todo o PHP e o SQL em um único arquivo a partir de *http://thinkjquery.com/chapter11/end/service.zip*.

jQuery e APIs

Ímãs de Geladeira dos Códigos jQuery, HTML e CSS

Arrume os ímãs de geladeira e atualize seus arquivos *display_one.html*, *form.css* e maps.js para obter seus dados via JSON e exibi-los na tela. Acrescente um `div` e um elemento `ul` para manter os dados, algum CSS para estilizar a lista e uma função para obter os dados, via JSON para acrescentar cada criptídeo na lista.

```
function getAllSightings(){
    $.getJSON("service.php?action=getAllSightings",_____ {
       if (_____length > 0) {
         $("#sight_list")_____;
            _____(json.sightings,function() {
               var info = 'Date: ' + this['date'] + ', Type: ' + this['type'];
               var $li = $("<li />");
               _____
               $li.addClass(_____);
               $li.attr('id', this['id']) ;
               $li.appendTo(_____);
            });
       }
    });
}
```

maps.js

`"map_canvas"` `"sightings"`

`json.sightings.`

`li.sightings:hover {`

`$li.html(info);`

```
<div class="ui-widget-content form_pad">
    <div id=_____></div>
    <div id="sight_nav">
       <ul id=_____>
       </ul>
    </div>
</div>
```

`.empty()`

`$.each`

display_one.html

```
#sight_nav{
    float:left;
}
ul#sight_list{
    width:150px;
    padding:0px;
    margin:0px;
}
li.sightings {
    padding:4px;
    background:#7B7382;
    border:1px #000 solid;
    color:#fff;
    _____
}
    _____
    background:#eee;
    color:#000;
}
```

form.css

`list-style:none;`

`"sight_list"`   `'#sight_list'`   `function(json)`

você está aqui ▶ **421**

ímãs de geladeira dos códigos *solução*

Ímãs de Geladeira dos Códigos jQuery, HTML e CSS - Solução

Arrume os ímãs de geladeira e atualize seus arquivos *display_one.html*, *form.css* e maps.js para obter seus dados via JSON e exibi-los na tela. Acrescente um div e um elemento ul para manter os dados, algum CSS para estilizar a lista e uma função para obter os dados, via JSON para acrescentar cada criptídeo na lista.

```javascript
function getAllSightings(){
    $.getJSON("service.php?action=getAllSightings", function(json) {
        if ( json.sightings.length > 0) {
            $("#sight_list").empty();
            $.each(json.sightings,function() {
                var info = 'Date: ' + this['date'] + ', Type: ' + this['type'];
                var $li = $("<li />");
                $li.html(info);
                $li.addClass("sightings");
                $li.attr('id', this['id']) ;
                $li.appendTo("#sight_list");
            });
        }
    });
}
```

maps.js

```html
<div class="ui-widget-content form_pad">
    <div id="map_canvas"></div>
    <div id="sight_nav">
        <ul id="sight_list">
        </ul>
    </div>
</div>
```

display_one.html

```css
#sight_nav{
    float:left;
}
ul#sight_list{
    width:150px;
    padding:0px;
    margin:0px;
}
li.sightings {
    padding:4px;
    background:#7B7382;
    border:1px #000 solid;
    color:#fff;
    list-style:none;
}
li.sightings:hover {
    background:#eee;
    color:#000;
}
```

form.css

jQuery e APIs

Test Drive

Atualize seu arquivo *maps.js* com a função `getALLSightings`, que você acabou de completar. Depois, acrescente uma chamada para essa nova função no final da função `initialize`. Em seguida, abra *display_one.html* em seu navegador. Isso supõe que você acrescentou algumas criaturas em seu banco de dados, no Capítulo 10; se não, certifique-se de fazer isso agora. Lembre-se, você deve rodar todo o seu código através do seu servidor web; portanto, a URL deve dizer *http://*, e não *file://*.

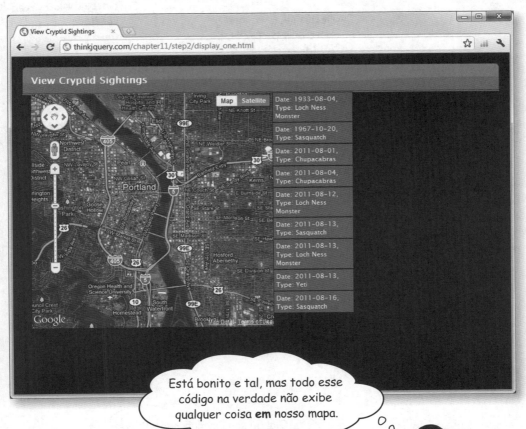

Está bonito e tal, mas todo esse código na verdade não exibe qualquer coisa **em** nosso mapa.

Certo. Precisamos ter a capacidade de acrescentar nossos dados do criptídeo no mapa.

O Google Maps fornece um método muito fácil para fazer isso. Vamos dar uma olhada como isso funciona.

faça seu(s) *marcador(es)*

Os pontos em um mapa são marcadores

Quando falamos da colocação de pontos em um mapa, o Google coloca a mão na massa. Porém, o Google não os chama de pontos. Ele os chama de *marcadores*. Os marcadores são objetos – assim como todas as outras coisas na API do Google Maps – e possuem seus próprios métodos e propriedades para interação e manipulação.

Defina um novo objeto LatLng a partir da API do Google Maps.

Passe os valores reais de Latitude e Longitude como parâmetros.

```
var myLatLng = new google.maps.LatLng(45.519098,-122.672138);
```

Defina um objeto, chamado my_marker, como uma instância do objeto Google Marker.

Chame o construtor do objeto Google Marker

```
var my_marker = new google.maps.Marker({
    position: myLatLng,
    map: map,
    title:"Hi! I'm a marker. Seen me around before?"
});
```

Um objeto map pré-definido. Você já viu isso em ação.

O objeto LatLng anteriormente definido como um parâmetro.

Passe os argumentos para definir algumas propriedades do objeto my_marker.

Aqui, definimos a posição do marcador, em que mapa acrescentá-lo e o título do ponto.

Olá! Eu sou um marcador. Prazer em marcar, errr... *conhecê-lo.* Tenho certeza de que você já me viu por aí antes...

424 Capítulo 11

jQuery e APIs

Aponte o seu lápis

Atualize sua função `getALLSightings` para acrescentar um escutador de evento click no item da lista, *antes* que ele seja acrescentado na lista. Esse evento click deve chamar uma função customizada, chamada `getSingleSighting.`, que leva um único parâmetro – o ID da aparição clicada. Essa nova função deve carregar então informações sobre o item clicado e acrescentá-lo como um marcador no mapa, usando suas propriedades latitude e longitude.

```javascript
function getAllSightings(){
    $.getJSON("service.php?action=getAllSightings", function(json) {
        if (json.sightings.length > 0) {
            $("#sight_list").empty();
            $.each(json.sightings,function() {
                var info = 'Date: ' + this['date'] + ', Type: ' + this['type'];
                var $li = $("<li />");
                $li.html(info);
                $li.addClass("sightings");
                $li.attr('id', this['id']) ;
                $li.click(function(){
                    _____ this['id'] );
                });
                $li.appendTo("#sight_list");
            });
        }
    });
}

function getSingleSighting(_____){
    $.getJSON("service.php?action=getSingleSighting&id="+id, function(json) {
        if (json.sightings.length > 0) {

            _____
            var loc = new google.maps.LatLng(this['lat'], this['long']);
            var my_marker = new google.maps_____({
                _____loc,
                map: map,
                title:this['type']
            });
            _____setCenter(loc, 20);
        });
    }
    });
}
```

maps.js

você está aqui ▶ **425**

aponte seu lápis solução

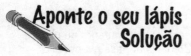

Aponte o seu lápis
Solução

Depois de completar o código, os itens da sua lista serão clicáveis, o que carregará então os dados sobre o criptídeo clicado e os colocará no mapa.

```
function getAllSightings(){
    $.getJSON("service.php?action=getAllSightings", function(json) {
        if (json.sightings.length > 0) {
            $("#sight_list").empty();
            $.each(json.sightings, function() {
                var info = 'Date: ' + this['date'] + ', Type: ' + this['type'];
                var $li = $("<li />");
                $li.html(info);
                $li.addClass("sightings");
                $li.attr('id', this['id']) ;
                $li.click(function(){
                    getSingleSighting(this['id'] );
                });
                $li.appendTo("#sight_list");
            });
        }
    });
}

function getSingleSighting(id){
    $.getJSON("service.php?action=getSingleSighting&id="+id, function(json) {
        if (json.sightings.length > 0) {
            $.each(json.sightings, function() {
                var loc = new google.maps.LatLng(this['lat'], this['long']);
                var my_marker = new google.maps.Marker({
                    position:loc,
                    map: map,
                    title:this['type']
                });
                map.setCenter(loc, 20);
            });
        }
    });
}
```

maps.js

jQuery e APIs

Test Drive

Atualize seu arquivo *maps.js* com as funções `getALLSightings` e `getSingleSighting` que você acabou de completar. Depois abra *display_one.html* em seu navegador, usando *http://* como antes.

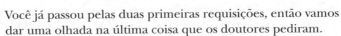

Uau! Isso realmente é impressionante. Como fica a outra parte do que pedimos para vir junto? Você sabe, onde temos várias criaturas exibidas ao mesmo tempo?

Você já passou pelas duas primeiras requisições, então vamos dar uma olhada na última coisa que os doutores pediram.

3. Gostaríamos de ter a capacidade de selecionar o tipo de criatura de uma lista e exibir todas as criaturas associadas com esse tipo a partir de nosso banco de dados. Também gostaríamos de ver todas as criaturas com esse tipo em um mapa do Google, para que possamos procurar focos de aparições e examinar mais de perto. Todos esses pontos podem ser clicáveis, assim como a lista de criaturas, de forma que os usuários podem ver mais informações sobre cada um deles?

você está aqui ▶ **427**

lista suspensa de criaturas pronta

Lista de verificação com várias criaturas

Veja o que precisamos para completar essa última requisição:

1. Uma lista suspensa com a lista de tipos de criatura (selecionados do banco de dados).
2. Quando a lista suspensa mudar, obtenha a lista de criaturas do banco de dados que combine com o tipo selecionado.
3. Exibir todas as criaturas retornadas do banco de dados na lista e no mapa.
4. Tanto os indicadores da lista quanto do mapa devem ser clicáveis, assim os usuários podem ter mais informações no mapa para mostrar.

Crie uma nova página, chamada *display_type.html*, e salve-a no mesmo diretório que os outros arquivos HTML deste projeto. Esse novo arquivo exibirá a lista dos tipos de criatura que podem ser selecionados. Depois, uma vez selecionadas, todas as criaturas desse tipo serão exibidas no mapa. A estrutura e o estilo dessa nova página são muito semelhantes à nossa página antiga, exceto pela adição de um elemento `select` com ID de `ddlTypes`.

```html
<!DOCTYPE html>
<html>
    <head>
        <title>View Cryptid Sightings</title>
        <link type="text/css" href="style/form.css" rel="stylesheet" />
        <link type="text/css" href="jquery-ui-1.8.16.custom/css/sunny/jquery-ui-1.8.16.custom.css"/>
    </head>
    <body>
        <div class="ui-widget-header ui-corner-top form_pad">
            <h2>View Cryptid Sightings</h2>
        </div>
        <div class="ui-widget-content form_pad">
            <div id="map_canvas"></div>
            <div id="sight_nav">
                <select id="ddlTypes">    ← Acrescente uma lista suspensa, para ser populada com tipos de criatura.
                    <option value="">-- Please Select --</option>
                </select>
                <ul id="sight_list"></ul>
            </div>
        </div>
                                          ← Inclua a API do Google Maps.
        <script src="http://maps.google.com/maps/api/js?sensor=false"></script>
        <script src="scripts/jquery-1.6.2.min.js"></script>
        <script src="scripts/maps.js"></script>
    </body>                 ↑ Inclua o arquivo maps.js    ↑ Inclua a biblioteca jQuery.
</html>
```

display_type.html

jQuery e APIs

Ímãs de Geladeira do Código jQuery

Arrume os imãs de geladeira para completar a função getAllTypes. Essa função chamará o arquivo *service.php* (que deve ser incluído em seus downloads para este capítulo) para obter uma lista dos tipos diferentes de criatura no banco de dados. Esses tipos de criaturas devem ser então acrescentados na lista suspensa, com o ID de ddlTypes. Depois, crie um escutador de evento na lista suspensa para escutar um evento change e alertar o valor selecionado. Finalmente, uma vez que estamos usando o arquivo *maps.js* em nossos dois arquivos HTML, acrescente uma lógica na função initialize para verificar se a lista suspensa existe. Se existir, chame a função getAllTypes. Do contrário, chame a função getAllSightings.

```
function initialize(){
.
.
map = new google.maps.Map(document.getElementById(_____), mapOpts);
   if ( $('#ddlTypes').length ) {
      _____
   }else{
      _____
   }
}
function getAllTypes(){
   $.getJSON("service.php?action=getSightingsTypes", function(json_types) {
      if (___ _____creature_types.length > 0) {
         $.each(json_types.creature_types,_____
            var info = this['type'];
            var $li = _____
            $li.html(info);
            $li_____("#ddlTypes");
         });
      }
   });
}
_____change(function() {
   if($(this).val() != ""){
      alert( $(this).val() );
   }
});
```

Imãs disponíveis:
- "map_canvas"
- $("<option />");
- getAllSightings();
- getAllTypes();
- .appendTo
- json_types.
- function() {
- $('#ddlTypes').

maps.js

ímãs de geladeira do código jQuery solução

Ímãs de Geladeira do Código jQuery - Solução

Agora você tem uma lista suspensa associada com seu mapa do Google, uma função para pegar os dados (do JSON) nos tipos de criatura selecionados do banco de dados, e um alerta mostrando que tipo de criatura foi selecionado.

```javascript
function initialize(){
    .
    .
    map = new google.maps.Map(document.getElementById( "map_canvas" ), mapOpts);
    if ( $('#ddlTypes').length ) {
         getAllTypes();
    }else{
         getAllSightings();
    }
}
function getAllTypes(){
    $.getJSON("service.php?action=getSightingsTypes", function(json_types) {
        if ( json_types.  creature_types.length > 0) {
            $.each(json_types.creature_types,  function() {
                var info = this['type'];
                var $li =  $("<option />");
                $li.html(info);
                $li .appendTo ("#ddlTypes");
            });
        }
    });
}
 $('#ddlTypes'). change(function() {
    if($(this).val() != ""){
        alert( $(this).val() );
    }
});
```

Use a propriedade .length para verificar a existência de um elemento.

Pegue os tipos do banco de dados, usando JSON e PHP.

Defina o texto do item na lista suspensa.

Coloque o item da opção na lista suspensa.

Acrescente um escutador no evento change da lista suspensa.

O valor do item selecionado na lista.

maps.js

jQuery e APIs

Test Drive

Atualize seu arquivo *maps.js* com a função `getAllTypes` e o escutador de evento para o evento `change` na lista suspensa. Depois, atualize sua função `initialize` com essa nova lógica. Em seguida abra *display_type.html* em seu navegador, usando novamente o *http://*.

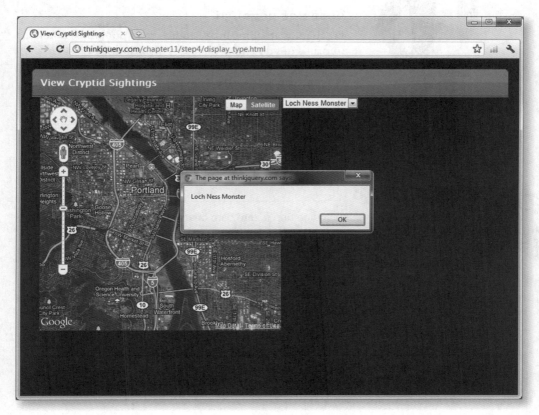

Você está mesmo com a mão na massa agora. Esse mapa será concluído imediatamente! É hora de riscar algumas dessas requisições.

1. ~~Uma lista suspensa com a lista de tipos de criatura (selecionados do banco de dados).~~
2. ~~Quando a lista suspensa mudar, obtenha a lista de criaturas do banco de dados que combina com o tipo selecionado.~~
3. Exibe todas as criaturas retornadas do banco de dados na lista e no mapa.
4. Tanto os indicadores da lista quanto do mapa devem ser clicáveis, assim os usuários podem ter mais informações no mapa para mostrar.

você está aqui ▶ **431**

não tão rápido

> Ei! Não tão rápido assim! Quando eu seleciono um item da lista suspensa, não vejo as criaturas. Vejo apenas um alerta pop-up. Acho que ainda não acabamos o segundo item!

Você nos pegou aí.

Precisamos atualizar nosso código para podermos obter informações do banco de dados quando a lista suspensa for alterada, em vez de mostrar apenas o tipo de criatura em uma caixa de alerta.

Depois podemos marcar esse item da lista. Mas, enquanto estivermos nele, devemos ter a capacidade de eliminar o terceiro item da lista também. Arregace as mangas – estamos quase entrando nisso para juntar tudo.

Exercício Longo

Preencha as linhas de código que faltam para criar uma função `getSightingsByType`. Essa função deve aceitar um parâmetro: o tipo de criatura que você está visualizando. Essa função deve pegar seus dados no formato JSON, fazer loop em todas as criaturas retornadas (caso haja alguma) e acrescentar pontos em cada uma delas. Depois, crie mais duas variáveis globais: um array chamado `markerArray` e um novo objeto `LatLngBounds` chamado `bounds`. Em seguida, crie uma função que limpa os pontos anteriores, antes de acrescentar quaisquer novos pontos, caso a lista suspensa seja alterada.

```
var markersArray = [];
var bounds = new google.maps_____;
function getSightingsByType(type){
   $.getJSON("service.php?action=getSightingsByType&type="+type, function(json)
{
      if (_____sightings.length > 0) {
         $('#sight_list').empty();
         $.each(json.sightings,function() {
            var loc = new google.maps_____(this['lat'], this['long']);
            var opts = {
               map: map,
               position:_____
            };
```

432   *Capítulo 11*

jQuery e APIs

```javascript
            var marker = new google.maps_____(opts);
            markersArray.push(_____);
            var $li = $("<li />");
            $li.html('Date: ' + this['date'] + ', Type: ' + this['type']);
            $li_____("sightings");
            $li.appendTo("#sight_list");
            bounds.extend(loc);
        });
        map.fitBounds(bounds);
    }
    });
}
$('#ddlTypes').change(function() {
    if($(this).val() != ""){
        clearOverlays();
        _____( $(this).val() );
    }
});
function _____ {
    if (markersArray) {
        for (i in markersArray) {
            markersArray[i].setMap(null);
        }
        markersArray.length = 0;
        bounds = null;
        bounds = new_____LatLngBounds();
    }
}
```

maps.js

você está aqui ▶   **433**

exercício longo solução

Exercício Longo
Solução

Com a adição de duas novas variáveis globais e algumas outras funções do Google Maps, agora é possível acrescentar e remover marcadores do mapa quando a lista suspensa for alterada. Conforme os marcadores estiverem sendo acrescentados no mapa, eles também são acrescentados no array `markerArray` e usados para estender o `bounds` do mapa. Dessa maneira, o mapa pode ajustar o zoom automaticamente para encaixar todos os pontos, usando a função `fitBounds`. A função `getSightingsByType`, agora chamada em qualquer mudança da lista suspensa, acrescenta os marcadores no mapa e acrescenta a criatura na lista da página.

```
var markersArray = [];
var bounds = new google.maps.LatLngBounds();          Um novo objeto
                                                       LatLngBounds
function getSightingsByType(type){
   $.getJSON("service.php?action=getSightingsByType&type="+type, function(json)
{
                                                       Obtenha nossos
      if (json.sightings.length > 0) {                 dados, com JSON.
         $('#sight_list').empty();
         $.each(json.sightings,function() {

            var loc = new google.maps.LatLng(this['lat'], this['long']);
            var opts = {
               map: map,
               position:loc
            };                                  Crie um novo objeto
                                                Marker em capa
                                                ponto do mapa.
            var marker = new google.maps.Marker(opts);

            markersArray.push(marker);
            var $li = $("<li />");
            $li.html('Date: ' + this['date'] + ', Type: ' + this['type']);

            $li .addClass ("sightings");
            $li.appendTo("#sight_list");         Acrescente o valor
            bounds.extend(loc);                  Lat/Long atual em
         });                                     nosso objeto bounds.
         map.fitBounds(bounds);
   }                                 Diga ao mapa para usar nossos bounds,
   });                              a fim de ajustar o zoom ao nível
}                                   correto para enxergarmos todos eles.
```

jQuery e APIs

```
$('#ddlTypes').change(function() {
   if($(this).val() != ""){
      clearOverlays();
      getSightingsByType( $(this).val() );
   }
});
function clearOverlays() {
   if (markersArray) {
      for (i in markersArray) {
         markersArray[i].setMap(null);
      }
      markersArray.length = 0;
      bounds = null;
      bounds = new google.maps.LatLngBounds();
   }
}
```

Antes de pegar os dados para adcionar os marcadores no mapa, remova todos os marcadores antigos. ← `clearOverlays();`

`getSightingsByType` — Passa o valor da lista suspensa como parâmetro para nossa função.

`markersArray[i].setMap(null);` ← Remove o Marcador do mapa.

`bounds = new google.maps.LatLngBounds();` ← Retorna a variável bounds para seu estado original.

maps.js

Notas Geek

Incluímos uma função, chamada `clearOverlays`, que removerá os marcadores adicionados anteriormente antes de acrescentar os novos. O Google refere-se a qualquer coisa anexada na base de um mapa como *sobreposição*, que pode ser um **Marcador**, uma **Linha**, uma **Polilinha**, um **Polígono** ou muitos outros tipos de objetos.

test drive

Test Drive

Atualize seu arquivo *maps.js* com o novo código que você acabou de criar. Depois, abra *display_type.html* em seu navegador e selecione algumas criaturas da lista.

1. ~~Uma lista suspensa com a lista de tipos de criatura (selecionados do banco de dados).~~
2. ~~Quando a lista suspensa mudar, obtenha a lista de criaturas do banco de dados que combina com o tipo selecionado.~~
3. ~~Exiba todas as criaturas retornadas do banco de dados na lista e no mapa.~~
4. Tanto os indicadores da lista quanto do mapa devem ser clicáveis, assim os usuários podem ter mais informações no mapa para mostrar.

Está muito perto... só falta mais um item!

436   *Capítulo 11*

jQuery e APIs

PODER DO CÉREBRO

Você já sabe como tornar as coisas clicáveis com o jQuery. Como isso ajudará a completar a requisição final da lista?

não existem Perguntas Idiotas

P: Então, a API do Google Maps é gratuita para uso em meu site?

R: Sim! O Google deixa a API disponível gratuitamente para quem quiser usá-la — pessoal ou comercial —, desde que cumpra os Termos de Serviço.

P: Eu não sei se cumpro ou não. Onde posso ver os Termos de Serviço?

R: É só buscar em *http://www.google.com/apis/maps/terms.html* para exibir os Termos de Serviço completos.

P: A API do Google Maps abrange o mundo todo?

R: Não exatamente, mas quase isso. Apenas alguns países não são servidos por ela. Verifique no site da API do Google Maps e procure a lista.

P: Eu consigo mostrar mapas em um dispositivo móvel, usando a API do Google Maps?

R: Sim, consegue. Na época da publicação deste livro, a versão 3 da API do Google Maps foi lançada. Ela foi desenvolvida para fornecer mapas aos dispositivos móveis com navegadores capazes de rodar JavaScript.

P: Mas eu prefiro escrever uma aplicação para isso. A API do Google Maps serve para mim?

R: Se você estiver escrevendo para as plataformas Androids ou iPhone, sim. O Google fornece estruturas específicas para as duas plataformas que você pode incluir em sua aplicação. Se estiver escrevendo para outra plataforma móvel, ainda não há uma estrutura específica, então você terá de usar a mesma do seu site.

P: A versão completa do Google Maps permite que eu pegue instruções. Essa API consegue fazer isso?

R: Não, não é possível fazer isso com essa API. Existe outra API produzida pelo Google, chamada API do Google Directions, que você pode usar para procurar instruções.

P: E procurar lugares em um mapa pelo endereço?

R: Nos negócios, isso é chamado de *geocodificação*. O Google possui outra API para fazer isso: a API Geocoding. Todas elas fazem parte da família da API do Google Maps. Além disso, para sua sorte, sempre que você requisitar dados do Google, ele lhe retornará dados JSON, que você já sabe como manipular!

P: O que mais está na família da API do Google Maps?

R: As APIs Directions e Geocoding pertencem a uma subseção, chamada Maps API Web Service. Além disso, nessa seção, estão a API Distance, a API Elevation e a API Places.

P: Tem mais alguma?

R: Sim. Há também a API Static Maps para os navegadores que não suportam JavaScript completamente, API Maps para Flash e até mesmo uma API Earth, que permite que você carregue uma exibição do Google Earth em sua página para obter imagens 3D do globo, assim como fazer tours virtuais e desenhar formas sobre o terreno. No entanto, ele requer que o plugin do Google Earth também seja instalado.

P: JavaScript à parte, eu consigo obter APIs para quaisquer outras linguagens?

R: Sim! Há inúmeras APIs disponíveis – algumas gratuitas, outras requerem licenciamento. É provável que se você estiver procurando uma parte específica da funcionalidade que não deseja escrever, provavelmente exista uma API para isso em algum lugar.

você está aqui ▶ **437**

voltando ao clique mais uma vez

Escutando eventos do mapa

Estamos chegando ao final e, por enquanto, você viu toda uma variedade de eventos que o jQuery e o JavaScript fornecem para deixar as aplicações web divertidas e interativas. Uma vez que a API do Google Maps é apenas JavaScript (no entanto, JavaScript muito bem escrito e eficiente), ela também pode utilizar a capacidade do navegador de escutar eventos e agir adequadamente.

E foi pelos mesmos motivos que o jQuery acrescentou suas próprias funções de criação do escutador de evento, o pessoal do Google Maps no final das contas concedeu a capacidade de acrescentar escutadores de evento através da API. Isso porque nem todos os navegadores lidam com escutadores de evento da mesma maneira; portanto, isso garante que a API pode controlar como os escutadores são acrescentados na página. Vamos dar uma olhada na adição de um escutador de evento para o evento **click**, a fim de criar um popup do Google Maps (também chamado de *InfoWindow*).

Defina uma variável com o conteúdo que gostaríamos de mostrar.

```
    var contentString = "This is an InfoWindow";
```

Crie uma instância do objeto InfoWindow do Google Maps.

```
    var my_infowindow = new google.maps.InfoWindow({
        content: contentString
    });
```

Defina o valor da propriedade content do objeto InfoWindow.

Diga ao mapa para escutar um evento click em nosso objeto marker.

```
    google.maps.event.addListener(my_marker, 'click', function() {
        my_infowindow.open(map,my_marker);
    });
```

Rode esse código quando o marcador for clicado (abra uma janela pop-up no mapa).

Notas Geek

Na API do Google Maps, quase todos os tipos diferentes de objeto (**Map**, **Marker**, **Line**, **InfoWindow**, **TrafficOverlay**, **Polygon** e outros mais) possuem eventos associados com eles. Porém, mesmo que os eventos para os objetos diferentes possuam o mesmo **nome** de evento, eles podem ter **parâmetros** diferentes! Certifique-se de verificar a documentação do objeto que deseja usar.

jQuery e APIs

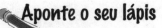
Aponte o seu lápis

Preencha as partes do código que faltam para completar a função
`getSightingsByType`, que colocará a funcionalidade do clique nos
marcadores do mapa e nos itens da lista. Depois, crie uma variável global,
chamada `info_window`, que será uma nova instância do objeto `InfoWindow`
do Google Maps com o conteúdo padrão definido para uma string vazia.

```
var info_window = new google.maps _ _ _ _ _ _ _ _ _ _ _ _ _ _ _ _ _ ({content: ''});
function _ _ _ _ _ _ _ _ _ _ _ _ _ _ _ (type){
   $.getJSON(" _ _ _ _ _ _ _ _ _ _ _ _ action=getSightingsByType&type="+type, function(json) {
     if (json.sightings.length > 0) {
       $('#sight_list').empty();
       $.each(json.sightings,function() {
         var info = 'Distance: ' + this[ _ _ _ _ _ _ _ ] + '<br>' + ' Height: ' + this['height'];
         info += ', Weight: ' + this['weight'] + ', Color: ' + this['color'] + '<br>';
         info += 'Latitude: ' + this['lat'] + ', Longitude: ' + this[ _ _ _ _ _ _ _ _ _ ];
         var loc = new _ _ _ _ _ _ _ _ _ _ _ _ _ _ _ _ _ _ _ _ _ _ _ (this['lat'], this['long']);
         var opts = {
           map: map,
           position: _ _ _ _ _ _ _ _ _ _ _ _
         };
         var marker = new google.maps _ _ _ _ _ _ _ _ _ _ _ _ _ (opts);
         markersArray.push(marker);
         google.maps.event _ _ _ _ _ _ _ _ _ _ _ _ _ _ (marker, 'click', function() {
           info_window.content = info;
           info_window.open(map, marker);
         });
         var $li = $("<li />");
         $li.html('Date: ' + this['date'] + ', Type: ' + this['type']);
         $li.addClass("sightings");
         $li _ _ _ _ _ _ _ _ _ (function(){
           info_window.content = info;
           info_window.open(map, _ _ _ _ _ _ _ _ _ );
         });
         $li.appendTo("#sight_list");
         _ _ _ _ _ _ _ _ _ extend(loc);
       });
       map _ _ _ _ _ _ _ _ _ _ _ _ _ (bounds);
     }
   });
}
```

maps.js

aponte seu lápis solução

Aponte o seu lápis
Solução

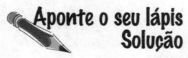

Agora você atualizou a função `getSightingsByType` para aparecer no formato de lista e no mapa, junto com a habilitação clicável dos marcadores do mapa e da lista.

```javascript
var info_window = new google.maps.InfoWindow({content: ''});
function getSightingsByType(type){
  $.getJSON("service.php?action=getSightingsByType&type="+type, function(json) {
    if (json.sightings.length > 0) {
      $('#sight_list').empty();
      $.each(json.sightings,function() {
        var info = 'Distance: ' + this['distance'] + '<br>' + ' Height: ' + this['height'];
        info += ', Weight: ' + this['weight'] + ', Color: ' + this['color'] + '<br>';
        info += 'Latitude: ' + this['lat'] + ', Longitude: ' + this['long'];
        var loc = new google.maps.LatLng(this['lat'], this['long']);
        var opts = {
          map: map,
          position: loc
        };
        var marker = new google.maps.Marker(opts);
        markersArray.push(marker);
        google.maps.event.addListener(marker, 'click', function() {   // Acrescente um escutador de evento em Marker, no mapa, para o evento click.
          info_window.content = info;
          info_window.open(map, marker);
        });
        var $li = $("<li />");
        $li.html('Date: ' + this['date'] + ', Type: ' + this['type']);
        $li.addClass("sightings");
        $li.click(function(){   // Acrescente um item no escutador de evento da lista para abrir InfoWindow no mapa.
          info_window.content = info;
          info_window.open(map, marker);
        });
        $li.appendTo("#sight_list");
        bounds.extend(loc);
      });
      map.fitBounds(bounds);
    }
  });
}
```

maps.js

440   Capítulo 11

jQuery e APIs

Test Drive

Atualize seu arquivo *maps.js* com o novo código que você criou na página anterior. Depois, abra *display_type.html* em seu navegador e selecione uma criatura da lista. Clique nos marcadores ou na lista para visualizar mais informações sobre a criatura.

1. Uma lista suspensa com a lista de tipos de criatura (selecionados do banco de dados).
2. Quando a lista suspensa mudar, obtenha a lista de criaturas do banco de dados que combina com o tipo selecionado.
3. Exibe todas as criaturas retornadas do banco de dados na lista e no mapa.
4. Tanto os indicadores da lista quanto do mapa devem ser clicáveis, assim os usuários podem ter mais informações no mapa para mostrar.

você é um astro do jquery

Você conseguiu!

Em apenas algumas páginas, você cuidou da montagem de um site inteiramente funcional, usando código de várias linguagens diferentes – PHP, SQL, JavaScript e jQuery –, assim como a combinação da API do Google Maps com Ajax e JSON para exibir alguns dados bastante complexos. Não é pouca coisa!

O site está incrível. É exatamente o que queríamos! Obrigado!

Não dá nem para ter um pouco de sossego?

jQuery e APIs

cruzadinhaAPI

É hora de sentar e dar algo para o lado esquerdo do seu cérebro fazer. Essa cruzadinha é padrão; todas as palavras das respostas fazem parte deste livro.

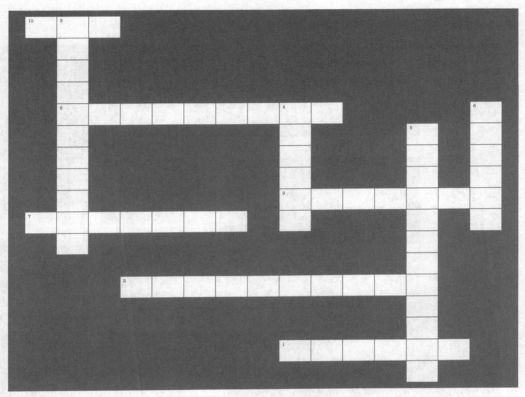

Horizontal

1. O código para um construtor da API do Google Maps que permite a colocação de um ponto em um Mapa do Google: `google.maps: new google.maps._____()`.

2. A API do Google Maps que usamos no Capítulo 11 está escrita nessa linguagem.

7. Uma vez que você tem uma instância de um objeto API, é possível usar todas as propriedades e _____ associados com esses objetos em seu código.

8. API = Application Programming _____.

9. Usamos esse método jQuery para obter dados do banco de dados das aparições usando JSON e PHP.

10. O objeto da API do Google Maps que possui as seguintes propriedades: `zoom`, `center` e `mapTypeId`.

Vertical

3. O método da API do Google Maps que escuta um evento click em um marcador: `google.maps.event.____`.

4. O escutador de evento do jQuery que você usou neste capítulo. Quando o valor dos dados em um campo muda, esse escutador é ativado.

5. Uma API é uma série de _____ de objeto, permitindo que você crie suas próprias instâncias de objetos do fornecedor da API.

6. O construtor de objeto da API do Google Maps que permite que você passe a latitude e a longitude como parâmetro.

cruzadinhaAPI solução

cruzadinhaAPI - Solução

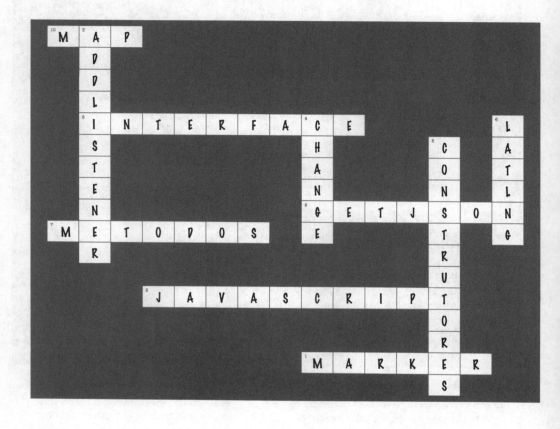

444 *Capítulo 11*

jQuery e APIs

Sua Caixa de Ferramentas jQuery API

Agora que adquiriu os conhecimentos do Capítulo 11, você acabou de acrescentar jQuery com APIs (mais JavaScript, PHP, MySQL, Ajax, JSON e outros mais) em sua caixa de ferramentas.

APIs

As interfaces de programação de aplicativos são realmente apenas códigos fornecidos por outras pessoas (ou empresas) que você pode aproveitar em seus dados, objetos e outros serviços.

Elas fornecem uma série de construtores de objeto, permitindo que você crie suas próprias instâncias de outros objetos. Uma vez que você possui uma instância, é possível usar todas as propriedades e métodos associados a esses objetos em seu código

você está aqui ▶   445

espero encontrá-lo em breve

Indo embora...

Foi ótimo recebê-lo na jQuerylândia!

Ficamos tristes por sua partida, mas agora que possui todas as habilidades que precisa para construir seus próprios sites legais e transformados pelo jQuery, temos certeza de que você prefere fazer isso do que ficar por aqui. Foi ótimo mostrar o mundo ao redor do jQuery. Fique à vontade para nos escrever ou contar sobre seu novo site legal no: *http://headfirstlabs.com* (conteúdo em inglês) ou no site da Alta Books, *www.altabooks.com.br*.

apêndice i: Sobras
As dez melhores coisas (que não cobrimos)

Mesmo depois de tudo isso, ainda há muitas coisas que não mencionamos. Há muitas outras coisas sobre jQuery e JavaScript que não abordamos para deixar o livro compacto. Seria injusto não falar sobre elas; dessa forma, você pode estar mais preparado para encontrar qualquer outra faceta do jQuery em suas viagens.

cada coisa

1. Cada coisa na biblioteca jQuery

Provavelmente agora você percebeu que o jQuery é uma grande biblioteca. Tentamos abordar o conteúdo principal a que um novato em jQuery precisaria. Agora você está armado com todo esse conhecimento para poder continuar e conferir o restante da biblioteca.

métodos do jQuery

.add()
.addClass()
.after()
jQuery.ajax()
.ajaxComplete()
.ajaxError()
jQuery.ajaxPrefilter()
.ajaxSend()
jQuery.ajaxSetup
.ajaxStart()
.ajaxStop()
.ajaxSuccess()
.andSelf()
.animate()
.append()
.appendTo()
.attr()
.before()
.bind()
.blur()
jQuery.browser
.change()
.children()
.clearQueue()
.click()
.clone()
.closest()
jQuery.contains()
.contents()
.context
.css()
jQuery.cssHooks
.data()
jQuery.data()
.cblclick()
deferred.always()
deferred.done()
deferred.fail()

deferred.isRejected()
deferred.isResolved()
deferred.pipe()
deferred.promise()
deferred.reject()
deferred.rejectWith()
deferred.resolve()
deferred.resolveWith()
deferred.then()
.delay()
.delegate()
.dequeue()
jQuery.dequeue()
.detach()
.die()
jQuery.each()
.each()
.empty()
.end()
.eq()
.error()
jQuery.error
event.currentTarget
event.data
event.isDefault
    Prevented()
event.isImmediate
    PropagationStopped()
event.isPropagation
    Stopped()
event.namespace
event.pageX
event.pageY
event.preventDefault()
event.relatedTarget
event.result
event.stopImmediate
    Propagation()

event.stopPropagation()
event.target
event.timeStamp
event.type
event.which
jQuery.extend()
.fadeIn()
.fadeOut()
.fadeTo()
.fadeToggle()
.filter()
.find()
.first()
.focus()
.focusin()
.focusout()
jQuery.fxInterval
jQuery.fx.off
jQuery.get()
.get()
jQuery.getJSON()
jQuery.getScript()
jQuery.globalEval()
jQuery.grep()
.has()
.hasClass()
jQuery.hasData()
.height()
.hide()
jQuery.holdReady()
.hover()
.html()
jQuery.inArray()
.index()
.innerHeight()
.innerWidth()
.insertAfter()
.insertBefore()

deixados de lado

1. Cada coisa na biblioteca jQuery (continuação)

métodos do jQuery (continuação)

.is()
jQuery.isArray()
jQuery.isEmptyObject()
jQuery.isFunction()
jQuery.isPlainObject()
jQuery.isWindow()
jQuery.isXMLDoc()
jQuery()
.jquery
.keydown()
.keypress()
.keyup()
.last()
.length
.live()
.load()
jQuery.makeArray()
.map()
jQuery.map()
jQuery.merge()
.mousedown()
.mouseenter()
.mouseleave()
.mousemove()
.mouseout()
.mouseover()
.mouseup()
.next()
.nextAll()
.netUntil()
jQuery.noConflict()
jQuery.noop()
.npot()
jQuery.now()
.offset()
.offsetParent()
.one()
.outerHeight()
.outerWidth()
jQuery.param()
.parent()

.parents()
.parentsUntil()
jQuery.parseJSON
jQuery.parseXML()
.position()
jQuery.post()
.prepend()
.prependTo()
.prev()
.prevAll()
.prevUntil()
.promise()
.prop()
jQuery.proxy()
.pushStack()
.queue()
jQuery.queue()
.ready()
.remove()
.removeAttr()
.removeClass()
.removeData()
jQuery.removeData()
.removeProp()
.replaceAll()
.replaceWith()
.resize()
.scroll()
.scrollLeft()
.scrollTop()
.select()
.serialize()
.serializeArray()
.show()
.siblings()
.size()
.slice()
.slideDown()
.slideToggle()
.slideUp()
.stop()

jQuery.sub()
.submit()
jQuery.support
.text()
.toArray()
.toggle()
.toggleClass()
.trigger()
.triggerHandler()
jQuery.trim()
jQuery.type()
.unbind()
.undelegate()
jQuery.unique()
.unload()
.unwrap()
.val()
jQuery.when()
.width()
.wrap()
.wrapAll()
.wrapInner()

você está aqui ▶ **449**

cada coisa (continuação)

1. Cada coisa na biblioteca jQuery (continuação)

Seletores jQuery

Seletor Todos ("*")

Atributo contêm prefixo
   Selector[name | ="value"]

Atributo contêm
   [name*="value"]

Atributo contêm palavra
   [name~="value"]

Atributo termina com
   [name$="value"]

Atributo igual
   [name="value"]

Atributo diferente
   [name!="value"]

Atributo começa com
   [name^="value"]

Seletor :animated

Seletor :button

Seletor :checkbox

Seletor :checked

Seletor Filho ("pai > filho")

Seletor de Classe (".classe")

Seletor :contains()

Seletor Descendente ("ancestor
   descendant")

Seletor :disabled

Seletor de Elemento ("elemento")

Seletor :empty

Seletor :eq()

Seletor :even

Seletor :file

Seletor :first-child

Seletor :first

Seletor :focus

Seletor :gt()

Seletor que Possui Atributo [nome]

Seletor :has()

Seletor :header

Seletor :hidden

Seletor de ID ("#id")

Seletor :image

Seletor :input

Seletor :last-child

Seletor :last

Seletor :lt()

Seletor para Múltiplos Atributos
   [nome="valor"]

[nome2="valor2"]

Seletor Múltiplo ("seletor1, seletor2,
   seletorN")

Seletor Próximo Adjacente (prev +
   next")

Seletor Próximos Irmãos ("prev +
   siblings")

Seletor :not()

Seletor :nth-child()

Seletor :odd

Seletor :only-child

Seletor: parent

Seletor :password

Seletor :radio

Seletor :reset

Seletor :selected

Seletor :submit

Seletor :text

Seletor :visible

450 *apêndice i*

deixados de lado

2. CDNs jQuery

As CDNs (content delivery networks ou redes de distribuição de conteúdo) são grandes redes de servidores, criadas para armazenar e entregar informações – dados, software, código API, arquivos de mídia ou vídeos etc. –, tornando-as facilmente acessíveis na Web. Cada servidor no nó contém uma cópia dos dados que estão sendo servidos. Quando esses nós são colocados estrategicamente em uma rede – como a Internet –, eles podem aumentar a velocidade das informações entregues para muito mais pessoas que consomem esses dados. O Windows Azure e o Amazon CloudFront são exemplos de CDNs tradicionais.

Um número de grandes empresas fornecem cópias hospedadas do jQuery em redes CDN que ficam disponíveis para uso público. Abaixo há links para as cópias hospedadas do jQuery que você pode usar.

- **Google Ajax API CDN**

  - *http://ajax.googleapis.com/ajax/libs/jquery/1.6.2/jquery.min.js*

- **Microsoft CDN**

  - *http://ajax.aspnetcdn.com/ajax/jQuery/jquery-1.6.1.min.js*

- **jQuery CDN (via Media Temple)**

  - *http://code.jquery.com/jquery-1.6.2.min.js (Versão reduzida)*

  - *http://code.jquery/com/jquery-1.6.2.js (Versão fonte)*

Você pode incluí-las em suas aplicações jQuery, em vez de fazer o download do jQuery todas as vezes.

você está aqui ▶ **451**

método noConflict

3. O namespace do jQuery: método noConflict

Muitas bibliotecas JavaScript usam o $ como o nome de uma função ou variável, assim como o jQuery usa. No caso do jQuery, o $ é apenas um apelido para o jQuery; portanto, toda a funcionalidade está disponível sem o uso do $. Se precisarmos usar outra biblioteca JavaScript junto com o jQuery, podemos retornar o controle do $ para outra biblioteca com uma chamada $.noConflict:

```
<script type="text/javascript" src="other_lib.js"></script>
<script type="text/javascript" src="jquery.js"></script>
<script type="text/javascript">

      $.noConflict();
      //Code that uses other libraries $ can follow here.

</script>
```

Essa técnica é especialmente eficaz junto com a capacidade do método .ready para servir como apelido do objeto jQuery, como dentro de um callback passado para .ready podemos usar $ se quisermos sem medo de ter conflitos posteriormente:

```
<script type="text/javascript" src="other_lib.js"></script>
<script type="text/javascript" src="jquery.js"></script>
<script type="text/javascript">
      $.noConflict();

      jQuery(document).ready(function($) {
            // Code that uses jQuery's $ can follow here.
      });
      // Code that uses other libraries $ can follow here.

</script>
```

Você só precisará usar isso se planeja usar outras bibliotecas JavaScript que usam o $ como referência. Você *não* precisará disso se estiver usando apenas o jQuery em sua página. Mesmo que inclua vários plugins, *não* precisará disso.

deixados de lado

4. Depurando erros em seu código jQuery

Sempre é útil depurar erros do seu código – especialmente se você estiver trabalhando em um projeto de grande escala, com muitos tipos diferentes de objetos, inclusões ou APIs. Geralmente, será preciso conhecer o conteúdo de um objeto ou variável enviada de volta para você, mas não queira alertá-lo ou entender como obter as propriedades de um objeto no final das contas.

Coloque alguns plugins de depuração. Eles podem ajudá-lo a olhar dentro dos seus objetos, para que você possa ver quando suas propriedades mudam valores ou registram as mudanças de uma variável com o tempo. Também é possível ver como ela se desenvolve ao longo de toda a sua aplicação ou se chega a valores nulos não intencionalmente. Pode ser muito útil quando estiver solucionando problemas de código em JavaScript ou jQuery.

Dois dos plugins para depuração que achamos úteis ao codificar em JavaScript e jQuery são o Dump e o Variable Debugger.

> *http://plugins.jquery.com/project/Dump* (Para ver o que seu objeto contém.)
> *http://plugins.jquery.com/project/VariableDebugger* (Semelhante, mas exibe informações em popup.)

Existem vários outros, e haverá muitos mais com o tempo, assim como suas melhorias. Achamos que esses são úteis, mas, para procurar mais alguns que você possa gostar mais, vá para o site de plugins do jQuery (*http://plugins.jquery.com/*) e faça uma busca com a palavra "debug".

É claro, para todas as outras coisas, sempre há as ferramentas do navegador que usamos ao longo de todo o livro.

OBSERVAÇÃO: Os conteúdos dos sites citados estão em inglês.

você está aqui ▶ **453**

filas

5. Animação avançada: filas

As **filas** são usadas principalmente em animações. É possível usá-las para a finalidade que você queira. Elas são **um array de funções armazenadas em uma base por elemento**, usando o `jQuery.data`. Elas são first-in-first-out (FIFO, o primeiro a chegar é o primeiro a ser servido). É possível **acrescentar uma função na fila**, chamando `.queue`; e você remove (chamando) as funções, usando `.dequeue`.

Cada elemento pode ter **uma para muitas filas de funções** vinculadas a ela pelo jQuery. Na maioria das aplicações, somente uma fila (chamada **fx**) é usada. As filas permitem que uma **sequência de ações seja chamada em um elemento assincronamente**, sem interromper a execução do programa. O exemplo típico disso é a chamada de vários métodos de animação em um elemento. Por exemplo:

```
$ ('#my_element').slideUp().fadeIn();
```

Quando essa declaração é executada, o elemento começa a animação de deslizamento imediatamente, mas a transição do esmaecimento é colocada na fila fx para ser chamada assim que a transição do deslizamento for completada.

O método `.queue` permite que **manipulemos essa fila de funções diretamente**. Chamar `.queue` com um callback é particularmente útil; isso permite que coloquemos uma nova função ao final da fila.

Esse recurso é semelhante ao fornecimento de uma função de callback com um método de animação, mas não exige que o callback seja concedido no momento em que a animação é realizada.

```
$('#my_element').slideUp();
$('#my_element').queue(function() {
    alert('Animation complete.');
    $(this).dequeue();
});
```

Isso é equivalente a:

```
$('#my_element').slideUp(function() {
    alert('Animation complete.');
});
```

Observe que, ao adicionar uma função com `.queue`, devemos garantir que `.dequeue` seja chamado eventualmente, para que a próxima função da linha seja executada.

No jQuery 1.4, a função que é chamada é passada em outra função, como o primeiro argumento, que, quando chamado automaticamente, remove o item seguinte da fila e mantém a fila em andamento. Você a usaria assim:

```
$("#test").
queue(function(next) {
    // Do some stuff...
    next();
});
```

A fila padrão do jQuery é fx. Ela é usada com `.animate` e todas as funções que a chamam por padrão.

OBSERVAÇÃO: Se você estiver usando uma fila customizada, deve aplicar `.dequeue` manualmente nas funções – elas não iniciarão automaticamente como a fila fx padrão!

454 *apêndice i*

deixados de lado

6. Validação de formulário

Um recurso _muito_ importante para o qual não tivemos espaço é a **validação do formulário**, do **lado do cliente/navegador**, usando o jQuery. Nos Capítulos 9, 10 e 11, vimos um pequeno trecho sobre validação do **lado do servidor**, usando PHP, antes que nossos dados fossem inseridos em nossos bancos de dados. Isso também é muito importante e altamente recomendado. Uma declaração `insert` ou `select` malformada em seu banco de dados poderia acabar revelando muito mais sobre seus dados do que você pretendia.
Mas voltemos para a validação do lado cliente...

Há muitos plugins do jQuery dedicados à validação do formulário. Um de nossos favoritos é o aptamente nomeado plugin de "validação", encontrado aqui: _http://docs.jquery/com/ Plugins/validation_ (conteúdo em inglês).

Esse plugin permitirá que você crie uma **série de regras** para cada elemento em seu formulário, para que você possa customizar a validação e **refinar os dados que queira aceitar em seu formulário**. Isso inclui tudo, desde extensões de campo **mínimas** ou **máximas**, verificação de campos **requisitados**, verificação se um **endereço de e-mail válido** foi inserido e mais outras coisas. Veja alguns exemplos do site do jQuery:

Especifica um elemento name como required e um elemento e-mail como required (usando o atalho para uma regra única) e um endereço de e-mail válido (usando outro objeto literal).

```
$(".selector").validate({
        rules: {
                // simple rule, converted to {required:true}
                name: "required",
                // compound rule
                email: {
                        required: true,
                        email: true
                }
        }
});
```

Acrescenta `required` _e_ `minlength` _de 2 em um elemento e especifica mensagens customizadas para os dois._

```
$("#myinput").rules("add", {
        required: true,
        minlength: 2,
        messages: {
                required: "Required input",
                minlength: jQuery.format("Please, at least {0} characters
are necessary")
        }
});
```

você está aqui ▶ **455**

efeitos UI

7. Efeitos do jQuery UI

A biblioteca de Efeitos do jQuery UI vem com algumas **animações extras**, não disponíveis na biblioteca normal do jQuery. Elas podem ser divididas em **três tipos separados de funcionalidade**:

(1) Animações de cores

As animações de cores estendem a função `animate` para ter também a capacidade de animar as cores. É bastante usada pelo recurso de transição de classe e é capaz de animar a cor das seguintes propriedades:

```
backgroundColor
borderBottomColor
borderLeftColor
borderRightColor
borderTopColor
color
outlineColor
```

(2) Transições de classe

As transições de classe estendem a API da classe de base para ter a capacidade de animar entre duas classes diferentes. Os métodos jQuery a seguir são modificados pelo jQuery UI para aceitar três parâmetros adicionais: `speed`, `easing` (opcional) e `callback`.

`addClass(class)`

> Acrescenta a(s) classe(s) especificada(s) em cada conjunto de elementos relacionados.

`removeClass(class)`

> Remove toda(s) a(s) classe(s) do conjunto de elementos relacionados.

`toggleClass(class)`

> Acrescenta a classe especificada se não ela não estiver presente; remove a classe especificada se ela estiver presente.

`switchClass(currentClass, newClass)`

> Permite que você faça a transição de uma classe para outra visualmente.

(3) Easing avançado

O easing avançado está incluso no centro do Effects e é uma porta do jQuery das funções easing, escritas por Robert Penners, que foram escritas originalmente no ActionScript para o Flash. Elas são uma série de equações matemáticas criadas para tornar a animação dos objetos mais leve e mais precisa. Veja uma lista de todas as funções easing:

linear	easeInQuart	easeInExpo	easeInBack
swing	easeOutQuart	easeOutExpo	easeOutBack
jswing	easeInOutQuart	easeInOutExpo	easeInOutBack
easeInQuad	easeInQuint	easeInCirc	easeInBounce
easeOutQuad	easeOutQuint	easeOutCirc	easeOutBounce
easeInOutQuad	easeInOutQuint	easeInOutCirc	easeInOutBounce
easeInCubic	easeInSine	easeInElastic	
easeOutCubic	easeOutSine	easeOutElastic	
easeInOutCubic	easeInOutSine	easeInOutElastic	

deixados de lado

8. Criando seus próprios plugins do jQuery

Estender o jQuery com plugins e métodos é algo bastante poderoso e pode poupar muito tempo de desenvolvimento seu e de seus colegas ao resumir suas funções mais inteligentes em plugins.

Em vez de escrever um monte de texto sobre como criar um plugin do jQuery, acreditamos que seja melhor deixar isso para os especialistas do jQuery. Eles têm um tutorial bastante substancial e informativo aqui: *http://docs.jquery.com/Plugins/Authoring* (conteúdo em inglês).

Aqui há um resumo breve do que ter em mente ao desenvolver seu próximo plugin do jQuery:

- Sempre coloque seu plugin dentro de `(function($) {//o plugin vem aqui}) (jQuery);`.

- Não coloque a palavra-chave `this` redundantemente no escopo imediato da função do seu plugin.

- A menos que esteja retornando um valor intrínseco do seu plugin, sempre faça a função do seu plugin retornar a palavra-chave `this` para manter a capacidade de encadeamento.

- Em vez de exigir uma quantidade extensa de argumentos, passe as configurações do seu plugin em um objeto literal que pode ser estendido nos padrões do plugin.

- Não desordene o objeto `jQuery.fn` com mais de um namespace por plugin.

- Sempre use namespace em seus métodos, eventos e dados.

- `jQuery.fn` pronuncia-se "jQuery effin".

você está aqui ▶ **457**

closures

9. JavaScript Avançado: closures

Os **closures** são um tópico bastante complexo dentro de **JavaScript** e quase tornaram-se adequados no livro. Embora isso não tenha acontecido, acreditamos fortemente na necessidade de conhecê-los; por isso, quisemos mencioná-los aqui.

Os closures não são difíceis de entender, desde que você entenda o conceito central. Porém, se você ler algumas das descrições mais detalhadas, técnicas, é possível que fique confuso. Primeiro, uma definição (ou duas):

● Um closure é a variável local para uma função, mantida viva depois que a função foi retornada.

● Sempre que vir a palavra-chave `function` dentro de outra função, a função interna possui acesso às variáveis na função externa.

Loucura, não?

Os closures dependem completamente do **escopo** das variáveis e dos objetos. O escopo refere-se ao local onde os objetos, as variáveis e as funções são **criados e acessíveis** e em que **contexto** estão sendo chamados. Basicamente, os objetos, as variáveis e as funções podem ser definidos em um escopo **local** ou **global**.

Escopo local: O escopo local é quando algo é definido e acessível somente em uma determinada parte do código, como dentro de uma função.

Escopo global: Oposto ao escopo local, quando algo é global, ele é acessível de qualquer lugar em seu código.

Considere o código a seguir:

```
function func1(x) {
    var tmp = 3;
    function func2(y) {
        alert(x + y + (++tmp));
    }
    func2(10);
}
func1(2);
```

458 *apêndice i*

deixados de lado

9. JavaScript Avançado: closures (continuação)

A variável `tmp` é declarada no escopo **local**, dentro da função `func1`. Ela sempre alertará 16, porque `func2` pode acessar o `x` (que foi definido como um argumento para `func1`) e também pode acessar `tmp` a partir de `func1`.

Isso **não é um closure.** Um closure é quando você retorna a função interna. A função interna se fechará nas variáveis de `func1` antes de sair.

Agora considere:

```
function func1(x) {
      var tmp = 3;
      return function (y) {
            alert(x + y + (++tmp));
      }
}
var func2 = func1(2);  // func2 is now a closure.
func2(10);
```

Mais uma vez, `tmp` está no **escopo local**, mas a função `func2` está no **escopo global**. A função acima também alertará 16, porque `func2` ainda pode referir-se a `x` e `tmp`, mesmo que não esteja mais diretamente dentro do escopo.

Porém, uma vez que `tmp` ainda esteja preso dentro do closure de `func2`, ele também está sendo incrementado. Ele será incrementado toda vez que você chamar `func2`.

É possível criar mais de uma função closure, retornando uma lista deles ou configurando-os para as variáveis globais. Todos eles referem-se ao mesmo `x` e ao mesmo `tmp`; eles não fazem suas próprias cópias.

10. Templates

Os **templates do jQuery** ainda estão em beta, mas são um recurso legal que está por vir e que pode ajudá-lo a construir um site mais flexível, sem muito HTML ou jQuery. Eles foram criados para **pegar os dados e ligá-los a alguma marcação do template**; portanto, é possível usar a mesma marcação consistentemente para exibir os dados relacionados semelhantemente.

Confira-os bem aqui: _http://api.jquery.com/category/plugins/templates/_ (conteúdo em inglês).

você está aqui ▶ **459**

apêndice ii: configure um ambiente de desenvolvimento

Prepare-se para os bons tempos

Se eu aprender logo, ficarei bem à frente de qualquer um...

Você precisa de um lugar para praticar suas habilidades recém-descobertas em PHP sem que isso torne seus dados vulneráveis na web. Sempre é bom ter um local seguro para desenvolver sua aplicação em PHP antes de soltá-la no mundo (na world wide web). Este apêndice contém instruções de instalação de um servidor web, MySQL e PHP, para lhe dar um local para trabalhar e treinar que seja seguro.

esse é o apêndice   **461**

instalando o php & o mysql *localmente*

Crie um ambiente de desenvolvimento PHP

Antes que possa encerrar sua aplicação na Web com suas habilidades recém-descobertas do jQuery e do AJAX, é necessário desenvolvê-la. Nunca é bom desenvolver sua aplicação web na Web, onde todos podem vê-la. Você pode **instalar o software localmente, o que permite que você construa e teste sua aplicação antes de colocá-la na Internet.**

Existem três partes do software que você precisará ter em seu computador local para construir e testar as aplicações PHP e MySQL:

1. Um servidor Web.
2. PHP.
3. Um servidor do banco de dados MySQL.

O PHP não é um servidor; ele é um conjunto de regras que seu servidor web entende e permite que ele interprete o código PHP. Tanto o servidor web quanto o servidor MySQL são programas executáveis que rodam em um computador.

Lembre-se de que estamos falando sobre a configuração do seu **computador local** como um servidor web para o desenvolvimento do PHP. No final, você ainda precisará de um **servidor web online** para fazer upload de sua aplicação terminada, para que as outras pessoas possam acessá-la e usá-la.

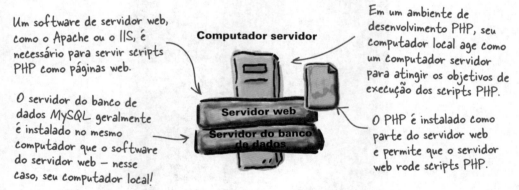

Um software de servidor web, como o Apache ou o IIS, é necessário para servir scripts PHP como páginas web.

O servidor do banco de dados MySQL geralmente é instalado no mesmo computador que o software do servidor web — nesse caso, seu computador local!

Em um ambiente de desenvolvimento PHP, seu computador local age como um computador servidor para atingir os objetivos de execução dos scripts PHP.

O PHP é instalado como parte do servidor web e permite que o servidor web rode scripts PHP.

Descubra o que você tem

Antes de tentar instalar quaisquer trechos do quebra-cabeça do desenvolvimento PHP, sua melhor aposta é primeiro avaliar o que você já tem instalado. Vamos dar uma olhada nas três partes e ver como é possível dizer o que já está em seu sistema.

A plataforma do seu computador local faz uma grande diferença quando se fala do que já foi instalado. Por exemplo, o Mac OS X possui um servidor web instalado por padrão, enquanto a maioria dos computadores do Windows, não.

OBSERVAÇÃO: Esse apêndice cobre o Windows XP, Vista, Windows 7 e Windows Server 2003/2008. No Mac, ele é aplicado no Mac OS X 10.3.x ou em versões mais recentes.

462 *apêndice ii*

configure um ambiente de desenvolvimento

Você tem um servidor web?

Provavelmente você já tenha um servidor web se estiver usando um PC ou Mac mais recente. Para descobri-lo rapidamente em qualquer sistema, abra uma janela do navegador e digite `http://localhost` na barra de endereço. Se tiver uma página introdutória, isso significa que seu navegador web está ativo e bem em sua máquina local.

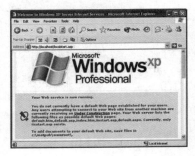

Se você tiver uma máquina do Mac ou do Windows com o servidor web do Apache instalado, poderá ver algo assim.

Se tiver uma máquina do Windows com IIS, poderá ver algo assim.

Você tem o PHP? Qual versão?

Se tiver um servidor web, é possível conferir se você tem o PHP instalado muito facilmente, assim como qual versão você tem. Crie um novo script, nomeado como *info.php*, e digite isso nele:

```
<?php phpinfo(); ?>
```

Salve esse arquivo no diretório que seu servidor web usa. No Windows, normalmente é:

C:\inetpub\wwwroot (para o IIS)

ou:

C:\Program Files (x86)\Apache Software Foundation\Apache2.2\htdocs (para o Apache). No Mac, normalmente é algo assim:

/Users/yourname/sites/

Se você tentar abrir esse arquivo em seu navegador, digitando `http://localhost/info.php`, verá algo assim se tiver o PHP instalado:

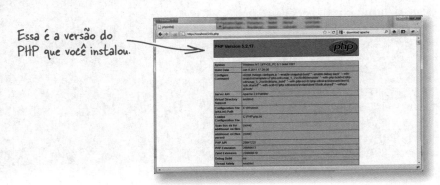

Essa é a versão do PHP que você instalou.

você está aqui ▶ **463**

verificando sua versão mysql

Você tem o MySQL? Qual versão?

No Windows, é possível dizer isso clicando com o botão direito do mouse na barra de tarefas do Windows, selecionando **Task Manager** e selecionando a aba **Services**. Para ter mais informações, você pode clicar no botão services do Windows 7.

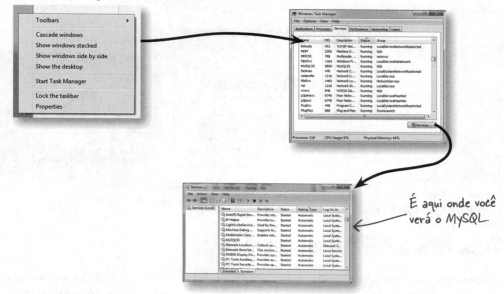

É aqui onde você verá o MySQL.

Para determinar se você tem o MySQL no Mac, abra seu terminal e digite:

```
cd/user/local/mysql
```

Se o comando funcionar, você tem o MySQL instalado. Para verificar a versão, digite:

```
mysql
```

O terminal MySQL também é conhecido como o "monitor" MySQL.

Se esse comando tiver sucesso, isso significa que o MySQL está instalado.

Essa é a versão do MySQL que você instalou.

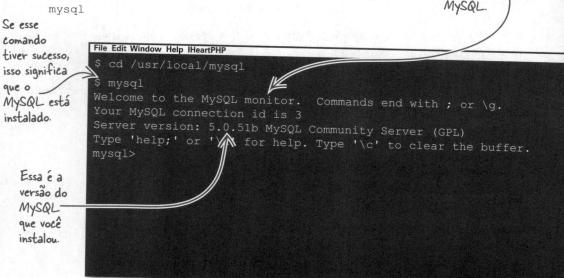

464   apêndice ii

configure um ambiente de desenvolvimento

Comece com o servidor web

Dependendo da versão do Windows que você tem, é possível fazer o download do Internet Information Server (IIS), da Microsoft, ou o servidor web Apache de fonte aberta. Se precisar de um servidor no Mac, provavelmente você deve seguir com o Apache, uma vez que ele já foi instalado.

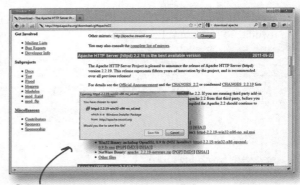

Veja um panorama breve da instalação do Apache no Windows:

Vá até o *http://httpd.apache.org/download.cgi* (conteúdo em inglês).

Pegue essa versão e dê dois cliques nele depois do seu download.

Se você estiver usando o Windows, sugerimos que faça o download do arquivo *apache_2.2.19-win32-x86-no_ssl.msi*. Ele instalará o Apache automaticamente para você depois que fizer o download e clicar duas vezes nele.

Em seguida, você verá o Assistente de Instalação. A maioria das instruções é objetiva e você pode aceitar as opções padrão.

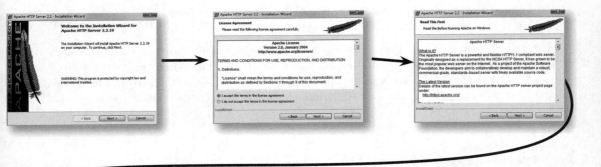

Escolha o domínio em que seu computador está ativo. Se não tiver um, você pode inserir `localhost`.

Sua melhor aposta é escolher a opção típica de instalação.

Normalmente, você pode escolher o diretório padrão para a instalação do software.

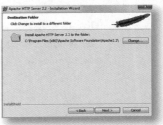

você está aqui ▶ **465**

instalando o php

Instalação do Apache... concluída

Você está quase terminando. Clique em **Install** e aguarde um minuto ou mais para que a instalação seja completada. É isso!

Seu servidor web foi configurado para iniciar automaticamente quando você inicializar seu computador. Mas você pode controlá-lo usando o painel **Services**, parando e iniciando-o na caixa de diálogo **Control Panel > Administrative Tools > Services**, onde agora aparecerá **Apache2.2**.

Se essas instruções não funcionarem para você, tente novamente ou digite "Instalando o Apache no Windows" em seu mecanismo de busca favorito para obter mais ajuda.

Instalação do PHP

Vá até *http://www.php.net/downloads.php* ou *http://windows.php.net/download* (conteúdo em inglês), se estiver usando o Windows.

Assim como o Apache, se estiver usando o Windows, sugerimos que você faça o download da versão do instalador Windows. Se estiver usando o Apache, faça o download do arquivo *php-5.2.17-Win32-VC6-x86.msi*. Se estiver usando o IIS, faça o download do arquivo *php.5.3.6-Win32-VC9-x86.msi*. Ele instalará o PHP automaticamente depois que você fizer o download e der dois cliques nele.

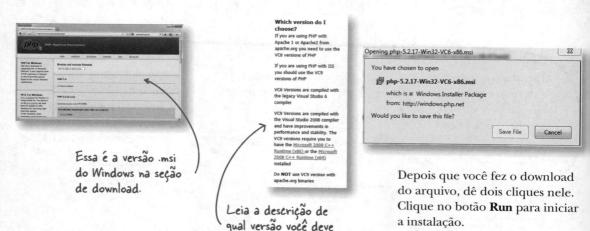

Essa é a versão .msi do Windows na seção de download.

Leia a descrição de qual versão você deve fazer o download.

Depois que você fez o download do arquivo, dê dois cliques nele. Clique no botão **Run** para iniciar a instalação.

configure um ambiente de desenvolvimento

Passos para instalação do PHP

Inicia-se com uma configuração básica

Aceite o Contrato de Licença para continuar.

Normalmente, selecionar a pasta de instalação padrão é recomendável, mas depende da preferência. Aqui, escolhemos *C:\PHP*.

Tenha cuidado nessa tela. Se estiver usando o Apache, selecione a versão certa. Se estiver usando o IIS, provavelmente selecionará o módulo IISAPI. Verifique com seu software particular para determinar exatamente o que você precisa. Aqui, escolhemos o Apache 2.2 e precisamos dar o caminho para a nossa instalação do Apache na próxima tela.

Essa próxima seção também é complexa. É necessário rolar **Extensions** para baixo e escolher **MySQL**. Isso permitirá que você use as funções embutidas do PHP MySQL que usamos ao longo de todo este livro!

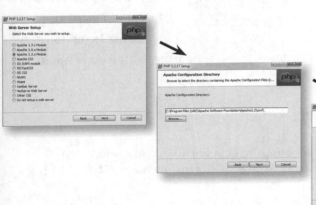

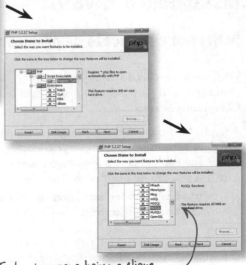

Role a lista de Extensions para baixo e clique em MySQL. Clique na opção "Entire feature".

você está aqui ▶ **467**

instalando o mysql no windows

Passos para instalação do PHP... concluído

É isso. Clique em **Install** e depois em **Done** para fechar o instalador.

Se ainda não tiver feito isso, crie um novo script, nomeado como *info.php*, e digite isso nele:

    <?php phpinfo() ; ?>

Salve esse arquivo no diretório que seu servidor web usar. No Windows, normalmente é:

> *C:\inetpub\wwwroot* (para o IIS)

ou:

> *C:\Program Files (x86)\Apache Software Foundation\Apache2.2\htdocs* (para o Apache).

No Mac, normalmente é algo assim:

> */Users/yourname/sites/*

Se tentar abrir esse arquivo em seu navegador, digitando `http://localhost.info.php` você verá algo assim se tiver o PHP instalado:

Se essas instruções não funcionarem para você, tente novamente ou digite "Instalando o PHP para o Apache [ou IIS] no Windows" em seu mecanismo de busca favorito para obter mais ajuda.

Instalando o MySQL

Instrução e resolução de problemas

Você ainda precisa do MySQL; portanto, vamos trabalhar em seu download e instalação. O nome oficial para a versão gratuita do servidor MySQL SGBD atualmente é o **MySQL Community Server**.

A seguir há uma lista dos passos para instalação do MySQL no Windows e no Mac OS X. Ele **não** deve substituir as instruções excelentes encontradas no site do MySQL, e **recomendamos muito que você vá lá e as leia!** Para obter mais instruções detalhadas, assim como um guia para a resolução de problemas, entre aqui:

> `http://dev.mysql.com/doc/refman/5.5/en/windows-installation.html` (conteúdo em inglês).

Adquira a versão 5.5 ou a mais recente.

Você também aprovará o navegador de consulta do MySQL, onde é possível digitar as consultas e ver os resultados dentro da interface do software, em vez de na janela do console.

468 *apêndice ii*

configure um ambiente de desenvolvimento

Passos para instalar o MySQL no Windows

1 **Vá até:**

> *http://dev.mysql.com/downloads/* (conteúdo em inglês)

e clique no botão de download **MySQL Installer for Windows "Download the Beta"**. (Observação: Era "Beta" enquanto este livro estava sendo escrito.)

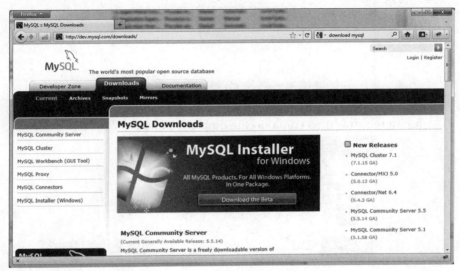

2 Escolha **Microsoft Windows** na lista.

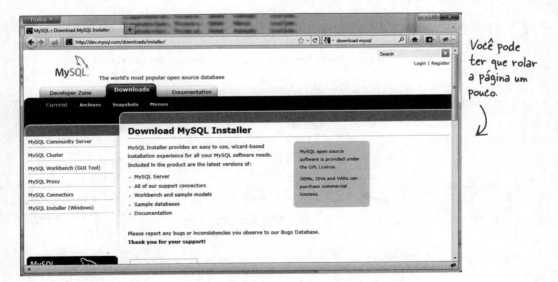

Você pode ter que rolar a página um pouco.

você está aqui ▶ **469**

instalando o mysql no windows (continuação)

Faça o download do seu instalador

3 Escolha **Windows (x86, 32-bit), MSI Installer** na lista.

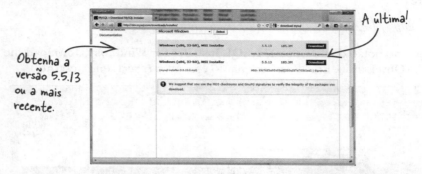

Obtenha a versão 5.5.13 ou a mais recente.

A última!

Clique em **No, thanks, just take me to the downloads!**, a menos que você queira registrar uma conta no site ou já tiver uma.

Continue sem registrar.

4 Você verá uma lista de locais que possuem uma cópia e dos quais você pode fazer o download; escolha o local mais próximo a você.

5 Quando terminar o download do arquivo, clique com o botão direito nele e escolha "Run as Administrator" para abri-lo, caso você tenha o Windows UAC habilitado. Nesta altura, você será levado à instalação com o **Setup Wizard**. Clique em **Next**.

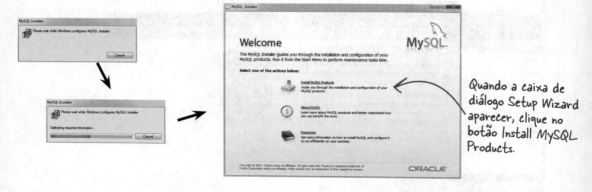

Quando a caixa de diálogo Setup Wizard aparecer, clique no botão Install MySQL Products.

470 apêndice ii

configure um ambiente de desenvolvimento

Escolha uma pasta de destino

6 Leia e concorde com os termos da licença e clique em **Next**.

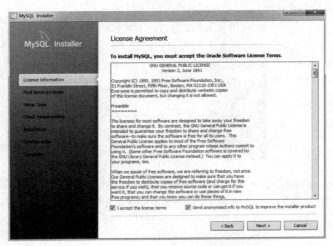

7 O próximo passo rodará uma atualização automática para garantir que não existem versões mais recentes. Você pode pular isso, selecionando a caixa Skip Check, mas é bom garantir que suas aplicações estejam atualizadas. Depois que a atualização for completada, clique em **Next** para continuar.

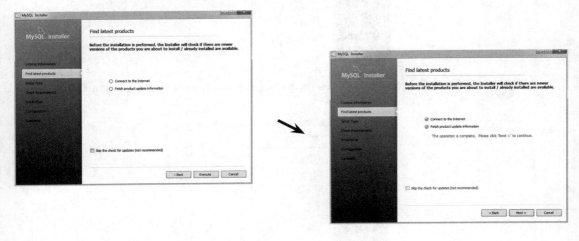

você está aqui ▶   471

instalando o mysql no windows (continuação)

(8) Você receberá a solicitação de escolha de um tipo de configuração para sua instalação. Para atingir seus objetivos, o **Developer Default** será perfeito. Em seguida, deixe os caminhos da instalação como os padrões já definidos para você e clique em **Next**.

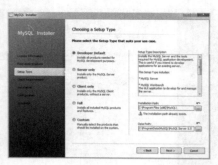

(9) Depois, o instalador verificará sua compatibilidade com o Microsoft .NET framework 4 Client Profile. Ele deve rodar a aplicação do MySQL Workbench. Se não tiver ele, atualize sua instância do Windows em *http://update.microsoft.com/* .

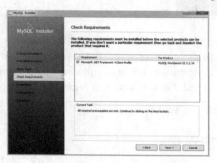

(10) A tela seguinte listará todos os recursos que serão instalados. Clique em **Execute** para iniciar a instalação.

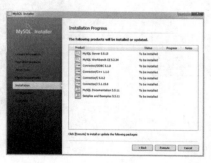

configure **um ambiente de desenvolvimento**

⑪ Depois que todos os serviços mostrarem uma instalação bem-sucedida, clique em **Next** para acessar as opções de configuração para o serviço MySQL. Escolha **Developer Machine** e clique em **Next**.

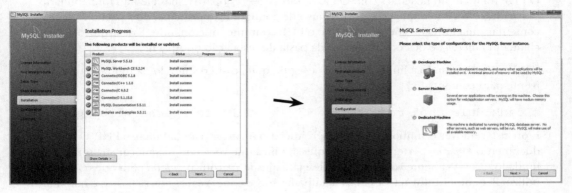

⑫ Certifique-se de que ambas as opções **Enable TCP/IP Networking** e **Create Windows Service** estão selecionadas e deixe os valores padrão no lugar. Coloque uma senha no usuário root MySQL, nas caixas da parte inferior, e clique em Next.

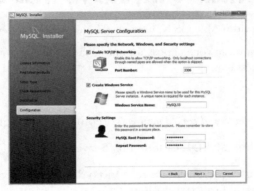

⑬ Agora a instalação deve ser completada. Se ele não iniciar automaticamente, abra o MySQL Workbench a partir do menu **Start > All Programs > MySQL**.

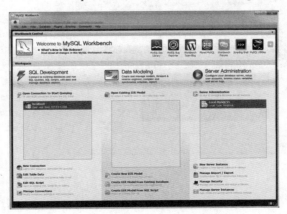

você está aqui ▸ **473**

instalando o mysql no mac os x

Habilitando o PHP no Mac OS X

O PHP foi incluído nos Macs com OS X versão 10.5+ (Leopard), mas ele não foi habilitado por padrão. Você tem que acessar o arquivo de configuração principal do Apache e comentar uma linha de código para que o PHP continue funcionando. Esse arquivo é chamado *http.conf*, e fica oculto dentro da pasta de instalação do Apache.

Você está procurando a linha de código a seguir, que possui o símbolo da tralha (#) na sua frente para comentá-lo:

```
#LoadModule php5_module        libexec/apache2/libphp5.so
```

É preciso remover o símbolo da tralha e reiniciar o servidor para habilitar o PHP. O documento *http.conf* pertence a "root", que significa que você terá de colocar sua senha para mudá-lo. Provavelmente você também desejará ajustar o arquivo *php.ini* para que o Apache o utilize. Para obter informações mais detalhadas sobre como realizar esses passos e habilitar o PHP, visite *http://foundationphp.com/tutorials/php_leopard.php* (conteúdo em inglês).

Passos para instalar o MySQL no Mac OS X

Se estiver rodando o servidor Mac OS X, uma versão do MySQL já deve estar instalada.

Antes de começar, verifique se você já possui uma versão instalada. Vá em *Applications/Server/MySQL Manager* para acessá-la.

 Vá até:

http://dev.mysql.com/downloads/ (conteúdo em inglês)

e clique no link **MySQL Community Server**.

Para essas instruções, estamos fazendo o download da versão de 32 bits. Certifique-se de fazer o download da versão relevante ao seu sistema operacional.

Você pode ter de rolar um pouco a página para baixo.

474 apêndice ii

configure um ambiente de desenvolvimento

2 Clique no botão de download **Mac OS X v10.6 (x86, 32 bit), DMG Archive**.

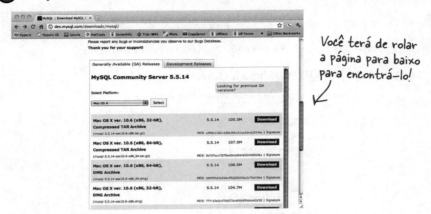

Você terá de rolar a página para baixo para encontrá-lo!

3 Clique em **No thanks, just take me to the downloads!**, a menos que você queira registrar uma conta no site ou já tenha uma.

Continue sem registrar-se.

Clique no mirror mais próximo a você, para que o download seja mais rápido.

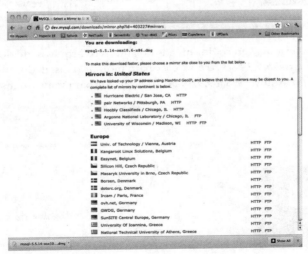

você está aqui ▶ **475**

instalando o mysql no mac os x (continuação)

Faça o download do seu instalador

4 **Retorne para:**

> *http://dev.mysql.com/downloads/* (conteúdo em inglês)

e clique em **MySQL Workbench** (ferramenta GUI).

Clique em **No thanks, just take me to the downloads!**, a menos que você queira registrar uma conta no site ou já tenha uma, e escolha um mirror novamente.

Continue sem registrar-se

5 Quando terminarem os downloads de ambos os arquivos, dê dois cliques no arquivo *mysql-5.5.14-osx10.6-x86.pkg* para montar o instalador e, depois, dê dois cliques no arquivo *mysql-5.5.14-osx10.6-x86.pkg* para iniciar o instalador do pacote.

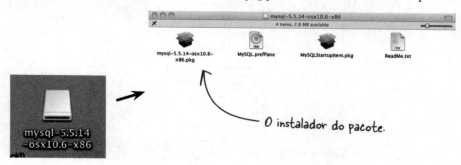

O instalador do pacote.

configure **um ambiente de desenvolvimento**

Rode o instalador do pacote

> **6** O instalador do pacote deve iniciar. Clique em **Next** para continuar e ir à página **Read Me** e clique em **Continue** para chegar até a página **License**.

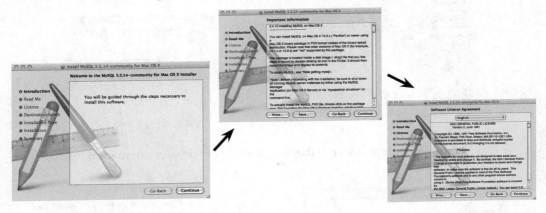

> **7** O próximo passo exibirá as informações de licenciamento para o MySQL. Se concordar com os termos, clique em **Continue** e, depois, em **Agree**. Selecione **Continue** novamente para instalá-lo no local padrão.

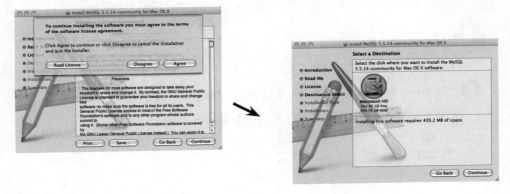

você está aqui ▶ **477**

instalando o mysql no mac os x (continuação)

8 Clique em **Install**, coloque o nome de usuário e a senha de usuário admin, e pressione **OK** para iniciar a instalação.

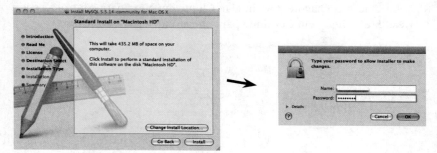

A instalação deve iniciar e dar uma mensagem de sucesso quando for completada.

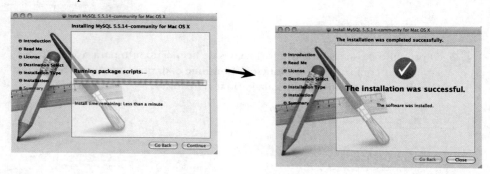

9 Repita os mesmos passos para o arquivo *MySQLStartupItem.pkg*.

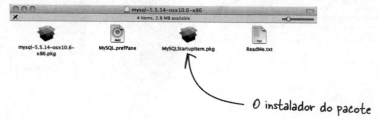

O instalador do pacote

478   *apêndice ii*

configure um ambiente de desenvolvimento

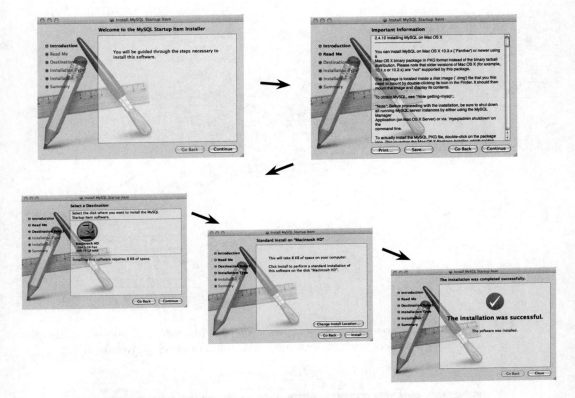

10 Dê dois cliques em **MySQL.prefPane**, também encontrado em *mysql-5.5.14-osx10.6-x86.dmg*, para instalar o painel Preference do Mysql; depois, clique em **Start MySQL Server**.

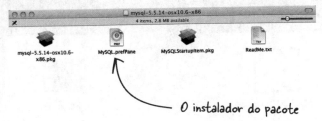

instalando o mysql no mac os x (continuação)

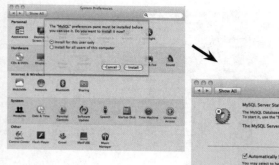

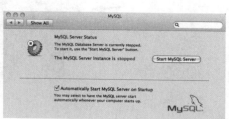

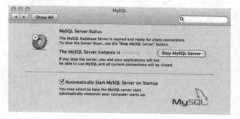

⑪ Dê dois cliques no arquivo *mysql-worbench-gpl-5.2.34.osx-i686.dmg* que você também fez o download para iniciar o instalador da ferramenta MySQL Workbench.

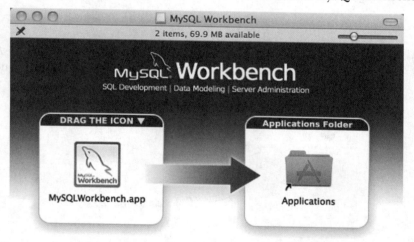

Arraste *MySQLWorkbench.app* para a sua pasta *Applications*.

Abra a ferramenta Workbench a partir de sua lista **Applications**.

configure um ambiente de desenvolvimento

12 Usando o painel **Server Administration**, certifique-se de que seu servidor esteja funcionando. Se o painel estiver vazio, clique na opção **New Server Instance** e selecione seu servidor em funcionamento.

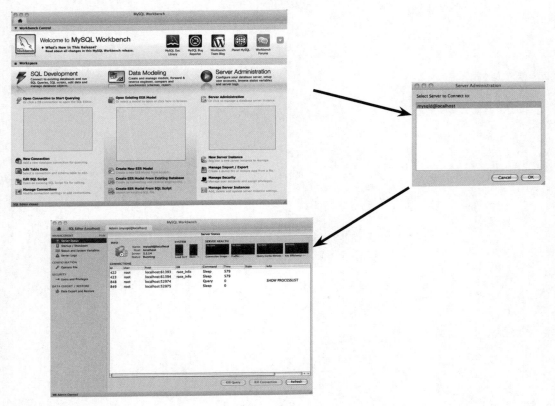

13 Crie uma nova conexão, na seção SQL Development, clicando em **New Connection** e completando a tela que aparece. Depois, dê dois cliques em sua nova conexão para abri-la.

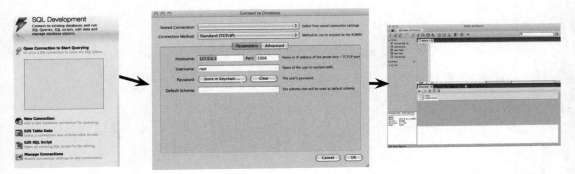

Para obter mais ajuda em MySQL ou MySQL Workbench, visite *http://dev.mysql.com/doc/* (conteúdo em inglês).

Índice

Símbolos

; (ponto e vírgula)
    para encerrar a declaração jQuery 16, 25
    para encerrar a linha PHP 315, 352
. (ponto final)
    para separar seletor de método 25
    para iniciar a classe de CSS 13, 48
" " (aspas)
    em texto ou valor HTML 57
    em seletores 15
( ) (parênteses) para o método click 42
[ ] (colchetes)
    em array 225
    em índice com item 226
    em função PHP 315
{ } (chaves)
    em bloco de código 25, 42
    em bloco de função 101
    em loops 230
(cerquilha)
    na id CSS 13
    no seletor id 49
+ (mais), para concatenação 57
= (sinal de igualdade), para definir o valor de igualdade 56, 105, 207
== (operador de igualdade) 109, 240
    e declaração if 239
=== (operador de identidade) 240
$ (sinal do cifrão)
    e nomes de array 151
    em variáveis PHP 352
    em atalho da função jQuery 12, 19, 33
    em elementos de armazenamento variáveis 150

A

abas clicáveis, plugin para converter o elemento ul em 293
ações
    de formulários 329
    com repetição 229-230
ações com repetição 229-230
    função cronometrada para 194
agrupando widgets button 386
Ajax (Asynchronous JavaScript and XML) 291, 296-298, 324, 420
    componentes 298
    para o carregamento de informações 320
    hora de usar 300
Amazon Cloudfront 451
animação
    cor 208, 456
    de elementos 188
    encadeamentos de método para combinar 193
    opção para desativar 208
    plugins para 376
    filas para, 454
animação aleatória na Mistura de Monstros 275-277
API do Distance 437
API do Earth 437
API do Elevation 437
API do Geocoding 437
API do Google Directions 437
API do Places 437
API Static Maps 437
APIs (application programming interfaces ou interfaces de programação de aplicativos) 411, 413, 445

esse é o índice **483**

o índice

Google Maps. *Ver também* código de amostra do Google Maps 414
uso de objeto com 415-416
aplicativos, construindo sem Flash, 176
aplicativo do jogo de cartas vinte e um 216-250
colocando entusiasmo 250-251
array para a cabine de cartas 227-228
código 233-234
função end() 250
função para escutadores de evento 243-244
objeto hand 237-238
código HTML e CSS
configuração da página 222
função de retorno para um novo jogo 245-248
regras 216, 238
área de visualização do navegador 7
argumentos 106, 114
armazenando elementos no array 152
arquivo, para o código jQuery 93-95
arquivos locais, para páginas web, vs. servidor web 341
array associativo $_GET[ ] 331
array associativo $_POST[ ] 331
arrays 91, 151-152, 167, 174, 218, 252
acessando 226
acrescentando e atualizando itens 227-228
dados do jogo de cartas vinte e um nos, 225-228
criando 354
método each () para realização de loop 168
procurando elementos em, 172
JavaScript para esvaziamento 246
regras de PHP para 353
definindo a extensão para zero 246
armazenando elementos em 150, 152
existência de variável em 232
escrevendo conteúdo de 353
arrays associativos 331, 353
combinando em um único array 354
convertendo para a string com codificação JSON 361
arrays com índice zero 226

aspas (" ")
para texto ou valor HTML 57
para seletores 15
ativando eventos 82-83, 91
atravessamento do DOM 140-144, 174

B

background-color, mudando 16
baixando
IIS (Internet Information Server ou Servidor de Informação da Internet) 465
jQuery UI 379
instalador MySQL 470
para o Mac 476
script que bloqueia download paralelo 50
banco de dados. *Ver também* banco de dados MySQL
conectando com PHP 343
inserindo dados com PHP 331
banco de dados MySQL
para armazenamento de dados 335
gerenciando 344
biblioteca jQuery
pasta para 93-95
incluindo 40
bibliotecas
jQuery
pasta para 93-95
incluindo 40
PHP 344
bloco de código, {} (chaves) no 25, 42
botões
para menu interativo 133-134
ações 135-138
estilizando 386-389
botões de opção, elemento div para grupo 386

C

cache do navegador 96
caixa de texto no formulário HTML 328
calendário para entrada de dados do formulário

o índice

callback de função, evento deslizante
vinculado a 391
campo HTML oculto 329, 364
campos em HTML, ocultos 329, 364
carregamento de informações, usando Ajax
para 320
carregamento do documento, eventos
para 82
CDN Microsoft 451
CDN Google Ajax API 451
CDN jQuery 451
CDNs (content delivery networks ou redes
de distribuição de conteúdo), 451
chamadas de função com repetição 312
Chrome Developer 71
classe de CSS 13, 48, 119
classes
de CSS, 13, 48, 119
do menu interativo 130
máximo 60
restrições de nome 60
e seletores 52-54
para especificar ao elemento div entrar
em ação 47
cláusula else (PHP) 353
cláusula else if (PHP) 353
cláusula where na declaração SELECT de
SQL348
closures 458-459
código de desconto
personalize a função para verificar 112
testando 121
colchetes ([ ])
para array 225
para índice de item do array 226
na função PHP 315
colunas no banco de dados SQL 338
comando break, para loops 237
comando die (PHP), 343
comando echo (PHP) 315, 342, 353, 369
comando print (PHP) 353
comando print_r() 353
comando unbind 86
comentários 45
em CSS 294
comparando valores 244
concatenação 57
testando 72

condição de teste do loop 229
configuração do ambiente de
desenvolvimento xxxii-xxxiii, 461-482
banco de dados MySQL
verificando a instalação 464
instalando no MAC OS X 474-482
instalando no Windows 468-473
PHP 462-463
instalação 466-468
servidor web 465-466
configurando milissegundos, para efeito de
esmaecimento 192
conjunto de resultados para a declaração
SELECT 345, 346
construtores de objeto 220
consulta no banco de dados 359
consultando 15
contador, para o processamento de
array 168
Content Delivery Networks (CDNs) ou
Redes de Distribuição de Conteúdo
cor
animação 208, 456
jQuery para mudar o background 16
CSS (cascading style sheets ou folhas de
estilo em cascata) 4
propriedade background-color 403
vs. Notação DOM 208
exemplo de arquivo para abas da
página 294
no jQuery UI 401
temas do jQuery UI e 379
limitações 3
link para o arquivo do jQuery UI 381
métodos para mudança 155-116
propriedades,13, 188

D

dados 57
acrescentando no Google Maps 423-426
Ajax para passar a um formato
estruturado 298
arrays para armazenamento 151-152
coletando da página web 328-330
formatando antes de enviar para o
servidor 332
obtendo do servidor 325

você está aqui ▶ **485**

o índice

banco de dados MySQL para
armazenamento de 335
objetos para armazenamento 218
PHP para acessar 341, 347-349
aplicação de sanitize e validação em PHP
364-366
enviando para o servidor 333-334
dados GET, do método ajax() 304
dados POST
método ajax() para 304
no servidor web 342
declaração create database (SQL) 336
declaração CREATE TABLE (SQL) 336
declaração CREATE USER (SQL) 336
declaração else 109, 239
declaração else if 239
declaração if 109-111, 239
= = (operador de igualdade) e 239
operador ternário como alternativa 244
declaração if (PHP) 353
declaração insert(SQL) 338-340
declaração para XML 299
declaração select (SQL) 345-346
cláusula where 348
declarando função 101, 103
vs. expressão com função nomeada 102
declarando variáveis 56, 186
em loop 230
depurando erros do código jQuery 453
desativamento de animação, opção para 208
desenvolvedor
versão development do jQuery para, vs.
versão production 153
plugin do 374
destacando, planando e 115-116
diagrama UML (Unified Modeling
Language ou Linguagem de
Modelagem Unificada) 219, 223-224
dispositivo móvel, mapas em 437
Document Object Model ou Modelo de
Objetos do Documento (DOM) 7, 8
criando elementos e acrescentando
eventos 81
inserindo conteúdo HTML no 159-160
jQuery e 9-11, 19
manipulando 174
e elementos selecionados 149

atravessamento 140-144, 174
vs. notação CSS 208
estrutura do menu web 126-129
DOM. *Ver* Document Object Model ou
Modelo de Objetos do Documento
(DOM)
domínio, para instalação do Apache 465
downloads paralelos, bloqueando script 50

E

easing avançado 456
efeito Blind 378
efeitos cronometrados, objeto window para
controlar 256-259
efeito Explode 378
efeito de iluminação 187
acrescentando funções no script 197
efeito de esmaecimento na imagem 192
testando 269
solucionando problemas 254-255
efeito Puff 378
efeitos de animação
com o método animate() 199
relativo s a posição atual 280
efeitos de escala, com o método
animate() 199
efeitos de esmaecimento 192, 214
efeitos deslizantes 214
e altura do elemento 190
efeitos de texto 200
efeitos no jQuery UI 456
efeitos visuais, exemplo 20-30
efeito hide, desacelerando 196
elemento a. *Ver* elemento âncora (HTML)
elemento âncora (HTML)
imagem aninhada22
estados 21
elemento block-level 50
elemento body (HTML) 8
elementos
movimento absoluto vs. relativo 206
acrescentando escutadores de evento
em 80
animando 188
ligando eventos em 81, 85
nível de bloco 50

o índice

esvaziando o conteúdo 148
seletor id para relacionar elementos
    individuais 49
índice para itens da lista 110
propriedade length para verificar a
    existência de 430
loop em grupo de 90
ordem de adição e remoção de 68
posicionamento, absoluto
    ou relativo 180
relacionamentos, e atravessamento do
    DOM 141-146
movimento relativo de 207
removendo da página 66
método replaceWith() para modificar
    154-158
selecionando todos da página 60
armazenando
    em array 152, 167
    em variáveis 148-150
envolvendo dentro de outro
    elemento 172
elementos button 16, 79
elemento de animação, propriedade
    position e 181
elemento div (HTML) 8, 39-40, 178, 179,
    181
ação para específico, 47-49
clicável 24, 45, 182-184
abas clicáveis para exibir 293
evento click para 42
para o mapa do Google 416
para imagens 40
propriedade left 206
para o grupo de botões de opção 386
para o conteúdo da aba 295
elemento div clicável 24
elemento div clickMe, estilo para o 24
elemento div picframe 24
elemento do formulário (HTML) 328-330
    métodos HTTP GET ou POST 331
    botões de entrada no 386
    selecionando elementos de entrada
        no 407
elemento head (HTML)8
elemento html 8

elemento img (HTML) 8
    no elemento âncora 22
    propriedade display 22
    aninhamento 178
    deslizando para a visualização 26
elemento li (HTML) 8
    atribuindo classe a 131-132
    substituindo em lista não ordenada 155-
        156
elemento map_canvas 417-418
elemento option (HTML), para lista
    suspensa 328
elemento p (parágrafo) (HTML) 8, 16
    mudando HTML por dentro 9
    evento click no 42
elemento script (HTML) 4, 45
    para o código do Google Maps API 417
    para o Jquery UI 381
    para vincular ao arquivo de script 93
    localização do 50
elemento span (HTML) 317-318
    lógica condicional para ocultar 109-110
elemento title (HTML) 8
elemento ul (HTML) 8
    plugin para converter em abas
        clicáveis 293
elementos aninhados 15
elementos de entrada (HTML) 328
    selecionador de data para 381
    selecionando no formulário 407
erro
    no XML e página corrompida 327
    retorno do servidor sobre 312
erro "Índice Indefinido" 226
escopo, global vs. local 458
escopo global 458
escopo local 458
escutador do evento click
    acrescentando na função getAllSightings
        425-426
    para enviar dados do formulário 333-334
escutador submit() 353
escutadores de evento 79l, 85, 87
    por trás dos bastidores 80
    função dos 243-244
espaço de armazenamento, criando 56

você está aqui ▶ **487**

o índice

estado active, em elemento âncora 21

estado hover, em elemento âncora 21

estilos 23

    classe ou ID e 60

estrutura do documento, HTML e 4

estrutura do projeto 96

estruturas de dados 218

esvaziando o array, JavaScript para 246

evento click 42 79

    acrescentando na página 45

    função manipuladora no 104

    limitando o número 184

    limitando o usuário a um 78

    para a Mistura de Monstros 182-184

    testando 88=89

evento hover, acrescentando 117-118

evento mouseenter 117

evento mouseleave 117

eventos 79, 122

    ligando aos elementos 81, 85

        categorias de 83

        história do desenvolvimento dos 84-85

        funções em 83

        removendo 86

        programando 310

        ativando 82-83, 91

        desativando eventos programados 320-322

eventos do formulário 82

eventos do mapa, escutando 438

eventos do mouse 82

eventos do teclado 82

eventos programados

    criando 310

    desativando 320-322

exibição na tela, PHP para escrita e 353

expressão de função 101, 103

extensão .js 96

extensão do array, definindo para zero 246

eXtensible Markup Language ou Linguagem de Marcação Estendida. *Ver* XML (eXtensible Markup Language ou Linguagem de Marcação Estendida)

F

fazendo satização de dados no PHP 364-366

figuras. *Ver* imagens

fila fx 454

filas para animação 454

filho do elemento filho, selecionando 67

finalizador 148

Firebug do Firefox 71

    aba Rede 305

Firefox (Mozilla) 84, 265

Flash, construindo aplicativo sem 176

foco

    mudança e funções em execução 255

    janela com 256

força na página web 2

formatação de dados

    antes de enviar ao servidor 332

    PHP para 354

formulário de aparições 372-374

    código 384

    datepicker para 381

    função getSightingsByType() 432-435

    mapa do Google 412-413

    lista de verificação de diversas criaturas 428

    lista de verificação do projeto 380

    testando 389, 405, 427, 431

formulário de aparições de criaturas. *Ver* formulário de aparições

formulários 328-330

    sugestões com o recurso Autocompletar para o campo de 406

    suspeitando dos dados dos 364

    planejando 373-374

    validação 406, 455

função alert 42, 45, 50

    para verificar a variável discount 58

    no evento click 80

função array_push() (PHP) 354

função checkForCode 119-120

    testando 121

função clearInputs() 333

função clearOverlays() 435

o índice

função correspondente a expressão regular 364

função date() (PHP) 315-316

função db_connection() (PHP) 347-349, 357, 359

função deal() 234

função empty() (PHP) 364

função end(), para o jogo de cartas vinte e um 250

função fail 357, 365

função geradora de número aleatório 112

função getAllSightings() 422, 423, 429-430
  acrescentando o escutador do evento click 425-426

função getAllTypes() 429-430

função getDBRacers() 356-360, 358
  para ler o objeto JSON 361-362

função getRandom() 120, 231, 234, 276, 277, 280
  criando 108

função getSightings()ByType 432-435, 439-440

função getSingleSightings 425-426

função getTimeAjax() 317-318

função getTime() 293
  chamando 295

função getXMLRacers 307
  chamadas com repetição 312
  testando 309

função goLighting() 266, 268

função hit() 234

função htmlspecialchars() (PHP) 364

função initialize() 417-418

função jQuery
  $ (sinal do cifrão) para atalho, 12, 15, 19, 33
  conteúdo 12

função json_encode() (PHP) 354, 358, 361, 369, 420

função moveMe 271-272

função mysql_connect (PHP) 343

função preg_match (PHP) 364

função randomize() 277, 281-282, 285

função refreshSwatch() (JavaScript), para mistura de cores 402-404

função reset() 283-285

função startAjaxcalls() 311-312, 322, 356, 358

função stopLightning() 266, 268

função success 357

função utility 276

funções 79, 100-108, 122 148
  anônimas 101, 102
  chamada para si 194
  para o evento click 42
  extensão da linha de código 308
  combinando funções relacionadas ao clique 270-272
  criando 101
  personalizadas
    otimizando 290
    retorno 283-285
  declarando 101, 103
    vs. expressão de função nomeada 102
  em eventos 83
  dentro do método each() 168
  nomeadas, como manipuladores de evento 103
  passando variáveis para 106
  chamadas repetidas 312
  valor de retorno para 107, 114
  executando, mudança de foco e 255
  de autorreferência 311-312
  sintaxe 101
  cronometradas, para ação com repetição 194
  variável para valor de retorno 232

funções anônimas 101, 102

funções cronometradas 290
  para ação com repetição 194

funções customizadas 100
  otimizando 290
  retornar 283-285

funções de autoexecução 102

funções de autorreferenciamento 311-312

funções easing 456

funções em execução, mudança de foco e 255

funções manipuladoras 83

funções MySQL (PHP) 467

você está aqui ▶ **489**

o índice

funções não nomeadas 101

funções nomeadas

vs. funções com declaração

como manipuladoras de evento 103

funções relacionadas ao clique, combinando 270-272

fuso horário, para função date do PHP 315

G

gerando script do lado do cliente 19

"getters" 276

Google Chrome 84, 265

ferramentas do Desenvolvedor 305

e jQuery 148

motor de renderização 182

Google Maps

acrescentando dados no 423-426

documentação 418, 438

escutadores de evento 438

incluindo na página web 417-418

sobreposições 435

pontos como marcadores 424

código de amostra 414

Condições de Uso 437

testando 419

gráficos. *Ver* imagens

guerra dos navegadores 84

H

HTML. *Ver também* Document Object Model ou Modelo de Objetos do Documento (DOM)

e estrutura do documento 4

para o widget slider 391

inserindo conteúdo no DOM 159-160

limitações 3

misturando com dados 57

PHP e 352

separando o código jQuery de 97-98

tags dentro de variáveis 57

XML e 299

I

IDs

em CSS 13

e seletores 52-54

para especificar ao elemento div entrar em ação 47

id de CSS 13

IIS (Internet Information Server ou Servidor de Informação da Internet) 462

baixando 465

imagem aninhada, em elemento âncora 22

imagens

baseando a exibição no resultado do jogo 250

elemento div em 40

invisíveis 181

propriedades para a construção de um caminho para 234

índice do elemento 110, 114

no array 151, 168, 226

e o método eq() 161

no loop 230

inicialização de loop 229

inserção

de dados dentro do banco, PHP para 331

conteúdo HTML no DOM 159-160

inspetores do DOM 71

instalador de pacote, do MySQL para o Mac 477-479

instalando

Apache no Windows 465-466

servidor do banco de dados MySQL

no Mac OS X 474-482

no Windows 468-473

PHP 466-468

instâncias do objeto 220

criando 221

interação Droppable 378

interatividade 2

exemplo 20-30

o *índice*

interface do usuário. Ver também
formulários; jQuery UI
widget slider para controlar entradas
numéricas 390-398
Internet Explorer (Microsoft(84, 265
motor de renderização 182
invisibilidade, CSS para 22, 181
iteração 90. *Ver também* loops

J

janela, sem foco e funções em execução 255
janela pop-up, para declaração alert 42
JavaScript 5
e Ajax 298
esvaziando o array 246
para selecionador de data 381
incluindo arquivos 295
interpretador
e processo de animação 188, 202
e o DOM 190
jQuery e 9, 19
JSON e 355
palavras-chave, e nomes de variável 60
objetos 252
vs. PHP 355
variáveis 56
objeto window 284, 290
para controle de efeitos
cronometrados 256-259
jQuery 4, 5
depurando o código 453
e o DOM 9-11
cópias hospedadas em CDNs 451
vs. JavaScript 19
e JSON 351, 355
métodos 448-449
versões production vs. developer 19
seletores 13, 15, 33, 450
vs. seletor CSS 14, 51
; (ponto e vírgula) para encerrar
declaração 16, 25
separando código do HTML 93-95, 97-98
para o widget slider 391

tradução 16-18
recursos web no 84
jQuery UI 371, 410
por trás dos bastidores 382
CSS no 401
página de download 379
efeitos 456
conteúdo do pacote 380
plugins 374, 376
widget button 386
opções personalizáveis para widgets
383-384
widget slider 390-398
testando efeitos 376
temas 379
criando 401
JSON (JavaScript Object Notation) 224, 325,
350-351, 369
jQuery e 351, 355
com SQL e PHP 420-422

K

KML (Keyhole Markup Language ou
Linguagem de Marcação do
Keyhole) 300

L

latitude, slider para 397
Lerdorf, Rasmus 355
ligando eventos ao elemento 81, 85
linguagens
de marcação 299
do lado do servidor 19, 314
linguagens de marcação 299
link para o arquivo CSS no jQuery UI 381
lista não ordenada 128-129. Ver também
elemento ul (HTML)
atribuindo classe aos itens 131-132
método de encadeamento para
atravessamento 142
substituindo elementos li na 155-156
lista suspensa em formulário HTML 328

o índice

listas
de elementos, índice de 110
não ordenadas 128-129
lógica condicional 108, 109-111, 122, 239, 280
para a lista de corredores 362
operadores para o processo de decisão 240-242
regras de PHP para 353
para desativar eventos programados 320-322
longitude, slider para 397-398
loop foreach (PHP) 352
loop for...in 237
loop for 229, 234
no PHP 352
sintaxe 230
loop while 237, 359
no PHP 352
loops 229-230, 252
para mudar os elementos múltiplos 9, 90
declarando variáveis em 230
método each() 168
e elementos de array
infinitos 255
no PHP 352
sintaxe 230
tipos 237
loops do...while 229, 234, 237
sintaxe 230
loops infinitos 255
linguagens do lado do servidor 19, 314

M

Mac OS X
servidor web padrão 462
determinando o status de instalação do MySQL n464
habilitando o PHP 474
instalando o MySQL no 474-482
manipulador do evento onblur do objeto window (JavaScript) 256, 258, 259, 266
testando 259-260
manipulador do evento onfocus do objeto window (JavaScript) 256, 258, 259, 266
testando 259-260

manipuladores de evento
funções nomeadas como 103
para o widget slider 391
MapQuest 418
máquina local 348, 463
menu interativo 124-138
botões 133-134
ações 135-138
botão "Restaurar Menu" 160
restaurando entradas 146-152, 163-170
testando 139
mensagens
append() para inserir 59
concatenação ao criar 57
exibindo para o usuário 55-60
removendo 66
menus. *Ver* o menu interativo
método $.contain() 114
método addClass() 117, 118, 172
método after() 159-160
método ajax() (jQuery) 296, 304
chamar função getXMLRacers 307
parâmetros 304
testando 305
definindo timeout 312
método animate() 182, 208, 214
acrescentando no script, 209
efeitos do tipo faça você mesmo com, 199
limitações, 200
o estilo muda com o tempo 202-204
sintaxe 201
com movimento relativo 208
método append() 59, 74, 237
método appendTo() 237
método before() 159-160
método .bind() 91
método blur() 256
método buttonset() (jQuery UI) 386
método children() 140, 141, 144
métodos filter e 162
método clearInterval() 258, 263, 264, 310
método clearTimeout() 258, 263, 310
método closest 148
método contains 111
método datepicker() 382
método delay() 263, 264, 310
método dequeue() 454

492 *índice*

o índice

método detach()
  testando para o menu interativo 153
  vs. remove() 136-138
método each() 91, 92, 114, 168
  e o método find() 306
  fazendo loop através de elementos array
    com 362
  e a palavra-chave this 172
método empty 148, 246
método eq() 161
método fadeIn()
  no encadeamento de método 193, 196
  parâmetros para 192
método fadeOut() 189
  no encadeamento de método 193, 196
método fadeTo 189
método filter() 162
método find() 172, 306, 361
método first() 161
método floor() 71
método focus() 256
método getJSON() 320, 351, 358, 369
método GET
  para Ajax 320
  para HTTP, para enviar dados do
    servidor 331
método getScript() para Ajax 320
método hide() 188
método inArray() 231, 232
método last () 161
método .live() 91
método new() 221
método next() 140, 141
  no encadeamento do método 142
método noconflict() 452
método not() 162
método removeClass 117
método remove() 74, 92
  no encadeamento do método 142
  para mensagem 66
  ordem de chamadas e 68, 70
  resolução de problemas 71
  vs. detach() 136-138
método parent() 140, 141, 145, 148
  no encadeamento do método 142
método parents() 148
  métodos de filtragem e 162

método POST 333
  para o HTTP, para enviar dados ao
    servidor 331
  no Ajax 320
método prev() 140, 141
método random() 71
método ready() 184-185, 452
método replaceWith() 154-158, 165-166
  limitações 158
método serializeArray() 332, 369
método serialize () 332
método setInterval() (JavaScript) 258, 263,
    264, 265, 290, 310
  variações do navegador 265
método setTimeout() (JavaScript)196, 198,
    255, 258, 263, 264, 290, 310, 312
  processamento no navegador do 265
método showFrequency() 317-318
método show() 188
método siblings 148
método slice() 162, 172
método slideDown() 26, 190
método slideToggle() 26, 28, 190
método slideUp() 190
    para imagem 26, 52
método stop 208
método sumCardTotal 242
método switch 244
método Timeout() 194
método toggle() 188, 196
método val() 391
métodos
  de encadeamento 142
    para combinar efeitos 193
  para mudanças em CSS 115-116
  de objetos 219
  estáticos 114
métodos de encadeamento 142
métodos de esmaecimento 27-28, 33
métodos de conveniência
  para Ajax no jQuery 320
  para ligar os eventos 81
métodos de filtragem 161-164, 174
métodos estáticos 114
métodos de timer 263-265, 310
  do objeto window 256

você está aqui ▶ **493**

o índice

Microsoft IIS (Internet Information Server ou Servidor de Informação da Internet) 462
  baixando 465
Microsoft Internet Explorer 84, 265
  motor de renderização 182
Microsoft, mapas 418
Microsoft.NET Framework 4 Client Profile 472
mistura de cor
  função refreshSwatch 402-404
  slider para 399-402, 406
Mistura de Monstros
  evento click 182-184
  efeitos para você fazer sozinho 199
  layout e posicionamento 178-180
  efeito de iluminação 187
    testando 269
    solucionando problemas 254-255
  modelo do projeto 177
  alterne o recurso de requisição 274-277
    testando 278-280
  testando 273, 286
motor de renderização do navegador 182
motor de renderização Gecko 182
motor de renderização do jQuery 9
motor de renderização Trident 182
motor de renderização do navegador Webkit 182
movendo através do DOM 140-144
movimento absoluto dos elementos 206
movimento absoluto dos elementos 206, 207
  para posição atual 280
Mozilla Firefox 84, 265
MySQL 369
MySQL Community Server 468
MySQL Workbench 336, 337, 472
  abrindo 473
  declaração select para ver o conjunto de resultados 346

N

namespace 457
namespace jQuery, método noConflict() 452
navegador de consultas MySQL 468

navegadores
  Ajax para passar os dados para 298
  assíncronos 300
  eventos 82
    escutadores 79
  interpretador JavaScript nos 5
  onblur e onfocus para responder aos eventos 259
  e PHP 341
  testando a página em diversos 29
  janela de visualização 7
  exibição da página web 7
  e objeto window 256
navegadores assíncronos 300
Netscape Navigator 84
nó raiz em XML 299
nomes
  $ para array 151
  de classes 60
  de funções 101, 102
  de variáveis 56, 60, 105
notação dot (.)
  para objeto JSON 350
  para obter propriedades 218
número aleatório
  testando a concatenação na variável discount 72
  variável
números
  nas configurações da propriedade CSS, método animate() e 200
  widget slider para controle de entrada 390-398
números decimais, para o widget slider 397
números negativos, para o widget slider 397

O

objeto $_ POST 342
objeto Date (JavaScript) 295
objeto document 284
objeto escalável, widget Resizable para 401
objeto LatLng (Google) 415, 418
  definindo 424
objeto map
  criando instância 417-418
  propriedades e métodos 416

494 *índice*

o índice

objeto marker (Google) 424
objeto window (JavaScript) 284, 290
  para controle de efeitos cronometrados 256-259
objeto XMLHttpRequest 312
objetos 84, 218-221
  uso da API de 415-416
  construindo 219
    reutilizáveis 220
  interagindo com 221
  exclusivos vs. reutilizáveis 224
objetos reutilizáveis
  construindo 220, 223-224
  vs. exclusivos 224
ocultação do elemento span, lógica condicional para 109-110
OOXML (Office Open XML) 300
opacidade dos elementos HTML 27
opção max para o widget slider 390
opção min para o widget slider 390
opção orientation para o widget slider 390
opção step para o widget slider 390
OpenLayers, API de mapeamento 418
operador -= 207
operador ! (negação)
operador != (desigualdade) 240
operador . (ponto) 221. *Ver também* . (ponto final)
operador *= 207
operador /= 207
operador &&(e) 240
operador += 207
operador <= (menor que ou igual a) 240
operador =>, no PHP 353
operador > (maior que) 240
operador >= (maior que ou igual a) 240
operador | | (ou) 240
operador de adição (+=) 207
operador e (&&) 240
operador de divisão (/=) 207
operador de atribuição, = (sinal de igual) como 207
operador de desigualdade (!=) 240
operador de igualdade (= =) 109l, 240
  e declaração if 239
operador de identidade (= = =) 240
operador ponto (.) 221. *Ver também* ponto final (.)

operador de maior que (>) 240
operador de maior ou igual a (>=) 240
operador de menor ou igual a (<=) 240
operador de multiplicação (*=) 207
operador de negação (!) 240
operador de subtração (-=) 207
operador ou (| |) 240
operador ternário 244
operadores aritméticos 207
operadores de comparação 240-242
  no PHP 353
operadores lógicos 240-242
otimizando funções personalizadas 290

p

padrões para navegadores 84
páginas web
  acrescentando mensagens em 60
  corrompidas com erros XML 327
  exibição do navegador 7
  requisição do navegador por 3
  mudando sem recarregar 4
  coletando dados de 328-330
  entrega pelo servidor web, vs. arquivos locais 341
  dinâmicas, PHP para criar 314
  atualizações dinâmicas 296
  rodapé 317
  estrutura oculta 8
  incluindo Google Maps 417-418
  PHP para escrever em 315
  programação de eventos 310
    desativando 320-322
  scripts para mudar 5-6
  estáticas 3
  abas
    acrescentando 329-330
    exemplo de arquivo CSS 294
  testando em diversos navegadores 29
  atualizando somente novos dados 297
páginas web dinâmicas
  PHP para criar 314
  atualizações de 296
páginas web estáticas 3
palavra-chave ASC (SQL) 345
palavra-chave FROM (SQL) 345

você está aqui ▶ **495**

o índice

palavra-chave function 101, 194, 220, 224
   dentro de outra função, e acesso a variável 458
palavra-chave new 220
   para criação de array 225
palavra-chave order by 345
palavra-chave return 107
palavra-chave this 63, 168, 209
   método each() e 172
   origem do uso 71
   plugins e 457
palavra-chave var 56, 105, 219
palavras-chave em JavaScript, e nomes de variável 60
parâmetro end, do método slice 172
parâmetro start, do método slice 172
parâmetros 106, 114, 197
pares de chave/valor
   para HTTP GET 331
   no PHP 353
parênteses ({ })
   para o bloco de código 25, 42
   para bloco de função 101
   para loops 230
parênteses, para o método click42
pares de nome/valor, para JSON 350
passando, e destacando 115-116
passando variáveis para função 106
pastas, para a biblioteca jQuery 93-95
Penners, Robert 456
PHP (PHP: Hypertext Processor)) 314, 324, 369
   para acessar os dados 341, 347-349
   fazendo sanitize e validação de dados 364-366
   configuração do desenvolvimento 462-463
   habilitando no Mac OS X 474
   para conectar ao banco de dados 343
   para inserir dados no banco 331
   formatando a saída 354
   instalação 466-468
      verificando 463
      seleção da biblioteca 343
   vs. JavaScript 355
   JSON com SQL e 420-422
   bibliotecas 344

funções MySQL 467
   regras 352-353
PHPMyAdmin 344
planejamento 178
plugin Dump 453
plugin idTabs 293
plugin do Google Earth 437
plugin VariableDebugger 453
plugins 302, 376
   configurando 293
   criando 457
   depurando erros 453
plugins de efeitos 376
plugins de interação 376, 401
plugins de widget 376, 410
   opções personalizáveis 383-384
   para interações 401
plugins jQuery, criando 457
política de igual origem, e chamadas Ajax 305
ponto e vírgula (;)
   para encerrar a declaração jQuery 16, 25
   para encerrar a linha do PHP 315, 352
ponto final (.)
   para separar o seletor do método 25
   para iniciar a classe CSS 13, 48
posicionamento absoluto dos elementos 180
posição atual
   movimento relativo a 280
   configurando 276
projeto
   determinando as requisições 37-38
   planejamento 178
   estrutura 96
projeto da Corrida Bit to Byte
   função getXMLRacers 307-308
      chamadas repetidas 312
      testando 309
   aparência inicial 293-295
   exigências 292-326
   função startAJAXcalls() 311-312
   testando 305, 363
posição dos elementos
   absoluta ou relativa 180
   configurando a atual 276
posicionamento relativo dos elementos 180
propriedade background-color (CSS) 403

o índice

propriedade clip (CSS) 180
propriedade current, animate()
    impact e 205
propriedade display (CSS) 188
  do elemento img 22
propriedade height(CSS) 190, 214
propriedade document do
    objeto window 258
propriedade history do objeto window 258
propriedade left, do elemento div 206
propriedade length
  do array 225
  para verificar a existência do
    elemento 430
propriedade name do objeto window 258
propriedade mapOpts 418
propriedade opacity (CSS) 189, 214
propriedade overflow 180
propriedade position (CSS) 182
  do elemento animado 181
propriedades
  método animate() para mudar 201
  atribuindo valor 224
  para construir o caminho para
    imagem 234
  de objetos 218, 219
    acessando 221
propriedades de fonte 200
propriedades visuais dos elementos 188

R

recarregamento, mudando páginas
    web sem 4
recursos web no jQuery 84
referenciando variáveis 57
relacionamentos dos elementos, e
    atravessamento do DOM 141-146
removendo eventos 86
requisições do usuário, determinando 37-38
Resig, John 19
restaurando entradas do menu interativo
    146-152, 163-170
rodapé da página web 317
RSS (RDF Site Summary) 300
RSS (Real Simple Syndication) 300

S

Safari (Apple) 84
  motor de renderização 182
Safari da Apple 84
  motor de renderização 182
script info.php 463
scripts
  acrescentando as funções animate() 209
  acrescentando as funções do efeito de
    iluminação em 197
  e mudanças na página web 5-6
  pasta para 93
selecionador de data 410
  personalizando com opções 383
  para formulário 381
  testando 385
seleção
  de todos os elementos da página 60
  de elementos que usam métodos de
    atravessamento 141-144
  métodos de filtragem para limitar 161-
    164
  elementos de entrada no formulário
    HTML 407
seletor $(this) 63-64, 74, 88
seletor pai 67
seletor de elemento 13, 14
seletor de id 13, 14, 49
  combinando com os seletores
    descendentes 67
seletor filho 67
seletor de classe, 13, 14, 48
  combinando com seletores
    descendentes 67
seletores 33, 74, 130, 148
  $(this) 63-64
  CSS vs. jQuery 51
  para datepicker 382
  descendentes 67
  no jQuery 13, 450
  . (ponto final) para separar do
    método 25
seletores de CSS 13
  na função jQuery 12
  vs. seletor jQuery 14, 51

você está aqui ▶ **497**

o índice

seletores descendentes 67

sensibilidade a letras maiúsculas e
  minúsculas
  em nomes de função 102
  em nomes de variável 60
  em tags XML 327

servidor do banco de dados MySQL 462
  verificando a instalação 464
  baixando instalador 470
  instalação
    pasta de destino para, 471
    no Mac OS X 474
    no Windows 468-473
  guia para resolução de problemas 468

servidor web
  determinando a existência do 463
  para scripts PHP 341
  para páginas web, vs. arquivos locais 341
  computador local como 462
  dados POST no 342
  configuração 465-466

servidor web Apache 462
  instalando no Windows 465-466

servidores. *Ver também* servidor web
  CDNs e 451
  banco de dados 335
  erro retornado dos 312
  formatando dados antes do envio para
    os 332
  enviando dados para os 329, 333-334

servidores de banco de dados 335

SGBD (Sistemas de Gestão de Banco de
  Dados) 335

sinal da tralha (#)
  para id de CSS 13
  para o seletor de id 49

sinal de igual (=), como operador de
  atribuição 56, 105, 207

sinal de mais (+), para concatenação 57

sinal do cifrão ($)
  e nomes de arrays 151
  em variáveis PHP 352
  no atalho da função jQuery 12, 15,
    19, 33

em elementos de armazenamento de
  variáveis 150

site jquery.com 83

SOAP (Simple Object Access Protocol
  ou Protocolo Simples de Acesso a
  Objetos) 300

sobreposições no Google Maps 435

solucionando problemas do efeito de
  iluminação 254-255

SQL (Structured Query Language) 335,
  369. *Ver também* MySQL
  para configuração do banco de dados,
    tabela e usuários 336-337
  declaração insert
  JSON com PHP e 420-422
  SELECT para ler dados do 345-346
  testando a conexão 344

string HTML, na função jQuery 12

substituição
  um-para-muitos ou muitos-para-um 158
  um-para-um 165-166

substituição muitos-para-um 158

substituição um-para-muitos 158

substituição um-para-um 165-166

substituindo elemento li em lista não
  ordenada 155-156

SVG (Scalable Vector Graphics ou Gráficos
  Vetoriais Escaláveis) 300

T

tabelas nos bancos de dados MySQL 335

tags <? php and ?> 343, 352, 369

tag <select> (HTML) 328

tags no XML 299

Task Manager, aba Serviços 464

temas do jQuery UI 379, 380
  criando 401

templates para jQuery 459

tempo de carregamento da página,
  acelerando 50

testando
  projeto da corrida Bit to Byte 305
  evento click 46, 88-89
  datepicker 385

498   *índice*

o índice

método detach() para o menu
interativo 153
exibição da variável discount 61-63, 64
função getXMLRacers 309
Google Maps API 419
menu interativo 139
efeito de iluminação 269
Mistura de Monstros 286
manipuladores de evento onfocus e
onblur 259-260
número aleatório concatenado na
variável discount 72
formulário de aparições 389, 405
incrementos do widget slider 396
conexão com o banco de dados SQL 344
página web em vários navegadores 29
timeout
intervalo 255
definindo chamada ajax() 312
timer para animação 202
tipo de configuração Developer Default
para instalação do MySQL 472
transições de classe 456
transparência dos elementos HTML 27

V

validando
dados no PHP 364-366
formulários 406-455
validação do lado do cliente 455
valor
para propriedade objeto 218
opção para o widget slider 390
valor de retorno da função 114
variável para 232
valor oculto para a propriedade overflow 180
valor "undefined", função de retorno do 114
variáveis 56, 148
em funções anônimas 102
vs. arrays 218
atribuindo valor para 207
para o método clearInterval() 264
contador para processamento de
array 168
declarando 186

em loop 230
para valor de retorno da função 232
para armazenar elementos 149-150
palavra-chave function dentro de outra
função e 458
em array 225, 232
em funções 105
restrições de nome 60
passando para função 106
no PHP 352
referenciando 57
variável $_POST 369
variável discount
testando a concatenação 72
testando a exibição 61-63, 64
variável index, para cada função 172
velocidade do fadeIn 27
versão production de jQuery vs. versão
developer 19
visibilidade do elemento img 22

W

W3C (World Wide Web Consortium) 19
widget Accordion 378
widget Autocomplete 378, 406
widget button 386, 410
widget Droppable 401
widget Progressbar 378
widget Resizable 378, 401
widget slider 410
para a mistura de cores 399-402
para o controle de entradas numéricas
390-398
para longitude e latitude 397-398
números negativos e números
decimais 397
planejamento 373
testando os incrementos 396
widgets Draggable 401
widgets Selectables 401
widgets Sortable 378, 401
Windows Azure 451
World Wide Web Consortium (W3C) 19
wrapper jQuery 12

você está aqui ▶ **499**

XHTML 300
XML (eXtensible Markup Language ou Linguagem de Marcação Estendida) 298, 299-200, 324
  declaração 299
  erros e páginas corrompidas 327
  listagem de arquivo 305
  vs. JSON 350
  analisando dados 306
  servidor para armazenamento de arquivo 305

Yahoo! 418

Z

zero, definindo a extensão do array para 246